低渗透砂岩气藏
复杂渗流机理及水平井产能评价技术

汪周华　钟　兵　郭　平　等著

石油工业出版社

内 容 提 要

本书结合水平井技术在四川盆地低渗透砂岩气藏中的应用现状和存在的问题,总结分析了国内外低渗透砂岩气藏渗流机理及水平井技术应用现状,系统研究了低渗透砂岩气藏的特殊渗流机理;建立了低渗透砂岩气藏水平井初期产能及不稳态产能预测及评价方法,探索研究了井筒压降及积液对水平井产能的影响;结合四川盆地气藏类型,建立了不同类型气藏井型优选评价方法及技术,并深入分析了水平井技术在典型低渗透砂岩气藏中的应用情况,对提高我国水平井技术在低渗透砂岩气藏的应用水平有重要的借鉴作用。

本书可供从事气藏开发研究工作的相关技术人员、科研院所研究人员以及高校研究生和学者参考使用。

图书在版编目(CIP)数据

低渗透砂岩气藏复杂渗流机理及水平井产能评价技术/汪周华等著. —北京:石油工业出版社,2018.1
ISBN 978-7-5183-2179-7

Ⅰ.①低… Ⅱ.①汪… Ⅲ.①低渗透油气藏-砂岩油气田-油气藏渗流力学-研究②低渗透油气藏-砂岩油气田-水平井-石油开采-研究 Ⅳ.①TE37

中国版本图书馆 CIP 数据核字(2017)第 247174 号

出版发行:石油工业出版社
(北京安定门外安华里 2 区 1 号 100011)
网　　址:www.petropub.com
编辑部:(010)64523541　图书营销中心:(010)64523633
经　　销:全国新华书店
印　　刷:北京中石油彩色印刷有限责任公司

2018 年 1 月第 1 版　2018 年 1 月第 1 次印刷
787×1092 毫米　　开本:1/16　　印张:15
字数:350 千字

定价:78.00 元
(如出现印装质量问题,我社图书营销中心负责调换)
版权所有,翻印必究

《低渗透砂岩气藏复杂渗流机理及水平井产能评价技术》编写组

组　　长：汪周华

副组长：钟　兵　郭　平　冯　曦　付新　杨洋

成　　员：杨洪志　杨学峰　刘义成　任俊杰　朱　斌　欧阳双
　　　　　吴建发　杜建芬　王　娟　李　骞　熊艳丽　刘晓旭
　　　　　王记俊　吴国才　赵梓涵　张　伟　王　昊　王　阳
　　　　　许振涛　王子敦　李　贇

前 言

低渗透砂岩气藏占天然气远景资源量的1/5，如何高效开发低渗透砂岩气藏是石油科技人员关注的重点。低渗透砂岩气藏普遍单井产能低、稳产难度大，水平井作为提高单井产量的重要技术在低渗透砂岩气藏中得到广泛应用。

国内外学者对于低渗透砂岩气藏渗流机理研究及水平井产能评价已有大量成果，但仍然存在一些不足之处，主要表现在以下几个方面：（1）究竟低渗透砂岩气藏存在哪几种渗流形式？主要受控因素有哪些？（2）如何提高渗流机理诊断方法精度？不同渗流效应如何相互转化？转化临界条件有哪些？（3）缺乏专门针对低渗透砂岩气藏复杂渗流条件下水平气井产能评价方法；（4）水平井全井段气液管流微观机理有待深入研究。针对以上问题，在综合笔者博士后研究报告及中国石油西南油气田分公司多年来的部分研究成果基础上，结合国内外研究进展，形成本书的主要内容，希望对我国低渗透砂岩气藏开发有指导意义。

本书共分十章，第一章介绍了国内外低渗透砂岩气藏复杂渗流机理及水平井开发技术研究进展；第二章深入研究了低渗透砂岩气藏储层非线性单相渗流特征实验测试方法及不同渗流效应诊断方法；第三章总结低渗透砂岩气藏气水两相渗流测试方法及特征并分析了水相临界流动饱和度；第四章建立了低渗透砂岩气藏水平井稳态产能方程及其初期增产效果评价方法；第五章建立了低渗透砂岩气藏考虑非线性渗流效应水平井不稳态产能模型并分析其受控因素；第六章研究了水平井气液两相管流微观机理研究，并建立相应室内物理模拟手段；第七章总结分析了水平井储层与井筒耦合动态分析方法及模型；第八章为气藏开发井型优选技术；第九章应用新成果对典型低渗透致密砂岩气藏进行水平井生产效果分析；第十章在前述成果基础上，提出低渗透砂岩气藏水平井开采技术建议。

本书由西南石油大学、西南油气田分公司勘探开发研究院合著完成，第一章、第二章、第五章、第六章、第九章、第十章由汪周华完成，第三章由西南石油大学郭平教授完成，第四章和第七章由西南油气田分公司勘探开发研究院钟兵教授完成；第八章由西南油气田分公司勘探开发研究院教授级高工冯曦完成。本书在撰写过程中得到李士伦、孙良田教授的指导；此外，西南油气田分公司勘探开发研究院杨洪志、吴建发、刘晓旭、杨学峰、王娟、李骞和张伟以及西南石油大学任俊杰和欧阳双等参与问题讨论、整理实验数据、文字处理等工作，在此深表感谢。

由于编者水平有限，书中难免有错误和不妥之处，恳请广大读者批评指正。

目 录
CONTENTS

第一章　绪论 ………………………………………………………………………………（1）
　　第一节　低渗透砂岩气藏储层特征 …………………………………………………（1）
　　第二节　低渗透砂岩气藏复杂渗流机理研究现状 …………………………………（3）
　　第三节　低渗透砂岩气藏水平井开发技术概况 ……………………………………（12）

第二章　低渗透砂岩气藏非线性单相渗流特征 …………………………………………（21）
　　第一节　非线性渗流特征物理模拟技术 ……………………………………………（21）
　　第二节　不同非线性渗流特征定量化诊断方法 ……………………………………（24）
　　第三节　典型低渗透砂岩气藏非线性渗流特征 ……………………………………（26）
　　第四节　渗流特征影响因素及敏感关系综述 ………………………………………（34）

第三章　低渗透砂岩气藏气水两相渗流特征 …………………………………………（45）
　　第一节　气水两相渗流特征物理模拟技术 …………………………………………（45）
　　第二节　典型低渗透砂岩气藏气水两相渗流特征 …………………………………（48）

第四章　低渗透砂岩气藏水平井初期增产效果评价研究 ……………………………（59）
　　第一节　不同渗流效应水平井稳态产能方程 ………………………………………（59）
　　第二节　制约低渗透砂岩气藏水平井初期产能影响因素 …………………………（67）
　　第三节　水平井相对直井的增产倍比分析 …………………………………………（77）

第五章　低渗透砂岩气藏考虑非线性渗流效应水平井不稳态产能特征 ……………（94）
　　第一节　点源函数基本解 ……………………………………………………………（94）
　　第二节　水平井定产条件下井底压力响应函数 ……………………………………（99）
　　第三节　水平气井不稳定产能变化规律分析 ………………………………………（104）

第六章　水平井气液两相实验管流物理模拟研究 ……………………………………（113）
　　第一节　水平段积液影响气井产能的机理分析 ……………………………………（113）
　　第二节　带出水平段积液的临界条件研究 …………………………………………（116）
　　第三节　储层多相渗流对水平井产能的影响研究 …………………………………（144）

第七章 水平井储层与井筒耦合动态分析理论研究 (150)

第一节 水平井地层与井筒耦合模型的建立及求解 (150)
第二节 水平井筒流量、压力分布规律影响因素分析 (158)
第三节 水平段压降对水平井产能的影响 (164)
第四节 水平井携液机理研究 (166)

第八章 气藏开发井型优选技术 (188)

第一节 气藏开发井型优选准则 (188)
第二节 多产层气藏的井型优选 (188)
第三节 气藏开发井型优选技术流程设计 (191)
第四节 气藏开发井型优选方法应用 (195)
第五节 水平井与大斜度井适应性评价 (201)
第六节 井型优选的其他约束条件 (202)

第九章 典型低渗透致密砂岩气藏水平井生产效果分析 (203)

第一节 气藏概况 (203)
第二节 水平井生产动态特征分析 (206)
第三节 水平井增产效果评价 (208)

第十章 低渗透砂岩气藏水平井开采技术建议 (224)

第一节 低渗透砂岩气藏渗流机理的认识及建议 (224)
第二节 低渗透砂岩气藏水平井开发技术的认识及建议 (225)

参考文献 (227)

第一章 绪 论

据统计，我国可开采天然气资源量中埋藏深度超过3500m的低渗透致密气藏占总量的58.39%，该类气藏储层低孔、低渗透及高含水饱和度特征，导致其渗流机理与常规气藏差异较大，对我国气田开发技术提出了新的挑战。本章系统总结分析了国内外针对低渗透砂岩气藏渗流机理及水平井应用技术研究现状，掌握国内外低渗透砂岩气藏非线性渗流机理及水平井产能评价技术存在的问题，提出了针对低渗透砂岩气藏水平井应用技术水平的提高应该关注的建议。

第一节 低渗透砂岩气藏储层特征

低渗透及致密砂岩天然气分布广泛，储量非常可观，有明显的储层特征。储层是低渗透砂岩气藏的核心，是储存天然气的容器。储层之间之所以能储渗天然气，是因为其内部存在未被固体物质占据的孔隙空间，而天然气正是储存和流动于岩石的孔隙空间之中。储层内部孔隙空间的大小、形状、连通性和发育程度等从根本上决定了气体在孔道中的渗流形态和渗流规律。因此，清楚地认识低渗透砂岩气藏中的储层特征是研究和认识天然气渗流特征和规律的基础。

一、低渗透砂岩气藏的定义

关于低渗透气藏的定义，大多根据储层物性来划分，但是目前国内外尚没有统一的低渗透气藏划分标准。气体可流动的物性下限比油低。采用油藏物性划分标准，往往使得气田的流动性界限偏高，而忽略了许多有可开采价值的储层。

国内外许多专家在储层按物性分类方面做了大量研究，比较全面的分类意见包括美国的Collins及我国罗蛰潭等提出的方案。此外，Benner于2000年将气测渗透率低于0.5mD的气藏划分为低渗透气藏；2002年，Coots把渗透率低于0.1mD的气藏划分为低渗透气藏；2013年，德国石油与煤炭科学技术委员会建立新的低渗透气藏标准，联邦能源管理委员会把0.001mD的地层原始气体渗透率值作为界定"致密"储层的标准。

目前，我国按储层物性对气藏进行分类的指标为：有效渗透率在0.1mD（绝对渗透率大于1~20mD）以上、孔隙度在15%以上为低渗透气藏；对于致密气藏，有效渗透率在不高于0.1mD（绝对渗透率小于0.1mD）、孔隙度不高于10%[1]。SY/T 6285—2011《油气储层评价方法》中对油气藏储层分类见表1-1-1。

表1-1-1 油气藏储层分类（SY/T 6285—2011）　　　　单位：mD

油藏						气藏			
特高渗透	高渗透	中渗透	低渗透	特低渗透	超低渗透	高渗透	中渗透	低渗透	特低渗透
$K \geqslant 2000$	$500 \leqslant K < 2000$	$50 \leqslant K < 500$	$10 \leqslant K < 50$	$1 \leqslant K < 10$	$K < 1$	$K \geqslant 500$	$10 \leqslant K < 50$	$0.1 \leqslant K < 1$	$K < 0.1$

二、国内外低渗透砂岩气藏勘探现状

全球范围内，加拿大和美国是主要实施低渗透气藏开发的国家。20世纪60年代末，西方世界正处于能源危机之中，石油价格上涨，客观刺激了天然气工业的发展，天然气在美国开采居高不下，储采比严重失调，供求关系日益紧张。出于全球经济和政治战略的考虑，美国政府在政策上对低渗透气藏的勘探开发给予了各种优惠和大力支持，使得致密气藏和低渗透气藏的勘探开发取得了较大的发展。美国作为低渗透砂岩气藏开发最成功的国家，其本土现有含气盆地113个中有23个勘探结果显示为低渗透砂岩气藏，主要分布在西部落基山地区，美国低渗透砂岩气藏资源量为 $19.8×10^{12}$ ~ $42.5×10^{12}m^3$，为常规气资源量（$66.5×10^8m^3$）的 29.8%~63.9%，在非常规气资源量中占据42.5%。2008年，美国低渗透砂岩气藏产量为 $1757×10^8m^3$，占其天然气总产量的30.2%，在非常规气中占62%。由于非常规天然气的大规模开发，美国于2009年不仅一跃成为全球最大的天然气生产国，其储量也首次超越了俄罗斯。随着目前全球能源资源的日益紧张，越来越多的国家意识到低渗透砂岩气藏等非常规天然气已成为当今新能源发展的重要方向，降低技术成本和管理成本是非常规天然气开发利用的关键。在美国，排名前12位的已开发大气田中低渗透砂岩气藏占据5个。克里弗兰德气田早期采用直井生产，单井累计采气量低，经济效益差，2003年开始探索水平井开采，2004年以来，水平井在所有井型中所占比例达到了75%，单井产量提高了2.5~3倍，此成功案例充分证实了采用水平井技术可大幅度提高单井产量。近年来，随着非常规页岩气的大规模开发，水平井的应用比例也大幅度上升，目前美国天然气水平井的应用比例达到了70%。

进入21世纪以来，国内能源需求不断增加，逐渐出现供不应求的情况，加大对非常规天然气的利用是中国增强能源供应的必然选择。目前，国内低渗透砂岩天然气储量主要分布在四川盆地和鄂尔多斯盆地，其中苏里格气田和广安构造须家河组气藏是目前已投入开发的典型气田。截至2009年6月，广安构造须家河组气藏共钻井134口，投产70口，其中须六气藏投产气井58口（其中包括水平井7口），须四气藏投产12口。至2009年6月底，广安构造须家河组须四和须六气藏合计生产规模 $130.09×10^4m^3/d$，日产水 $91.49m^3$，日产油 6.82t，已累计产气 $16.26×10^8m^3$，累计产水 $9.89×10^4m^3$，累计产油 $1.66×10^4t$；其中，须六气藏累计产气量和累计产油量所占比例均超过98%，是广安气田的绝对主力气藏，须家河组气藏生产情况见表1-1-2。

表1-1-2 须家河组气藏生产简表

气藏	井数	日产情况（至2009年6月）			累计产出情况		
		气 10^4m^3	水 m^3	油 t	气 10^4m^3	水 m^3	油 t
须六	58	126.89	76.99	6.82	159335.91	69818.91	16545.11
须四	12	3.20	14.50	0.00	3278.19	29101	31.11
合计	70	130.09	91.49	6.82	162614.1	98919.91	16576.22

天然气资源在我国并不丰富，有关专家如吴震权、孔志平、关德范等，已经认识并提出，依靠现有天然气资源仅可满足我国国民经济中期发展的需求。因此，要满足我国国民经济高速发展的需求，必须不断地去勘探发现和开采新的天然气资源，以确保天然气工业的持续稳定发展。

第二节 低渗透砂岩气藏复杂渗流机理研究现状

低渗透致密砂岩气藏由于储层的特殊性，常常会产生滑脱效应、高速或低速非线性渗流、应力敏感性、可动水及凝析油污染等问题，这些因素是影响低渗透砂岩气藏开发效果的关键技术问题。在此，对多年来国内外相关研究成果进行分析总结，掌握国内外最新研究成果、明确目前研究中存在的问题，把握研究低渗透砂岩气藏机理研究发展趋势。

一、高速非达西渗流机理研究现状

达西定律是基于液相黏滞性流动实验得到的，类似于管流中的层流流动。对于气井而言，垂直于气体流动方向的过水断面越接近井轴越小，渗流速度急剧增加；同时，由于在井轴附近形成较大压降漏斗，气体急剧膨胀也引起气体流速迅速增大。此时，达西定律所描述的 $Q—dp/dr$ 的线性关系不再成立。为了描述高速气流在近井地带的渗流效应，Forchheimer（1901）提出了修正的方法，即在达西定律方程基础上添加一非达西项，该非达西项包括紊流（或非达西）系数、流体密度以及流速的平方项，得到了一个非线性的流动方程，该方程即我们常用的二项式渗流方程：

$$\frac{dp}{dr}=\frac{\mu_g}{K}v+\beta\rho_g v^2 \tag{1-2-1}$$

式中 p——气体压力，MPa；
　　　r——地层围圆半径，m；
　　　μ_g——天然气黏度，mPa·s；
　　　K——气层渗透率，mD；
　　　v——气体流速，m/s；
　　　β——非达西流因子，无量纲；
　　　ρ——气体密度，kg/m³。

多年来，国内外许多学者对高速非达西渗流特征参数诊断及高速非达西渗流产生对气井试井曲线特征、产能影响进行了深入研究。

1. 高速非达西渗流产生机理

自从 Forchheimer（1901）提出非达西渗流现象以来，对于高速非达西渗流产生机理，国内外许多学者进行了深入研究。目前，对于该现象产生机理主要有两种不同观点：一是认为高速非达西渗流产生机理类似于管流中湍流效应，归因于高速非达西渗流效应的影响，典型代表有 Cornell 和 Katz（1953）；二是认为出现高速非达西渗流是由于惯性效应的影响，而不是由于湍流效应的影响；典型代表有 Bear（1972），Scheidegger（1974），Barak（1987），

Ruth 和 Ma（1992），Whitaker（1996）等。Bear 提出三点理由说明为什么高速非达西效应是由于惯性效应的影响：

(1) 管流中湍流效应压力梯度计算公式中不包含类似于 Forchheimer 方程右端线性项；

(2) 管流中，层流与湍流之间过渡阶段持续时间很短；

(3) 管流中临界雷诺数远大于出现高速非达西效应临界雷诺数。

对于第三个原因，Ruth 和 Ma 通过数值实验研究了该现象的存在性：首先采用毛细直管模型进行数值实验，发现当雷诺数达到 2000 的时候，非达西效应的影响都不是很明显；接着，采用一弯曲毛细管模型进行同样的实验，发现当雷诺数在 1 左右时，已表现出明显惯性效应的影响，这与前苏联学者卡佳霍夫提出多孔介质中液相出现高速非达西流临界雷诺数（0.2~0.3）在同一个数量级。因此，认为高速非达西渗流产生原因是微观惯性效应的影响改变了速度场与压力场。根据此观点可推断多孔介质迂曲度是影响高速非达西渗流效应的关键因素。

2. 高速非达西渗流现象实验诊断方法

对于高速非达西渗流现象实验诊断方法，主要采用多流量—压力诊断方法。通过测试不同压差条件通过岩心流量，然后绘制流量与压差之间的关系曲线；对于气体而言，采用 q-$(p_1^2-p_a^2)/[L\cdot(2q)]$ 回归，对于液相采用 q-$(p_1-p_a)/[L\cdot(2q)]$ 回归（q 为通过岩心的流量，m^3/s；L 为岩心长度，m；p_1 和 p_a 为压力，MPa）。流量与压差之间存在较好线性关系表明存在明显高速非达西渗流现象，否则可忽略高速非达西效应。高速非达西渗流效应诊断示意图如图 1-2-1 所示。

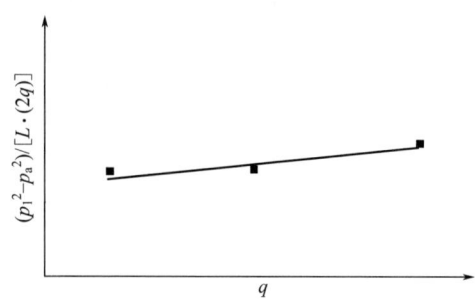

图 1-2-1 高速非达西渗流效应诊断示意图

3. 紊流系数确定方法

分析高速非达西影响因素的一个重要内容即确定紊流系数。从文献调研结果来看，随着认识的深入，对于紊流系数的影响因素研究越来越深入，考虑的因素越来越全面；紊流系数不仅受渗透率和孔隙度影响，而且与孔隙迂曲度以及含水饱和度息息相关。

对于紊流系数计算主要有两种方法：一是基于毛细管理论建立的理论模型（平行毛细管模型和连续毛细管模型）计算方法；平行毛细管模型假设多孔介质由大量平行的、毛细管半径一致的毛细管簇组成；毛细管模型假设多孔介质由大量平行的、毛细管半径不同的毛细管簇组成，因此后者与实际更加接近。二是根据大量多流量实验测试确定的经验计算关系式。比较理论计算模型和经验关系式优缺点发现：前者计算方法复杂，所建立模型与实际储层渗流差距较大，而且目前仅有考虑单相流条件下的模型；经验公式计算方法是根据大量岩心实验数据统计得到的结果，具有较高代表性，经验公式计算可以考虑两相或多相渗流的情况，此外经验公式计算方便适用。基于以上原因，在此主要介绍有关紊流系数计算经验计算公式。

1) 单相条件下紊流系数计算公式

关于单相条件下紊流系数确定相关研究成果较多；根据非达西渗流计算公式形式大致可分为三种类型：

$$\beta = \frac{a_2}{K^{a_1}} \quad (1-2-2)$$

$$\beta = \frac{b_3}{K^{b_1} \phi^{b_2}} \quad (1-2-3)$$

$$\beta = \frac{c_3 \tau^{c_4}}{K^{c_1} \phi^{c_2}} \quad (1-2-4)$$

式中 β——紊流系数，m^{-1}；

K——岩心渗透率，mD；

ϕ——岩心孔隙度，小数；

τ——岩心迂曲度，无量纲；

a，b，c——方程系数。

典型单相紊流系数计算公式见表1-2-1。

表1-2-1 典型单相紊流系数计算公式

类型	公式	岩心类型	作者	时间
I	$\beta = \dfrac{4.8 \times 10^{10}}{K^{1.176}}$	低渗裂缝岩心	Pascal 等	1980
	$\beta = \dfrac{2.018 \times 10^9}{K^{1.55}}$	孔洞型灰岩、结晶灰岩、细粒砂岩	Jones 等	1987
II	$\beta = \dfrac{4.24 \times 10^4}{K^{0.5} \phi^{1.5}}$	砂岩	Ergun 等	1958
	$\beta = \dfrac{1.43 \times 10^5}{K^{0.5} \phi^{1.5}}$	砂岩	MacDonald 等	1979
	$\beta = \dfrac{1.82 \times 10^8}{K^{5/4} \phi^{3/4}}$	天然多孔介质	Janicek	1955
	$\beta = \dfrac{1.59 \times 10^3}{K^{0.5} \phi^{5.5}}$	胶结或疏松砂岩、石灰岩、白云岩	Geertsma	1974
	$\beta = \dfrac{5.5 \times 10^9}{K^{1.25} \phi^{0.75}}$	砂岩	Tek 等	1962
	$\beta = \dfrac{1.15 \times 10^7}{K\phi}$	薄片状贝雷砂岩	Li 等	2001
	$\beta = \dfrac{3.51 \times 10^{10}}{K^{1.88} \phi^{-0.449}}$ $\beta = \dfrac{8.17 \times 10^9}{K^{1.79} \phi^{-0.537}}$	砂岩、石灰岩	Coles 等	1998

续表

类型	公式	岩心类型	作者	时间
Ⅲ	$\beta=\dfrac{2.92\times10^{7}\tau}{K\phi}$	砂岩、石灰岩	Liu 等	1995
	$\beta=\dfrac{17.8\tau^{3.35}}{K^{0.98}\phi^{0.29}}$	孔隙模型理论计算	Thauvin 等	1998
	$\beta=\dfrac{3.1\times10^{-15}\tau^{1.943}}{K^{1.023}}$	砂岩、石灰岩	Cooper 等	1999

2) 有水条件下紊流系数计算公式

随着认识的深入,逐渐认识到有水条件下紊流系数计算受水的影响较大;有水条件下紊流系数高于不含水岩样紊流系数。1970年,Wong实验研究发现,当水饱和度由40%增加至70%,紊流系数增大了8倍;此外,Evans等、Grigg等以及Coles等采用实验测试方法得到了同样结论。

因此,有水条件下紊流系数计算与干岩样条件下有较大差异。含水条件下紊流系数计算可采用与单相测试相同的方式;值得注意的是,在含水条件下,孔隙度采用气相占据有效孔隙度值、对气相而言渗透率取有效渗透率。有水条件下典型紊流系数计算公式见表1-2-2。

表1-2-2 有水条件下典型紊流系数计算公式

公式	岩样类型	作者	时间
$\beta=\dfrac{0.005}{K^{0.5}\phi^{5.5}}\cdot\dfrac{1}{(1-S_{wr})^{5.5}K_{rel}^{0.5}}$	胶结或疏松砂岩、石灰岩、白云岩	Geertsma	1974
$\beta=\dfrac{1432.6}{K_{g}^{0.5}[\phi(1-S_{w})]^{1.5}}$	砂岩	Kutasov	1993
$\beta=\dfrac{2.11\times10^{10}}{K_{g}^{1.55}[\phi(1-S_{w})]}$ $\beta=\dfrac{1}{[\phi(1-S_{w})]^{2}}e^{45-\sqrt{407+81\ln\lvert K_{g}/[\phi(1-S_{w})]\rvert}}$	砂岩	Frederick	1994
$\beta=\beta_{dry}\exp(6.265S_{p})$	砂岩	Coles 等	1998

注:S_{wr}—束缚水饱和度;S_{w}—含水饱和度;K_{rel}—相对渗透率,mD;K_{g}—气相渗透率,mD;β_{dry}—干燥的紊流系数,m^{-1}。

2008年,P. Macini采用实验测试方法研究了疏松岩心非达西流现象,研究表明,对疏松岩心而言,非达西系数不仅与岩心孔隙度、渗透率有关,更重要的是受颗粒大小影响。

3) 考虑应力影响紊流系数计算关系式

由于低渗透储层普遍存在不同程度应力敏感特征以及在低压条件下气体滑脱效应,因此在低压条件下采用Forchheimer方程确定紊流系数存在一定程度误差。所以紊流系数确定还要受岩心有效应力的影响。2003年,Belhaj等首次采用三轴应力装置测试油藏条件下气体紊流系数,实验最高压力达到69MPa,但是没有建立起紊流系数与有效应力之间的关系。同年，Zeng 等在此基础上进行了同样的实验测试，实验围压最高达到 68.9MPa、内压最高达到 34.5MPa，实验温度 93.3℃；岩样采用 Dakota 砂岩，根据实验测试结果，分别建立渗透率、紊流系数与静压、压差之间的关系 [式（1-2-5）、式（1-2-6）]，结果表明，随着有效应力增加，岩心渗透率逐渐降低、紊流系数逐渐增加。

$$\begin{cases} K=-5.0\times10^{-5}\sigma_{\text{静压}}+3.48 \\ \beta=-5.6\times10^{-3}\sigma_{\text{静压}}+154.33 \end{cases} \quad (1-2-5)$$

$$\begin{cases} K=-4.0\times10^{-5}\sigma_{\text{压差}}+3.36 \\ \beta=-5.4\times10^{-3}\sigma_{\text{压差}}+158.04 \end{cases} \quad (1-2-6)$$

式中 $\sigma_{\text{静压}}$——静压，MPa；

$\sigma_{\text{压差}}$——压差，MPa。

从前面对于高速非达西渗透产生机理及影响因素可以看出，对于气井而言普遍存在高速非达西现象；而且非达西渗流主要受惯性效应的影响，因此对于实际岩心而言，由于孔道错综复杂，高速非达西渗流影响应该更加明显。

纵观国内外对于低渗透气藏高速非达西效应特征研究，可得到以下认识：

（1）高速非达西效应产生机理不仅与高速非达西渗流效应有关，更重要的是受惯性效应的影响；对于低渗透储层气藏，由于孔道错综复杂存在明显非达西效应。

（2）紊流系数的确定是其对气井产能影响的重要研究内容，目前对于该系数的确定主要采用多流量实验测试方法；从国外实验测试的岩心孔隙度和渗透率绝大部分分别大于 10% 和 1mD，因此对于低渗透高含水岩样研究较少。

（3）紊流系数不仅与储层孔隙度和渗透率有关，而且受多孔介质迂曲度、岩心颗粒大小、含水饱和度、实验压力以及实验流体的影响。

（4）高速非达西渗流对水平气井产能的影响逐渐引起人们的关注；研究思路主要有两种：一是稳态产能计算可直接考虑高速非达西表皮；二是对于非稳态产能计算目前均采用商业软件计算。

（5）国内外研究表明，高速非达西对低渗透气藏、裂缝性气藏及有水气藏影响较大；因此，对于低渗透高含水气藏在一定条件下应该存在更加明显的高速非达西效应。

（6）国内外对于高速非达西效应对水平井产能的影响相关研究表明，水平井同样存在高速非达西现象，但是在同样的储层条件下，高速非达西效应对水平井与直井的影响对比研究较少；此外，对于低渗透高含水气藏水平气井产能受高速非达西的影响有多大没有见到相关研究成果。

二、滑脱效应渗流机理研究现状

1. 滑脱效应产生机理

滑脱效应最早是 1941 年 Klinkenberg 在采用气测渗透率时发现的现象，对于滑脱效应产生机理目前有比较明确、统一的认识：（1）气—固之间分子作用力。通常，液—固间的分子力比液—液间的分子力更大，故在管壁附近表现的黏滞阻力更大，致使液体无法流动而粘在管壁上，表现为流速减小到零。然而对气体来说，由于其黏度远小于液相黏度，气—固之间的分子作用力远比液—固间的分子作用力小得多，在管壁处的气体分子有的仍处于运动状态，并不全部黏附于管壁上。因此，在管壁处气体亦参加流动，相当于增加了气体的流量。表现为对于同一块岩心，在相同测试条件下气测渗透率远高于液测渗透率。（2）分子布朗运动。由于气体分子运动能力远高于液相，相邻层的气体分子之间相互碰撞、产生动量交换，使得靠近管壁处的气体分子一起流动。同样会增加气体流动能力。（3）分子扩散。由于岩心内壁对气体的吸附作用以及孔喉非均质，导致气体在岩心中分布不均匀，形成局部浓度差异；在一定的条件下，气体产生解吸现象，使得气体表现为流量增大的现象。

2. 滑脱效应实验诊断方法

从文献调研结果来看，目前对于滑脱效应诊断均采用实验测试的方式，通过测试不同压力条件下气体通过岩心的流量，采用达西公式得到气测渗透率 K_g；然后绘制 K_g 与对应的平均压力的倒数之间的关系曲线（图1-2-2）。如果两者之间存在明显线性关系，则表明该岩样存在明显的滑脱效应；否则，不存在滑脱效应的影响。值得注意的是，实验过程中需保持较低的压力梯度，否则会表现出其他渗流效应的影响。

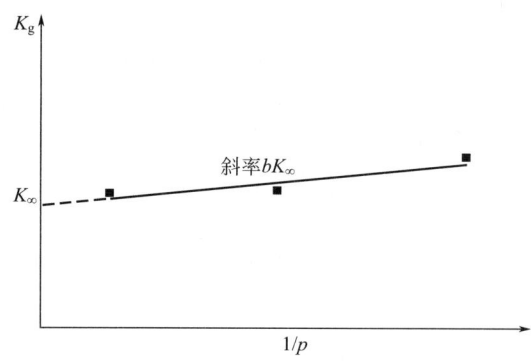

图1-2-2 滑脱效应诊断示意图

3. 滑脱因子确定方法

1941年，Klinkenberg通过实验观察提出针对不含束缚水的多孔介质中气体单相渗流时的滑脱现象；并发现气测渗透率（又称视渗透率）与流动平均压力存在如下关系：

$$K_g = K_\infty \left(1 + \frac{b}{\bar{p}}\right) \tag{1-2-7}$$

$$b = \frac{4C\lambda \bar{p}}{r} \tag{1-2-8}$$

$$\lambda = \frac{1}{\sqrt{2}\pi d^2 n} \tag{1-2-9}$$

式中　K_g——气测渗透率，定义为视渗透率，mD；
　　　K_∞——液测渗透率或绝对渗透率，mD；
　　　b——气体滑脱因子，MPa；
　　　$\bar{p}$——流动平均压力，MPa；

λ——对应于 $\bar{p}$ 下气体平均分子自由行程，m；

r——毛细管半径，m；

C——近似于 1 的比例常数；

d——分子直径，m；

n——分子密度，kg/m^3。

确定气体滑脱因子 b 是研究滑脱效应对气藏动态影像的首要任务。从图 1-2-2 可以看出，曲线与纵轴的截距即为 K_∞，斜率为 bK_∞；通过截距与斜率就可以确定某一岩样的气体滑脱因子。

国内外学者对于低渗透岩样气体滑脱因子进行了大量研究，并提出了相应的计算气体滑脱因子的关系式以及影响气体滑脱因子的因素。最早的计算气体滑脱因子的关系式是由 Klinkenberg 根据气体分子动力学提出来的，见式（1-2-8）。从该式可以看出，决定气体滑脱因子的三个重要参数即 $\bar{p}$，λ 和 r。对于实际岩心、气体而言，参数 λ 和 r 确定难度较大，实际应用不方便。因此，能否建立计算气体滑脱因子简单、适用的关系式成为石油工作者多年来的研究目标。

1950 年，Heid 等通过实验研究发现滑脱因子与岩心绝对渗透率存在如下关系：

$$b = aK_{\infty g}^m \tag{1-2-10}$$

式中 a——与岩性有关的岩性系数；

$K_{\infty g}$——岩心绝对渗透率，mD；

m——胶结指数。

1956 年，Estes 等实验研究发现在岩心含水饱和度达到 55%～75% 时，出现 b 为负值的情形。1979 年，Counsil 考虑了气体滑脱因子的影响对注蒸汽的影响，研究表明在压力高于 1MPa 的条件下，气相滑脱效应的影响可以忽略。1980 年，Jones 等采用大量低渗透砂岩岩心束重复上述实验，发现了同样的规律。Keighin 分别于 1979 年和 1982 年通过实验研究发现对于低渗透气藏存在明显滑脱效应。1982 年，K. Sampath（SPE 987）采用尤因塔州低渗透砂岩岩样共计 200 块进行实验分析，岩心渗透范围为 0.001～10mD，实验围压为 34.5MPa，发现气体滑脱因子与岩心孔隙度和渗透率存在如下关系：

$$b = 0.0955(K_{\infty g}/\phi)^{-0.53} \tag{1-2-11}$$

另外，在实验过程中发现，随着含水饱和度的增加，K_a 与 $1/p$ 曲线斜率逐渐降低。

1986 年，Turgay Ertkin 等（SPE 12045）提出变滑脱效应的概念，认为即使对于理想的多孔介质体系，气体滑脱因子 b 也不能假定为常数；对于某一气藏而言，随着开发进行，气藏压力和饱和度场也在变，因此，在整个气藏开发过程中滑脱效应的影响应该也在变。作者以达西定律及 Fick 扩散定律为基础，建立了考虑压力、组成及饱和度影响的气体滑脱因子计算模型［式（1-2-12）、式（1-2-13）］。为了分析恒定 b 和变化 b 对气藏开发的影响建立了单井模型，结果表明，对于渗透率小于 0.01mD 的气藏，单相条件下预测气藏采收率差别可达到 5%～8%；多相条件下，预测气藏采收率差别可达到 29%。渗透率越低两者差别越明显、气藏压力越小差异越大。温度对气体滑脱因子的影响值得探索。

单相条件下：

$$b(p) = \frac{K_3}{M}\mu(p) \tag{1-2-12}$$

多相条件下：

$$b_{S_{gi}} = \frac{S_{gi}}{K_{rg}(S_{gi})} b_{100} \qquad (1-2-13)$$

2001年，Li Kewen（SPE 68778）研究了注蒸汽条件下气液两相流条件下滑脱效应的影响以及温度对气体滑脱因子的影响。研究表明，在两相流条件下不考虑滑脱效应的影响计算气相相对渗透率偏大；温度越高，气体滑脱因子越大。多相流条件下气相渗透率采用下式计算：

$$K_{g\infty} = \frac{K_g(S_w, p_m)}{(1 + b_{S_w}/p_m)} \qquad (1-2-14)$$

2003年，J. A. Rushing（SPE 84297）等研究了致密砂岩岩心两相滑脱现象以及滑脱对气相相对渗透率的影响。研究表明，随着含水饱和度增加，滑脱现象影响逐渐减弱；干燥岩样，温度越高滑脱现象越明显；含水岩样，温度对滑脱现象影响不大。

2004年，Li Shuliang等（SPE 88472）把Jones计算b的经验关系式代入Klinkenberg方程得到确定低渗透岩样渗透率关系式[式(1-2-15)]。因此，在实验室条件下只需要测试不同平均压力条件下K_a值就可以确定K_∞。实验研究发现，在出口端施加回压可降低滑脱效应的影响；对于渗透率为0.25mD岩样，当回压达到0.68MPa时，可以忽略滑脱效应的影响；对于渗透率为0.0076mD岩样，当回压达到7.16MPa时，滑脱效应的影响可以忽略；渗透率越低，消除滑脱影响所需要的压力越高。

$$K_a = K_\infty \left(1 + \frac{0.86 K_\infty^{-0.33}}{\bar{p}} \right) \qquad (1-2-15)$$

2004年，J. A. Rushing（SPE 89867）提出了一种非稳态法测试气相致密砂岩岩样克氏渗透率；比较了常规稳态方式与非稳态测试方法的差异；不同流速、压力对稳态法测试的影响。对于稳态测试方法，测试压力越大、渗透率越高，在实验过程中已出现非达西流现象；作者分别采用滑脱、达西流、高速非达西流诊断图板对实验测试结果进行分析。非稳态测试采用降压方式，非稳态方式测试克氏渗透率高于稳态法得到克氏渗透率；渗透率越大差距越小；实验研究发现，通过在出口端施加压力可有效降低滑脱效应以及高速非达西渗流影响。

根据前文关于低渗透岩样滑脱现象调研结果可得到以下认识：

（1）气相黏度远小于液相、气体分子扩散运动，低渗透岩样普遍存在滑脱效应；

（2）滑脱效应主要采用不同压力条件下气体流量实验进行诊断；气体滑脱因子的计算主要采用经验公式计算方法；

（3）实验压力、含水饱和度及温度对滑脱效应的影响很大，压力越大、水饱和度越大及温度越低，滑脱效应的影响越小；

（4）气—液两相流条件下，滑脱现象诊断及评价技术逐渐引起人们重视；

（5）实验过程中，通过在出口端施加压力可有效提高低渗透岩样渗透率确定的精度；实验过程中平均压力越高，可有效消除滑脱现象的影响。

三、低速非达西渗流机理研究现状

低速非达西渗流最早是针对液相在多孔介质中渗流提出来的，由于流体与岩石表面作用的影响、孔隙的大小和孔喉的几何结构分布不均匀影响以及有效应力的影响导致液体渗流存在启动压差以及临界压力梯度。1986年，冯文光提出低渗透气藏同样存在低速非达西渗流现象，四川石油管理局通过多年来的研究，对低渗透气藏低速非达西渗流产生机理及其影响已有深入的认识。

1. 低速非达西渗流效应产生机理

低渗透气藏由于多孔介质喉道狭窄，造成低渗透含水气藏毛细管压力高；低渗透气藏普遍含水饱和度较高，严重影响气体的相对渗透率，致使水锁现象普遍存在。

对于阈压效应产生机理目前有比较统一的认识。高含水低渗透气藏在低压差下，孔隙表面水膜在喉道处聚集、堵塞，一定时间后喉道前后压差足以克服喉道处阻力作用，气、水两相才同时流动。孔隙中值喉道越小，堵塞现象越明显。此外，由于低渗透气藏储层管束状喉道和扁平喉道较为发育，喉道长而狭窄，喉道始终被地层水占据。在低压段，固—液之间的毛细管阻力较大，地层水始终无法克服喉道中的毛细管力影响产生宏观流动。由于喉道毛细管水占据了喉道空间，气体无法形成连续流动，但气体在聚集一定能量后产生变形来克服气—水之间毛细管力的束缚，以泡流的形式在孔隙和喉道的中央部位运移。此时，由于气—水之间的接触面大，气—水之间的毛细管阻力远大于气体的滑脱动力，导致低渗透气藏的气体渗流特征与液体渗流特征相似。因此，低渗透气藏储层孔隙结构复杂，非均质性强，束缚水饱和度高，孔喉比大，喉道细小并被地层水堵塞是气体在低压段受阈压效应影响而产生低速非达西渗流的实质性原因。地层水在细小的孔隙喉道处堵塞，中值喉道半径小于某一临界值时阈压效应更加明显。为了描述这种特殊渗流现象的实质，提出了气体低速非达西渗流归结为启动压差和临界压力梯度两种控制因素的观点。启动压差是使气体突破孔隙喉道处的水膜水束缚从静止到流动时，需要在微观孔隙喉道两端形成的最小压差；临界压力梯度是气体开始流动后，为了克服毛细管水贾敏效应产生的附加阻力、保持连续流动所需要的最小压力梯度。启动压差对气体低速非达西渗流的作用是一个瞬间过程，临界压力梯度对气体低速非达西渗流的作用是一个持续过程，两者是相互独立的因素。

相关研究表明，气体低速非达西渗流是由于地层中的水在细小的孔隙喉道中堵塞造成的；当中值喉道半径小于 0.04μm 的时候，水的堵塞效应才会明显，从而产生低速非达西渗流现象，也称之为阈压效应现象。

2. 低速非达西渗流效应诊断方法

从文献调研结果来看，目前对于阈压效应诊断均采用实验测试的方式，通过测试不同的压力条件下通过岩心的气体流量，采用达西公式得到气测渗透率 K_a；然后绘制 K_a 与 $1/\Delta p$ 的关系曲线（图1-2-3）。如果两者之间存在明显的线性关系，则表明该岩样存在明显的阈压效应；否则，不存在阈压效应的影响。

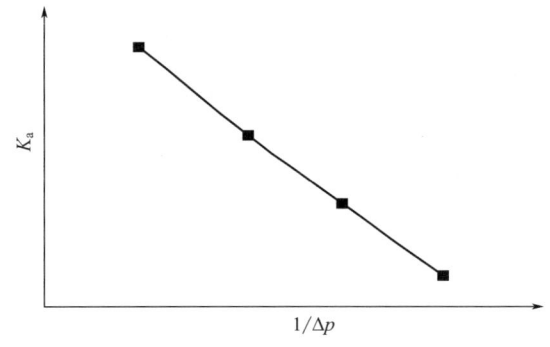

图1-2-3 阈压效应诊断示意图

3. 低速非达西渗流效应特征参数研究

查阅国内外相关研究成果，临界压力梯度确定主要以实验研究为主，目前临界压力梯度确定有两种方法：一是稳态流量—压差方法，即通过测定稳态时不同驱替压差下流体通过低渗透砂岩岩心的渗流速度，求得流量（或流速）与压力梯度的关系，再利用数学的方法求得临界压力梯度值；稳态法低渗透岩心的渗流稳定时间长，测量很费时。二是气泡法，即当岩心中充满流体（气、液或气+液）时，在某一驱替压差下从低压向高压驱替进行时，注入气体能克服其岩心中最大孔喉的阻力及流体间的界面张力等，此时驱替流体就要开始进入孔道，并开始占据孔道的体积，由于压力的传递，流体开始移动，使其插在水里的岩心出口端的细管开始产生气泡，认为该压力为启动压力，对应的压力梯度即为临界压力梯度。关于启动压力测试，目前还未统一标准，但一般来讲，气泡法总可以测试出一定启动压力，而且比流量压差法要大。因此，目前临界压力梯度确定仍然主要采用稳态流量—压差方法。

从图1-2-3可以看出，如果K_g与$1/\Delta p$存在线性关系，则表明存在明显阈压效应；根据曲线的斜率和截距可以确定岩样临界压力梯度。由于阈压效应是在小压力梯度条件下出现的特殊渗流现象，实验测试方法已经很成熟。如果要准确测定评价阈压效应影响程度的特征参数——启动压差和临界压力梯度，必须达到以下几点要求：首先实验仪器精度必须足够高；其次在实验过程中保持气体单相流动；三是尽量减小计量误差的影响。因此，多年来，相关学者主要从以上三个方面对测试手段进行改进，比如采用高精度压力计、调压阀、小体积条件下气体流量计量等。中国石油西南油气田分公司刘晓旭通过对包界地区须家河组低渗透砂岩气藏渗流机理进行研究，发现对于高含水低渗透岩心在小压力梯度范围内气体渗流形式表现为滑脱效应和阈压效应此消彼长的过程，如何定量化评价两种非线性渗流机理是值得关心的问题。

四、存在问题及发展趋势

通过对低渗透气藏国内外有关渗流机理文献调研，结合研究目标实际情况，发现存在以下几方面问题值得研究：

（1）高含水低渗透气藏存不存在高速非达西渗流效应？如果存在该效应，特征参数紊流系数范围如何？有水条件下高速非达西渗流效应究竟是增强还是减弱？

（2）高含水低渗透气藏渗流表现为哪几种形式？如何在室内实验条件下诊断低渗透气藏渗流形式？

（3）高含水低渗透气藏不同渗流效应占主导地位相互转化临界条件是什么？不同渗流效应特征参数的实验分析技术有哪些？

（4）如何进一步提高低速非达西渗流实验测试精度？

（5）水平井渗流与直井渗流特征有何不同？如何判别？

第三节 低渗透砂岩气藏水平井开发技术概况

对于水平井、大斜度井开发技术，从气藏工程的角度而言，其核心问题是对水平井、大斜度井渗流特征与动态特征的研究。

半个世纪以来，国内外油气藏工程师围绕水平井产能评价及试井分析技术开展了大量研究。在产能分析方面，针对均质地层，采用保角变换模型、有效井径模型、椭球模型及椭圆柱模型等建立了考虑渗透率各向异性特征、表皮效应、完井方式及非达西效应影响下的水平气井稳定及不稳定产能评价模型；在试井分析方面，将水平气井渗流划为三个阶段：早期垂向径向流阶段、中期线性流阶段、晚期水平拟径向流阶段，建立并求解了不同顶底边界及外边界条件下的水平气井不稳定试井数学模型，形成了相应的试井理论图版。

一、水平井产能评价技术概况

1. 水平气井初期产能评价

早期由于水平井主要用于油藏，因此目前已提出的许多稳态或拟稳态产能方程都是针对水平油井。由于世界能源需求增长导致天然气价格上涨，因此许多早期发现的不具有经济开采价值的低产气藏引起了人们的重视，提高单井气井的产能除了压裂改造措施以外，另外一个重要措施就是采用水平井技术的应用。

为了能够使上述适合于油藏的产能公式推广到气藏，可根据气藏渗流与液体渗流的相似性，引入如下变换：

(1) 以气相拟压力 $\left[m(p) = \int \dfrac{2p}{\mu z}\mathrm{d}p\right]$（其中，$p$ 为压力，MPa；μ 为黏度，mPa·s；z 为偏差因子，无量纲）或压力的平方（p^2）代替油相压力 p。

(2) 以气相 $\dfrac{Tp_{\mathrm{sc}}}{T_{\mathrm{sc}}}$ 代替油相 $\dfrac{\mu_{\mathrm{o}}B_{\mathrm{o}}}{2}$（其中，$T_{\mathrm{sc}}$ 为地面温度；μ_{o} 为油相黏度；B_{o} 为原油体积系数）。

对于水平井初期产能研究主要集中于 20 世纪 90 年代，国内外学者根据电模拟实验、等值渗流法或有效井径模型提出了许多水平井初期产能计算公式，代表性成果见表 1-3-1 和表 1-3-2：

表 1-3-1　水平井拟稳态产能计算公式

公式	作者	时间
$q_{\mathrm{h}} = \dfrac{b\sqrt{K_x K_z}(p_{\mathrm{r}}^2 - p_{\mathrm{wf}}^2)}{12.91T\mu Z\left[\ln\left(\dfrac{\sqrt{a h}}{r_{\mathrm{w}}}\right) + \ln C_{\mathrm{H}} - 0.75 + S_{\mathrm{R}}\right]}$	Babu	1989
$Q_{\mathrm{CR}} = \dfrac{L_{\mathrm{eq}}K_{\mathrm{eq}}(p_{\mathrm{r}}^2 - p_{\mathrm{wf}}^2)}{12.91T\mu Z\left(\dfrac{1}{2}\ln\dfrac{4A_{\mathrm{eq}}}{\gamma r_{\mathrm{weq}}^2} - \dfrac{1}{2}\ln C_A + S\right)}$	Helm	1998
$Q_{\mathrm{w}} = \dfrac{(K_y K_z)^{1/2} L(p_{\mathrm{a}}^2 - p_{\mathrm{wf}}^2)/(12.91T\mu Z)}{\Lambda + S_{\mathrm{P}}}$	Jing Lu	2007

注：K_x—x 方向渗透率，mD；K_z—垂向渗透率，mD；K_y—y 方向渗透率，mD；p_{r}—地层压力，MPa；p_{wf}—井底流压，MPa；μ—气体黏度，mPa·s；Z—气体偏差系数；T—气层温度，K；a—长度为 L 的水平井所形成的椭球体泄气区的长半轴，m；h—气层有效厚度，m；r_{w}—水平段井筒半径，m；C_{H}—形状因子；S_{R}—表皮系数；L_{eq}—等效水平段长度，m；K_{eq}—等效渗透率，mD；A_{eq}—等效泄流面积，km^2；r_{eq}—等效井筒半径，m；C_A—油藏形状因子，无量纲；S—表皮系数，无量纲；r_{eh}—水平井泄气半径，m；L—水平段长度，m；Λ—储层渗透率伤害表皮系数，无量纲；S_{P}—打开程度不完善表皮系数。

表 1-3-2　水平井稳态产能计算公式

公式	作者	时间
$q_g = \dfrac{K_h h (p_r^2 - p_{wf}^2)}{12.91 T \mu Z \left[\ln\left(\dfrac{4 r_{eh}}{L}\right) + \dfrac{h}{L} \ln\left(\dfrac{h}{2\pi r_w}\right) \right]}$, $(L < r_{eh},\ h \ll L)$	Borisov	1964
$q_h = \dfrac{K'L (p_r^2 - p_{wf}^2)}{12.91 T \mu Z \left[\dfrac{L}{h} \ln \dfrac{1 + \sqrt{1 - \left[\dfrac{L}{2r_{eh}}\right]^2}}{L/2r_{eh}} + \ln\left(\dfrac{h}{2\pi r_w}\right) \right]}$	Giger	1984
$q_g = \dfrac{K_h h (p_r^2 - p_{wf}^2)/(12.91 T \mu Z)}{\ln \left[\dfrac{a + \sqrt{a^2 - \left(\dfrac{L}{2}\right)^2}}{\dfrac{L}{2}} \right] + \left(\dfrac{\beta h}{L}\right) \ln \left[\dfrac{\left(\dfrac{\beta h}{2}\right)^2 + \beta^2 \delta^2}{\dfrac{\beta h r_w}{2}} \right]}$	Joshi	1986
$q_g = \dfrac{K_h h (p_r^2 - p_{wf}^2)}{12.91 T \mu Z \left\{ \cosh^{-1}(x) + \left(\dfrac{\beta h}{L}\right) \ln\left[\dfrac{h}{(2\pi r'_w)}\right] \right\}}$	Renard	1987
$q_g = \dfrac{K'L (p_r^2 - p_{wf}^2)}{12.91 T \mu Z \left[\ln\left(\dfrac{4 r_{eh}}{L}\right) + \dfrac{h}{L} \ln\left(\dfrac{h}{2\pi r_w \sin(\pi a/h)}\right) \right]}$	郎兆新	1993
$q_g = \dfrac{K'h (p_r^2 - p_{wf}^2)}{12.91 T \mu Z \left[\dfrac{\pi r_{eh}}{L} + \dfrac{h}{L} \ln \dfrac{h}{2\pi r_w} \right]}$	窦宏恩	1996

注：q_g—气产量，$10^4 m^3/d$；K_h—水平方向渗透率，mD；μ—气体黏度，mPa·s；Z—气体偏差系数；T—气层温度，K；h—气层有效厚度，m；r_{eh}—水平泄气半径，m；L—水平段长度，m；r_w—水平段井筒半径，m；p_r—地层压力，MPa；p_{wf}—井底流压，MPa；K_v—垂向渗透率，mD；K'—储层有效渗透率（考虑了储层非均质性的影响），mD；a—长度为 L 的水平井所形成的椭球体泄气区的长半轴；δ—水平井偏心距，水平井轴距油层中部的垂直距离，m；C_H—形状因子；S_R—表皮系数；S_P—打开程度不完善表皮系数。

近年来，随着研究的深入，逐渐认识到了完井方式、地层伤害以及近井区高速非达西流对水平气井初期产能计算的影响。许多学者在前人研究的基础上进行了一些改进工作，就方法而言，均是通过引入附加表皮的概念来考虑以上因素的影响。

2. 水平井不稳定产能变化规律研究

查阅国内外文献，对于水平井不稳态产能变化规律研究成果较少，大量成果主要是针对水平井试井曲线特征的研究。对于水平井不稳态产能研究主要有两种方式：一是解析解；二是数值模拟。1987 年，Ozkan 首先将格林（Green）函数法引入到水平井渗流模型求解，为研究水平井不稳态产能变化规律及现代试井解释奠定了基础。1996 年，Thomas L. K. 等研究了近井区高速非达西流以及地层伤害对水平井不稳态产能的影响，研究表明，由于非达西流及地层伤害的影响，水平井稳产时间以及递减速度加快。2001 年，Turhan Yildiz 等建立考虑射孔完井伤害水平井不稳态产能模型，研究表明，射孔密度越大水平井产能递减越缓慢；在相位角180°条件下，产能递减速率最小；地层伤害以及渗透率各相异性对水平井产能变化规律影响较大。2007年，D. Zhu采用有限元方式对低渗透气藏多段压裂水平井产能变化规律进行研究，模型考虑井筒压降的影响，研究表明，水平渗透率、打开程度对水平井产能变化动态特征影响较大；由于井筒压降的影响，部分打开水平气井产能递减速率反而比完全打开小。2007年，Hong en Dou 对 Intercampo 油田13口水平油井递减规律进行研究，研究表明，Arps 模型不适合水平油井递减规律分析，作者提出了新的描述水平油井递减规律模型。2007年，F. Medeiros 在 Medeiros 模型基础上考虑储层非均质性和裂缝的影响。引入不稳态产能指数的概念对低渗透非均质气藏压裂水平井递减规律进行研究。结果表明，采用变产能指数能够较好地描述低渗透压裂气井产能递减规律。2008年，Boughaba Youcef 等采用数值模拟手段以及常规稳态产能方程对短半径水平井、多分支井产能特征进行分析。2008年，Jalal F. Owayed 等从基本渗流运动方程出发建立了适合于黑油油藏（非牛顿宾汉流体）考虑阈压渗流效应临界压力梯度影响水平井试井模型。

国内关于水平气井不稳态产能研究在借鉴国外研究成果基础上也进行了相关探索性工作。研究思路及方法与国外基本一致，最早可见文献是欧阳良彪于1990年建立的矩形封闭气藏达西流条件下水平气井产能评价模型；1999年，宋付权等在假设水平井渗流场为椭球体的基础上，首次建立了考虑阈压渗流效应临界压力梯度影响水平油井稳态产能公式以及试井模型；2007年，李凡华等通过对国内近200口水平井的生产资料，归类总结出底水油藏、超稠油油藏、低渗透油藏、薄层油藏等8种不同油藏类型水平井的生产递减规律，给出了水平井的产量公式和累计产量公式。2009年，李彦兴等根据低渗透率油藏水平井开发的矿场实际情况，通过引入相对渗透率曲线和物质平衡方程，提出了注采平衡条件下低渗透油藏水平井的产量递减模型，论证了低渗透油藏水平井产量变化规律。

1995—1999年，四川石油管理局在承担完成中国石油天然气集团公司"九五"重点攻关项目"四川特低渗透气藏开采新技术研究"过程中，实验验证了低渗透气藏中低速非达西现象的存在性，并有针对性地建立了相关试井分析模型，提出了幂级数和移动边界效应解法。2005年，中国石油天然气股份有限公司将包界地区须家河组气藏列为重大开发先导试验区，开展了系列开发先导试验，深入研究了气藏特殊渗流机理、动态分析方法、开发技术对策；同年，西南油气田分公司进站博士后刘晓旭，对包界地区高含水、低渗透气藏渗流特征及相应条件下直井试井曲线、产能动态特殊性进行了研究，结果表明：包界地区须家河组低渗透气藏存在明显阈压效应；高含水饱和度是造成低速非达西渗流的主要原因；在实验认识基础上建立了描述包界地区非达西渗流特征的运动方程，认识到单井试井特征及动态特征受低速非达西渗流机理研究影响较大。

从国内外关于水平井不稳态产能变化规律相关研究成果可以看出，对于低渗透气藏水平井不稳态产能研究较少，研究对象基本都是针对水平油井；建立的模型只考虑了达西或高速非达西渗流效应。就考虑非线性渗流机理而言，如果考虑高速流的影响，则渗流偏微分方程为非线性的，不可能直接得到其解析解；因此严格讲，应用于达西渗流条件下产能模型推导所采用的源函数叠加原理方法就不适用了，在实际计算过程中，国外均通过在方程中附加对应的表皮系数来考虑高速非达西渗流效应的影响。

3. 水平井井筒压降特征及其对产能的影响关系研究

石油界在20世纪80年代才开始水平井水动力学研究。由于水平井筒沿程不断有流体流入，使得其流动成为一种沿流动方向质量流量不断增加的变质量流。在1989年以前就有很多关于水平井各种应用效果的研究，但都没有考虑沿井筒方向的压降，即假定井筒基本上具有无限导流。

1990年，Dikken B. J. 首次提出了在水平井筒内不能忽略压降的问题，对水平井筒内的压降进行了初步分析研究。同年，Renard 和 Dupuy 总结了 Joshi 和 Giger 的水平井产能方程，引入表皮因子修正了稳态方程，对井眼附近地层伤害的影响进行了探讨。1991年，Frick 等根据水平井段根端与钻井液及处理液接触时间比末端长，因此周围易形成锥状损害带椭圆体的特点，建立了相应计算水平井表皮效应的解析表达式，并给出了考虑表皮效应的水平井产量计算公式。1992年，Ozkane 对无限大油藏中的水平井筒的流动性能进行了分析并获得了与 Dikken 类似的结论；同年，Iharam 将实验与理论研究相结合，分析了水平井筒内的压降。1993年，Masaru Iharaj 等研究了水平井筒中加速压降。1996年，D. Brant Bennion 等分析了水平井在钻井、完井过程中的伤害机理，并对水平井与直井伤害机理进行对比，提出在水平井产能评价中必须考虑近井伤害。1998年，Ouyang 考虑了井筒摩擦力、加速度、重力以及流体流入的影响，研究了水平井筒内的压力损失；同年，Liang-Bi 等通过实验研究了水平井筒中径向单相或两相流入压降特征；M. U. Yalniz 等提出了水平井射孔完井表皮系数计算模型，并分析了由此导致的水平段井筒压降特征；Robert C. Burton 等采用实验测试及数值模拟手段分析了近井地带和完井伤害对水平井产能的影响。1999年，Ozkane 建立了井筒加速度压降对水平井产能的影响，研究表明，对于高产井而言，加速压降对水平气井的影响很大，不能忽略。2003年，R. A. Archer 深入研究了摩擦压降对水平井产能的影响，研究表明，在水平段较长的水平井中，摩擦压降是影响产能的主要产能控制因素；在筛管完井、衬管完井中，衬管完井的影响尤其显著。2007年，A. D. Hill 采用 Badu 拟稳态模型以及平均压差方法比较了水平井筒压降和地层伤害对水平井产能影响程度，渗透率越高，储层井筒压降影响越大。

2009年，李松泉等应用函数和积原理，建立了盒式气藏水平井非稳态产能计算的无限导流模型和有限导流模型，并提出了求解此模型的方法；模型考虑了井筒压降、加速度和径向流入的影响，并可以应用于各向异性气藏；实例计算表明：早期非稳态流动阶段井筒压降对计算结果影响较大；井筒内的压力损失将会使水平井的产量降低和井筒内的压力分布不均匀；受井筒压降的影响，非稳态时的井筒流量分布比拟稳态时更不均衡；摩阻的影响较大，加速度和流入量影响较小。

从关于水平井井筒压降调研来看，究竟对水平井而言存不存在明显井筒压降？如果存在，其压降分布形式以及对井产能影响有多大？以上两个问题是目前大家所关心的问题，虽然国内外相关学者已作了大量的研究工作，但对以上两个问题仍然值得进一步地深入研究。

4. 水平井筒段积液对水平气井产能发挥的抑制作用研究

目前，查阅近年来有关水平井产能计算文献，没有见到有关井筒积液对水平井产能影响的成果。关于井筒积液对直井产能的影响目前有比较深入的认识：井筒中气—液流态变化；

积液对直井产能的抑制作用；配产必须大于临界携液流量才能有效带出井筒积液。由于水平井井身结构的特殊性，其积液位置与直井有较大差异，液相平铺于井筒段，因此，对于水平管气—液流态变化规律与垂直管存在较大差异，目前国内外对于水平段气—液流态规律有较深入研究。而对于水平段井筒积液研究对产能的影响，水平井带出积液的临界条件，水平井存不存在临界携液量，如果存在临界携液量，其计算方法等问题，没有见到相关研究成果。

二、国内外水平井开发效果现状研究

水平井最早钻于1927年，但当时没有引起足够的重视。20世纪70年代末80年代初，法国 Elf Aquitaine 公司将水平井技术引入石油行业，利用水平井开发一个碳酸盐岩稠油油藏；与此同时，一些美国公司也开始钻水平井来缓解新墨西哥州 Abo Reef 油藏中的气水锥进，并连通俄克拉荷马州、堪萨斯州和得克萨斯州裂缝性碳酸盐岩油藏中的天然裂缝。当原油价格一路上涨到35美元/bbl，高油价引发了人们再次关注水平井技术的应用，水平井钻完井技术、录井技术迅猛发展，水平井开采技术得到大规模应用。1989年，全世界钻成的水平井共257口，1990年钻成水平井1290口，1995年达到年钻井约3000口的水平；2000年底，世界水平井数总计达23385多口（美国10066口、加拿大9665口），当年完钻井数1000口左右；截至2004年，国外水平井总数已超过4万口，其中多数在美国、加拿大和俄罗斯地区；2005年以后更是以每年超过3100口的速度递增，水平井数量占总井数的7.6%，而加拿大水平井数超过总井数的10%。

21世纪以来，水平井技术迅猛发展，2008年5月，在 Maersk Oil Qatar 创造出井深12288.94m、水平段长度达11568m的水平井钻井世界纪录。随着水平井技术不断提高，水平井的开发优势日益突显，在国外水平井平均钻井成本不超过直井的3倍，且多数不超过2倍，而水平井平均产量是直井的3~5倍。水平井作为提高油气藏开发效益的有效手段被广泛应用于各类油气藏：薄层油气藏、天然裂缝性油气藏、水气锥进油气藏、低渗透油气藏、稠油油藏等。国外水平井应用以裂缝性油藏为主，约占53%，其次是控制油藏底水和气顶的水平井，约占33%，有关水平井应用于气藏的报道相对较少。

1. 国外水平井在低渗透砂岩气藏中的应用

在北美及欧洲各国，水平井通常应用于低渗透砂岩气藏或致密裂缝性碳酸盐岩气藏的开发。

1）美国 Ann 海上低渗透砂岩气藏

美国 Ann 海上低渗透砂岩气藏（$K=4mD$，$\phi=10\%$，$h=60m$）水平井测试产量高达 $155\times10^4m^3/d$，是直井产量的4.4倍；美国得克萨斯州 Panola 郡 Carthage 油气田 Lower Pettit 低渗透砂岩气藏（$K=3.5mD$，$\phi=18\%$，$h=4.6m$，$S_w=17\%$）水平井初始产量达 $7\times10^4m^3/d$，此后以 $3.57\times10^4m^3/d$ 生产，是直井平均产量的30倍以上；美国得克萨斯州 Panhandle 和 Oklahoma 西部整装低渗透碳酸盐岩 Cleveland 气藏（$K=0.003$~$0.2mD$，$\phi=4\%$~14%，$h=12m$，$S_w=30\%$）水平井产量达 $4.8\times10^4m^3/d$，是直井平均产量的2.5~4.0倍。

2）德国 Rotliegend Soltau-Friedrichseck 低渗透砂岩气藏

德国 Hannover 东北部的 Rotliegend Soltau-Friedrichseck 低渗透砂岩气藏（$K_h=10mD$，

$K_v/K_h = 0.023$，$\phi = 14.7\%$，$h = 11.7\text{m}$，$S_w = 35\%$）水平井产量达到 $144 \times 10^4 \text{m}^3/\text{d}$，是直井的 2.5~3 倍，而钻井成本仅为直井的 1.3~1.4 倍。

3）英格兰 Permian Rotliegendes 低渗透砂岩气藏

英格兰 Permian Rotliegendes 低渗透砂岩气藏（$K = 0.1 \sim 1\text{mD}$，$\phi = 7\% \sim 13\%$，$h = 61\text{m}$，$S_w = 30\% \sim 40\%$），水平井压裂后测试产量达到 $100 \times 10^4 \text{m}^3/\text{d}$，是直井的 5 倍，为 1991 年以前英格兰产量最高的气井。

4）印度尼西亚加里曼丹 Mahakam dela 浅海深层低渗透砂岩气藏

印度尼西亚加里曼丹 Mahakam dela 浅海深层低渗透砂岩气藏（$K = 0.1 \sim 75\text{mD}$，$h = 4.6\text{m}$）水平井产量达 $9.9 \times 10^4 \sim 14.2 \times 10^4 \text{m}^3/\text{d}$，平均产量是直井平均产量的 3.5 倍以上（图 1-3-1）。

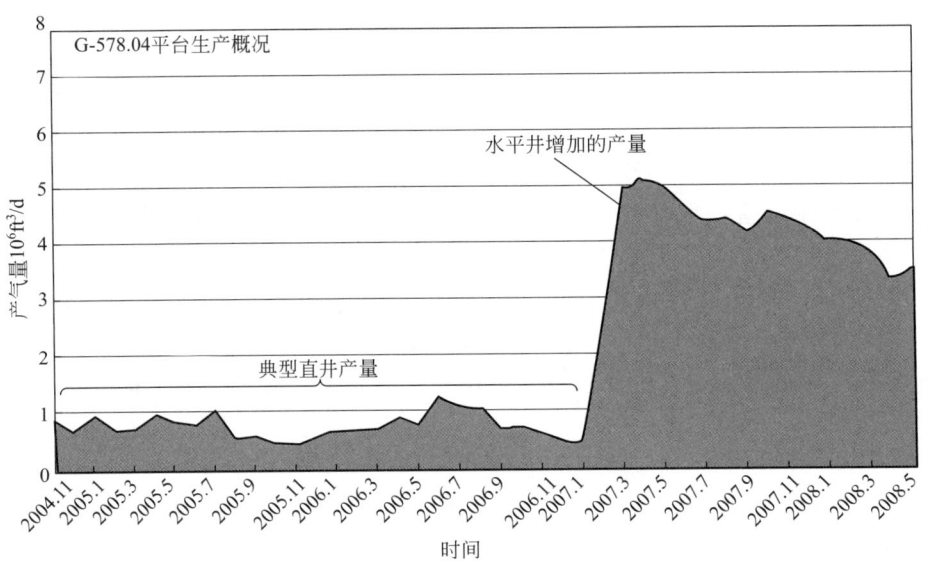

图 1-3-1 印度尼西亚加里曼丹 Mahakam dela 浅海深层低渗透砂岩气藏水平井与直产量对比

5）英国北海 Ravenspurn 北部气藏

英国北海 Ravenspurn 北部气藏（$K = 0.1 \sim 4\text{mD}$，$\phi = 14\%$，$h = 33.5 \sim 50.3\text{m}$，$S_w = 45\%$）水平井压裂后产量高达 $65 \times 10^4 \text{m}^3/\text{d}$（部分可达到 $113 \times 10^4 \text{m}^3/\text{d}$）；未压裂的水平井也达到了 $11.3 \times 10^4 \text{m}^3/\text{d}$，是未压裂直井的 10 倍以上。

荷兰 Amelan 东部海上深层致密砂岩气藏（$K = 0.2 \sim 1\text{mD}$，$h = 90 \sim 120\text{m}$）水平井经过双裂缝压裂后，初期产量达到 $200 \times 10^4 \text{m}^3/\text{d}$，其后稳定产量是直井的 30 倍。

2. 国内水平井在低渗透砂岩气藏中的应用

20 世纪 50 年代，继美国和苏联之后，我国是世界上第三个开展水平井钻井的国家。"八五"期间，水平井技术被列为国家重点攻关课题，10 余年来，陆续开展了开窗侧钻水平井技术、短半径侧钻水平井技术、欠平衡钻水平井技术、分支水平井钻井技术等方面的研究，形成了一套适合我国油气田特点的水平井钻井技术，在国内已得到大面积推广应用。

1）榆林气田

榆林气田长北区块气藏埋深 3000m 左右，具有低孔（孔隙度为 4%~10%，平均值 6.2%），低渗透（渗透率为 0.01~10mD，试井解释渗透率平均值 0.7mD），低压（平均地层压力 26.71MPa，平均压力系数 0.94MPa/100m），低产（直井测试无阻流量平均为 $17.46\times10^4\mathrm{m}^3/\mathrm{d}$）的特征，储层厚度 40m 左右，平均含水饱和度 30% 左右。该区块由中国石油国际公司与壳牌（中国）公司合作开发，是鄂尔多斯盆地第一个用水平井开发的上古生界碎屑岩气藏。到 2008 年，长北项目完井或正钻的双分支、多分支水平井已达到 13 口，其中 7 口井为日产天然气百万立方米以上的高产井。

2）大牛地气田

位于鄂尔多斯盆地东北部的大牛地气田，其构造位置在伊陕斜坡北部，区块内构造、断裂不发育，总体为一北东高、西南低的平缓单斜，平均坡降 6~9m/km，地层倾角 0.3°~0.6°。局部发育鼻状隆起，未形成较大的构造圈闭。大牛地气田上古生界主要发育二叠系下石盒子组、山西组和石炭系太原组储层，埋藏深度为 2600~2900m，储集类型为碎屑砂岩储层，总体特征为低孔、低渗透；不同层位、气层组的储层由于沉积微相的差异，具有不同的储层特性。

总体上，上古生界储层为低孔、低渗透储层，其中盒 3 段储层物性相对最好，平均孔隙度 10.27%、平均渗透率 1.36mD；其次为盒 2 段和太 2 段储层，盒 2 平均孔隙度为 8.66%，平均渗透率 0.73mD，太 2 段平均孔隙度为 8.58%，平均渗透率 0.7mD；而盒 1 段、山 2 段和山 1 段储层物性相对较差。

截至 2011 年底，在盒 2+3 段、盒 1 段、山 2 段、山 1 段、太 2 段和太 1 段共提交探明储量 $4168.28\times10^8\mathrm{m}^3$，气田共有开发井 936 口，已开发区地质储量 $1905.48\times10^8\mathrm{m}^3$，采出程度 7.28%，采气速度 1.49%。大部分井均需要压裂方可能获得工业气流，2007 年开始逐渐开始采用水平井、2010 年水平井数量增加，但由于水平井所处位置储层物性较差，气井产气量低，产水量较大。

3）苏里格气田

苏里格气田水平井应用取得阶段性进展，储层钻遇率由早期的 25% 提高到 52%，单井产量也显著提高，如苏 10-31-48H 井初期日产气为 $10\times10^4\mathrm{m}^3$，是周围直井的 10 倍，目前生产稳定。其他投产井也表现出一定的生产能力，由于生产时间较短，生产效果还需要时间来检验，同时储层钻遇率仍然有较大的提升空间。

4）川西新场气田

川西新场气田属于典型的低渗透砂岩气藏，气田水平井应用一波三折，初期在中浅层开展了 4 口水平井先导试验，自然产能仅为 $0.4\times10^4~0.8\times10^4\mathrm{m}^3/\mathrm{d}$，与直井相当。在认识到垂向渗透率的重要性后（垂向渗透率比水平渗透率低 2~3 个数量级），进行了压裂改造，采取措施后产能达到 $2\times10^4~10.5\times10^4\mathrm{m}^3/\mathrm{d}$。

5）磨溪气田

磨溪气田雷-1 气藏储层具有低渗透特征（试井解释渗透率为 0.09~2.27mD，平均值 0.61mD）。直井无阻流量为 $2.36\times10^4~12.07\times10^4\mathrm{m}^3/\mathrm{d}$，平均产量仅 $0.79\times10^4~3.48\times$

$10^4 m^3/d$；采用水平井技术取得了良好的增产效果，水平井无阻流量为 $6.56×10^4 \sim 35.99× 10^4 m^3/d$，平均产量为 $1.78×10^4 \sim 7.64×10^4 m^3/d$，水平井无阻流量平均为直井的4.66倍，水平井实际生产过程中的产量平均为直井的3.35倍。

三、存在问题及技术发展趋势

在气田开发中采用水平井技术，从气藏工程角度主要解决以下两方面的问题：一是认识水平井渗流、动态特征；二是掌握水平井产能影响因素。但在低渗透气藏中，由于地层流体呈现非线性流动特征、气井以稳定或非稳定工作方式生产，水平井段周围流体呈复杂三维流动形式，给研究水平井生产动态造成很大困难。同时，由于水平井开发动态分析涉及地层、近井地带、水平段和垂直段管流，因此分析低渗透气藏中水平井生产动态难度很大。

从前面文献调研情况来看，主要存在以下几点问题：

（1）水平井稳态产能评价模型比较丰富，对于高含水低渗透气藏水平气井，稳态模型的适应性较差。

（2）由于低渗透气藏存在特殊渗流效应，目前缺少考虑非线性渗流效应条件下水平井产能评价模型；对于高含水低渗透气藏水平气井初期产能以及产能变化规律的关键因素认识有待于深入研究。

（3）关于水平井井筒压降对水平井产能影响存在不同观点；究竟水平井水平段井筒压降是否可以忽略，如果不能忽略对产能有多大影响，尚未形成清晰认识。

（4）水平井井筒积液机理、带出井筒积液临界条件以及储层多相渗流对水平井产能的影响程度有多大，未见详尽的分析报道。

由于水平井技术应用越来越广泛，水平井产能评价是目前国内外研究的热点，近年来研究方向主要体现在以下几方面：

（1）水平井产能一体化模拟技术，即考虑储层与井筒耦合模型及算法研究。

（2）水平井产能多因素分析技术。

（3）复杂地层条件下水平井产能评价技术。

第二章 低渗透砂岩气藏非线性单相渗流特征

本章以四川盆地广安须家河组低渗透砂岩气藏为研究对象,对经典气体渗流机理实验方法进行改进,建立了针对低渗透砂岩气藏储层一体化渗流机理实验测试方法及不同渗流效应特征参数诊断方法。基于该方法,采用实际储层岩心系统研究了不同含水饱和度、不同应力及不同渗流方向单相气体渗流特征,并深入分析了储层物性、地层水赋存状态及孔隙结构特征参数影响低渗透砂岩气藏储层气体渗流的机理及规律。

第一节 非线性渗流特征物理模拟技术

一、低渗透砂岩气藏非线性渗流实验分析问题描述

1. 传统实验分析方法的不足

达西渗流定律、二项式渗流定律、滑脱效应渗流定律是经过长期研究形成的描述气体渗流定律的经典理论。四川盆地低渗透气藏普遍具有低孔、低渗透、高含水特征,常用的经典理论能否用来准确描述渗流机理?从 20 世纪 80—90 年代以来,根据四川盆地低渗透气藏气井试井曲线的异常现象,提出了低渗透气藏存在阈压效应的观点;因此,与常规气藏渗流形式不同,完整的低渗透气藏渗流曲线特征如图 2-1-1 所示。

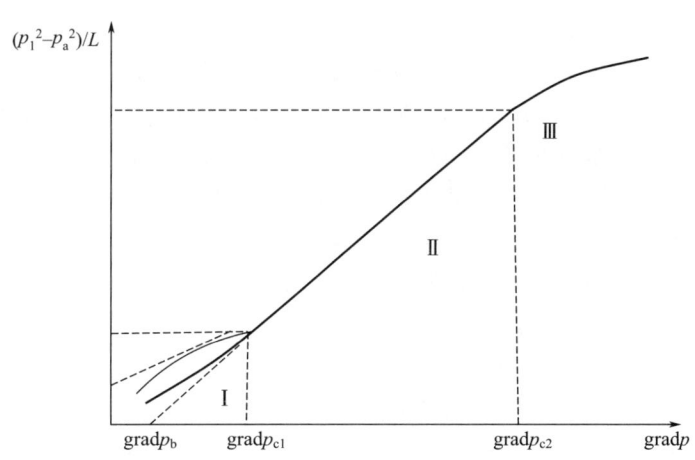

图 2-1-1 完整的低渗透气藏渗流曲线特征

gradp_b—阈压效应临界压力梯度;gradp_{c1}—低速非达西渗流与达西渗流转化压力梯度;

gradp_{c2}—达西渗流与高速非达西渗流转化压力梯度

Ⅰ:低速渗流下的非线性渗流曲线段(阈压效应影响的上凹段或滑脱效应影响的上凸段);

Ⅱ:较高渗流速度下的直线段;

Ⅲ：高速渗流下的上凸型非线性渗流曲线段。

过去10余年，围绕气体低速非达西渗流效应的实验验证和参数测定问题开展了大量的研究工作，已形成定论。

目前常用的低渗透气藏渗流实验数据处理方法具体思路如下：作 q_a 与 $(p_1^2-p_a^2)/L$ 的关系图，达西渗流阶段实验数据点呈直线关系，通过直线回归分析计算渗透率。实验数据点偏离直线关系是非线性渗流效应的特征反映：大压力梯度条件下的上凸型曲线是二项式渗流效应的表现；小压力梯度条件下的上凸曲线是滑脱效应的表现，下凹曲线是阈压效应的表现。上述方法是针对气体的达西渗流情况建立的，在研究非线性渗流效应方面存在不足之处，主要体现在几方面：

（1）一些岩心在不同压力梯度阶段分别出现滑脱效应渗流、达西渗流、二项式渗流，渗流曲线整体呈上凸型，达西渗流直线段特征不明显，因此难于区别各种渗流效应占主导地位的压力梯度界限，势必影响到渗透率测定的准确性，由此产生渗透率测定结果随实验压差变化的不合理现象。

（2）存在阈压效应和滑脱效应综合作用时，阈压效应引起的渗流曲线下凹特征往往被部分掩盖并产生变形，容易被人们视为测试误差而忽略。

（3）难于直接准确计算二项式渗流效应、滑脱效应、阈压效应的特征参数。

2. 技术需求

1) 完善定量化认识低渗透气藏渗流特征

常规气藏渗流实验分析均以达西定律为基础，通过曲线凹凸来判断特殊渗流效应；采用此标准，不同渗流效应之间相互影响掩盖了气藏实际渗流特征，特征线不明显，参数分析人为因素影响较大。比如滑脱效应与阈压效应的相互影响可能使得图2-1-1中阶段Ⅰ曲线性弱化，由此得到的渗流特征参数并不能反映气藏实际渗流情况。

从第二章文献调研结果认识到高速非达西渗流效应是气藏普遍存在的特殊渗流现象，但是多年来对于低渗透气藏渗流机理室内实验研究过程中忽略高速非线性渗流效应的影响，认为在目前实验条件下高含水低渗透气藏仅仅存在低速非线性渗流特征。因此，目前对于低渗透气藏渗流机理诊断时没有考虑高速非达西渗流段可能存在的影响。

因此，有必要完善目前定量化认识低渗透气藏渗流特征的诊断方法，回答究竟在目前室内实验条件下存不存在高速非达西渗流特征、不同渗流效应占主导地位表现形式。

2) 识别不同渗流效应占主导地位临界条件

低渗透气藏不同渗流效应占主导地位临界条件是多年来对气藏渗流机理研究所关心的问题，在生产初期，远近区表现为阈压效应特征、近井区表现为高速非达西渗流特征、生产末期还可能出现滑脱效应的影响。究竟非线性渗流效应在什么样的条件下占主导地位，这对深刻认识气藏不同阶段的生产动态特征、提出相应的指导生产建议措施具有重要意义。

3) 测定不同渗流效应特征参数实验分析技术

完整的低渗透气藏渗流效应曲线如图2-1-1所示，不同的渗流效应阶段涉及关键实验参数（压差、体积）范围广，因此每个阶段对实验测试仪器的精度、量程要求不同。常规气测渗透率实验装置远远达不到测试要求。

根据多年来的研究成果，测试难度主要集中在低速渗流段。如何准确得到低渗透气藏阈压渗流效应临界压力梯度以及临界压力梯度是高含水低渗透气藏渗流机理实验研究多年来攻关目标。准确测定启动压力及临界压力梯度需要满足以下三个基本条件：（1）压力计的精度足够高，且实验过程中要求每个制度条件下压力保持稳定；（2）实验过程中含水饱和度稳定且水相未形成连续流动，即始终为单相气体流动；（3）出口端气量计精度高，能够测试微小压差条件下气体体积。目前，测试气体渗透率常规实验装置远远达不到以上要求，所以有必要建立相应的准确测定不同渗流效应特征参数实验分析技术。

二、针对性实验技术建立

1. 实验设备与实验流程

"九五"以来，中国石油西南油气田分公司对低渗透气藏渗流机理研究已进行了大量研究工作，在常规气测渗透率装置基础上进行改进，已建立了成熟的测试低渗透气藏渗流机理实验流程，如图2-1-2所示。

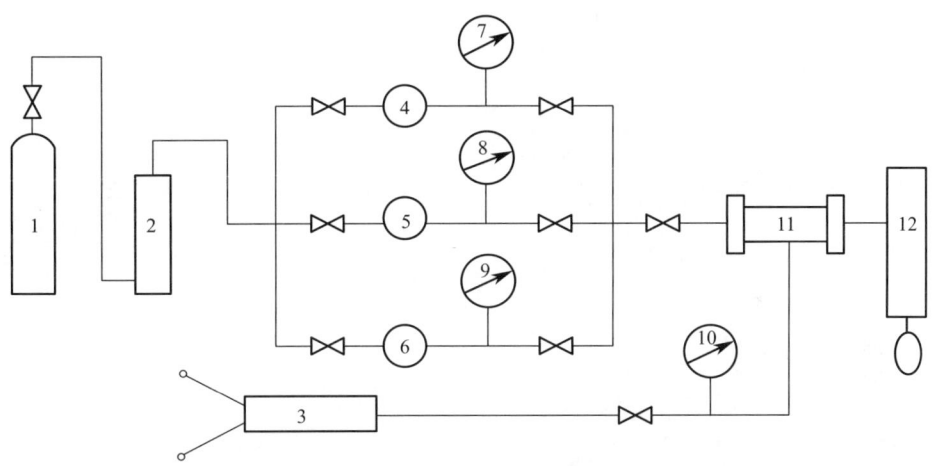

图 2-1-2　低渗岩样气体渗流实验流程示意图
1—气源；2—中间容器；3—围压泵；4,5,6—调压阀；
7,8,9,10—压力表；11—岩心夹持器；12—气体流量计

2. 提高实验精度关键技术环节

为了弥补常规实验测试装置精度不高的缺陷，分别采用高精度调压阀及气量计。调压阀采用日本生产的SMC系列高精度调压阀，其调压范围为0.005~0.2MPa，调压精度可达2.5%（满量程）；该调压阀精度高，能够确保实验过程中压力始终保持稳定状态。对于微小压力梯度条件下，气体体积气量计最小分度值仅为0.02mL，计量精度可达到1%（满刻度）。

为了确保实验过程中含水饱和度稳定且始终为单相气体流动，实验过程中缓慢加压，以免较大的压差波动引起水相流动。判断水相是否已经流动，可以采用称重法确定实验前后岩心含水饱和度，如果前后含水饱和度误差不超过1%（以实验测试前含水饱和度为标准），

则认为实验过程中水相始终单相气体流动；否则，岩心中出现气液两相流动，必须清洗岩心进行重复实验。

为了减小实验计量误差的影响，首次采用全直径岩心夹持器进行气体渗流机理实验研究；而且采用全直径岩心夹持器可以实现评价储层水平方向与垂直方向渗流特征差异。

第二节 不同非线性渗流特征定量化诊断方法

一、不同渗流效应特征定量化诊断方法

国内外长期的渗流实验研究确认了气体特殊渗流效应对应的实验现象，并根据大量的实验数据建立了相应的数学描述关系式。现考虑渗流实验岩心中气体一维流动情况，目前二项式渗流效应、滑脱效应、阈压效应的定量化描述关系如下。

二项式渗流定律为：

$$-\frac{dp}{dx} = 10^3 \frac{\mu}{K}v + 10^{-6}\beta\rho v^2 \qquad (2-2-1)$$

滑脱效应渗流定律为：

$$v = -10^3 \frac{\mu}{K}\left(1+\frac{b}{p}\right)\frac{dp}{dx} \qquad (2-2-2)$$

气体突破孔隙喉道处水的束缚，开始连续流动后，阈压效应渗流规律为：

$$v = -10^3 \frac{\mu}{K}\frac{dp}{dx}\left(1-\frac{\lambda_B}{\left|\frac{dp}{dx}\right|}\right) \qquad (2-2-3)$$

式中　p——压力，MPa；
　　　v——流速，m/s；
　　　K——岩心渗透率，μm^2；
　　　μ——气体黏度，$mPa \cdot s$；
　　　ρ——气体密度，kg/m^3；
　　　β——紊流速度系数，m^{-1}；
　　　b——克林肯贝格系数，MPa；
　　　λ_B——保持连续流动所需临界压力梯度，MPa/m。

二、不同渗流效应相关参数确定方法

1. 公式假设条件

由于气体的可压缩性，实验岩心中气体黏度和偏差系数是变化的，从式（2-2-1）至式（2-2-3）可以看出这将影响渗流曲线的特征。究竟气体压缩性在常规实验分析中有没有影响？有必要计算分析气体PVT参数变化趋势，已有成果表明，在常温条件（20℃）和常规渗流实验的压力范围内（0.1~5MPa），常用实验流体氮气的偏差系数变化率绝对值不超过5%；即使考虑不同计算方法的误差，黏度变化率也不超过17%，黏度和偏差系数乘积变化

率不超过15%。

然而过去大量气体渗流实验发现，在传统分析图上渗流曲线没有明显直线段特征的情况下，依据不同压力区间数据点计算的渗透率时常成倍变化远高于偏差系数和黏度变化幅度。由此判断引起异常的主导因素不是气体可压缩性，而是非线性渗流效应。因此，针对实验中的气体一维渗流，忽略气体偏差系数Z和μZ乘积变化而建立近似分析方法，在多数情况下不会对诊断分析非线性渗流特征产生大的影响。

2. 二项式渗流效应

根据气体状态方程得到气体密度表达式、不同压力下体积流量换算为大气压力下体积流量的关系式、代入式（2-2-1），忽略Z和μ的变化，积分整理得到：

$$\frac{p_1^2-p_a^2}{2q_aL}=10^3\frac{\mu Z p_a}{AK}+10^{-6}\frac{\beta M Z p_a^2}{RTA^2}q_a \qquad (2-2-4)$$

式中 p_1，p_a——压力，MPa；

q_a——出口端流量，m³/s；

L——实验岩心长度，m；

μ——气体黏度，mPa·s；

Z——气体偏差系数，无量纲；

A——实验岩心横截面积，m²；

K——岩心渗透率，D；

β——紊流速度系数，m⁻¹；

T——实验温度，K；

R——气体常数，MPa·m³/(kmol·K)；

M——气体摩尔质量，kg/kmol。

从式（2-2-4）可以看出，作$\frac{p_1^2-p_a^2}{2q_aL}$与$q_a$关系曲线，直线段为二项式渗流特征反应，根据直线段斜率可以计算紊流速度系数，同时根据直线与纵轴的交点可计算渗透率。

3. 滑脱效应

与式（2-2-4）推导过程类似，由式（2-2-2）可以得到：

$$q_a=10^{-3}\frac{AK\left(1+\dfrac{b}{\bar{p}}\right)}{2\mu Z p_a}\cdot\frac{p_1^2-p_a^2}{L} \qquad (2-2-5)$$

从式（2-2-5）可以看出，如果分别对不同实际压差的数据点采用传统方法计算渗透率，则滑脱效应影响阶段的渗透计算结果为$K(1+b/\bar{p})$。在这种情况下，做渗透率计算结果与$1/\bar{p}$关系曲线，图上正斜率直线段为滑脱效应特征反映，直线段在纵轴上的截距为真实渗透率，根据直线斜率可计算滑脱效应特征参数——克林肯贝格系数。

4. 阈压效应

将换算大气压下体积流量的关系式代入式（2-2-3）忽略μZ变化，并近似用$(p_1+p_a)/2$

代表岩心中气体的平均压力,积分后整理得:

$$q_a = 10^{-3} \frac{AK\left(1-\dfrac{\lambda_B L}{p_1-p_a}\right)}{2\mu Z p_a} \cdot \frac{p_1^2-p_a^2}{L} \tag{2-2-6}$$

从式(2-2-6)可以看出,如果分别对不同实际压差的数据点采用传统方法计算渗透率,则阈压效应影响阶段的渗透计算结果为 $K[1-\lambda_B L/(p_1-p_a)]$。在这种情况下,作渗透率计算结果与 $1/(p_1-p_a)$ 关系曲线,图上负斜率直线段为阈压效应特征反映,直线段在纵轴上的截距为真实渗透率,根据直线斜率可计算滑脱效应特征参数——临界压力梯度。排除以上非线性渗流点,其他即为达西渗流特征段。

第三节 典型低渗透砂岩气藏非线性渗流特征

广安气田须家河组气藏与包界须家河组气藏均属于典型高含水低渗透砂岩气藏。已有研究成果表明,包界须家河组气藏渗流表现为滑脱效应、阈压效应此消彼长渗流特征。

一、广安气田须六气藏单相渗流机理实验方案

广安气田须家河组低渗透砂岩气藏地质特征具有有别于其他同类气藏的特点,同时由于A区高部位井缺乏取样条件,因此实验分析岩样取自A区物性较差、水饱和度较高井岩样进行研究。由于以上原因,选取广安107井、广安108井及广安110井须六段岩样,共计21块(垂直样7块、水平样11块、全直径样3块)岩心进行了渗流机理实验。实验内容包括三个大的方面:干燥岩样、含水岩样渗流机理研究;覆压条件下含水岩样渗流机理研究;气—水两相渗流机理研究。目的是通过实验研究,明确广安须六气藏储层存在的渗流形式、水平方向与垂直方向渗流特征差异;为后续理论研究水平井产能评价提供必要基础参数。实验样品详细分布情况见表2-3-1。

表2-3-1 单相渗流机理实验研究样品情况及实验方案

井号	样品编号	实验测试样次			备注
		干燥岩样	含水岩样	覆压条件下	
广安107井	2-57/86-2⊥	1	1	1	垂直样
	2-75/86-1	1	1	1	水平样
	2-78/86-1⊥	1	1	1	垂直样
	2-81/86-1	—	3	—	水平样
	2-82/86-2⊥	1	1	—	垂直样
	3-1/72-2	1	1	1	水平样
	3-45/72-5	1	—	—	水平样
	3-46/72-1	—	3	1	水平样
	3-51/72-3	—	1	1	水平样
	3-53/72-1⊥	1	1	1	垂直样

续表

井号	样品编号	实验测试样次			备注
		干燥岩样	含水岩样	覆压条件下	
广安108井	50	—	1	—	水平样
	63-2	1	3	1	水平样
	93-2	1	1	—	水平样
	99-2	1	1	1	水平样
广安110井	1-66/134-1⊥	1	2	1	垂直样
	1-109/134-2	—	3	1	水平样
	1-109/134-1⊥	—	3	1	垂直样
	1-113/134-1⊥	—	1	—	垂直样
	1-108/134	3	6	1	全直径样
	2-40/92	3	6	1	全直径样
	2-57/92	3	3	—	全直径样
合计		20	43	12	

二、不同条件下单相气体渗流特征差异

1. 干燥岩样中单相气体渗流特征

共进行干燥岩样气体渗流机理研究20样次。岩心样品孔隙度范围为5.35%~10.74%，平均值为8.482%；渗透率范围为0.00127~0.103mD，平均值为0.047756mD。实验温度范围为21~29℃、进口端最大压力为0.8MPa。

典型实验测试结果如图2-3-1至图2-3-3所示。

从图2-3-1至图2-3-3可以看出，对于所有干燥岩样，气体渗流在低压条件下表现为滑脱效应占主导地位渗流特征；随着压力升高，气体渗流表现为达西渗流特征，但是测试点与直线段不经过原点，分析原因主要是由于滑脱效应使气体渗流曲线整体上移所至；在较高的压力条件下，低渗透岩样表现为高速非达西渗流效应占主导地位渗流特征。干燥岩样存在高速非达西渗流效应是以前常规分析方法无法诊断出的特殊效应；从图可以看出，与以前的常规分析方法比较，新方法表现出的特征段更加直观、明显。

2. 束缚水条件下单相气体渗流特征

通过46组束缚水条件下气体渗流实验，根据在低速段表现出的气体渗流效应差异，可分为两大类：一类是阈压效应、滑脱效应分别占主导地位渗流特征；一类是滑脱效应占主导地位特征。诊断结果分别如图2-3-4和图2-3-5所示。

从图2-3-4和图2-3-5可以看出，含水岩样由于孔隙度、渗透率以及束缚水饱和度差异，气体渗流表现为不同的渗流效应。两者差异主要表现在低速段：对于如图2-3-4所示岩样，低压段表现为以滑脱效应占主导地位渗流特征，与干燥岩样渗流特征类似；随着压差增大，逐渐表现为达西渗流、高速非达西渗流效应分别占主导地位渗流特征。对于如图2-3-5

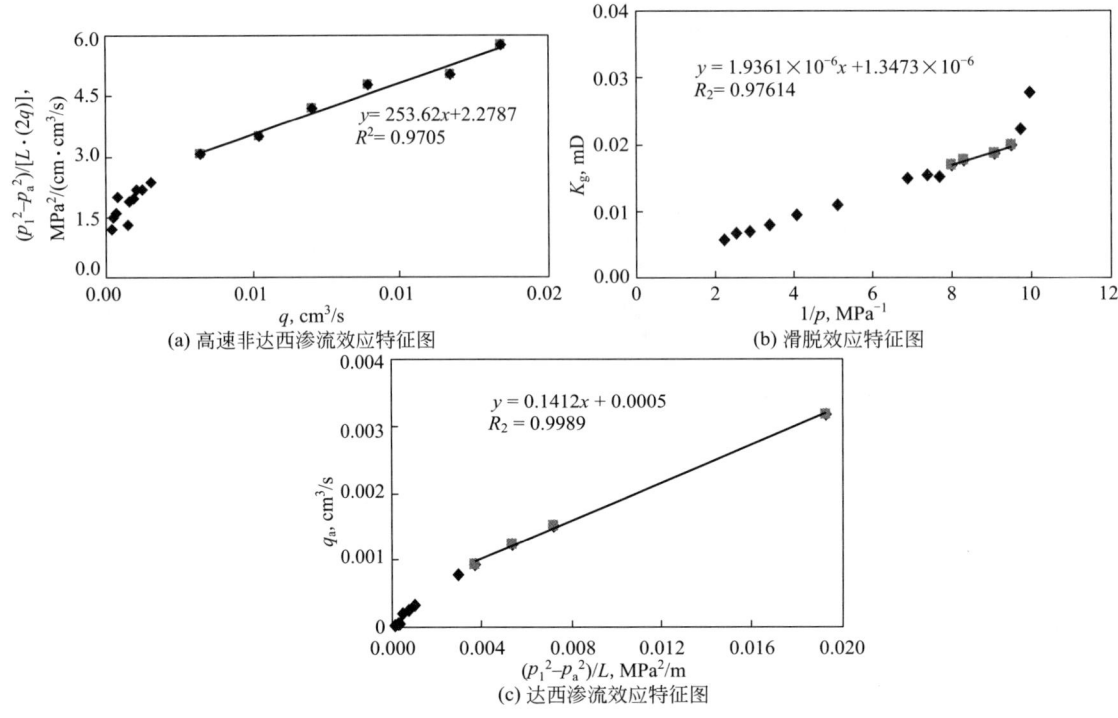

图 2-3-1　干燥岩样中单相气体渗流特征典型实验测试结果一（广安 107 井 2-78/86-1⊥）

（$K_{克} = 0.00221\text{mD}$）

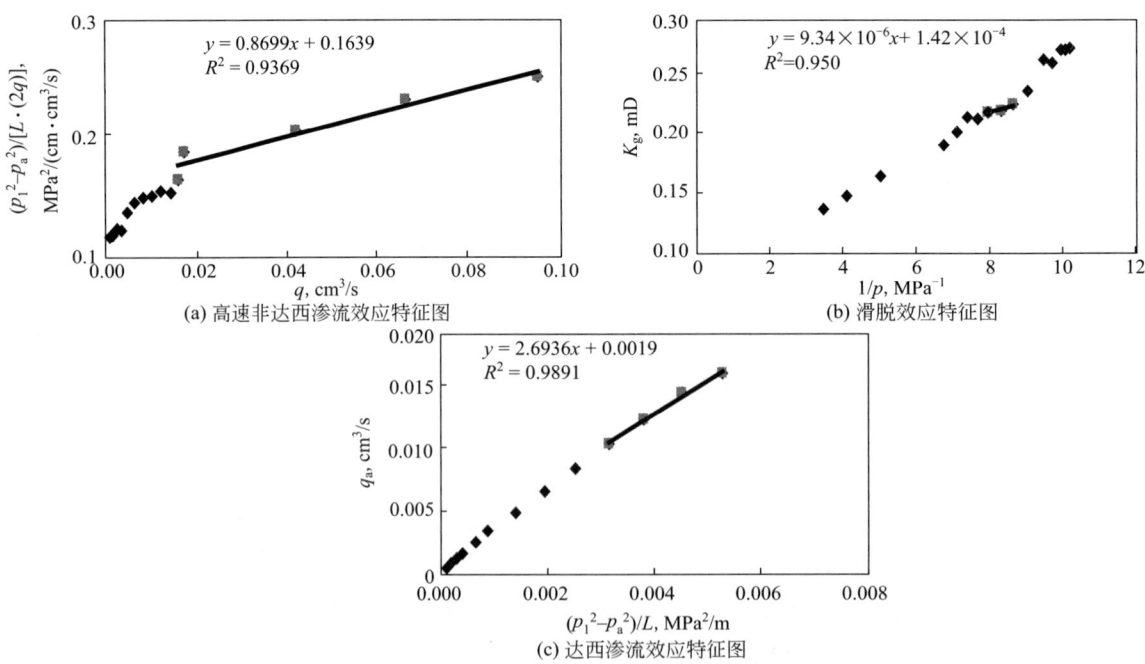

图 2-3-2　干燥岩样中单相气体渗流特征典型实验测试结果二（广安 107 井 3-1/72-2）

（$K_{克} = 0.0436\text{mD}$）

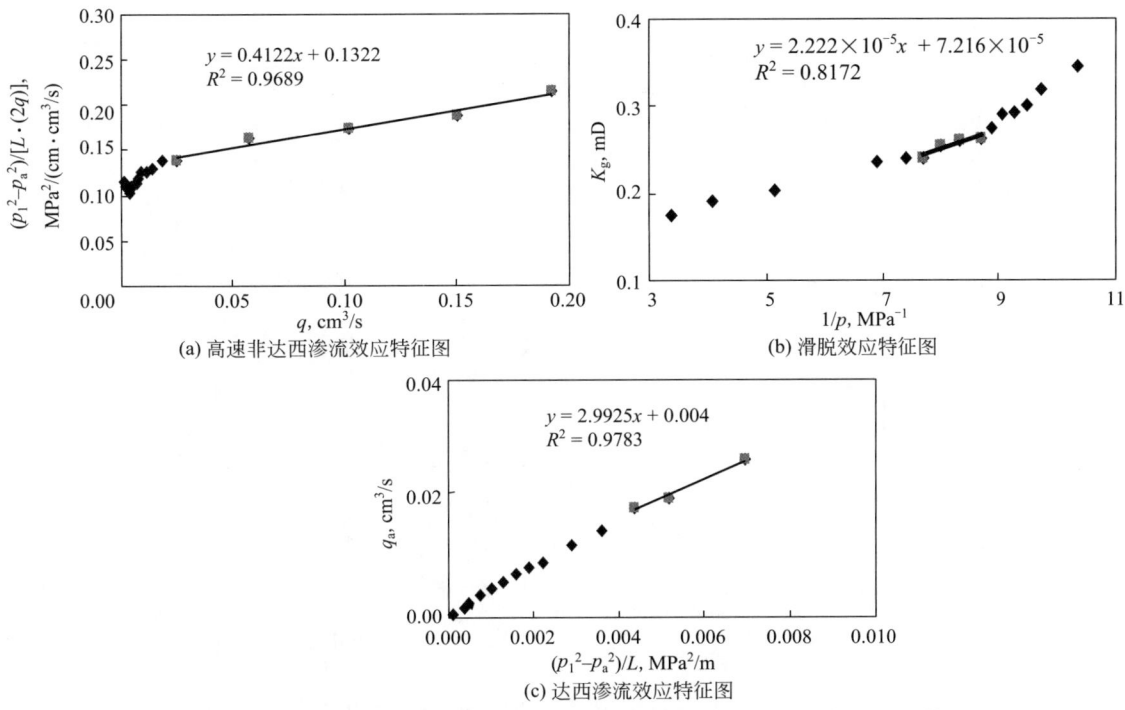

图 2-3-3　干燥岩样中单相气体渗流特征典型实验测试结果三（广安 108 井 93）

（$K_克 = 0.0677\text{mD}$）

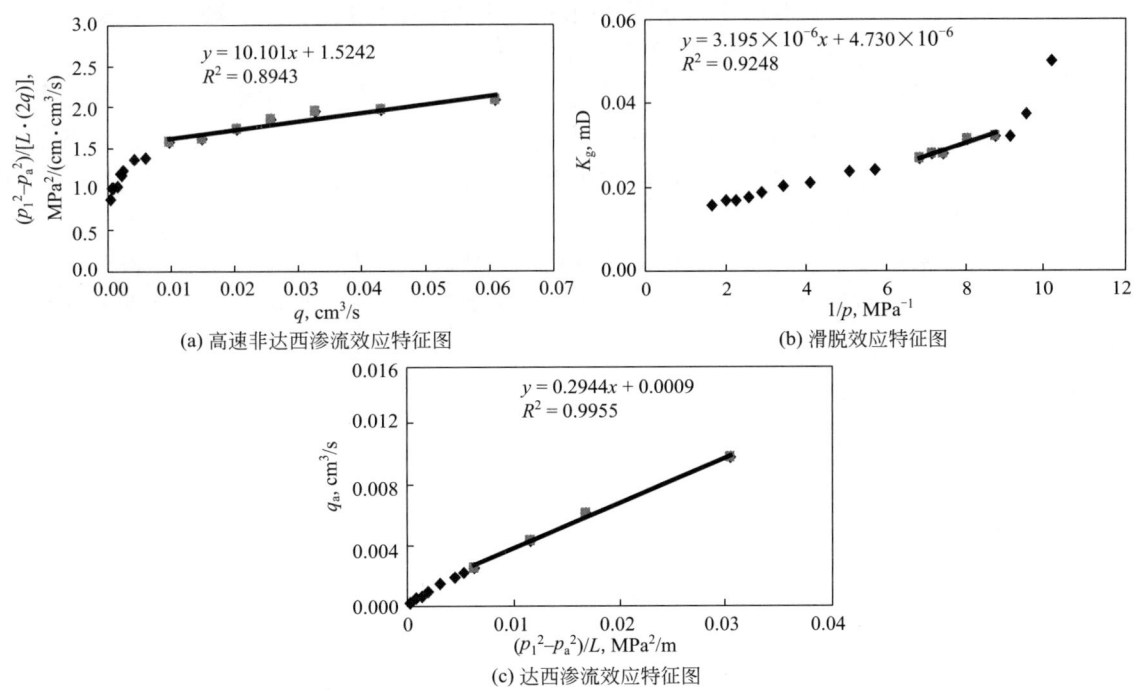

图 2-3-4　束缚水条件下单相气体渗流特征诊断结果一（广安 107 井 2-75/86-1）

（$S_{wi} = 44.6\%$，$\phi = 8.72\%$，$K_克 = 0.0299\text{mD}$）

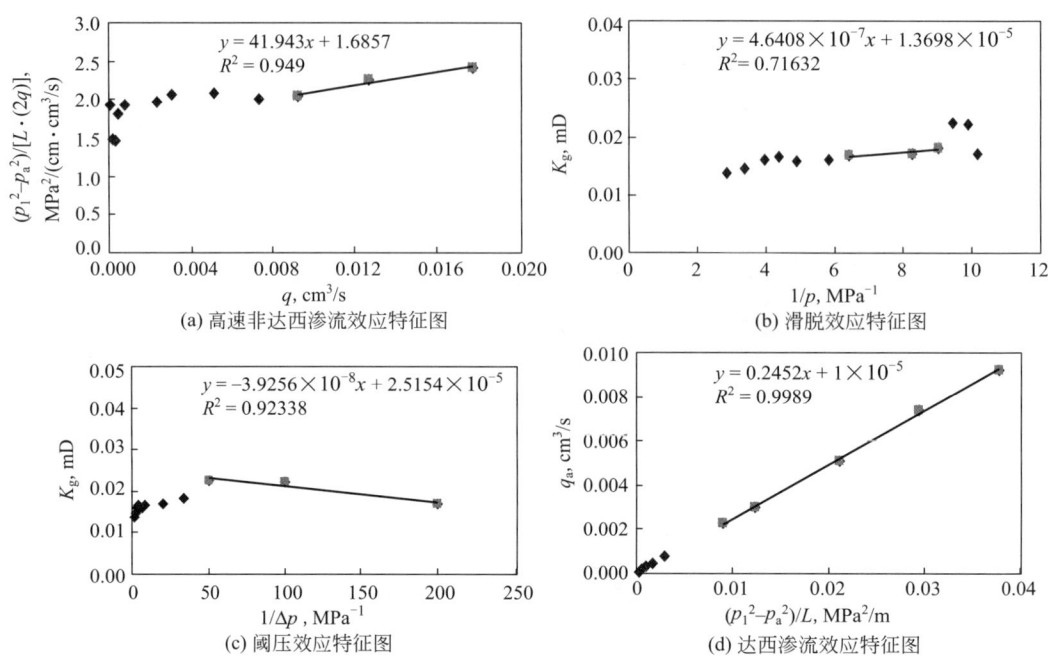

图 2-3-5 束缚水条件下单相气体渗流特征诊断结果二（广安 108 井 50）
(S_{wi} = 48.4%，ϕ = 9.76%，$K_克$ = 0.101mD)

所示岩样，气体首先必须克服由于水相存在引起的附加压力才能流动，表现在特征图上存在一负斜率直线段［图 2-3-5(c)］，即存在明显阈压效应；随着压差增大，表现为滑脱效应占主导地位渗流段；最后逐渐过渡为高速非达西渗流效应占主导地位阶段。为什么同是含水岩样会表现出不同的渗流特征？结合前人研究已有成果，推测气体渗流形式与岩样储层物性、孔喉大小、含水饱和度以及水膜厚度大小有关；在进一步研究中，将试图建立阈压效应与以上三者参数之间的定量关系。

与以前对于常压条件下含水岩样渗流特征认识相比较，在大压差条件下多了高速非达西效应阶段。因此，以前的数据处理方式没有排除高速非达西效应的影响，得到的非线性特征参数可能精度有限。

3. 覆压对单相气体渗流特征的影响

由于覆压得影响，岩心孔隙度、渗透率得到不同程度降低，导致覆压条件下气体渗流特征与常压条件下气体渗流特征差异较大（图 2-3-6）。覆压与常压条件下气体非线性渗流特征参数对比见表 2-3-2。

表 2-3-2 广安 107 井 3-1/72-2 覆压与常压条件下气体非线性渗流特征参数对比

参数	常压	覆压
临界压力梯度 λ_B，MPa/m	—	0.1089
滑脱因子 b，MPa	0.400	0.078

续表

参数	常压	覆压
紊流系数 β, m^{-1}	1.16×10^{15}	3.57×10^{17}
达西渗透率, mD	0.0273	0.002

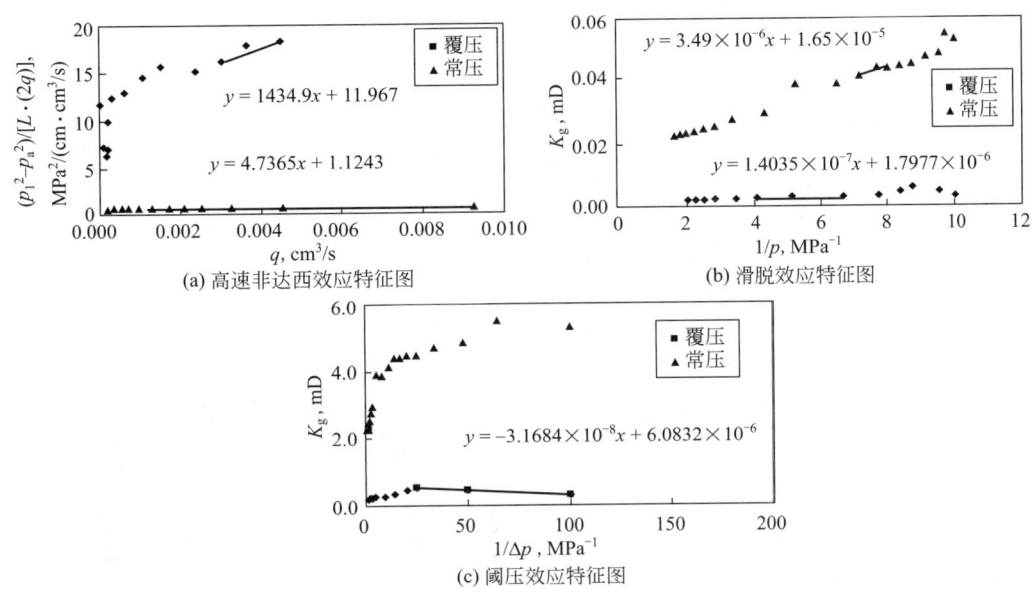

图 2-3-6 覆压条件下与常压下气体渗流特征对比(广安 107 井 3-1/72-2)

(S_{wi} = 42.4% 或 56.4%，ϕ = 9.84%，$K_{克}$ = 0.0436mD)

从图 2-3-6(c) 可以看出，覆压与常压条件下最显著的差别，首先表现在常压条件下不存在明显阈压效应影响阶段，但是在覆压条件下表现出明显阈压效应特征；其次，从图 2-3-6(b)(c) 可以看出，覆压条件下曲线位于常压曲线下方，表明由于覆压的影响，气体有效渗透率大幅度降低。

从表 2-3-2 可以看出，由于两者渗流特征的差异，得到的非线性渗流特征参数差异较大。常压条件下不存在临界压力梯度，但是在覆压条件下临界压力梯度达到 0.1089MPa/m；常压条件下滑脱因子远大于覆压条件下滑脱因子，表明覆压条件下滑脱效应对气体渗流的影响较小；覆压条件下紊流系数比常压条件下高两个数量级，高速非达西效应对气体渗流的影响更加明显。由于覆压的影响，常压条件下达西渗透率远高于覆压条件下气测渗透率。

4. 岩心水平与垂向渗流特征差异

1) 干燥岩样渗流特征对比

图 2-3-7 所示为广安 110 井 1-108/134 全直径岩样垂向与水平方向渗流特征对比。表 2-3-3 为三块全直径岩心垂向与水平方向渗流特征参数对比结果。

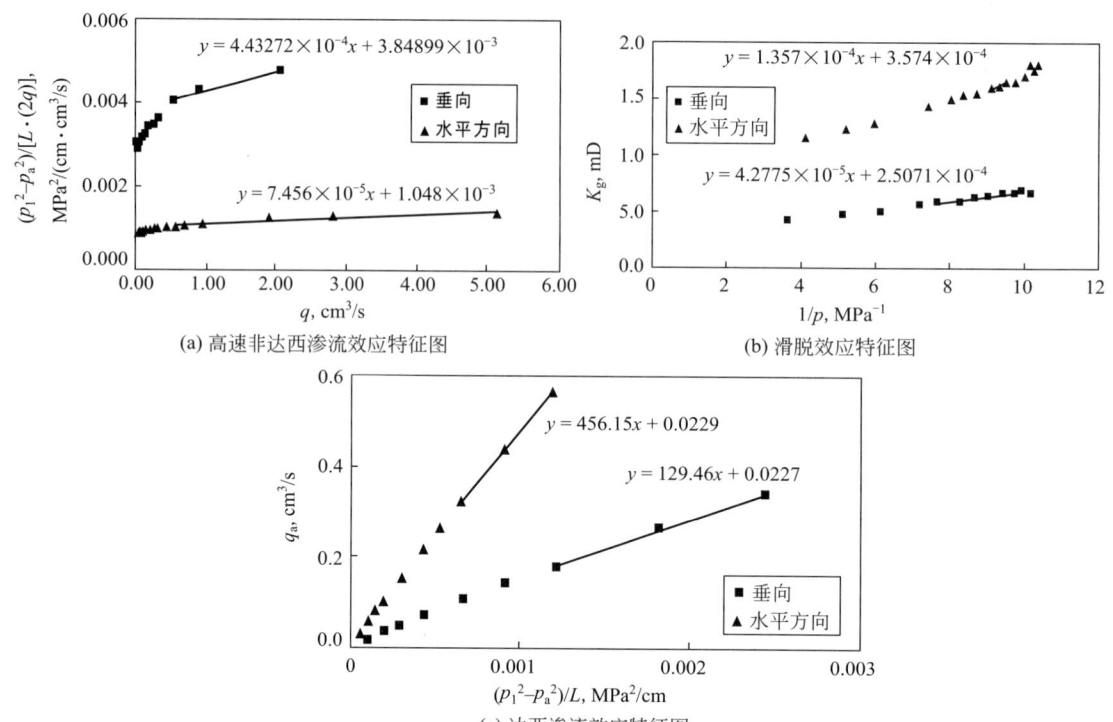

(a) 高速非达西渗流效应特征图　　(b) 滑脱效应特征图

(c) 达西渗流效应特征图

图 2-3-7　全直径岩样垂向与水平方向渗流特征对比（广安 110 井 1-108/134）

(K_h = 2.82mD，K_v = 0.426mD，ϕ = 11.84%）

表 2-3-3　广安 110 井三块全直径岩心垂向与水平方向气体非线性渗流特征参数对比结果

岩心编号	参数	垂向	水平方向
1-108/134	滑脱因子 b，MPa	0.171	0.167
	紊流系数 β，m^{-1}	2.76×10^{13}	2.31×10^{12}
	达西渗透率，mD	0.5246	0.602
2-57/92	滑脱因子 b，MPa	0.205	0.143
	紊流系数 β，m^{-1}	4.39×10^{13}	5.91×10^{12}
	达西渗透率，mD	0.3627	2.0128
2-40/92	滑脱因子 b，MPa	0.382	0.257
	紊流系数 β，m^{-1}	1.78×10^{12}	6.81×10^{11}
	达西渗透率，mD	2.4095	7.5412

从图 2-3-7 可以看出，全直径岩心由于渗透率各向异性的影响，水平方向与垂直方向渗流特征差异较大。从表 2-3-3 可以看出，垂直方向渗透率均低于水平方向渗透率；垂直方向非线性流特征更加明显，对应的非线性流特征参数均大于水平方向值；垂直方向气体渗流受滑脱效应、高速非达西渗流效应的影响比水平方向大。因此，对于目标气藏而言，在建立考虑非线性渗流效应影响的水平井产能方程时，不同渗流方向特征参数应该取不同值。

2) 含水岩样渗流特征对比

图 2-3-8 为广安 110 井 1-108/134 岩样含水条件下不同方向气体渗流特征对比。表 2-3-4 为两块岩心测试的特征参数对比结果。

含水岩样得到的规律性认识与干燥岩样一致。从图 2-3-8 可以看出在含水条件下，水平方向与垂直方向渗流特征差异较大；除了高速非达西渗流效应特征图水平方向特征线位于垂直方向特征线下方外，滑脱效应及阈压效应特征线水平方向均位于垂直方向线上方，表明水平方向的渗透性好于垂直方向。从表 2-3-4 可以看出，垂直方向上不同非线性渗流特征参数均大于水平方向特征参数值，表明垂直方向受非线性渗流影响较大。

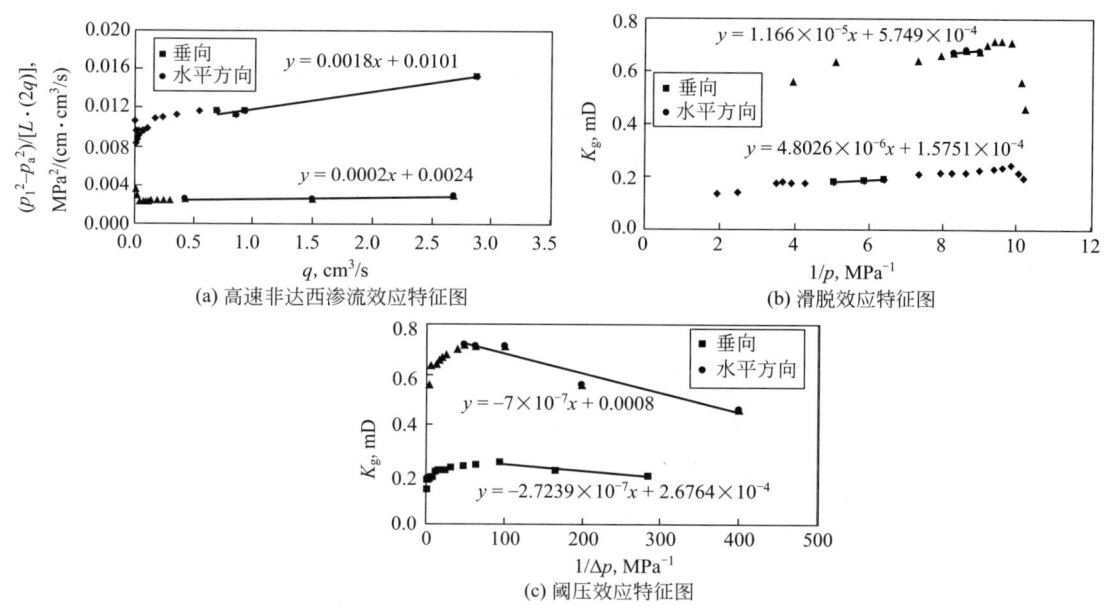

图 2-3-8 广安 110 井 1-108/134 含水条件下不同方向渗流特征对比

表 2-3-4 含水条件下广安 110 井全直径岩心垂向与水平方向气体非线性渗流特征参数对比

岩心编号	参数	垂向	水平方向
1-108/134	含水饱和度 S_{wi},%	40.4	40.1
	临界压力梯度 λ_B，MPa/m	0.0101	0.0096
	滑脱因子 b，MPa	0.03	0.02
	紊流系数 β，m^{-1}	1.13×10^{14}	7.73×10^{12}
	达西渗透率，mD	0.1683	0.9199
2-40/92	含水饱和度 S_{wi},%	38.7	38.4
	临界压力梯度 λ_B，MPa/m	0.0085	0.0049
	滑脱因子 b，MPa	0.05	0.033
	紊流系数 β，m^{-1}	4.93×10^{12}	2.16×10^{12}
	达西渗透率，mD	0.9473	1.9233

第四节 渗流特征影响因素及敏感关系综述

一、储层物性参数对渗流特征的影响

渗流机理实验研究表明,储层物性参数、实验条件不同,气体渗流表现为不同的渗流特征形式。分析实验结果,归根结底影响气体渗流特征的因素包括两个方面:一是气相有效达西渗透率;二是气相有效孔隙度。通过这两个参数可以把不同实验条件下影响因素统一起来。

1. 高速非达西渗流效应

高速非达西渗流特征是多孔介质中气体渗流普遍存在的特殊渗流现象。不同的物性参数条件下,高速非达西渗流效应对气体渗流的影响程度不同。紊流系数 β 的大小直观地反映了高速非达西效应对气体渗流的影响。实验结果如图 2-4-1 和图 2-4-2 所示。

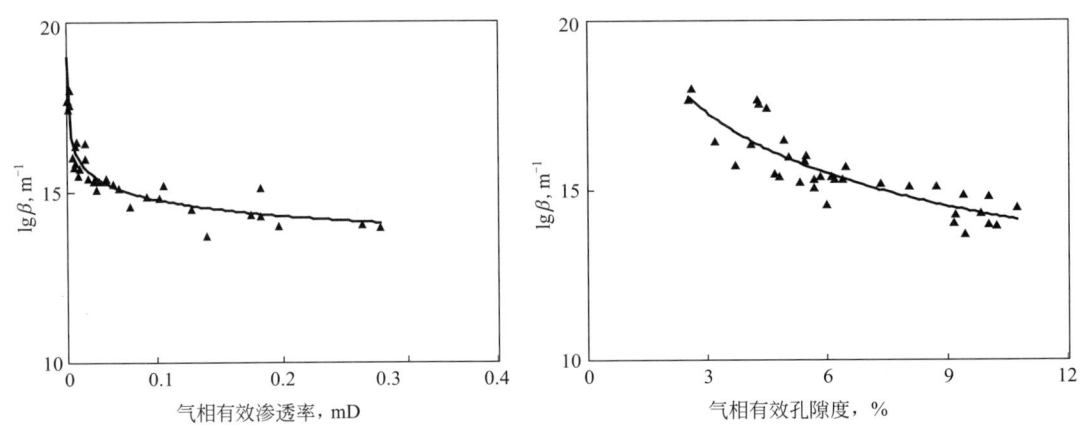

图 2-4-1 岩样物性参数对紊流系数影响分析

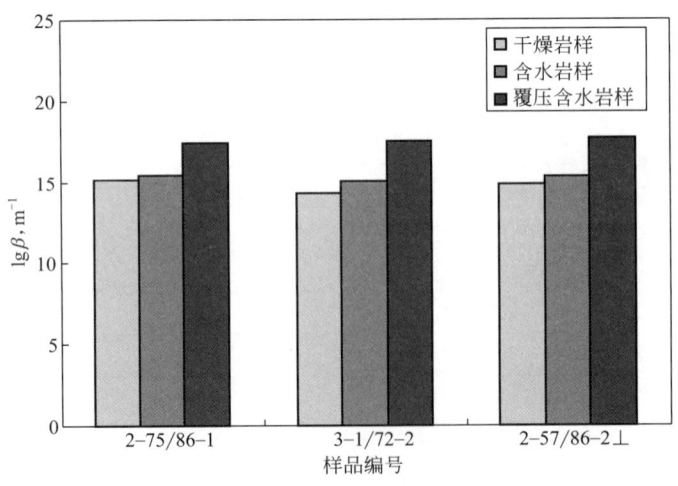

图 2-4-2 不同实验条件下高速非达西渗流效应对比

图 2-4-1 表明总体而言，随着气相有效孔隙度及气相有效孔隙度增加，紊流系数逐渐减小，表明储层物性越差，高速非达西渗流效应越明显。对于广安须家河组气藏，干岩样条件下紊流系数为 $5.2×10^{13}$ ~ $1.37×10^{15}m^{-1}$、平均值为 $3.51×10^{14}m^{-1}$；常压含水岩样紊流系数为 $3.78×10^{14}$ ~ $1.02×10^{18}m^{-1}$、平均值为 $6.17×10^{16}m^{-1}$；覆压含水条件下紊流系数为 $1.39×10^{14}$ ~ $4.88×10^{19}m^{-1}$、平均值为 $2.32×10^{17}m^{-1}$。

图 2-4-2 表示的是同一岩样不同实验条件下紊流系数对比。从该图可以看出，干燥岩样条件下，紊流系数最低；其次为常压含水条件下；覆压含水条件下紊流系数最大。分析原因认为，水相占据部分小孔隙，在相同的气体流量条件下，气体流速增大，因此高速非达西渗流效应增强；覆压含水条件下（上覆压力 35MPa），除了水相使得气流通道减小外，上覆压力的压实作用使得孔隙空间减小，气体渗流通道进一步减小，高速非达西渗流效应更加明显。因此，对于低渗透气藏，水饱和度越高，高速非达西渗流效应越明显；气藏生产越到生产中后期，由于有效上覆应力增大，高速非达西渗流效应的影响程度更大。

2. 滑脱渗流效应

滑脱渗流效应是多孔介质中气体渗流特有低速非线性渗流特征之一。滑脱效应强弱程度可采用滑脱因子描述，滑脱因子越大对气体渗流影响越大，反之越小；不同物性参数条件下气体滑脱效应现象程度强弱不一样。

图 2-4-3 结果表明，总体而言随着气相有效孔隙度、有效达西渗透率增加，滑脱效应影响程度减弱。对于广安须家河组气藏，干燥岩样滑脱因子为 0.056~0.441MPa、平均值为 0.188MPa；含水岩样滑脱因子为 0.063~0.675MPa、平均值为 0.305MPa；覆压含水岩样滑脱因子为 0.033~0.484MPa、平均值为 0.195MPa。

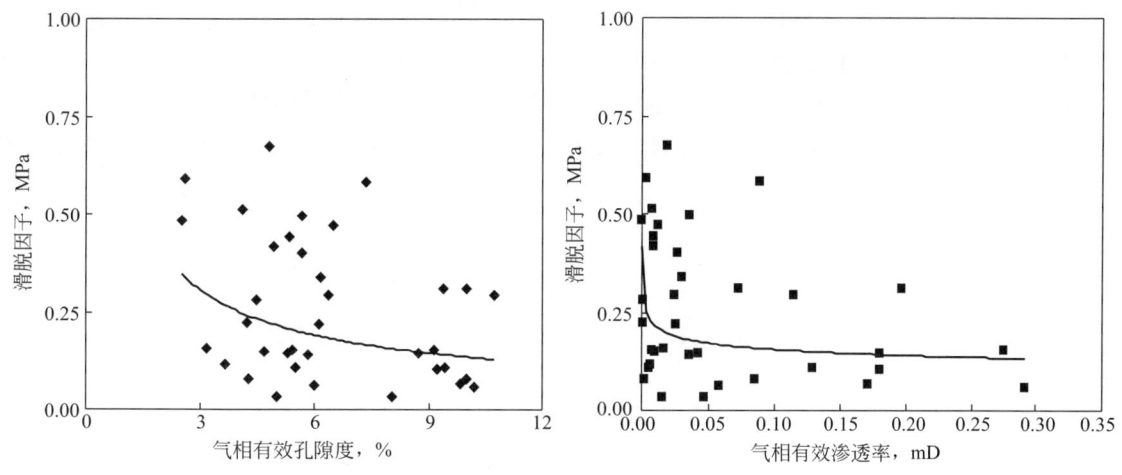

图 2-4-3 岩样物性参数对滑脱效应影响分析

图 2-4-4 结果表明，同一块岩样在不同的实验条件下，滑脱效应影响程度不一样。干燥岩样条件下，滑脱因子最小；其次为覆压含水条件下；常压含水条件下滑脱因子最大。分析认为，常压含水条件下，部分孔隙空间被水相占据、气相有效孔隙度与干燥岩样条件下相比大幅度降低，使得气体分子平均自由行程远大于气相占据有效孔隙空间，表现为滑脱效应

显著，因此此时对应的滑脱因子最大。覆压含水条件下，虽然由于水相与上覆压力的影响，气相有效孔隙空间大幅度减小；但是由于孔隙空间的减小，使得孔隙内压相应增加，导致气体分子平均自由行程相应减小，此时压力的影响占主导地位；因此与常压含水时比较，滑脱效应影响程度反而降低。

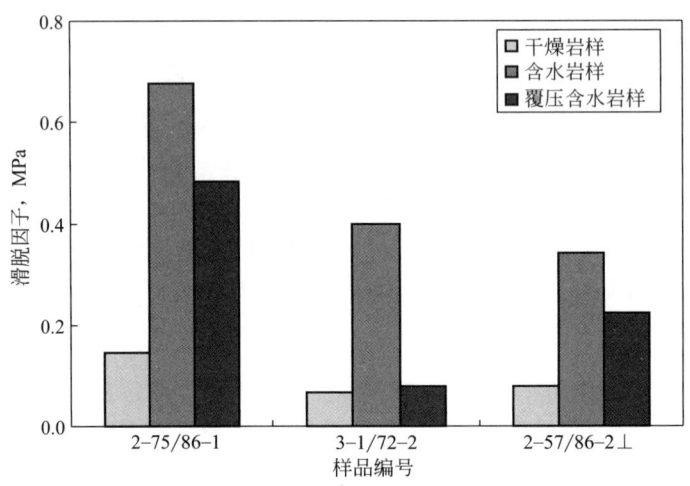

图 2-4-4　不同实验条件下滑脱效应对比

3. 阈压效应

渗流机理实验研究表明，对于低渗透储层，当孔隙度、渗透率及含水饱和度达到一定程度时，普遍存在阈压效应。阈压效应的典型特征，即当压力梯度达到一定程度气相时，才能保持连续流动状态，该压力梯度称为临界压力梯度；临界压力梯度值越大，阈压效应越明显，反之越小。不同岩样物性参数条件下，临界压力梯度值不同。

图 2-4-5 所示为存在阈压效应，临界压力梯度与物性参数关系曲线。从该图可以看出，随着气相有效孔隙度、有效渗透率增加，对应的临界压力梯度逐渐降低；临界压力梯度与物

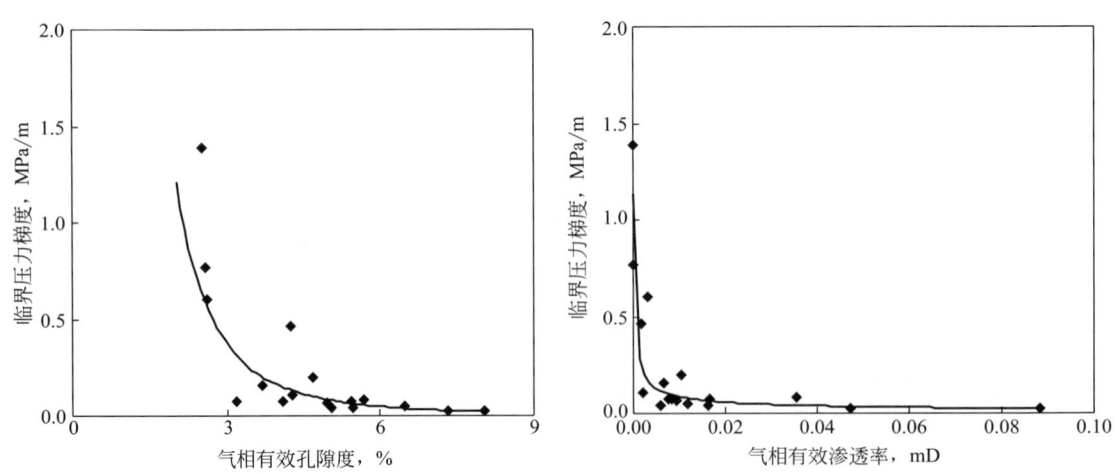

图 2-4-5　岩样物性参数对阈压效应影响分析

性参数存在较好的幂函数关系。对于广安须家河组气藏，常压含水岩样临界压力梯度为 0.022~0.765MPa/m、临界压力梯度小于 0.1MPa/m 的岩样占 82%。覆压含水岩样临界压力梯度为 0.028~1.38MPa/m、临界压力梯度小于 0.1MPa/m 的岩样占 16.7%、临界压力梯度为 0.10~0.5MPa/m 的岩样占 66.7%，平均值为 0.4MPa/m。

图 2-4-6 所示为相同岩样不同实验条件下临界压力梯度对比。从该图可以看出，同一块岩样覆压条件下临界压力梯度大于常压条件下的值。分析认为，由于上覆压力的压实作用，岩石孔隙被压缩、气体渗流通道减小，导致气体渗流阻力增大，阈压效应增强。

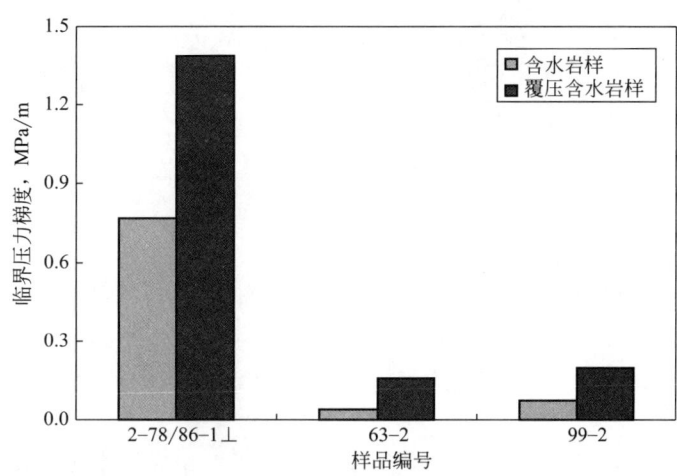

图 2-4-6　不同应力条件下临界压力梯度对比

二、地层水微观赋存状态对渗流特征的影响

1. 地层水微观赋存状态

对气藏而言，经过漫长的地质年代作用后，残留在地层中的水主要以两种方式存在：

（1）自由（毛细管）水。这是由于地层压力或驱替压力过低暂时没有被驱出，滞留在气层中的水，在压差的作用下能够自由流动。对应于气—水相渗曲线Ⅱ区，随着含水饱和度增加、气相渗透率急剧降低，自由水对气相渗透率的影响巨大。

（2）束缚（水膜）水。这是由于毛细管力作用而滞留在地层中的水，很难被气体驱动，因此称其为束缚水。由于岩石表面的亲水性，岩石的表面存在吸附水膜。该水膜具有很强的剪切力，呈薄膜形式紧密吸附在孔、喉壁上。气层孔喉半径细小，因此吸附水对低渗透储层渗透性的影响不容忽视。储层岩石比表面积越大，亲水性越强，孔喉越小，渗透率越低，吸附水膜对储层的影响越严重。

图 2-4-7 是模拟基质孔隙的微观光刻蚀模型气驱水后的残余水分布状态。由于毛细管力和驱替压力的共同影响，气驱过程中存在卡断和绕流现象。卡段形成的残余水主要以紧贴孔隙壁的水膜形式存在，绕流形成的残余水主要滞留于小孔隙或喉道中以毛细管水形式存在。

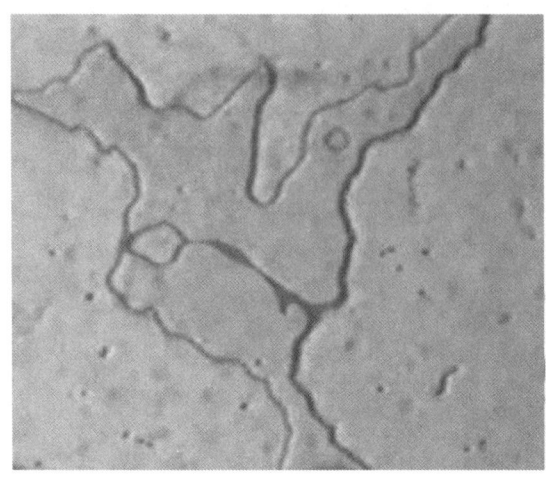 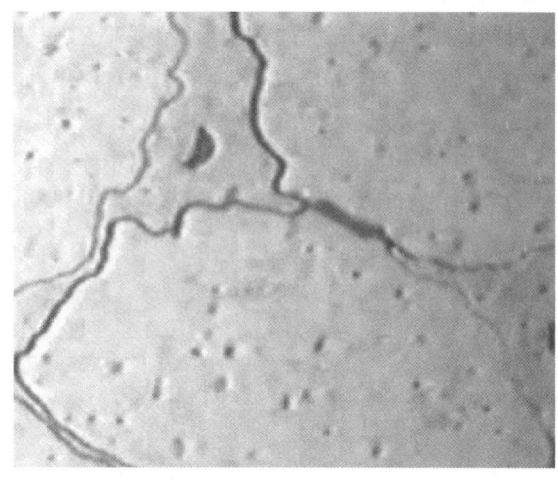

图 2-4-7 多孔介质残余水分布状态

2. 水膜厚度分析

储层中的共存水由孔隙中的毛细管水和水膜水两部分构成。由于储层亲水性的影响，气驱水过程中，非湿相的气体总是从孔隙或喉道中央通过。因此，如果水膜水的比例较大，在喉道处形成较厚水膜会降低气相渗流通道，增加气体渗流阻力，引起一些特殊的渗流效应出现。

为了分析水膜厚度对气体渗流的影响，首先必须建立相应的水膜厚度计算公式。根据前期研究成果，借鉴基于土壤学中计算颗粒表面水膜厚度的理论，应用压汞实验得到的岩样比表面，结合水锁实验得到的束缚水饱和度，就可以计算得到样品的束缚水膜厚度 $d_水$：

$$d_水 = 1000 S_w V_p / (A_比 \cdot W_干) \tag{2-4-1}$$

式中　$d_水$——水膜厚度，μm；

　　　S_w——岩样束缚水饱和度；

　　　$W_干$——干燥岩样的质量，g；

　　　A_p——岩样外表面积，cm^2；

　　　$A_比$——岩样比表面积，cm^2/g。

束缚水膜厚度是岩石含油气喉道半径的下限值，半径大于束缚水膜厚度的孔隙才有可能是储集油气的有效空间，否则，这些孔隙将被束缚水充填而失去含油气价值。因此，束缚水膜厚度的大小就是储层的含气下限。实验得到的束缚水膜厚度与压汞实验孔喉结构关系如图 2-4-8 所示。

该地区岩样的束缚水饱和度为 28.3%~56.2%，平均值为 36.6%；从图 2-4-8 可以看出，束缚水膜厚度为 0.0093~0.0547μm，平均值为 0.0245μm。随着孔喉尺寸增加，水膜厚度相应增加。那么根据此结论推断是否高渗透储层受水的影响越大呢？分析认为，对于高渗透储层，虽然水膜厚度较大，但是孔喉尺寸总体水平较高，流体通过所需压差小，水相影响不大；对于低渗透储层而言，孔喉尺寸小、流体通过难度大、所需压差大，如果水相以膜的形式占据部分孔喉空间，流体通过能力更进一步降低，表现出与高渗透含水储层不同渗流特

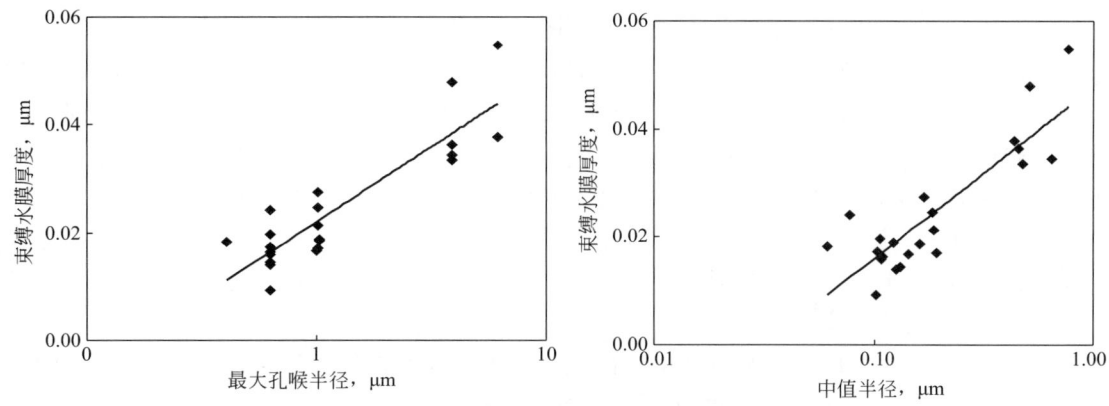

图 2-4-8 水膜厚度与孔隙最大半径和中值半径关系

征，水的影响程度就凸显出来。因此，水膜厚度对储层渗流的影响，与水膜厚度、孔喉尺寸有直接关系，不能简单地以水膜厚度的大小来衡量其对气体渗流影响程度。

3. 水膜厚度对渗流的影响

从前文研究可知，部分束缚水以水膜的形式存在于孔喉的表面，在一定程度上降低了气体渗流通道，导致非线性渗流效应出现。渗流机理实验研究表明，当有效气相孔隙度小于 6.5%、气相有效达西渗透率小于 0.02mD 时，气体渗流存在阈压效应、滑脱效应及高速非达西渗流效应三种非线性渗流形式；否则，只存在滑脱效应、高速非达西渗流效应两种非线性渗流形式。

从水膜厚度实验无法得到气相有效渗透率，为了能够把水膜厚度与非线性渗流机理联系起来，在此引入两个参数：水膜厚度/最大孔喉半径（$d_水/r_{max}$）、水膜厚度/中值孔喉半径（$d_水/r_{50}$）。这两个参数综合考虑了喉道半径大小及水膜厚度的影响。结合渗流实验存在阈压效应的必要条件，即有效气相孔隙度判别标准（$\phi_g<6.5\%$），可以判断低渗透高含水气藏渗流形式。分析结果如图 2-4-9 所示。

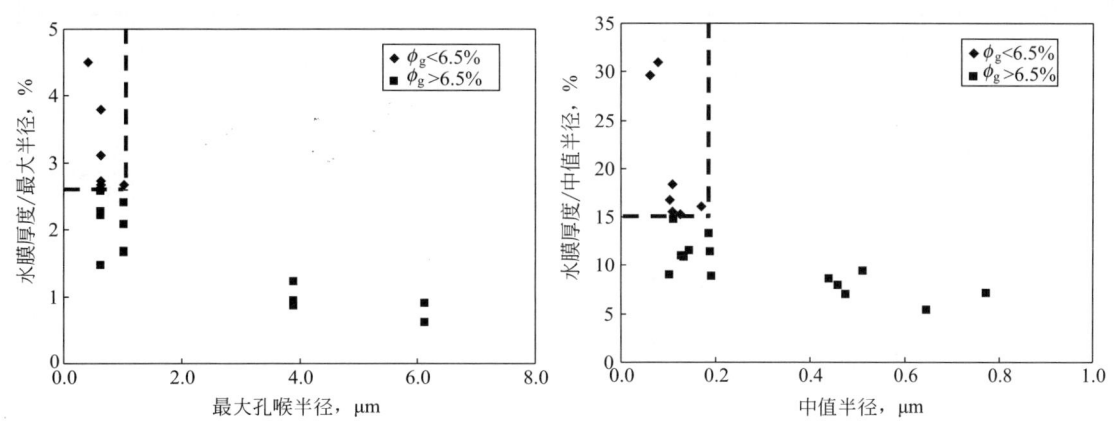

图 2-4-9 基于 $d_水/r_{max}$ 和 $d_水/r_{50}$ 渗流效应存在性判别标准

图 2-4-8 表示的是 r_{max}、r_{50} 与 $d_水/r_{max}$、$d_水/r_{50}$ 关系曲线。从该图可以看出，随着 r_{max} 和 r_{50} 增大，$d_水/r_{max}$ 和 $d_水/r_{50}$ 逐渐降低，表明储层大孔隙在一定程度上可以降低水相的影响。通过对存在阈压效应渗流特征岩样统计分析发现，存在阈压效应岩样的 $d_水/r_{max}$ 和 $d_水/r_{50}$ 分别大于 2.5% 和 15%；表现出滑脱效应渗流特征岩样的 $d_水/r_{max}$ 和 $d_水/r_{50}$ 分别低于 2.5% 和 15%，因此，岩样是否存在阈压效应受孔喉半径和水膜厚度控制，单纯以孔喉半径 0.04μm 作为判别标准存在不足。根据此次研究成果，认为当 $\phi_g<6.5\%$、$d_水/r_{max}>2.5\%$ 或 $d_水/r_{50}>15\%$ 时，岩样在小压力梯度条件下均表现出阈压效应特征。超出该界限范围的岩样，在小压力梯度条件下主要表现为滑脱效应渗流特征。此方法综合考虑了孔喉大小及含水饱和度因素的影响比较符合实际。

因此，根据水膜厚度实验测试结果可以判定低渗透含水储层是否存在阈压效应；根据水膜厚度标准与渗流机理实验样品进行对比分析，准确率达到 90% 以上。因此，水膜厚度对相关非线性渗流特征参数有较大影响。由于水膜厚度计算需要根据压汞实验得到岩样的比表面积，因此完成水膜实验样品无法继续进行渗流机理实验研究；根据井号、深度相近原则，确定渗流机理实验样品水膜厚度。对于广安须家河组气藏样品水膜厚度与非线性渗流特征参数关系如图 2-4-10 至图 2-4-12 所示。

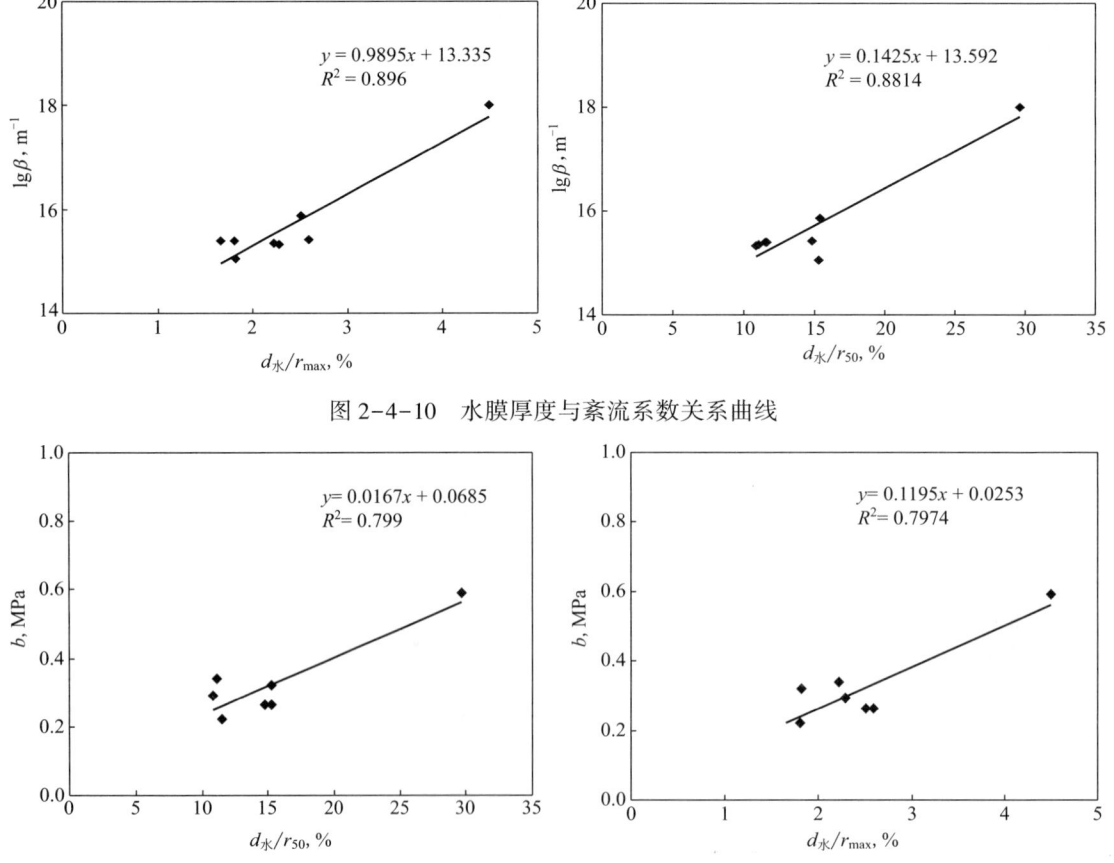

图 2-4-10 水膜厚度与紊流系数关系曲线

图 2-4-11 水膜厚度与滑脱因子关系曲线

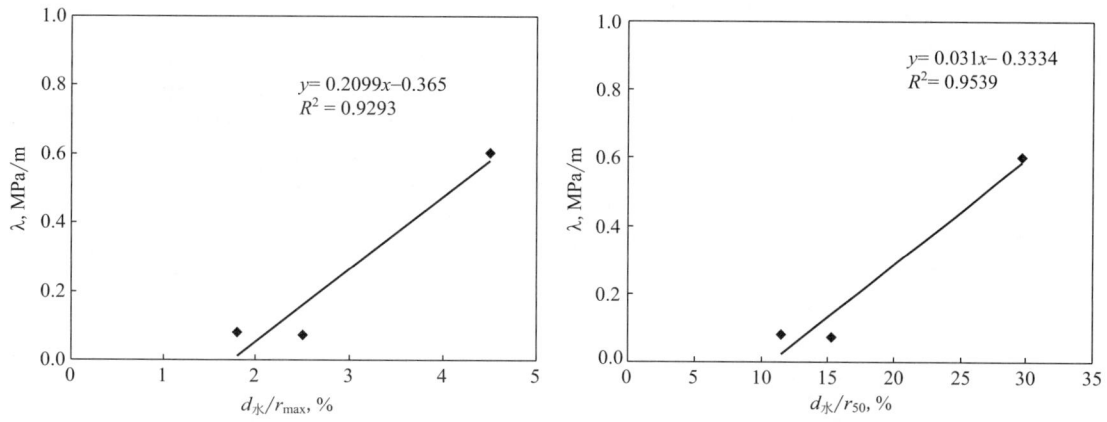

图 2-4-12　水膜厚度与阈压效应临界压力梯度关系曲线

从图 2-4-10 至图 2-4-12 可以看出，随着 $d_水/r_{max}$ 和 $d_水/r_{50}$ 的增加，三种非线性渗流特征参数相应增大。分析认为，由于 $d_水/r_{max}$ 和 $d_水/r_{50}$ 的增大，降低了岩样孔喉半径，因此气相渗流通道减小，渗流阻力增大；由此引起的效果等效于物性变差，结合前文研究认识，所以三种非线性渗流特征更加明显。

三、岩石孔隙结构对渗流特征的影响

描述岩石孔隙结构主要特征参数包括岩石最大孔喉半径、中值喉道半径以及孔道迂曲度。在目前实验条件下，最大孔喉半径以及中值喉道半径采用压汞实验可以直接得到，迂曲度计算只能采用间接计算方法。

1. 迂曲度对渗流特征影响

迂曲度（τ）指的是渗流过程中流体质点实际走过的路程长度（L_e）与宏观渗流方程中所假定的流体质点通过的路程长度 L 的比值的平方（L_e/L）^{2}。对于迂曲度计算只能采用间接计算方法，具体计算公式如下：

$$K = \frac{\phi^3}{2\tau^2 S_s^2 (1-\phi)^2} \times 10^8 \qquad (2\text{-}4\text{-}2)$$

式中　K——岩样渗透率，mD；

ϕ——岩样孔隙度，无量纲；

τ——孔道迂曲度，无量纲；

S_s——以岩石骨架为基础的比面，cm^{-1}。

根据式(2-4-2)计算得到须六气藏共计 20 块岩样迂曲度，计算结果如图 2-4-13 所示。

计算结果表明，迂曲度与岩样物性参数存在较好相关关系；随着岩样孔隙度、渗透率增加，迂曲度逐渐减小；因此，物性好的储层气体渗流路径越小，相应地受到的阻力越小；所以，储层物性好的气井产能及稳产性高。

有了以上回归关系式，可以对该区块任意岩样计算不同条件下岩样迂曲度，此次计算我们以渗透率相关式为准。通过关联非线性渗流特征参数与迂曲度存在如图 2-4-14 和图 2-4-15 所示关系。

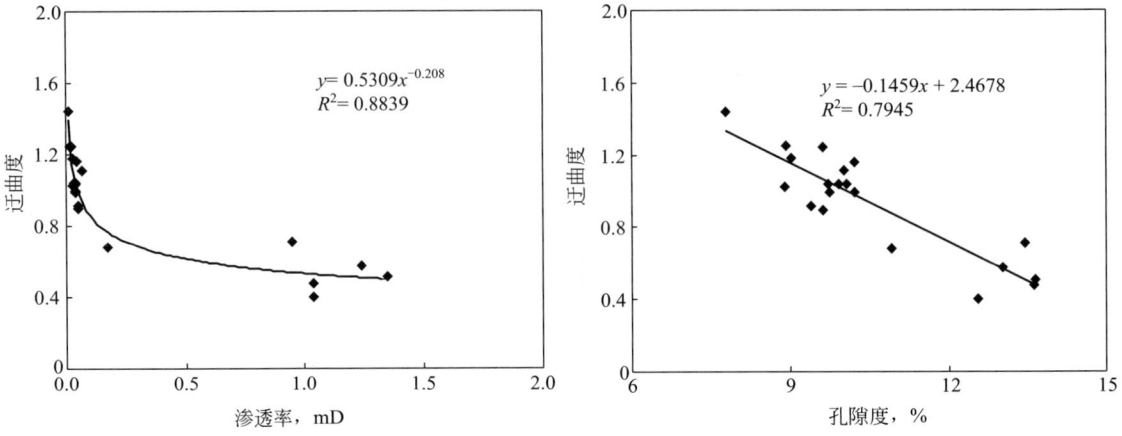

图 2-4-13　岩样孔隙度和渗透率与迂曲度关系曲线

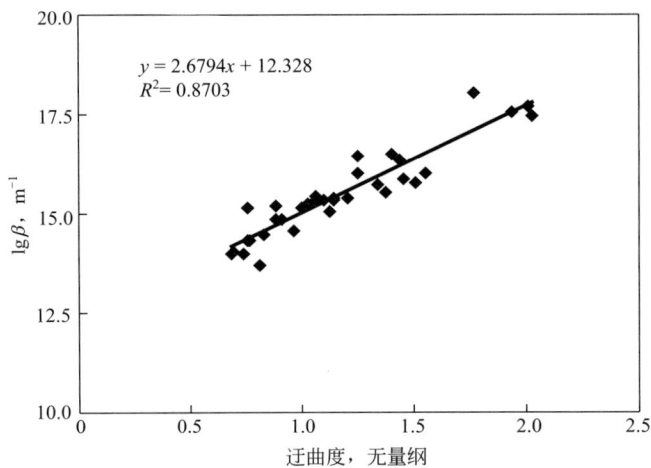

图 2-4-14　流体迂曲度与紊流系数之间关系曲线

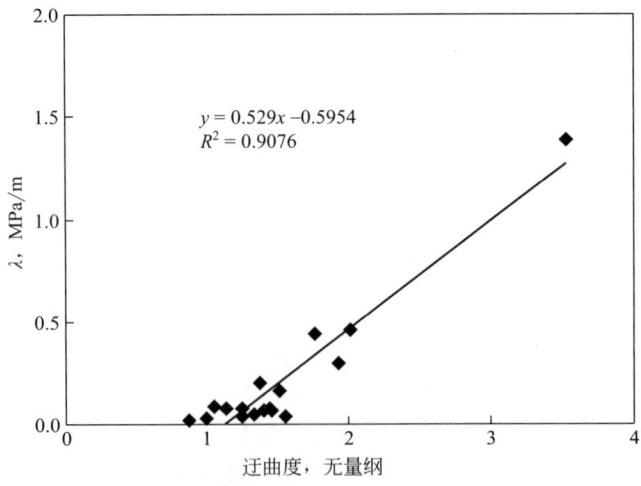

图 2-4-15　流体迂曲度与临界压力梯度（阈压效应）之间关系曲线

从图2-4-14和图2-4-15可以看出，随着岩样迂曲度的增加，气体非线性渗流特征参数逐渐增加，表明气体非线性渗流特征更加明显。从图2-4-14还可以看出，存在明显阈压效应的岩样，气体渗流迂曲度均大于1。

2. 喉道半径对渗流特征影响

根据压汞实验发现最大喉道半径以及中值喉道半径与岩样孔隙度存在如图2-4-16所示关系。

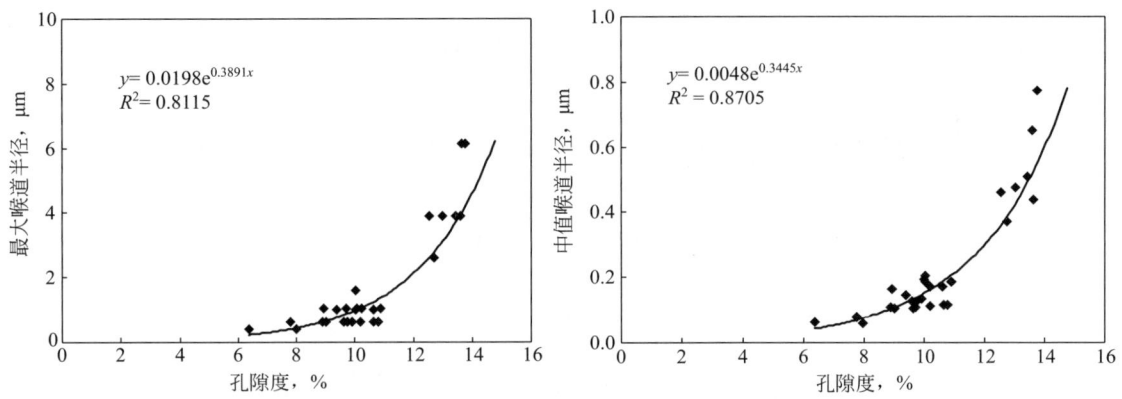

图2-4-16 岩样孔隙度与孔隙喉道半径关系曲线

从该图可以看出，压汞实验样品最大喉道半径、中值喉道半径与岩样孔隙度存在较好指数函数关系。为了考虑水相影响，根据最大喉道半径、中值喉道半径与气相有效孔隙度相关关系式确定渗流机理样品相应喉道半径；关联喉道半径与相关非线性参数，发现存在如图2-4-17和图2-4-18所示关系。

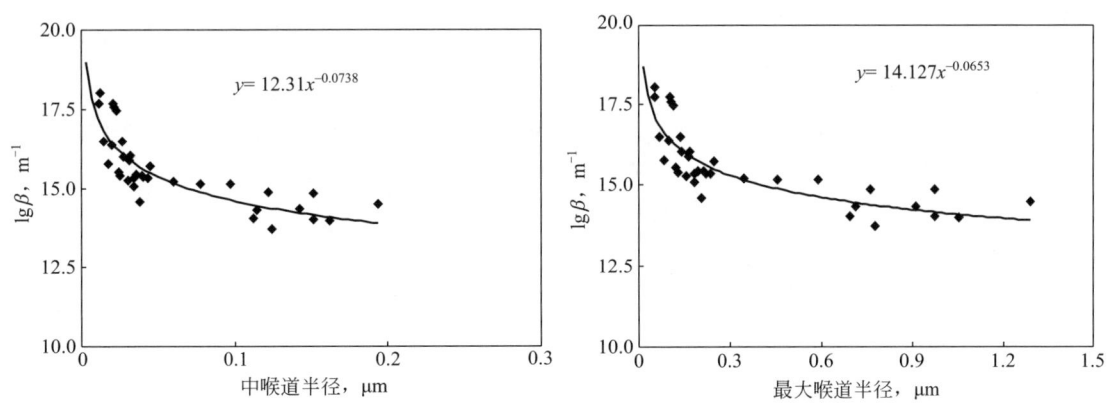

图2-4-17 喉道半径与紊流系数之间关系曲线

从图2-4-17和图2-4-18可以看出，随着喉道半径减小非线性渗流效应更加明显，对应的非线性渗流特征参数增大。从图2-4-17还可以看出，对于广安须家河组气藏，存在阈压效应的岩样最大喉道半径、中值喉道半径分别大于0.45μm和0.08μm；喉道大小是导致气体渗流表现出不同渗流特征的重要因素，结合水膜厚度与孔喉半径可综合分析气体渗流特征。

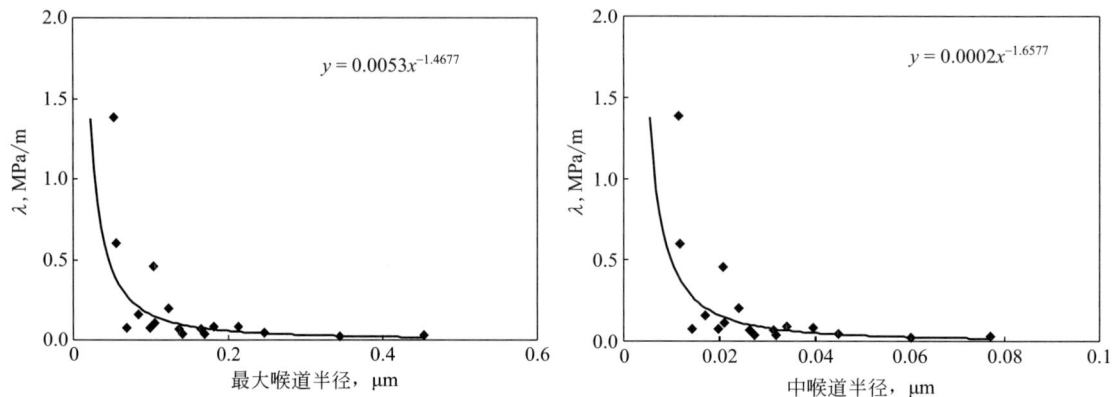

图 2-4-18　喉道半径与阈压效应临界压力梯度关系曲线

第三章 低渗透砂岩气藏气水两相渗流特征

低渗透砂岩气藏高含水饱和度特征导致部分气藏存在明显的气水两相渗流特征，本章基于核磁共振实验测试方法建立了低渗透气藏储层可动水饱和度定量确定方法，确定了典型气藏可动水饱和度大小及产水程度，为低渗透砂岩气藏产水潜力确定提供了重要的评价技术手段；并采用非稳态法系统测试了不同物性岩心气水两相渗流特征，掌握低渗透砂岩气藏气水两相渗流规律及影响因素。

第一节 气水两相渗流特征物理模拟技术

气水两相渗流特征物理模拟技术参照 SY/T 5345—2007《岩石中两相流体相对渗透率测定方法》中非稳态法气—水相对渗透率测定方法。

一、非稳态法气—水相对渗透率测定原理

非稳态法气—水相对渗透率是以 Buckley-Leverett 一维两相水驱气前缘推进理论为基础。忽略毛细管压力和重力作用，假设两相不互溶流体不可压缩，岩样任一横截面气水饱和度是均匀的。实验时不是同时向岩心中注入气液两相，而是将岩心事先用水饱和，再用气体进行驱替。在气驱水过程中，气水饱和度在多孔介质中的分布是距离和时间的函数，这个过程称为非稳态过程。按照模拟条件的要求，在气藏岩样上进行恒压差或恒速度气驱水实验，在岩样出口端记录每种流体的产量和岩样两端的压力差随时间的变化，用"JBN"方法计算得到气—水相对渗透率，并绘制气—水相对渗透率与含水饱和度的关系曲线。

二、实验流程和设备

1. 实验流程

非稳态法测定气—水相对渗透率流程示意图如图 3-1-1 所示。

2. 实验所用设备和计量器及其技术指标

(1) 岩心夹持器；
(2) 驱替泵：流量精度为 1%；
(3) 精密压力表或传感器：均为 0.4 级；
(4) 气体积计量管：最小分度值为 0.1mL；
(5) 液体积计量管：最小分度值为 0.1mL；
(6) 湿式流量计：最小分度值为 0.01mL；
(7) 气水分离器：0~10mL，分度值为 0.05mL；
(8) 天平：感量为 0.001g；
(9) 秒表：分度值为 0.01s；

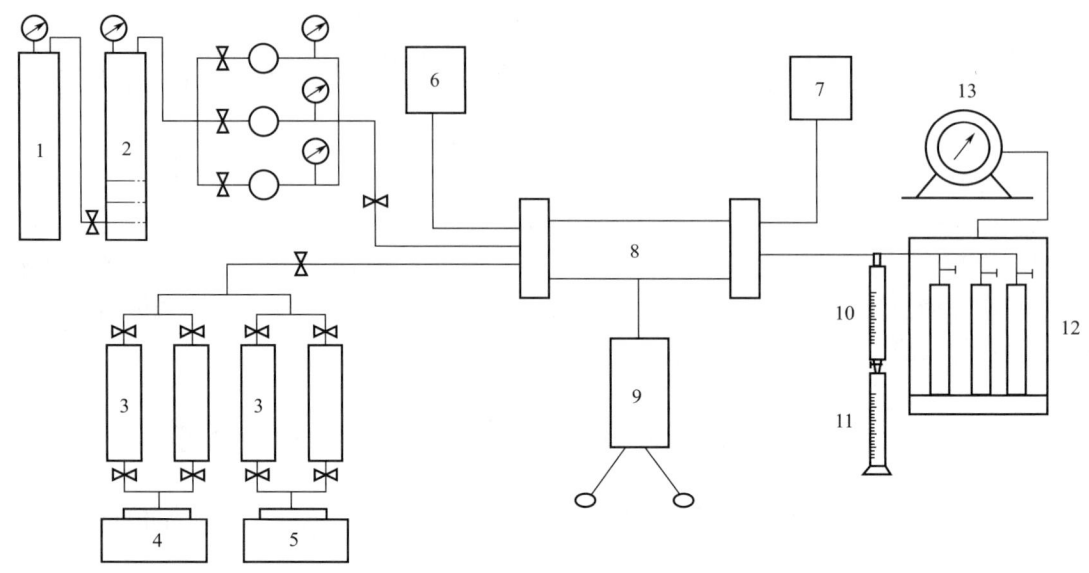

图 3-1-1　非稳态法气—水相对渗透率测定流程示意图

1—气源；2—气体加湿器；3—活塞式油（水）中间容器；4,5—平流泵；6,7—压力传感器；8—岩心夹持器；9—围压泵；10—气液分离器；11—液体计量管；12—玻璃气体流量计；13—湿式气体流量计；⋈—手动阀；◯—调压阀；◐—精密压力表

（10）气压计：分度值为 0.1kPa。

3. 实验步骤

（1）将已饱和模拟地层水的岩样装入岩心夹持器，用驱替泵以一定的压力或流速使地层水通过岩样，待驱替岩样进出口的压差和出口流量稳定后，连续测定三次水相渗透率，其相对误差小于 3%，此水相渗透率作为气—水相对渗透率的基础值。

（2）测定气—水相对渗透率时用气驱水的方法建立束缚水，直至不出水为止，或气驱替倍数达到 20 倍孔隙体积以上，记录驱出的水量，计算岩样的含气饱和度和束缚水饱和度。

（3）测定束缚水饱和度下气相的有效渗透率，待岩样进出口的压差和出口流量稳定后选三个压力点进行测定，测量值之间的相对误差小于 3%，取其算数平均值。此气相有效渗透率作为气—水相对渗透率的基础值。

（4）根据空气渗透率、水相渗透率及束缚水条件下气的有效渗透率，选取合适的驱替压差，初始压差必须保证既能克服末端效应又不产生紊流，初始气驱水速度在 7~30mL/min 为宜。

（5）调整好出口水、气体积计量系统，开始气驱水，记录各个时刻的驱替压力、产气量及产水量。

（6）气驱水至残余油状态，测定残余状态下气相有效渗透率后结束实验。

（7）在残余水状态下，完成气的有效渗透率测定后，在 1/2 和 1/4 驱替压力下分别测定气的有效渗透率，判断是否产生紊流，如果低压下的有效渗透率高于驱替压力下的有效渗透率的10%,则发生紊流。

4. 计算方法

气体通过岩心,当压力从岩样的进口p_1变化到出口p_2时,气体的体积也随之变化,因此必须采用平均体积流量。按式(3-1-1)将岩样出口压力下测量的累计流量总产量值修正到岩样平均压力下的值。

$$V_t = \Delta V_{wt} + V_{t-1} + \frac{2p_a}{\Delta p + 2p_a} \Delta V_{gt} \quad (3-1-1)$$

式中 V_t——t 时刻的累计水气产量的数值,mL;

V_{t-1}——$t-1$ 时刻的累计水气产量的数值,mL;

ΔV_{wt}——$t-1$ 到 t 时刻的水增量的数值,mL;

p_a——大气压力的数值,MPa;

Δp——驱替压差的数值,MPa;

ΔV_{gt}——大气压下测得的某一时间间隔的气增量的数值,mL。

将水气总产量按式(3-1-1)修正后,采用式(3-1-2)、式(3-1-3)、式(3-1-4)和式(3-1-5)计算非稳态气—水相对渗透率的计算方法计算,其中驱替相为气体,被驱替相为水。

非稳态法气—水相对渗透率和含水饱和度按式(3-1-2)、式(3-1-3)、式(3-1-4)和式(3-1-5)进行计算:

$$f_o(S_w) = \frac{d\overline{V}_o(t)}{d\overline{V}(t)} \quad (3-1-2)$$

$$K_{ro} = f_o(S_w) \frac{d[1/\overline{V}(t)]}{d\{1/[I\,\overline{V}(t)]\}} \quad (3-1-3)$$

$$K_{rw} = K_{ro} \frac{\mu_w}{\mu_o} \cdot \frac{1-f_o(S_w)}{f_o(S_w)} \quad (3-1-4)$$

$$I = \frac{Q(t)}{Q_o} \cdot \frac{\Delta p_o}{\Delta p(t)} \quad (3-1-5)$$

$$S_{we} = S_{ws} + V_o(t) - V(t) \cdot \bar{f}_o(S_w) \quad (3-1-6)$$

式中 $f_o(S_w)$——含水饱和度 S_w 下的含油率;

$\overline{V}_o(t)$——无量纲累计采油量的数值,以孔隙体积的分数表示;

$\overline{V}(t)$——无量纲累计采液量的数值,以孔隙体积的分数表示;

K_{ro}——油相的相对渗透率;

K_{rw}——水相的相对渗透率;

μ_w,μ_o——分别为水和油的黏度,mPa·s;

Q_o——初始时刻岩样出口端产油量的数值,mL/s;

Δp_o——初始驱动压差,MPa;

I——相对注入能力的数值；

S_{ws}——束缚水饱和度的数值；

S_{we}——岩样出口端面含水饱和度的数值；

$\Delta p(t)$——时刻 t 时的驱替压差，MPa。

第二节　典型低渗透砂岩气藏气水两相渗流特征

油气藏储层岩石孔隙由油、气、水三相流体所饱和，这些流体在储层多孔介质中赋存状态可分为两类：一类为束缚状态；另一类为自由状态。束缚流体存在于极微小的孔隙和较大孔隙的壁面附近，孔隙空间的这一部分流体受岩石骨架的作用力较大，为毛细管力或表面吸附作用所束缚而难以流动，而在较大孔隙中间赋存的流体受岩石骨架的作用力相对较小，这一部分流体在一定的外加驱动力作用下流动性较好，因此称为自由流体或可动流体。束缚流体的存在实际上减小了孔隙的流动空间，增加了流体的渗流阻力。对于一个储层来说，孔隙空间的束缚流体比例越小，储层的渗流性能越好。对于高渗透储层来说，由于束缚流体比例相对很小，其对流体渗流能力的影响较小。但对于低渗透、特低渗透储层而言，由于孔隙微细，小孔隙所占比例很大，流体渗流通道本就狭窄，再加上孔隙越微细，孔隙壁面比表面积越大，展布在孔隙壁面表面上的束缚流体比例很大，此时，束缚流体饱和度或者说可动流体饱和度对储层流体渗流能力的影响不容忽视。

常规储层评价一般以孔隙度和渗透率作为储层物性的表征。但对于低渗透储层而言，以孔隙度和渗透率作为判别储层好坏的标准存在不足，无法定量评价。而可动流体饱和度作为补充参数可更好地表征低渗透储层的物性和渗流特征。

广安气田须家河组气藏含水饱和度高，气井普遍产水。岩心分析表明，储层含水饱和度多为 50%~60%；以广安 108 井的密闭取心岩样分析的含水饱和度可以看出，储层含水饱和度大于束缚水饱和度（图 3-2-1 和表 3-2-2），因此在生产过程中岩石孔隙内的水可能部分产生流动，导致气井产水。因此，深入研究气—水两相渗流特征，为掌握气藏生产动态特征、制定合理的开发技术措施提供理论支撑。

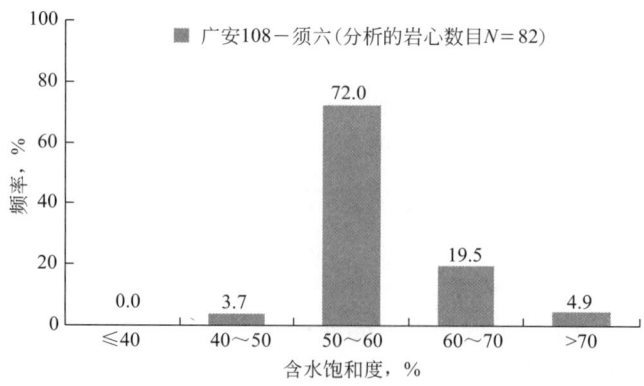

图 3-2-1　广安 108 井密闭取心岩样含水饱和度分析

表 3-2-1　广安 108 井岩心样品含水饱和度特征

储层类型	束缚水饱和度,%	平均含水饱和度,%
Ⅰ	35	50.2
Ⅱ	45	55.8
Ⅲ	55	64.3
Ⅳ	60~80	69.2

一、水相临界流动饱和度研究

对于低渗透气藏可动水饱和度研究是目前气藏渗流机理研究热点方向。在此之前，有几个重要概念有必要进行阐述：一是束缚水饱和度，指的是在任何条件下，储层中不参与流动的流体的饱和度；二是残余水饱和度，指的是在一定的开采方式条件下，不能被采出而残留在地层中的流体的饱和度；三是临界流动饱和度，指的是在一定条件下，能够参与流动的最低流体饱和度；实际上在一定条件下，可以认为残余水饱和度等同于临界流动饱和度。

目前，实验室测定岩样束缚水饱和度主要有以下 4 种方法：压汞法、半渗隔板法、离心机法以及相渗法。压汞法由于其压差能够达到 100MPa 以上，测试束缚水饱和度一般比较准确，但是由于汞的特殊性质以及岩样无法再次使用，因此实际工作中采用此方法较少；半渗隔板法及离心机法虽然测试简单，但是由于较低的测试压差，对于低渗透岩样，测试结果偏大，得不到真正意义上的束缚水饱和度；相渗法归根结底是气驱水方式，能够较准确得到不同压差条件下水相残余水饱和度（或临界流动饱和度），如果压差能够增加到足够高，可以得到真正意义上的束缚水饱和度。从束缚水饱和度、临界流动饱和度的定义可以看出，对同一块岩样只有一个束缚水饱和度值；而残余水饱和度及临界流动饱和度与实验条件有关，可以有多个值。目前，低渗透岩样相渗曲线多采用非稳态测试手段，实验过程中给定一个驱替压差，当岩样不出水时，认为该饱和度即为该岩样的束缚水饱和度，严格说来该饱和度只能称为残余水饱和度而不能称为束缚水饱和度，如果压差很高，可以认为该饱和度即为束缚水饱和度。对于高含水低渗透气藏普遍存在大压差产水、小压差不产水的现象，如果能够得到不同条件下水相临界流动饱和度，对评价水相流动能力具有重要意义。

目前，定量评价水相可动性，核磁共振是比较准确有效的方法。核磁共振与气驱实验测试方法如下：岩心首先饱和 100% 水；然后设定不同压差气驱水（压差由小变大），每一个压差条件下驱替达到稳定，即不出水为止；当稳定后取出岩样，采用核磁共振仪测定岩心中水饱和度分布；最后对测试完岩样进行下一压差制度条件下实验。

核磁共振确定流体饱和度原理，即根据 T_2 时间界限来确定岩心中孔隙水分布，大于分界值的部分表示大孔隙中可动水，小于分界值的部分表示小孔隙中的残余水，所以根据岩心核磁测试 T_2 谱可得出不同孔隙类型岩心中水的存在形式。测试须六气藏 4 块岩样在不同驱替压差条件下岩心中水相分布。岩心基础物性参数见表 3-2-2，测试结果如图 3-2-2 所示。

表 3-2-2　4 块岩心基础物性参数

岩心	孔隙度,%	渗透率, mD	岩心长度, cm
广安 110-1	15	7.41	3.6

续表

岩心	孔隙度，%	渗透率，mD	岩心长度，cm
广安110-2	14.2	4.71	3.61
广安111-5	10.9	0.628	3.61
广安110-3	5.1	0.048	4.41

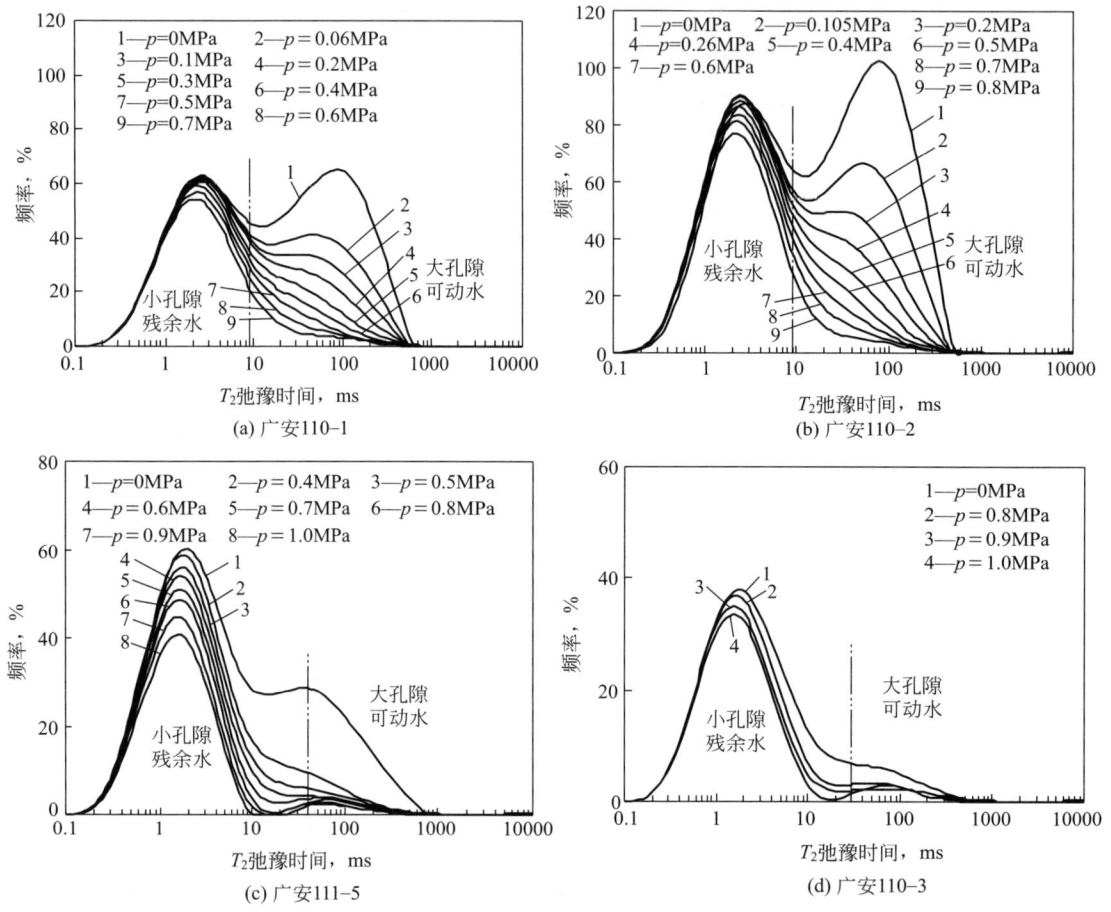

图3-2-2 广安气田须六气藏四块岩心核磁共振 T_2 谱

从图3-2-2可以看出，通过核磁共振手段可以直观反映出岩心孔隙中水饱和度分布情况。从该图可以看出，渗透率不同，大孔隙、小孔隙中水相占据比例不一样，渗透率小于1mD的岩样，水相主要分布在小孔隙中。对于同一块岩心，随着压差增大，大孔隙中水首先被驱出，小孔隙中的水相比例基本保持不变；而且随着压差增大，驱出大孔隙中的水难度越来越大，大孔隙中始终有部分水无法驱出。因此，低渗透气藏必然存在较高的残余水饱和度；同时，由于水相主要存在于小孔隙中，气体必须克服小孔喉处由于水相引起的阻力才能形成连续渗流通道，表现为低速非达西渗流效应。

从图3-2-3可以看出，不同的驱替压差条件下，残余水饱和度不同；对同一块岩样，随驱替压差增大，由于水相被不断驱出，可动水比例越来越小，水相流动难度越来越大，水相临界流动饱和度逐渐降低。在含水饱和度一定的情况下，对于低孔、低渗透岩心而言，由于水相主要分布于孔喉、孔隙内壁，因此需要更大的驱替压差，出水难度越大。广安须六气藏实际生产过程也表现出投产初期基本不产水或产少量水，随着生产压差增大，气藏产水量逐渐增加的特征。因此，对于存在产水可能的低渗透气井，控制生产压差，减少气藏出水很有必要。

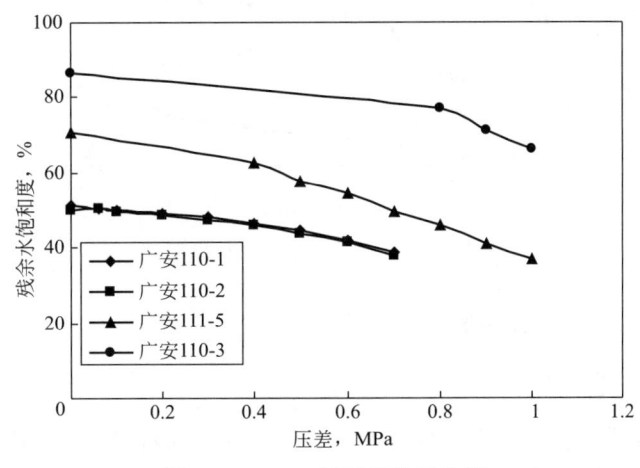

图 3-2-3　S_{wr} 与压差关系曲线

图 3-2-4 为驱替压差为 0.7MPa 条件下渗透率与水相临界流动饱和度关系曲线。以渗透率 1mD 为界限，低于该界限值，水相临界流动饱和度基本在 50% 以上；高于该值，水相临界流动饱和度一般在 40% 左右。核磁共振法渗透率与水相临界流动饱和度和度呈幂函数关系；该趋势与半渗隔板法、离心机法表现出的趋势一致。由于测试方法不同，核磁共振结合驱替实验法是动态方法，后两种手段是静态方式，动态方法与静态方法存在一定差异。结合须六气藏储层类型划分标准以及水饱和度分布范围（表 3-2-2），该气藏存在出水潜力。

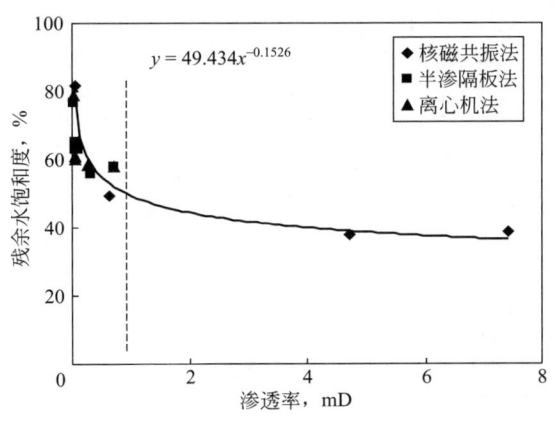

图 3-2-4　S_{wr} 与渗透率关系（$\Delta p = 0.7\text{MPa}$）

图 3-2-5 表示的是不同岩心产水程度对比。从该图可以看出，渗透率高的岩心出水程度高，以岩心广安 110-1 为例最高达到 45.35%，而广安 110-3 岩心仅有 8.85%。对于同一

块岩心，随着生产压差增加，产水程度逐渐增大，尤其是在出水早期阶段。

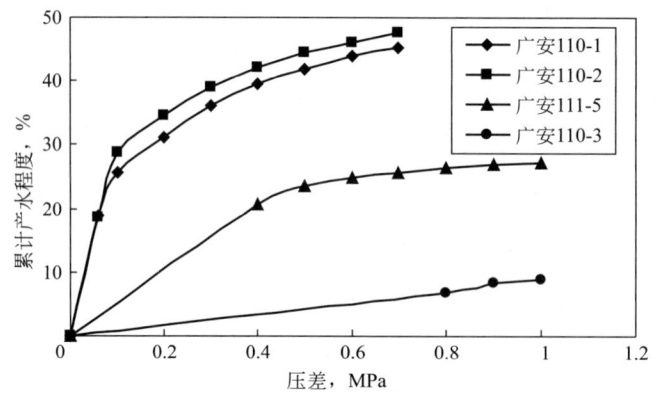

图 3-2-5　不同岩心产水程度对比

二、气水相对渗透率曲线特征

1. 实验目的、方法及流程

从前面研究内容可以看出，在一定条件下须六气藏储层存在气—水两相流。究竟该气藏气—水两相表现出什么样的渗流特征？岩样含水饱和度变化对气体渗透率的程度有多大？不同含水饱和度范围内的气体渗流表现出什么样的规律？以上三个问题是这部分研究的目的。

气水两相渗流特征研究共选取须六气藏 25 块岩样，渗透率范围为 0.00915～2.32mD、孔隙度范围为 6.38%～13.78%。由于低渗透岩心达到稳定状态难度大，按照 SY/T 5345—2007《岩石中两相相对渗透率测定方法》采用非稳态（气驱水）法进行气水相对渗透率实验，通过响应转化得到稳态相渗数据。实验流程如图 3-2-6 所示。

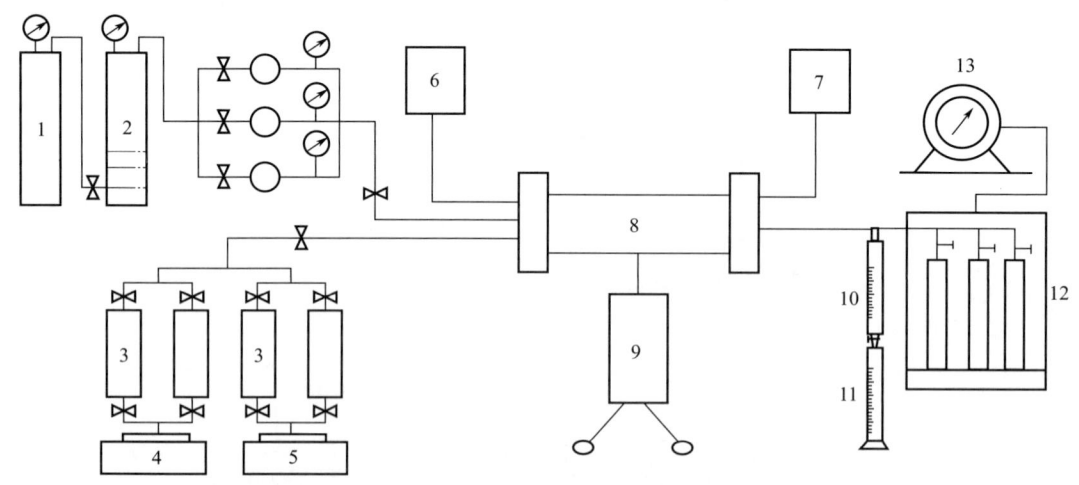

图 3-2-6　非稳态法油/气/水相对渗透率测定流程示意图

1—气源；2—气体加湿器；3—活塞式油（水）中间容器；4,5—平流泵；6,7—压力传感器；
8—岩心夹持器；9—围压泵；10—气液分离器；11—液体计量管；12—玻璃气体流量计；
13—湿式气体流量计；⋈—手动阀；◯—调压阀；◯—精密压力表

2. 实验结果分析

相渗曲线是储层多相渗流条件下的表现形式，不同的物性参数条件下表现出不同的曲线特征。曲线形状、端点饱和度值、两相区范围大小决定了储层岩心气水流动能力差异、直接影响气井产能大小。典型气水两相相渗曲线如图3-2-7所示，根据气水流动能力差异，大致可以把相渗曲线划分4个区域：

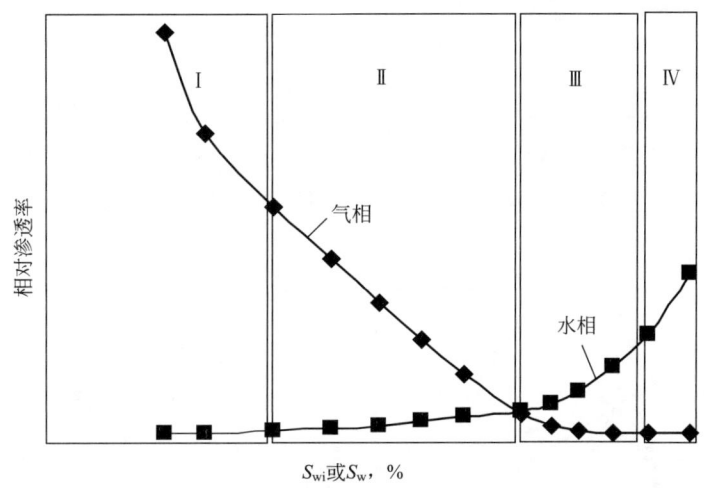

图 3-2-7 典型气水相渗曲线

Ⅰ区——气相区（单相气体流动区）。这一阶段是含水饱和度低于束缚水饱和度的区域，水相不参与流动，此阶段渗流表现为单相气体渗流，气体在此区间内的渗流受阈压效应或滑脱效应的影响。

Ⅱ区——气相主流动区。此区间内的含水饱和度界于束缚水饱和度和等渗饱和度之间。虽然这一阶段水开始流动，但是水相渗透率几乎接近于零，流体渗流仍然以气相流动为主。

Ⅲ区——水相主流动区。此阶段随着含水的增加，水相流动能力逐渐增加，气相渗透率受水的影响大幅度降低，气相相对渗流率几乎为零，流体渗流以水相流动为主。

Ⅳ区——水相区（单相水流动区）。由于气相饱和度低于该实验条件下的临界流动饱和度，气相不参与流动，渗流以单相液体渗流为主。

因此，对于一特定条件下相渗曲线反映了气、水在不同饱和度条件下的流动能力。两相特征主要受岩样物性参数、相饱和度的影响。相渗曲线端点饱和度、等渗点饱和度为定量化研究各相流动能力提供基础评价参数。

此次，相渗曲线测试共选取广安107井、广安108井和广安110井柱塞岩样24块，岩心孔隙度范围6.78%～13.78%、渗透率范围0.00915～1.35mD。

1) 端点饱和度分析

物性参数不同主要影响相渗曲线残余水饱和度、束缚气饱和度。测试结果如图3-2-8和图3-2-9所示。

从图3-2-8和图3-2-9可以看出，孔隙度和渗透率越低的岩样残余水饱和度及束缚气

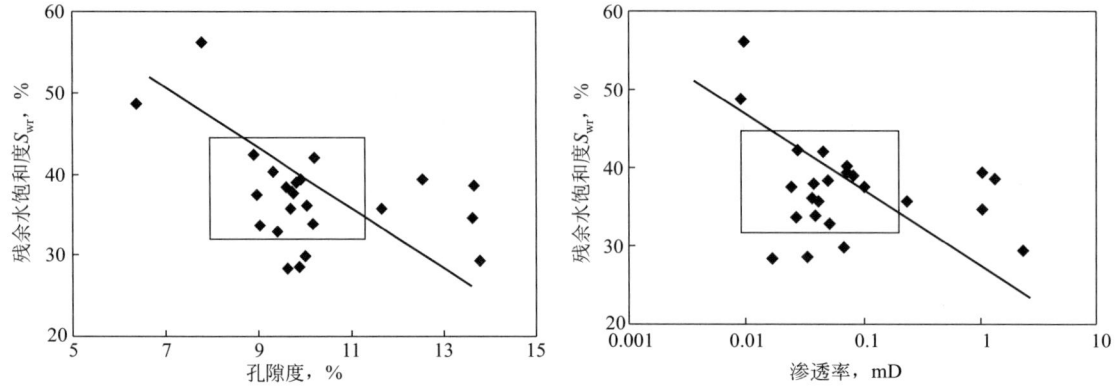

图 3-2-8 岩心孔隙度、渗透率与残余水饱和度关系

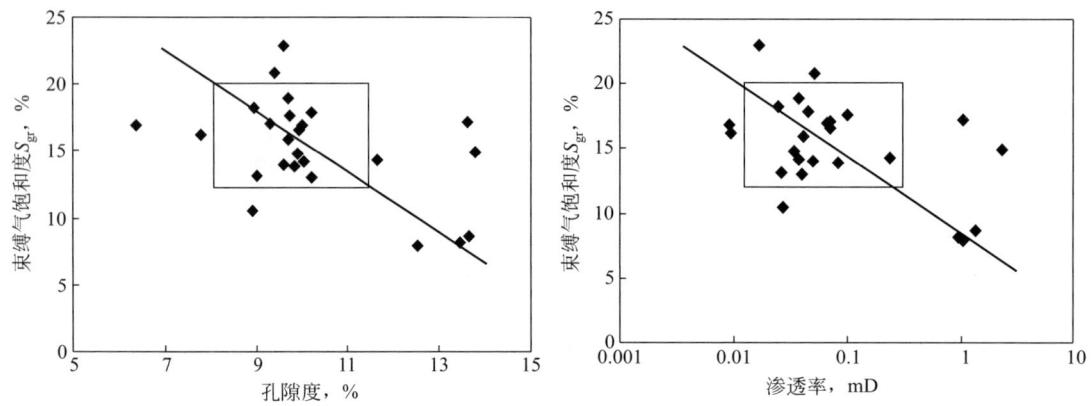

图 3-2-9 岩心孔隙度、渗透率与束缚气饱和度关系

饱和度越高,与核磁共振测试结果表现出趋势一致。孔隙度和渗透率越低的岩样对应的端点饱和度越高;因此,对于实际低渗透气井而言,储层物性越好,出现气水两相流的可能性越大。绝大部分实验岩样残余水饱和度主要分布在 30%~50%、束缚气饱和度主要范围为 12%~20%;与常规气藏相比,高含水低渗透残余水饱和度、束缚气饱和度较高;因此,决定了高含水低渗透气藏气体渗流阻力大、最终气采收率较低。

2) 气相主流动区域分析

气相或水相主流动区大小可以从等渗点饱和度、残余水饱和度大小占整个饱和度范围比重来分析。等渗点饱和度越大、气相主流动区比重越大,气相流动能力越强,对应于实际储层产水能力越小。分析结果如图 3-2-10 至图 3-2-12 所示。

从图 3-2-10 和图 3-2-11 可以看出,孔隙度和渗透率越大,等渗点饱和度以及气相主流动区域所占比重越大。孔隙度大于 10%、渗透率大于 0.1mD 储层,等渗点水饱和度大于 62%、气相主流动区比重占 58% 以上。因此,对于物性较好的储层,气水两相渗流条件下,气相渗流占主导地位,气井产能受的水相影响较小。

图 3-2-12 所示为岩心孔隙度、渗透率与等渗点气相相对渗透率关系曲线。从该图可以

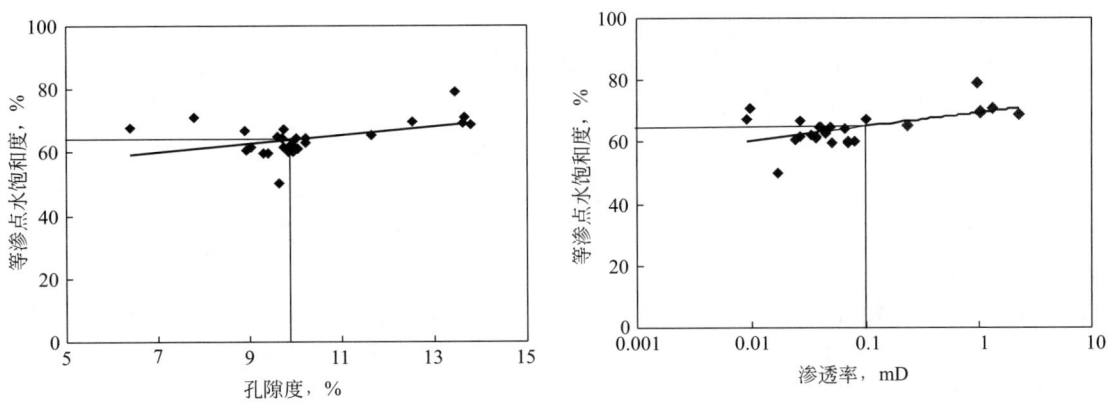

图 3-2-10　岩心孔隙度、渗透率与等渗点水饱和度关系

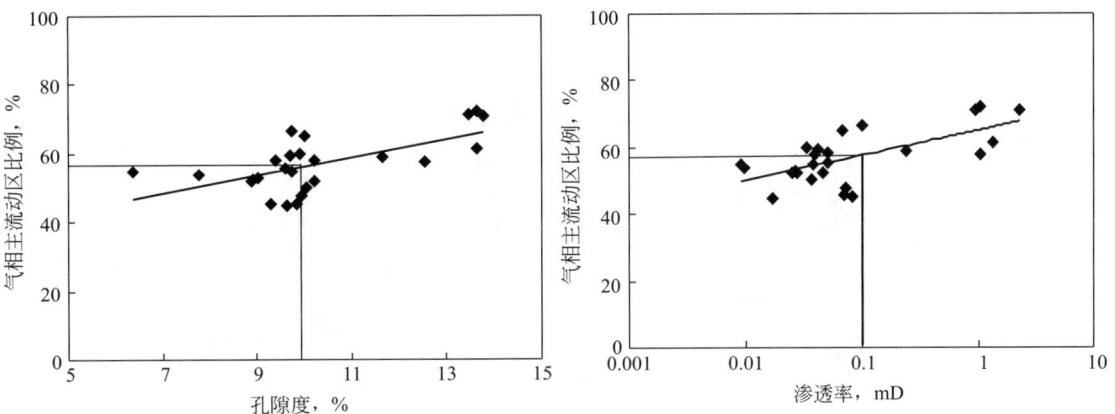

图 3-2-11　岩心孔隙度、渗透率与气相主流动区关系

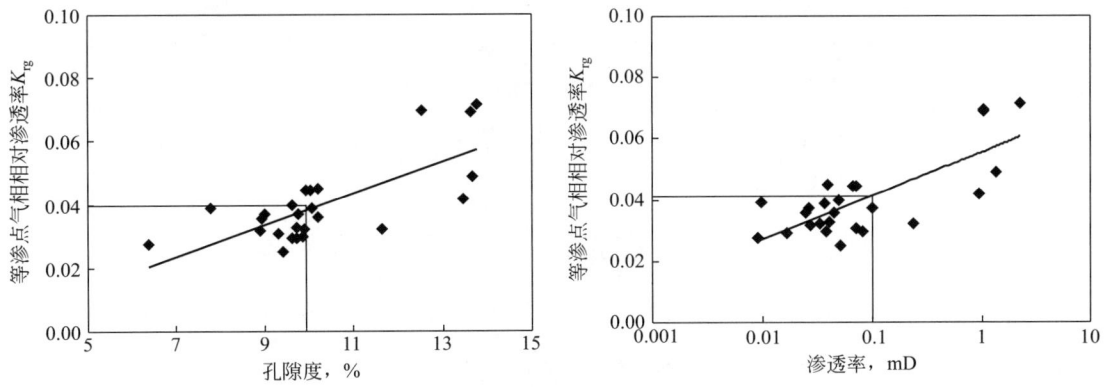

图 3-2-12　岩心孔隙度、渗透率与等渗点气相相对渗透率关系

看出，随着孔隙度和渗透率增加，气相相对渗透率逐渐增大，气相流动能力逐渐增大。孔隙度大于 10%、渗透率大于 0.1mD 的岩样等渗点对应的气相相对渗透率一般在 0.04 以上。

3) 气相渗流能力分析

气水两相渗曲线测试目的就是评价储层中两相流条件下,气、液相渗流能力。相对渗透率直观反映了各相渗流能力强弱;具体可用流度(K/μ)评价各相流动能力。两相渗流条件下影响气相渗流能力因素包括岩心物性参数、水饱和度。

图 3-2-13 表示的是不同渗透率岩样在残余水饱和度条件下,最大气相相对渗透率对比分析。从该图可以看出,在残余水饱和度条件下,随着孔隙度和渗透率增加,气相相对渗透率增强。以孔隙度 10%、渗透率 0.1mD 为界限,当物性参数低于该范围,最大气相相对渗透率为 0.17~0.3;物性参数高于该范围,最大气相相对渗透率普遍大于 0.3。且随着残余水饱和度增加,最大气相相对渗透率逐渐降低,最小值为 0.175、最大值为 0.6175,平均值为 0.325。

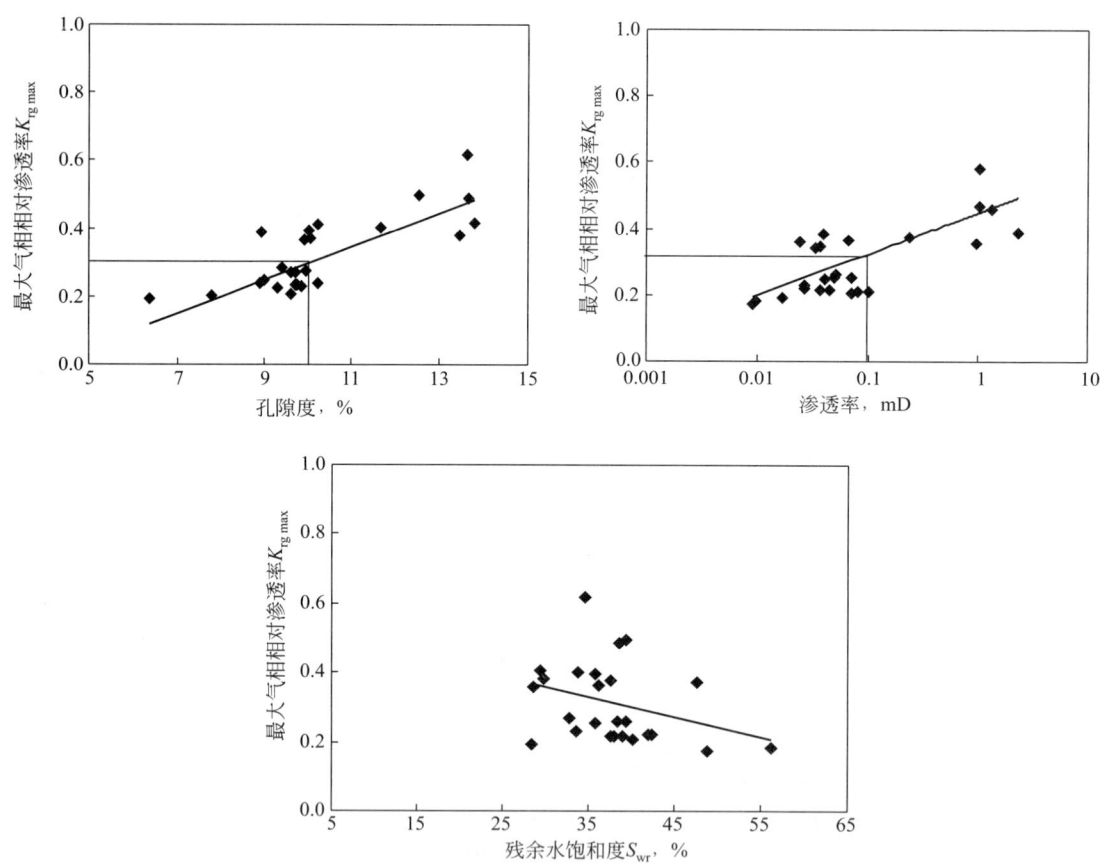

图 3-2-13 岩心孔隙度、渗透率及残余水饱和度与最大气相相对渗透率关系曲线

图 3-2-14 表示的残余水饱和度条件下,水相对气相渗透率伤害程度影响。从该图可以看出,随着孔隙度、渗透率增大,水锁伤害程度逐渐减小。以孔隙度 10%、渗透率 0.1mD 为界限,低于该界限值水锁伤害程度为 62%~82.51%,平均值 76.14;高于该界限值,水锁伤害程度为 26.49%~77.51%,平均值 47.50%。因此,对于渗透率越低、孔隙度越小的储

层，水对气井产能影响越大。

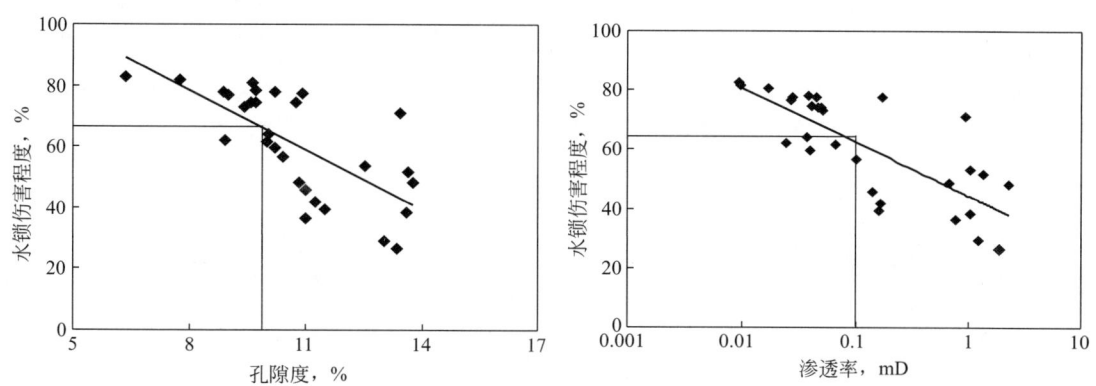

图 3-2-14 残余水饱和度条件下气相渗透率评价

图 3-2-15 表示的是气水两相渗流条件下，水饱和度对气相相对渗透率降低程度对比。从该图可以看出，随着含水饱和度增加，气相相对渗透率急剧降低；在水饱和度小于等渗点饱和度范围内，气相相对渗透率随着水饱和度增加表现为线性递减关系，且降低幅度较大，达到50%以上；当水饱和度超过等渗点饱和度，气相相对渗透率已处于较低的水平，降低幅度不大。在相同的含水饱和度条件下，随着含水饱和度增加，渗透率越低的岩样气相相对渗透率降低幅度越大；以水饱和度60%为例，岩样63-2气相相对渗透率降低幅度为85%，而岩样2-42/92-5⊥降低幅度仅有71%。因此，对于高含水低渗透储层，通过改善近井区储层渗流条件，可大幅度减小水相对气体渗流的影响。

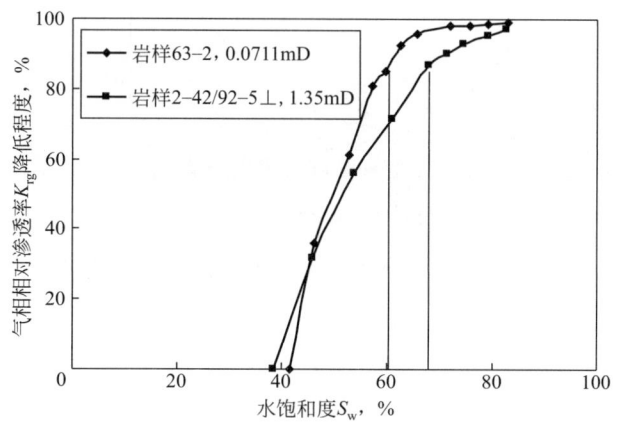

图 3-2-15 两相流条件下水饱和度对气相相对渗透率影响

从图 3-2-16 可以看出，在两相流条件下，随着含水饱和度增加，气相流度急剧降低、水相流度缓慢增加。渗透率高的岩心虽然也会受到水的影响，但是由于气相流度值较大，即使流度降低程度很大，但是气相仍然能够保持连续流动；同时，水相流度随着水饱和度增加相应增大，最大值为 0.008mD/(mPa·s)。对于渗透率较低的岩样，由于气相流度水平较低，受水的影响，气相流度降低至更低水平；同时，水相流度相应增加，但是增加幅度不大，最大值为 0.0008mD/(mPa·s)，仅有渗透率较高岩心的 1/10。对实际气藏而言，第一种情形，储层条件好、气井初始产量大，即使出水后，气井仍然保持一定产量生产，但是水产量较大；第二种情形，由于储层物性特征较差，总体流体通过能力较低，当气井出水后，气井产量急剧减小，但是水产量增大幅度较小，气井表现为能量枯竭特征。

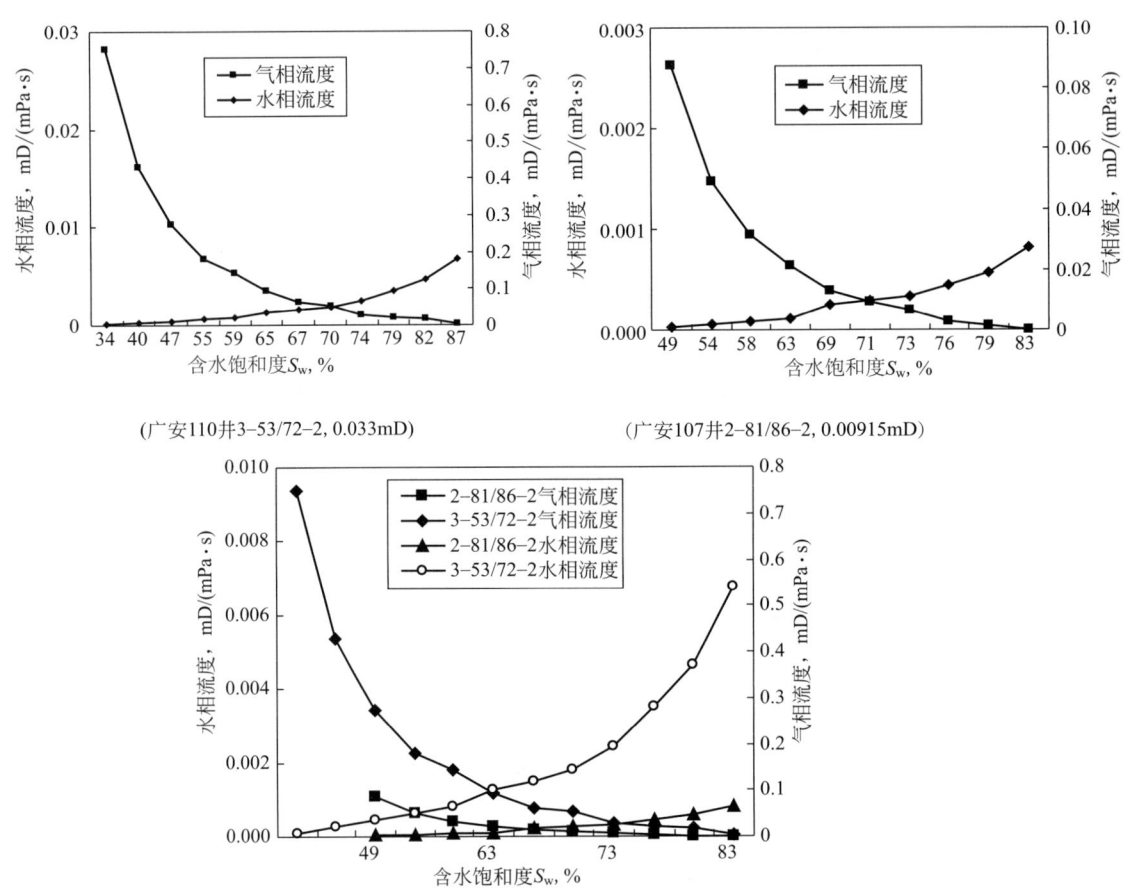

图 3-2-16　两相流条件下气相和水相流度比分析

第四章 低渗透砂岩气藏水平井初期增产效果评价研究

水平井初期产能是气藏井型优选的重要参考依据,本章对比分析了三种水平井初期产能计算模型(保角变换模型、有效井径模型、椭球模型)优缺点,结合实测数据推荐适合于考虑低渗透砂岩气藏非线性渗流特征水平气井初期产能计算模型。以此模型为基础,系统分析了影响低渗透砂岩气藏水平井初期产能预测的影响因素,并建立了水平井与直井、大斜度井增产倍比预测模型及井型选择图版,为不同类型气藏井型优选提供理论基础。

第一节 不同渗流效应水平井稳态产能方程

早期由于水平井主要用于油藏,因此目前已提出的许多稳态或拟稳态产能方程都是针对水平油井,方程都是基于达西渗流规律建立的。为了能够使上述适合于油藏的产能公式推广到气藏,可根据气藏渗流与液体渗流的相似性,引入如下变换:

(1) 以气相拟压力 $\left[m(p) = \int \frac{2p}{\mu z} dp\right]$ 或压力的平方(p^2)代替油相压力 p;

(2) 以气相 $\frac{Tp_{sc}}{T_{sc}}$ 代替油相 $\frac{\mu_o B_o}{2}$。

其中:p 为压力,MPa;μ 为黏度,mPa·s;z 为偏差因子,无量纲;T_{sc} 为地面温度,K;μ_o 为油相黏度,mPa·s;B_o 为原油体积系数。

因此,对于达西流动条件下水平气井产能方程可直接采用上述变换方式得到。

随着天然气资源逐渐引起人们重视,水平井技术作为提高低渗透气藏单井产量的重要手段得到广泛应用。实验研究表明,低渗透气藏与常规气藏相比,重要差异表现为前者存在较强的非线性渗流特征,因此基于达西流动建立的产能方程适应性受到限制,有必要建立考虑低渗透高含水气藏非线性渗流特征(近井区高速非达西渗流效应、远井区阈压效应)的水平气井产能方程。

一、考虑紊流和阈压渗流效应产能评价方法的建立

通过对目前已有水平井产能方程建立方法分析,大致可以三类模型:一类是保角变换模型;二类是有效井径模型;三是椭球模型(图4-1-1)。下面根据三种不同方法建立了考虑高速非达西渗流效应和阈压效应的产能方程。

1. 保角变换模型

保角变换是水平井产能方程建立经典方法。利用国外学者 Joshi 等的方法,将水平井的三维渗流问题简化为两个相互关联的二维渗流问题,即平行于水平井轴平面内的渗流问题和垂直于水平井轴平面内的渗流问题。

1) 物理模型描述

顶、底边界不渗透、水平方向无限延伸、四周无边界的无限大均质各向同性气藏，假设水平井位于油气藏中央，水平井的长度为 L，储层厚度为 h，流体的流动为可压缩气体的单相渗流，忽略重力和毛细管力的影响。

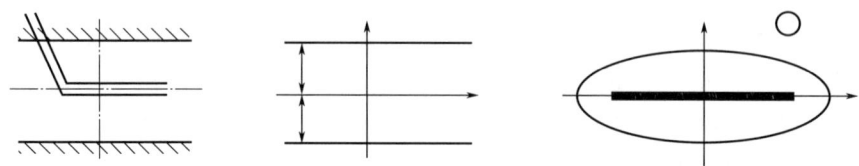

图 4-1-1 水平井垂直平面与水平面渗流场分解

2) 水平气井产能公式推导

（1）水平面流动。

在水平面上，水平井泄气面积为一椭圆，引入儒柯夫斯基变换 $\dfrac{z}{0.5L}=0.5(\xi+\xi^{-1})$，从而将长半轴为 a，短半轴为 b 的椭圆形区域变换成半径为 $(a+b)/0.5L$ 的圆形区域，将线段 $(-0.5L, 0)$ 到 $(0, 0.5L)$ 映射成单位圆周（图 4-1-2）。在 ξ 平面内的流动，可以认为是半径 $(a+b)/0.5L$ 的圆形供给区域内有一口半径为 1 的直井的情形。如果按照该变化，由于阈压渗流效应临界压力梯度存在产生的附加压降为 $\Delta p=\lambda\left(\dfrac{a+b}{0.5L}-1\right)$，与实际储层相比弱化了阈压渗流效应临界压力梯度的影响，因此我们对阈压渗流效应临界压力梯度进行修正，水平平面上的阈压渗流效应临界压力梯度为 $\lambda'=\lambda(r_e-L/2)\Big/\left(\dfrac{a+b}{0.5L}-1\right)$。

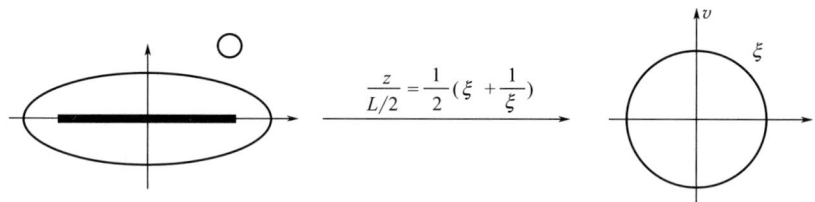

图 4-1-2 水平井水平面椭圆渗流保角变换关系图

考虑阈压渗流效应临界压力梯度时，气体运动方程：

$$v=\dfrac{q}{2\pi rh}=\dfrac{K}{\mu}\left(\dfrac{\mathrm{d}p}{\mathrm{d}r}-\lambda'\right) \qquad (4\text{-}1\text{-}1)$$

在 $(1, p_w)$ 到 $[(a+b)/0.5L, p_e]$ 上积分：

$$p_e^2-p_w^2-2\bar{p}\lambda\left(r_e-\dfrac{L}{2}\right)=1.274\times10^{-3}\dfrac{\mu ZT}{Kh}q_{sc}\ln\dfrac{a+b}{0.5L} \qquad (4\text{-}1\text{-}2)$$

高速非达西效应时，气体运动方程：

$$\frac{\mathrm{d}p}{\mathrm{d}r} = \beta' \rho v^2 \tag{4-1-3}$$

$$\rho = \frac{M_{\mathrm{air}} \gamma_{\mathrm{g}} p}{ZRT} \tag{4-1-4}$$

式中　β'——紊流系数（可根据 $\beta' = \dfrac{7.644 \times 10^{10}}{K_{\mathrm{h}}^{1.5}}$ 计算或由实验数据确定），m^{-1}。

在 $r = [1, (a+b)/0.5L]$ 上积分：

$$p_{\mathrm{e}}^2 - p_{\mathrm{wN}}^2 = 1.274 \times 10^{-3} \frac{\mu ZT}{K\ h} q_{\mathrm{sc}} \left[2.214 \times 10^{-18} \beta' \frac{K \gamma_{\mathrm{g}}}{\mu\ h} q_{\mathrm{sc}} \left(1 - \frac{0.5L}{a + \sqrt{a^2 - (L/2)^2}} \right) \right] \tag{4-1-5}$$

于是，在水平面内同时考虑阈压渗流效应临界压力梯度和高速非达西效应影响的水平气井产能公式为：

$$p_{\mathrm{e}}^2 - p_{\mathrm{w}}^2 - 2\bar{p}\lambda \left(r_{\mathrm{e}} - \frac{L}{2} \right) = 1.274 \times 10^{-3} \frac{\mu ZT}{K\ h} q_{\mathrm{sc}} \left[\ln \frac{a+b}{0.5L} + 2.214 \times 10^{-18} \beta' \frac{K \gamma_{\mathrm{g}}}{\mu\ h} q_{\mathrm{sc}} \left(1 - \frac{0.5L}{a + \sqrt{a^2 - (L/2)^2}} \right) \right]$$
$$\tag{4-1-6}$$

（2）垂直面流动。

水平井在垂直平面的流动相当于顶、底封闭边界，引入保角变换 $\xi = (1 - \mathrm{e}^{-(\pi z/h)}) \times (1 + \mathrm{e}^{(\pi z/h)})$，将 z 平面上带形区域变换成 ξ 平面上的一个单位圆域，井半径 r_{w} 在 ξ 平面上相应变换为 $\xi_{\mathrm{w}} = 2\pi r_{\mathrm{w}}/h$（图4-1-3）。在 ξ 平面上的流动，可以认为是单位圆形封闭区域内有一口半径为 ξ_{w} 的直井的情形。根据类似于水平面处理临界压力梯度方式，此时，垂直平面上的临界压力梯度为 $\lambda'' = \lambda(0.5h - r_{\mathrm{w}})/(1 - 2\pi r_{\mathrm{w}}/h)$。

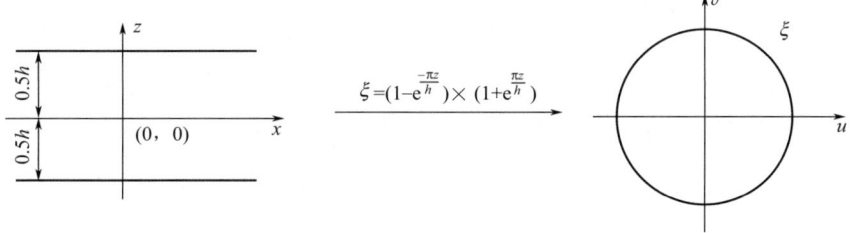

图4-1-3　水平井垂直平面径向渗流的保角变换关系图

考虑阈压渗流效应临界压力梯度时：

$$v = \frac{q}{2\pi rL} = \frac{K}{\mu} \left(\frac{\mathrm{d}p}{\mathrm{d}r} - \lambda'' \right) \tag{4-1-7}$$

在 $\left(\dfrac{2\pi r_{\mathrm{w}}}{h},\ p_{\mathrm{w}} \right)$ 到 $(1, p_{\mathrm{e}})$ 上积分：

$$p_{\mathrm{e}}^2 - p_{\mathrm{w}}^2 - 2\bar{p}\lambda \left(\frac{h}{2} - r_{\mathrm{w}} \right) = 1.274 \times 10^{-3} \frac{\mu ZT}{K\ L} q_{\mathrm{sc}} \ln \frac{h}{2\pi r_{\mathrm{w}}} \tag{4-1-8}$$

高速非达西效应的影响为：

$$\frac{\mathrm{d}p}{\mathrm{d}r} = \beta'' \rho v^2 \tag{4-1-9}$$

式中 β''——紊流系数（可根据 $\beta''=\dfrac{7.644\times10^{10}}{K_v^{1.5}}$ 计算或由实验数据确定），m^{-1}。

对式（4-1-9）积分，并化为标准单位为：

$$p_e^2-p_w^2=1.274\times10^{-3}\frac{\mu ZT}{K\ L}q_{sc}\left[2.214\times10^{-18}\beta''\frac{K\gamma_g}{\mu\ L}q_{sc}\left(\frac{h}{2\pi r_w}-1\right)\right] \qquad (4\text{-}1\text{-}10)$$

于是，在垂直平面内同时考虑阈压渗流效应临界压力梯度和高速非达西效应的水平气井产能公式为：

$$p_e^2-p_w^2-2\bar{p}\lambda\left(\frac{h}{2}-r_w\right)=1.274\times10^{-3}\frac{\mu ZT}{K\ L}q_{sc}\left[\ln\frac{h}{2\pi r_w}+2.214\times10^{-18}\beta''\frac{K\gamma_g}{\mu\ L}q_{sc}\left(\frac{h}{2\pi r_w}-1\right)\right]$$
$$(4\text{-}1\text{-}11)$$

（3）水平井产能公式。

综合考虑阈压渗流效应临界压力梯度及高速非达西效应两个影响因素，根据等值渗流阻力法 $Q=\dfrac{p_e-p_w}{R_v+R_H}$，水平气井产能公式为：

$$q_{sc}=\frac{784.9Kh\left[p_e^2-p_w^2-2\bar{p}\lambda\left(r_e-r_w-\dfrac{L-h}{2}\right)\right]}{\mu ZT(A_H+B_H q_{sc})} \qquad (4\text{-}1\text{-}12)$$

其中

$$A_H=\ln\frac{a+\sqrt{a^2-(L/2)^2}}{0.5L}+\frac{h}{L}\ln\frac{h}{2\pi r_w}$$

$$B_H=2.214\times10^{-18}\frac{K\gamma_g}{\mu\ h}\left[\beta'\left(1-\frac{0.5L}{a+\sqrt{a^2-(L/2)^2}}\right)+\beta''\frac{h^2}{L^2}\left(\frac{h}{2\pi r_w}-1\right)\right]$$

当考虑地层各向异性时，气层有效渗透率为 $K=\sqrt{K_h K_v}$，用 $h\sqrt{K_h/K_v}$ 代替式中的 h，偏心距记为 δ，于是水平气井的产能方程可写成如下二项式形式：

$$A_H' q_{sc}+B_H' q_{sc}^2=p_e^2-p_w^2-2\bar{p}\lambda\left(r_e-r_w-\frac{L-h}{2}\right) \qquad (4\text{-}1\text{-}13)$$

其中

$$A_H'=1.274\times10^{-3}\frac{\mu ZT}{K_h\ h}\left(\ln\frac{a+\sqrt{a^2-(L/2)^2}}{0.5L}+\frac{\beta h}{L}\ln\frac{(\beta h/2)^2+\beta^2\delta^2}{\pi\beta h r_w/2}\right)$$

$$B_H'=2.825\times10^{-21}\frac{ZT\gamma_g}{h^2}\left[\beta'\left(1-\frac{0.5L}{a+\sqrt{a^2-(L/2)^2}}\right)+\frac{\beta''h^2}{L^2}\left(\frac{\beta h}{2\pi r_w}-1\right)\right]$$

2. 有效井径模型

1) 有效井筒半径计算

把水平井产量转换成等效垂直井的产量来计算水平井的有效井筒半径，直井有效井筒半径定义为：

$$r_w'=r_w\exp(-S) \qquad (4\text{-}1\text{-}14)$$

Joshi 指出，只需要用水平井的有效半径 r'_w 代替垂直井半径 r_w，就可以计算水平井稳态气产量。

为了得到所需要的水平井井筒半径，假设：(1) 垂直井和水平井的泄气半径相同，$r_{eh} = r_{ev}$；(2) 生产指数相同，$(q/\Delta p)_h = (q/\Delta p)_v$，于是：

$$\left[\frac{2\pi K_h h/(\mu_o B_o)}{\ln(r_e/r'_w)}\right]_v = \left[\frac{2\pi K_h h/(\mu_o B_o)}{\ln\left[\frac{a+\sqrt{a^2-(L/2)^2}}{L/2}\right]+(h/L)\ln\left(\frac{h}{2r_w}\right)}\right]_h \tag{4-1-15}$$

得到水平有效井筒半径：

$$r'_w = \frac{r_{eh}(L/2)}{a\left[1+\sqrt{1-[L/(2a)]^2}\right][h/(2r_w)]^{h/L}} \tag{4-1-16}$$

如果储层为非均质，气层有效渗透率为 $K=\sqrt{K_h K_v}$，用 $h\sqrt{K_h/K_v}$ 代替式中的 h，并且记 $\beta=\sqrt{K_h/K_v}$，则有效井筒半径为：

$$r''_w = \frac{r_{eh}(L/2)}{a\left[1+\sqrt{1-[L/(2a)]^2}\right][\beta h/(2r_w)]^{(\beta h/L)}} \tag{4-1-17}$$

其中

$$a = (L/2)\left[\frac{1}{2}+\sqrt{\frac{1}{4}+\frac{1}{(0.5L/r_{eh})^4}}\right]^{0.5}$$

2）水平井产能公式

基于考虑阈压渗流效应临界压力梯度和高速非达西效应影响的平面径向流运动方程：

$$\frac{dp}{dr} = \lambda + \frac{\mu}{K}v + \beta'\rho v^2 \tag{4-1-18}$$

在 (r'_w, p_w) 到 (r_{eh}, p_e) 上积分的同时，考虑阈压渗流效应临界压力梯度和高速非达西效应影响的水平气井产能方程：

$$q_{sc} = \frac{p_e^2 - p_w^2 - 2\bar{p}\lambda(r_{eh}-r'_w)}{1.274\times 10^{-3}\frac{\mu ZT}{K h}\left(\ln\frac{r_{eh}}{r'_w}+2.219\times 10^{-18}\beta'\frac{K\gamma_g}{\mu h r'_w}q\right)} \tag{4-1-19}$$

当考虑地层各向异性时，气层有效渗透率为 $K=\sqrt{K_h K_v}$，用 $h\sqrt{K_h/K_v}$ 代替式中的 h，并且记 $\beta=\sqrt{K_h/K_v}$，有：

$$q_{sc} = \frac{p_e^2 - p_w^2 - 2\bar{p}\lambda(r_{eh}-r'''_w)}{1.274\times 10^{-3}\frac{\mu ZT}{K_h h}\left(\ln\frac{r_{eh}}{r'''_w}+2.214\times 10^{-18}\beta'\frac{K_v\gamma_g}{\mu h r'''_w}q_{sc}\right)} \tag{4-1-20}$$

写成二项式形式：

$$A_H q_{sc} + B_H q_{sc}^2 = p_e^2 - p_w^2 - 2\bar{p}\lambda(r_{eh}-r''_w) \tag{4-1-21}$$

其中

$$A_H = 1.274\times 10^{-3}\frac{\mu ZT}{K_h h}\ln\frac{r_{eh}}{r''_w} \tag{4-1-22}$$

$$B_H = 2.82 \times 10^{-21} \frac{\beta' ZT\gamma_g}{\beta^2 h^2 rr''_w} \tag{4-1-23}$$

$$r''_w = \frac{r_{eh}(L/2)}{a\left[1+\sqrt{1-[L/(2a)]^2}\right]\left[\dfrac{(h\beta/2)^2+\beta^2\delta^2}{h\beta r_w/2}\right]^{\beta h/L}} \tag{4-1-24}$$

3. 椭球模型

1）物理模型描述

当水平井生产时，在地层中形成等压椭球面（图4-1-4）。沿 x 坐标方向水平井 $L=2c$，边界无限大，忽略毛细管压力影响。

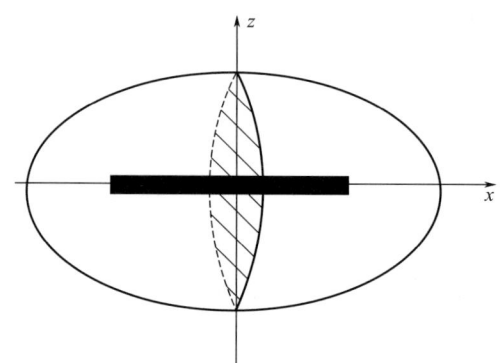

图4-1-4 水平井椭球形渗流场示意图

根据直角坐标和椭圆坐标的关系：

$$x = a\cos\eta, \quad r = \sqrt{y^2+z^2} = b\sin\eta \tag{4-1-25}$$

$$a = c\cosh\zeta, \quad b = c\sinh\zeta \tag{4-1-26}$$

$$V = \frac{4}{3}\pi ab^2 = \frac{4}{3}\pi c^3(\sinh\zeta)^2\cosh\zeta \tag{4-1-27}$$

式中 a，b——分别为椭圆的长半轴和短半轴；
c——水平段半长。

2）水平井产能方程推导

假设 A 为 r 方向椭球表面过流面的面积，可近似为圆柱的表面积：

$$A = 2a(2\pi\bar{r}) 8c^2\sinh\zeta\cosh\zeta \tag{4-1-28}$$

式中 r 为径向坐标，$\bar{r}$ 为平均短半轴：

$$\bar{r} = \frac{2}{\pi}\int_0^{\pi/2} r\,\mathrm{d}\eta = \frac{2b}{\pi} = \frac{2c\sinh\zeta}{\pi} \tag{4-1-29}$$

水平井椭球坐标系下井筒半径为：

$$\xi_w = 2\pi r_w/h$$

考虑阈压渗流效应临界压力梯度时：

$$v = \frac{QB_g}{A} = \frac{QB_g}{8c^2 \sinh\xi \cosh\xi} = \frac{K}{\mu}\left(\frac{dp}{d\bar{r}} - \lambda\right) \quad (4-1-30)$$

对式(4-1-30)从(ξ_w, p_w)到(ξ_i, p_i)进行积分：

$$\psi_i - \psi_w = \frac{p_{sc}Tq_{sc}}{2\pi cKT_{sc}} d\xi + \frac{4pc\lambda}{\mu Z \pi} \cosh\xi d\xi \quad (4-1-31)$$

得到：

$$\psi_i - \psi_w = \frac{p_{sc}Tq_{sc}}{2\pi cKT_{sc}}\left(\ln\tanh\frac{\xi_i}{2} - \ln\tanh\frac{\xi_w}{2}\right) + \frac{2cG}{\pi}(\sinh\xi_i - \sinh\xi_w) \quad (4-1-32)$$

其中

$$G = \frac{2p}{\mu Z}\lambda \qquad \psi = 2\int_{p_0}^{p} \frac{p}{\mu Z} dp$$

考虑高速非达西渗流影响时，高速非达西效应造成的附加压降，有：

$$\frac{\partial p_N}{\partial \bar{r}} = \beta' \rho v^2 \quad (4-1-33)$$

积分：

$$\psi_i - \psi_{wN} = \frac{\beta' M_a \gamma_g p_{sc}^2 T q_{sc}^2}{16 \times 10^6 \pi c^3 T_{sc}^2 R\mu}\left(\frac{1}{\sinh\xi_w} - \frac{1}{\sinh\xi_i}\right) \quad (4-1-34)$$

于是，同时考虑阈压渗流效应临界压力梯度和高速非达西效应两个因素的水平气井产能公式：

$$\psi_i - \psi_w - \frac{2cG}{\pi}(\sinh\xi_i - \sinh\xi_w) = \frac{p_{sc}Tq_{sc}}{2\pi KcT_{sc}}\left[\left(\ln\tanh\frac{\xi_i}{2} - \ln\tanh\frac{\xi_w}{2}\right) + \frac{\beta' M_a \gamma_g K p_{sc} q_{sc}}{8 \times 10^6 c^2 T_{sc} R\mu}\left(\frac{1}{\sinh\xi_w} - \frac{1}{\sinh\xi_i}\right)\right] \quad (4-1-35)$$

化为现场实用单位为：

$$Aq_{sc} + Bq_{sc}^2 = \phi_i - \phi_w - 0.6366cG(\sinh\xi_i - \sinh\xi_w) \quad (4-1-36)$$

其中

$$A = 6.37 \times 10^{-4} \frac{T}{Kc}\left(\ln\tanh\frac{\xi_i}{2} - \ln\tanh\frac{\xi_w}{2}\right) \quad (4-1-37)$$

$$B = 1.108 \times 10^{-21} \frac{\beta' \gamma_g T}{c^3 \mu}\left(\frac{1}{\sinh\xi_w} - \frac{1}{\sinh\xi_i}\right) \quad (4-1-38)$$

二、不同方法计算结果差异及方法适用性分析

1. 三种模型差异性分析

前面章节根据不同水平井渗流场假设条件建立了三种考虑高速非达西渗流效应和阈压效应水平井初期产能评价模型，究竟哪一个模型更符合实际是值得研究的问题。现假设气藏水平井，其参数如下：气层厚度为5m、温度为80℃、地层平均渗透率为0.5mD、水平井的泄气半径为1000m、井筒半径为0.1m、气体黏度为0.015mPa·s、原始地层压

力为30MPa、井底流压为0.1MPa、天然气相对密度为$\gamma_g=0.6$、水平段长度为600m、阈压渗流效应临界压力梯度为0.002MPa/m、紊流系数根据经验公式计算。三种不同模型计算结果见表4-1-1。

表4-1-1　三种模型计算水平井无阻流量对比

模型	水平井无阻流量，$10^4 m^3/d$			
	条件Ⅰ	条件Ⅱ	条件Ⅲ	条件Ⅳ
保角变换模型	19.208	18.626	18.309	17.778
有效井径模型	19.000	18.996	17.910	17.906
椭球模型	863.484	829.422	714.694	691.049

注：条件Ⅰ不考虑非线性渗流；条件Ⅱ仅考虑高速非达西影响；条件Ⅲ仅考虑阈压效应影响；条件Ⅳ考虑高速非达西及阈压非达西效应影响。

从表4-1-1计算结果看出，椭球模型计算无阻流量均在百万立方米之上，几乎为有效井径模型与保角变换模型计算结果的40倍左右，因此结合给定实际参数，如此大的无阻流量是不可能的，完全不符合实际地层情况。有效井径模型与保角变换模型计算气井无阻流量比较接近，与给定储层参数比较一致。因此，对于低渗透水平气井考虑前两种计算模型。

2. 三种模型适应性分析

比较有效井径模型与保角变换模型受非线性渗流效应影响程度，两种模型受非线性渗流效应影响程度不同（图4-1-5）。

从图4-1-5可以看出，保角变换模型受高速非达西渗流效应、阈压效应影响比较敏感；考虑因素不同，井产能降低程度不一样；分别考虑高速非达西渗流效应、阈压效应、高速非达西渗流效应+阈压效应产能降低程度分别为3.03%，4.68%和7.44%。而有效井径模型受阈压效应影响敏感、受高速非达西渗流效应影响不敏感，仅考虑高速非达西渗流效应影响时，产能仅仅降低了0.02%。

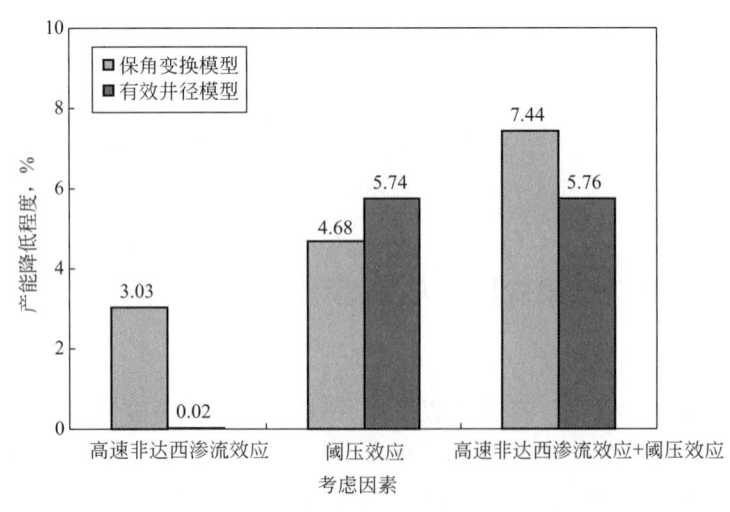

图4-1-5　有效井径模型与保角变换模型受非线性渗流效应影响程度对比

为什么三种不同模型计算水平井产能差距如此之大、受非线性渗流效应影响程度不一样？通过对水平气井产能方程建立思路分析，主要由于对水平井渗流场认识不同。具体分析如下：椭球模型假设水平井渗流不受垂向边界影响，在储层中形成椭球形渗流场；该假设条件类似于水平井位于四周都是无限大地层，所以导致计算的气井无阻流量与前两类模型差距很大。有效井径模型是通过引入水平井等效直井井筒半径的方式得到井产能方程，从式(4-1-16)可以看出，相当于增大了水平井井筒半径；然后由式(4-1-19)可以看出，井筒半径增大相当于弱化了高速非达西渗流效应项（$2.219\times10^{-18}\beta'\dfrac{K}{\mu}\dfrac{\gamma_g}{hr'_w}q$）引起的附加表皮，所以导致有效井径模型对高速非达西渗流效应不敏感。保角变换模型通过把水平井渗流场分解为垂向、水平方向两个方向渗流，虽然弱化了阈压效应的影响，但是通过对阈压渗流效应临界压力梯度项修正可以弥补该缺陷。

因此，通过综合比较三种模型，此次研究认为，基于保角变换模型建立低渗透气藏水平气井初期产能计算方程是最合理的手段，下面对于水平气井稳态产能影响因素分析均采用该方程。

第二节 制约低渗透砂岩气藏水平井初期产能影响因素

从水平井产能方程[式(4-1-13)]可以看出，影响水平产能方程的因素涉及储层物性参数、水平段长度以及非线性渗流效应的影响。讨论储层参数、水平段长度影响时，假设储层为达西渗流特征；至于非线性渗流特征影响单独分析。下面分别探讨了以上三类因素对水平井产能的影响（表4-2-1）。

表4-2-1 敏感性分析参数范围

参数名称	值范围	参数名称	值范围
地层压力，MPa	30	水平段长度，m	200~2000
地层温度，℃	70	水平渗透率，mD	0.01~10
气体偏差因子	0.89	渗透率各向异性系数	1~10
井筒半径，m	0.0889	紊流系数，m^{-1}	10^7~10^{15}
储层厚度，m	5~40	临界压力梯度，MPa/m	0.001~0.5
气体相对密度	0.6		

一、水平段长度影响

图4-2-1至图4-2-3表示不同的储层条件下，水平段长度对气井产能的影响。总体而言，随着水平段长度增加，气井产能逐渐增大；且水平段长度与产能增加保持良好线性关系。从图4-2-1可以看出，厚度越大，随着水平段长度增加，曲线斜率越大，表明厚度越大，提高单井产量越明显；以厚度5m为例，水平段长度由200m增大至2000m，气井产能增大3.5倍；以厚度40m为例，水平段长度增大至2000m，气井产能增大6.7倍。

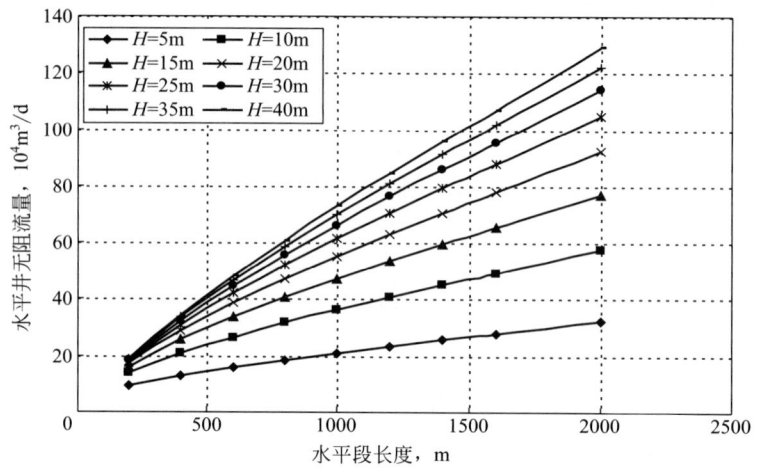

图 4-2-1　不同厚度条件下水平段长度对井产能的影响
（$K_h = 0.5\text{mD}$，$\beta = 10$）

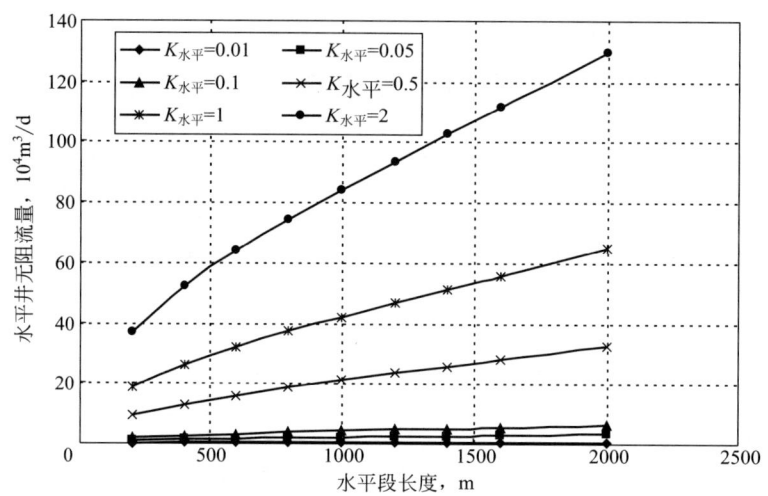

图 4-2-2　不同渗透率条件下水平段长度对井产能的影响
（$H = 5\text{m}$，$\beta = 10$）

由图 4-2-2 可以看出，对于储层较薄、渗透率各向异性较强储层，当水平渗透率小于 0.1m^{-1} 时，即使水平段长度增大至 2000m，水平井产能仍然小于 $10×10^4\text{m}^3$，因此，对于储层较薄、平面上物性储层差的储层不适合打水平井。图 4-2-3 表示的是水平渗透率 $K_{水平}$ 为 0.5m^{-1} 时，不同渗透率各向异性条件下水平段长度对气井产能的影响，实质是不同垂向渗透率条件下水平段长度与气井产能关系；当渗透率各向异性系数 $\beta = 1$ 时，水平段长度由 200m 增大至 2000m，气井产能增大 3 倍；当 $\beta = 20$ 时，气井产能增大 6.7 倍。因此，对于平面上物性较好、垂向渗流条件差的储层，适合增大水平段长度。

二、储层厚度影响

图 4-2-4 至图 4-2-6 表示的是储层厚度对气井产能的影响，在水平段长度一定条件

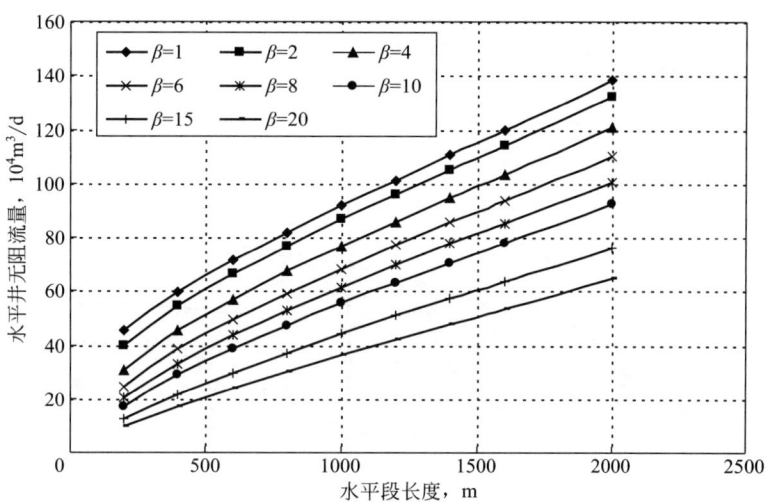

图 4-2-3　不同渗透率各向异性系数条件下水平段长度对井产能的影响

($H=20\text{m}$，$K_{水平}=0.5\text{mD}$)

下，储层厚度越大、气井产能越大；但是从增产效果看，在水平段长度一定条件下，增产效果与储层渗透率各向异性有关。从图 4-2-4 和图 4-2-5 可以看出，当渗透率各向异性较强（$\beta=10$）时，无论平面上储层好坏，当储层厚度大于 30m 时，虽然单井产能有所提高，但增产效果逐渐减弱，因此对于存在明显渗透率各向异性的储层，当储层厚度超过 30m 时建议不打水平井。图 4-2-6 表示的是储层平面上、垂向上不存在明显渗透率各向异性，在长度一定情况下，增产效果与储层厚度呈线性关系，因此对于类似储层可以考虑打水平井。

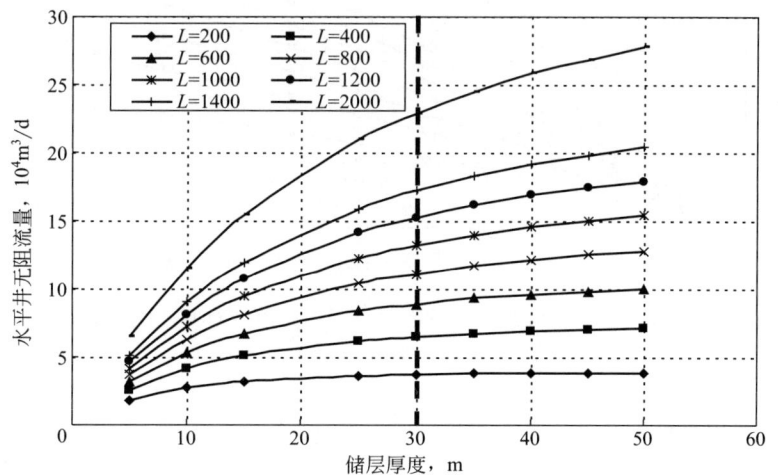

图 4-2-4　不同水平段长度条件下储层厚度对井产能影响

($K_{水平}=0.1\text{mD}$，$\beta=10$)

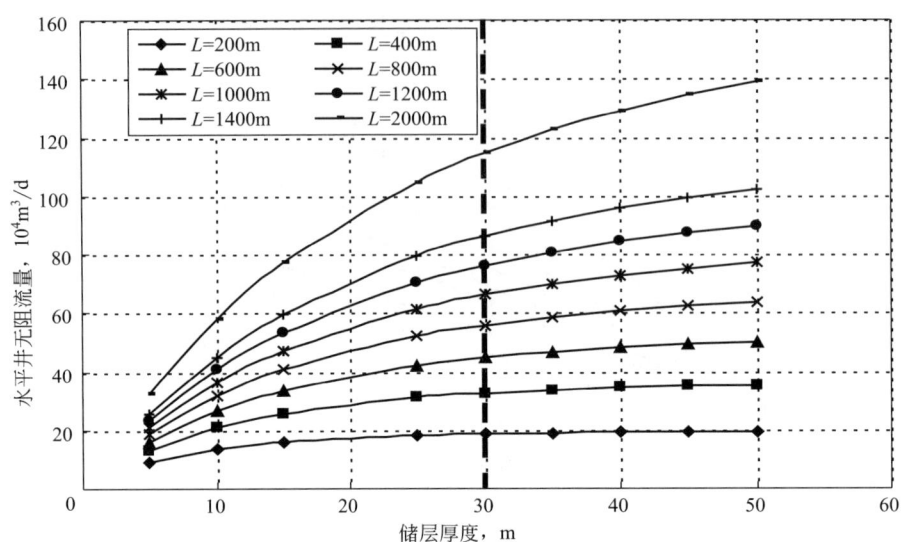

图 4-2-5　不同水平段长度条件下储层厚度对井产能影响

（$K_{水平}=0.5\text{mD}$，$\beta=10$）

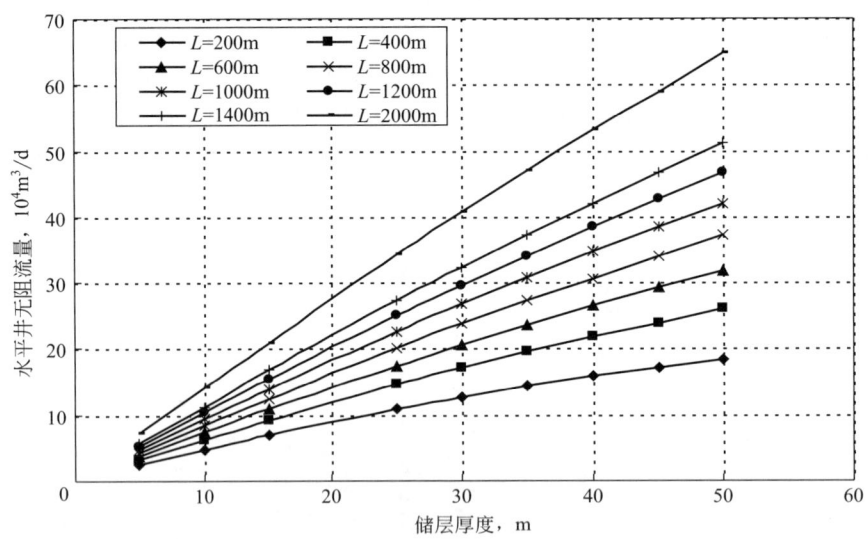

图 4-2-6　不同水平段长度条件下储层厚度对井产能影响

（$K_{水平}=0.1\text{mD}$，$\beta=1$）

三、渗透率影响

图 4-2-7 表示的是渗透率和渗透率各向异性对气井产能影响。从图中可以看出，在储层厚度及水平段长度一定的条件下，随着水平渗透率增大，气井产能线性增加；随着渗透率各向异性增加，气井产能逐渐减小。

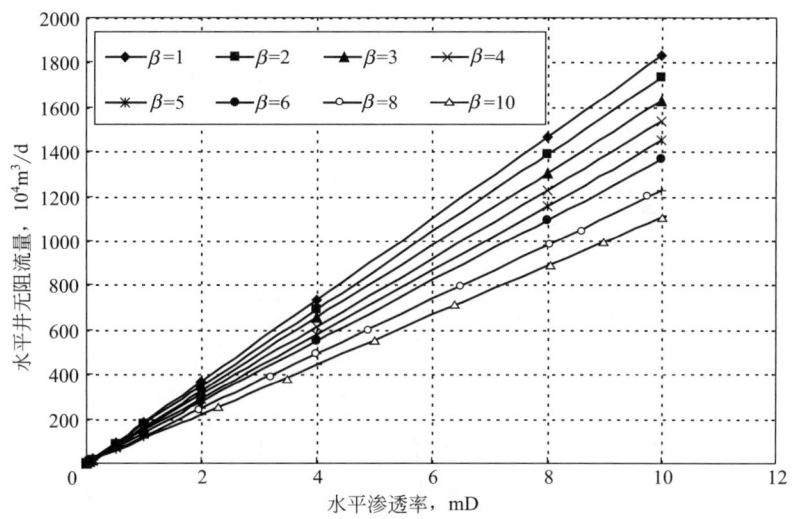

图 4-2-7　不同渗透率条件下渗透率各向异性对井产能影响

($L=1000$m，$H=20$m)

四、完井参数影响

完井参数对水平井产能的影响，通过表皮系数方式来考虑。以射孔完井为例，根据射孔参数可以计算出相应的表皮系数，附加到气井产能方程中可以考虑完井参数的影响。影响射孔效果关键参数主要包括：射孔弹直径、射孔相位角、射孔密度。分析结果如图 4-2-8 至图 4-2-10 所示。

从图 4-2-8 可以看出，在相位角和射孔密度一定的情况下，随着射孔弹直径增大，气井产能逐渐增大，增产效果类似于增大了井筒与储层接触面积，从而改善近井区渗流条件、降低气体流速，减小高速非达西渗流效应影响。

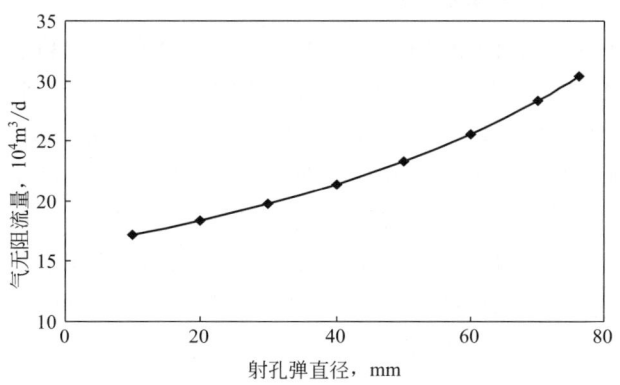

图 4-2-8　射孔弹直径对气井产能影响

图 4-2-9 表示的是射孔相位角与气井产能关系，相位角越大气井产能越大；当相位角高于 75°时，增产幅度逐渐减小。因此对于水平气井射孔完井 75°为最佳相位角。

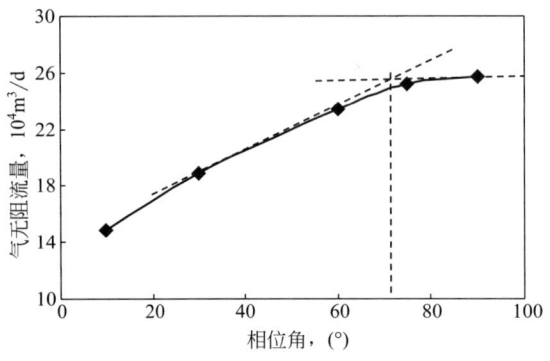

图 4-2-9 相位角对气井产能影响

图 4-2-10 表示的是射孔密度对气井产能的影响。射孔密度越大气井产能越大；但是，由于孔密过大导致的孔眼之间相互干扰程度也越明显。因此，根据增产幅度判断孔密度为 12 孔/m 时比较合适。

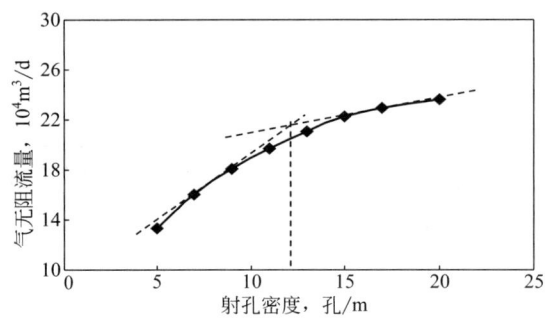

图 4-2-10 射孔密度对气井产能影响

五、高速非达西渗流效应影响

图 4-2-11 至图 4-2-12 表示的是在不同水平渗透率条件下，高速非达西渗流效应对产能影响程度。从图 4-2-11 可以看出，随着紊流系数增大，气井产能逐渐降低；当紊流系数增大至 $10^{15}\mathrm{m}^{-1}$ 时，无论物性条件多好，气井产能均只有 $2\times10^4\mathrm{m}^3/\mathrm{d}$ 左右，以水平渗透率为 0.01mD 和 10mD 为例，当紊流系数由 $10^7\mathrm{m}^{-1}$ 增大至 $10^{15}\mathrm{m}^{-1}$ 时，对应的产能分别为初始值的 0.16% 和 76.7%。因此，渗透率越高的储层，如果储层出水后，气体渗流通道急剧降低，导致紊流系数大幅度增加，气井产能急剧降低。从图 4-2-11 还可以看出，不同的渗透率条件下出现明显高速非达西渗流效应影响对应的紊流系数不同，渗透率性越好，对应的紊流系数越小。从图 4-2-12 可以看出，高速非达西渗流效应影响明显对应的紊流系数与渗透率存在较好幂函数关系。

图 4-2-13 表示的是不同水平段长度条件下高速非达西渗流效应对气井产能影响程度。$L=200\mathrm{m}$ 时，紊流系数由 $10^7\mathrm{m}^{-1}$ 增大至 $10^{15}\mathrm{m}^{-1}$，气井产能仅有初始值的 22.5%；对于 $L=2000\mathrm{m}$ 时，气井产能为初始值的 10.78%，因此水平段越长，高速非达西渗流效应对气井产能

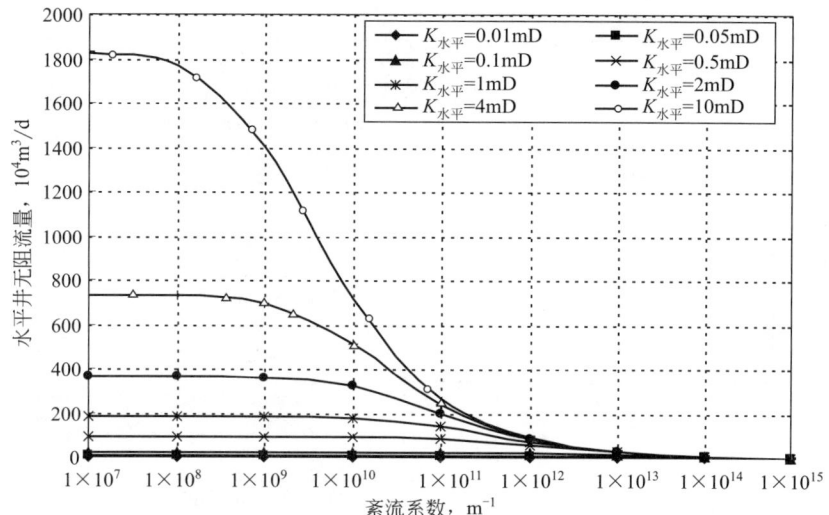

图 4-2-11　不同渗透率条件下紊流系数对产能影响

($L=1000\text{m}$，$\beta=1$，$H=20\text{m}$)

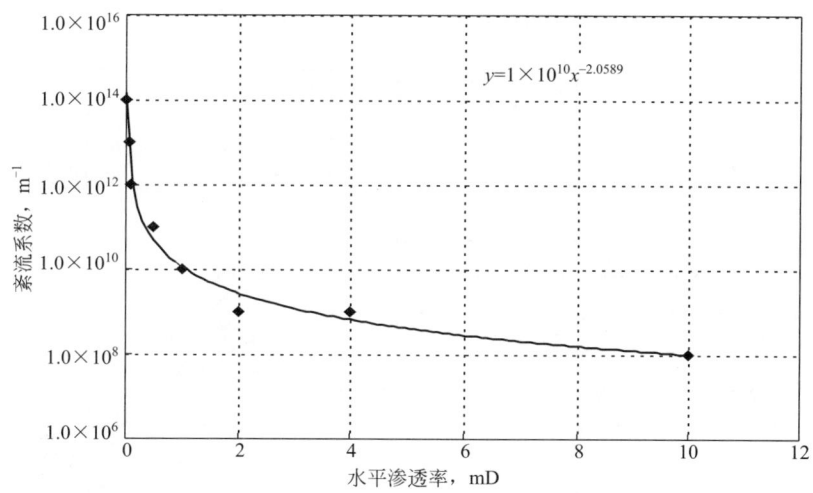

图 4-2-12　出现明显高速非达西渗流效应影响对应紊流系数大小

($L=1000\text{m}$，$\beta=1$，$H=20\text{m}$)

影响程度越明显。从图 4-2-11 可以看出，在水平渗透率为 0.1mD 时，当紊流系数为 10^{12}m^{-1} 时影响才表现出来，与图 4-2-12 的结论一致。

图 4-2-14 表示的是不同厚度条件下高速非达西渗流效应对气井产能影响程度。$H=5\text{m}$ 时，紊流系数由 10^{7}m^{-1} 增大至 10^{15}m^{-1}，气井产能仅有初始值的 14.29%；对于 $H=40\text{m}$ 时，同样条件下，气井产能为初始值的 14.68%，因此在其他参数一定时，不同厚度储层受高速非达西渗流效应的影响程度一致，差距不大。

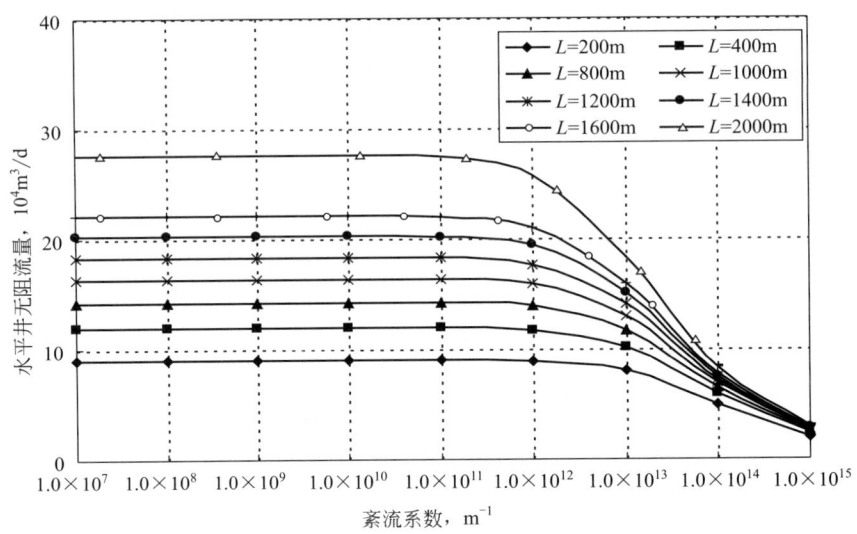

图 4-2-13　不同水平段长度条件下紊流系数对产能影响
($K_{水平}=0.1\text{mD}$，$\beta=1$，$H=20\text{m}$)

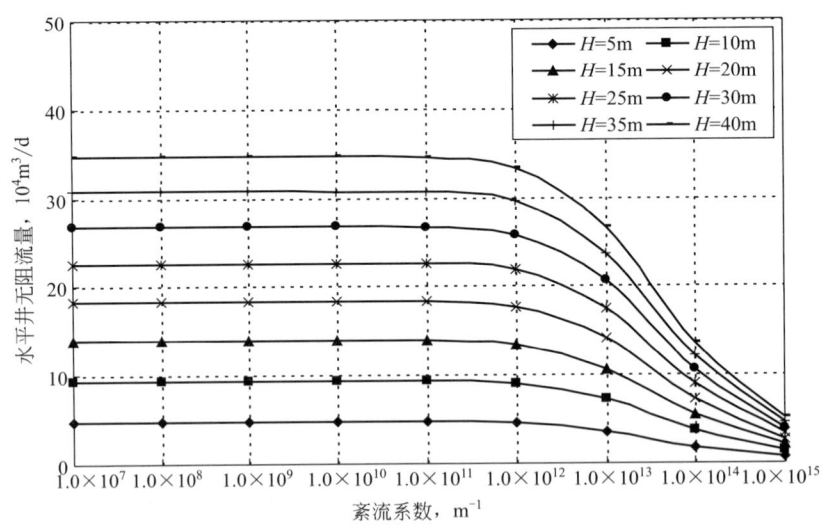

图 4-2-14　不同厚度条件下紊流系数对产能影响
($K_{水平}=0.1\text{mD}$，$\beta=1$，$L=1000\text{m}$)

图 4-2-15 表示的是不同渗透率各向异性系数条件下高速非达西渗流效应对气井产能影响程度。紊流系数由 10^7m^{-1} 增大至 10^{15}m^{-1}，当 $\beta=1$ 时气井产能为初始时刻的 14.68%；当 $\beta=10$ 时，气井产能为初始时刻的 21.65%；渗透率各向异性越明显受高速非达西渗流效应的影响越小。

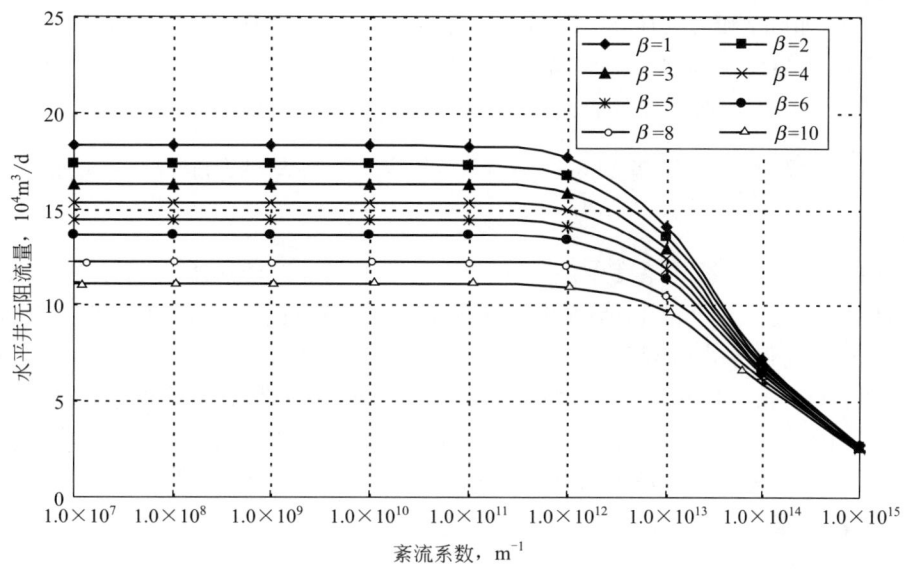

图 4-2-15 不同渗透率各向异性系数条件下紊流系数对产能影响
($K_{水平}=0.1\text{mD}$，$L=1000\text{m}$，$H=20\text{m}$)

六、阈压效应影响

从图 4-2-16 可以看出，同一水平段长度条件下，随着临界压力梯度增大井产能逐渐降低，当临界压力梯度增大至 0.05MPa/m 以后，井产能降低幅度不大。水平段长度越大，井

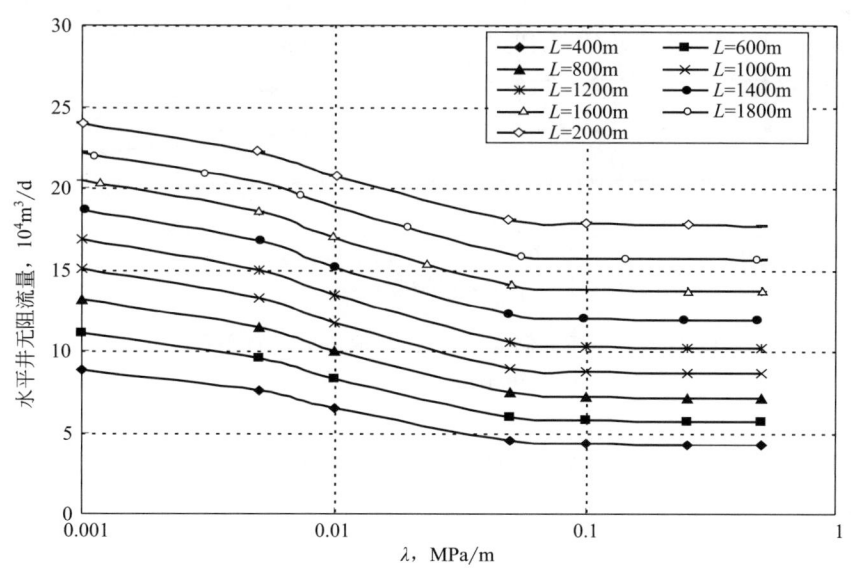

图 4-2-16 不同水平段长度条件下阈压效应对产能影响
($K_{水平}=0.1\text{mD}$，$\beta=4$，$H=20\text{m}$)

产能降低幅度绝对值越大；但是由于井初始产量较大、井产能受阈压效应影响程度的相对值反而越小；以 $L=400\text{m}$ 和 $L=2000\text{m}$ 为例，当临界压力梯度由 0.001MPa/m 增大至 0.5MPa/m 时，井产能降低幅度分别为 $4.5\times10^4\text{m}^3/\text{d}$ 和 $7.5\times10^4\text{m}^3/\text{d}$，气井产能分别为初始值的 48.17% 和 73.92%。为什么存在这种现象？从式(4-1-12)可以看出，水平段长度越大，阈压效应存在引起的附加压力降 $2\bar{p}\lambda\left(r_e-r_w-\dfrac{L-h}{2}\right)$ 越小，所以表现为随着长度增加，阈压效应对井产能影响越小。

图4-2-17表示的是不同厚度条件下，阈压效应对气井产能影响。从该图可以看出，随着临界压力梯度增大，井产能逐渐降低；厚度越大，井产能受阈压效应影响程度越小。以 $H=5\text{m}$ 和 $H=50\text{m}$ 为例，当临界压力梯度由 0.001MPa/m 增大至 0.5MPa/m 时，井产能降低幅度分别为 $2.6\times10^4\text{m}^3/\text{d}$ 和 $12.8\times10^4\text{m}^3/\text{d}$，气井产能分别为初始值的 75.11% 和 84.2%。分析其原因，由于厚度增加引起的增产程度高于由于阈压效应存在导致的产能降低的影响，所以导致厚度越大，反而受阈压效应的影响程度越小。但是从影响程度数据可以看出，厚度增大9倍，两者产能受阈压效应影响降低程度差距不大。

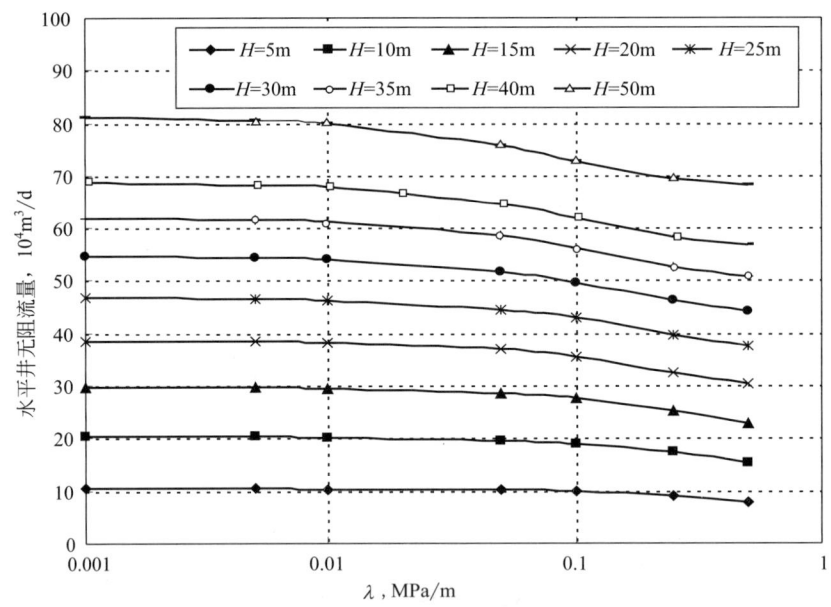

图4-2-17　不同储层厚度条件下阈压效应对产能影响
($K_{水平}=0.1\text{mD}$，$\beta=1$，$L=1000\text{m}$)

图4-2-18表示的是不同渗透率各向异性系数条件下阈压效应对气井产能影响程度。从该图可以看出，渗透率各向异性系数越大、产能受阈压效应的影响越大。以 $\beta=1$ 和 $\beta=10$ 为例，当临界压力梯度由 0.001MPa/m 增大至 0.5MPa/m 时，气井产能分别为初始值的 75.11% 和 60.31%。

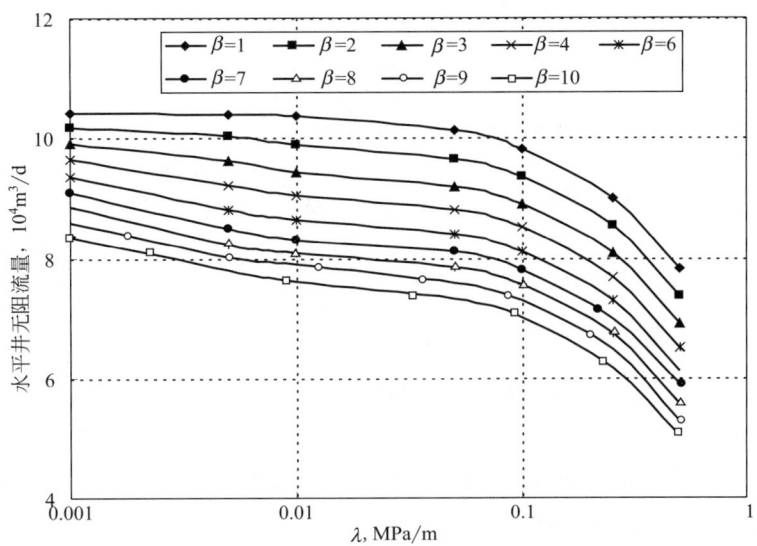

图 4-2-18　不同渗透率各向异性系数条件下临界压力梯度对产能影响
($K_{水平}=0.1\text{mD}$，$H=5\text{m}$，$L=1000\text{m}$)

第三节　水平井相对直井的增产倍比分析

一、理论关系式

相同地质条件下，水平井通过增大气井泄流面积提高气井产量已为人们所共识，水平井相对直井的增产倍比已成为待开发区域井型优选及已开发区块水平井开采效果评价的重要指标。为此，运用同时考虑近井区高速非达西与远井区阈压效应的水平井及直井稳定产能评价模型，推导出水平井相对直井稳态产能比的预测方法。

1. 同时考虑近井区高速非达西与远井区阈压效应的水平井稳态产能方程

中国石油西南油气田分公司博士后工作站 2009 年出站博士汪周华在其博士后工作站科研项目中，通过深入分析现有水平井产能评价模型适用性，优选保角变换方法，建立了同时考虑近井区高速非达西与远井区阈压效应的水平井稳定产能评价模型：

$$A_\text{H} q_\text{H} + B_\text{H} q_\text{H}^2 = p_\text{e}^2 - p_\text{w}^2 - 2\bar{p}\lambda\left(r_\text{eh} - r_\text{w}\text{e}^{-S} - \frac{L-h}{2}\right) \quad (4\text{-}3\text{-}1)$$

$$A_\text{H} = 1.274\times10^{-3}\frac{\mu ZT}{K_\text{h} h}\left[\ln\frac{a+\sqrt{a^2-(L/2)^2}}{0.5L}+\frac{\beta h}{L}\ln\frac{(\beta h/2)^2+\beta^2\delta^2}{\pi\beta h r_\text{w}\text{e}^{-S}/2}\right] \quad (4\text{-}3\text{-}2)$$

$$B_\text{H} = 2.82\times10^{-21}\frac{ZT\gamma_\text{g}}{h^2}\left[\beta'\left(1-\frac{0.5L}{a+\sqrt{a^2-(L/2)^2}}\right)+\frac{\beta''h^2}{L^2}\left(\frac{\beta h}{2\pi r_\text{w}\text{e}^{-S}}-1\right)\right] \quad (4\text{-}3\text{-}3)$$

其中

$$a = \frac{L}{2}\left[0.5+\sqrt{0.25+(2r_{eh}/L)^4}\right]^{0.5} \quad (4-3-4)$$

$$r_{eh} = \sqrt{r_{ev}^2+2Lr_{ev}/\pi} \quad (4-3-5)$$

2. 同时考虑近井区高速非达西与远井区阈压效应的直井稳态产能方程

$$A_v q_V + B_v q_V^2 = p_e^2 - p_w^2 - 2\bar{p}\lambda(r_{ev}-r_w e^{-S}) \quad (4-3-6)$$

$$A_v = 1.274\times 10^{-3}\frac{\mu ZT}{K_h h}\left(\ln\frac{r_{ev}}{r_w e^{-S}}\right) \quad (4-3-7)$$

$$B_v = 2.82\times 10^{-21}\frac{ZT\gamma_g}{r_w e^{-S} h^2}\beta' \quad (4-3-8)$$

3. 同时考虑近井区高速非达西与远井区阈压效应的水平井相对直井稳态产能比

由式(4-3-1)可以得到水平井的产量表达式：

$$q_H = \frac{\sqrt{A_H^2+4B_H\left[p_e^2-p_w^2-2\bar{p}\lambda\left(r_e-r_w e^{-S}-\frac{L-h}{2}\right)\right]}-A_H}{2B_H} \quad (4-3-9)$$

由式(4-3-6)可以得到直井的产量表达式：

$$q_V = \frac{\sqrt{A_V^2+4B_V\left[p_e^2-p_w^2-2\bar{p}\lambda\left(r_e-r_w e^{-S}-\frac{L-h}{2}\right)\right]}-A_V}{2B_V} \quad (4-3-10)$$

由式(4-3-9)、式(4-3-10)可以得到水平井相对直井稳态产能比的理论计算式：

$$HRV=\frac{q_H}{q_V}=\frac{\sqrt{A_H^2+4B_H\left[p_e^2-p_w^2-2\bar{p}\lambda\left(r_{eh}-r_w e^{-S}-\frac{L-h}{2}\right)\right]}-A_H}{\sqrt{A_V^2+4B_V[p_e^2-p_w^2-2\bar{p}\lambda(r_{ev}-r_w e^{-S})]}-A_V}\cdot\frac{B_V}{B_H} \quad (4-3-11)$$

式中　　HRV——水平井相对直井的稳态产能比；
　　　　p_e——地层压力，MPa；
　　　　p_{wf}——井底流压，MPa；
　　　　$\bar{p}$——平均压力，MPa；
　　　　q——产量，$10^4 m^3/d$；
　　　　h——储层厚度，m；
　　　　K_h——水平方向渗透率，mD；
　　　　L——水平段长度，m；
　　　　a——水平井椭球流场长半轴，m；
　　　　β——各向异性系数；

δ——偏心距，m；

r_e——泄流半径，m；

r_w——井半径，m；

β'，β''——水平方向、垂直方向紊流系数，m^{-1}；

λ——启动压力梯度，MPa/m；

S——表皮系数；

μ——天然气黏度，mPa·s；

Z——天然气偏差因子；

γ_g——天然气相对密度。

下标 H 代表水平井；下标 V 代表直井。

二、分析图版的建立

由式（4-3-11）可见，要评价水平井相对直井的稳态产能比需要获取众多的参数，确定方法较为复杂，为了直观地考察水平井相对直井的稳态产能比与各项参数的相关关系，制作稳态产能比等值线图图版用于分析。

1. 不考虑非达西项影响的分析图版

在式（4-3-11）中，不考虑远井区阈压效应的情况下，对启动压力梯度（λ）取 0 值，以水平井与直井无阻流量比值为求解对象。模型设定参数取值为：$T_f = 70℃$，$\delta = 0$，$r_w = 0.0889m$，$\gamma_g = 0.6$。

1）稳态产能比与地层压力（p_e）、水平段长度（L）的关系

设定储层厚度、水平渗透率、各向异性系数、直井泄流半径及紊流系数，以水平段长度为横坐标，地层压力为纵坐标，作水平井相对直井的稳态产能比双对数曲线。图版设计框图如图 4-3-1 所示，对应的稳态产能比图版如图 4-3-2 所示。

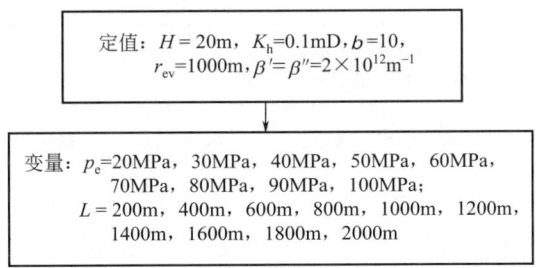

图 4-3-1 稳态产能比与地层压力及水平段长度关系图版设计框图

计算结果显示，在其他参数一定的情况下，地层压力对稳态产能比的影响较小，尤其是当地层压力低于 70MPa、水平段长度小于 1400m 时，水平井相对直井的稳态产能比基本不随地层压力变化而改变。由于四川盆地绝大部分气藏的原始地层压力及已有水平井的水平段长度均处于这一稳态产能比不敏感区域，鉴于此，机理研究中可以忽略地层压力的变化对稳态产能比的影响，对地层压力取定值 30MPa。

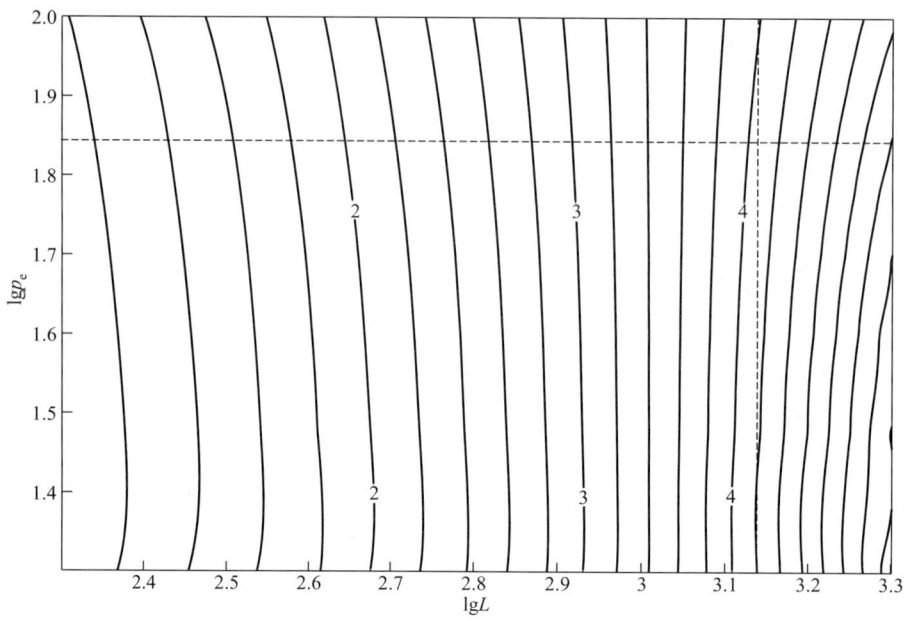

图 4-3-2　稳态产能比与地层压力及水平段长度关系图版

2）稳态产能比与紊流系数（β'，β''）、水平段长度（L）的关系

设定地层压力、储层厚度、水平渗透率、各向异性系数及直井泄流半径，以水平段长度为横坐标，紊流系数为纵坐标，考虑 β' 与 β'' 相等，作水平井相对直井的稳态产能比双对数曲线。图版设计框图如图 4-3-3 所示，对应的稳态产能比图版如图 4-3-4 所示。

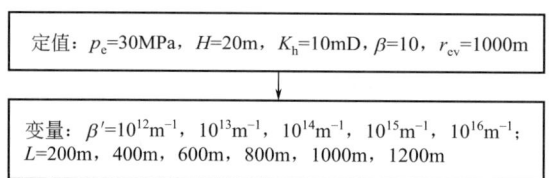

图 4-3-3　稳态产能比与紊流系数及水平段长度关系图版设计框图

计算结果显示，在其他参数一定的情况下，紊流系数改变所引起的稳态产能比变化并不明显。鉴于此，机理研究中可以进一步忽略紊流系数变化对稳态产能比的影响，将紊流系数设为定值，取值 $10^{12}\,\mathrm{m}^{-1}$。

3）稳态产能比与水平渗透率（K_h）和各向异性系数（β）的关系

设定地层压力、储层厚度、水平段长度、直井泄流半径及紊流系数，以水平渗透率为横坐标，以各向异性系数为纵坐标，作水平井相对直井的稳态产能比双对数曲线。图版设计框图如图 4-3-5 所示，对应的稳态产能比图版如图 4-3-6 所示。

计算结果显示，当水平渗透率高于 10mD 或小于 0.1mD 时，对于一定的各向异性系数，稳态产能比基本不随水平渗透率的改变而改变，因此，我们只需要考察水平渗递率在 0.1~10mD 区

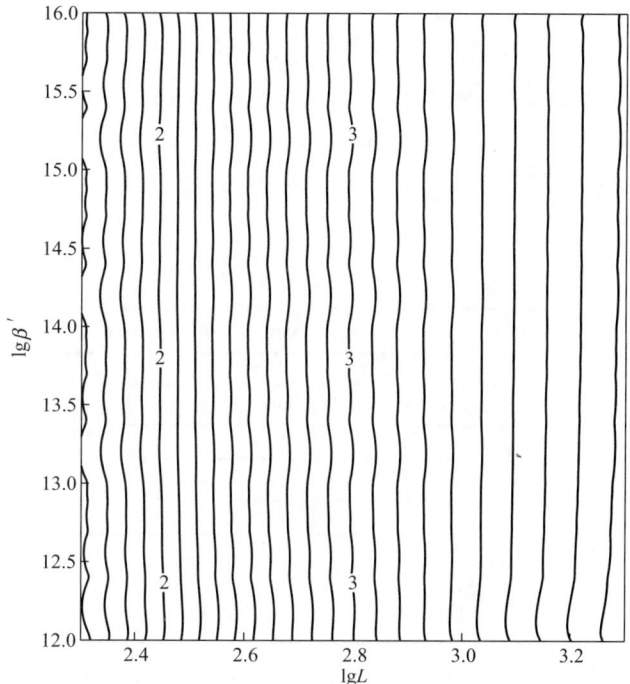

图 4-3-4 稳态产能比与紊流系数及水平段长度关系图版

定值：$p_e=30\text{MPa}$，$H=20\text{m}$，$L=600\text{m}$，$r_{ev}=1000\text{m}$，$\beta'=\beta''=2\times10^{12}\text{m}^{-1}$

变量：$K_h=0.01\text{mD}$，0.1mD，1mD，5mD，10mD，50mD，100mD；$\beta=1$，5，10，50，100

图 4-3-5 稳态产能比与水平渗透率及各向异性系数关系图版设计框图

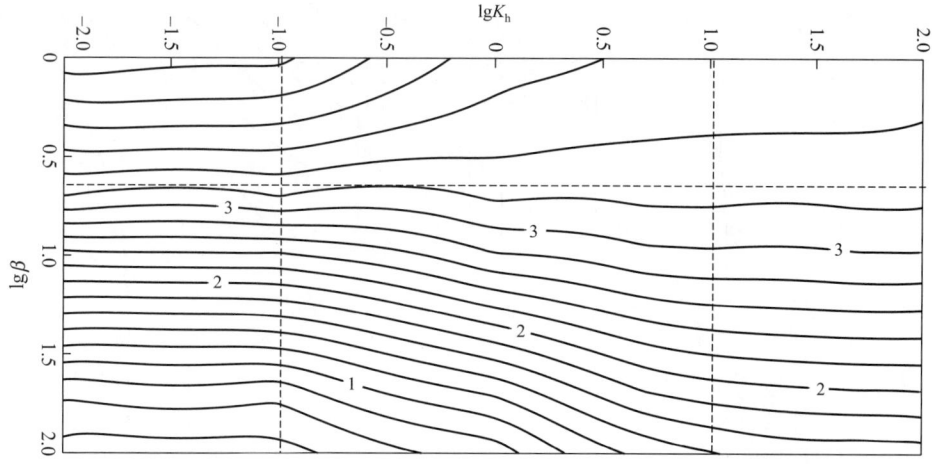

图 4-3-6 稳态产能比与水平渗透率及各向异性系数关系图版

间变化时对稳态产能比产生的影响。

4）稳态产能比与储层厚度（H）、水平段长度（L）的关系

设定地层压力、直井泄流半径及紊流系数，针对不同水平渗透率级别的储层，取一系列各向异性系数值，以水平段长度（L）为横坐标，储层厚度（H）为纵坐标，作水平井相对直井的稳态产能比双对数曲线。图版设计框图如图 4-3-7 所示，对应的稳态产能比图版如图 4-3-8 至图 4-3-22 所示。

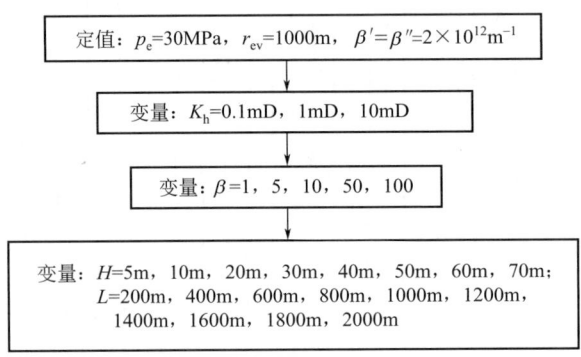

图 4-3-7　稳态产能比与储层厚度及水平段长度关系图版设计框图

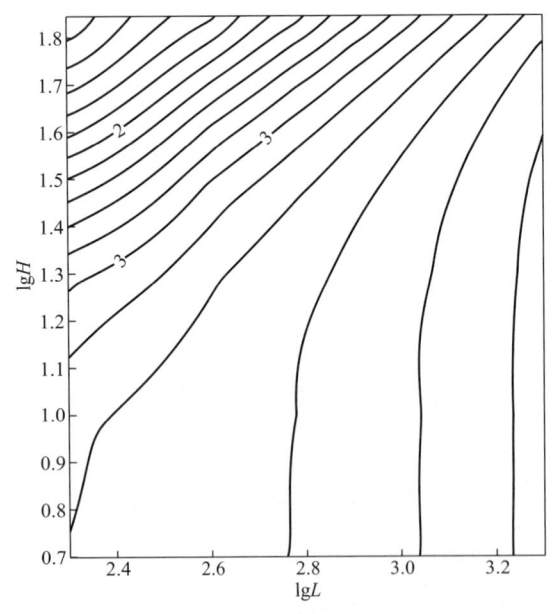

图 4-3-8　稳态产能比与储层厚度及水平段长度关系图版
（$K_h=10$mD，$\beta=1$）

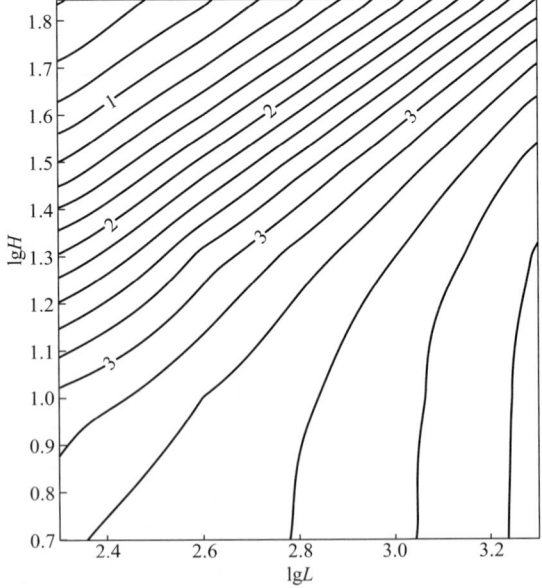

图 4-3-9　稳态产能比与储层厚度及水平段长度关系图版
（$K_h=10$mD，$\beta=5$）

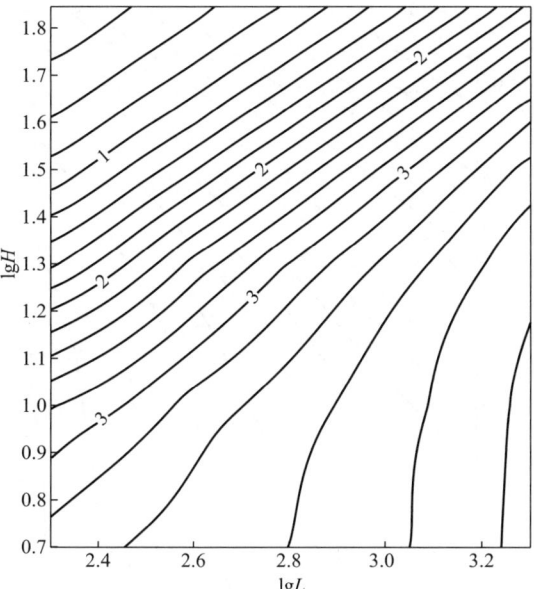

图 4-3-10 稳态产能比与储层厚度及水平段长度关系图版（$K_h = 10\text{mD}$，$\beta = 10$）

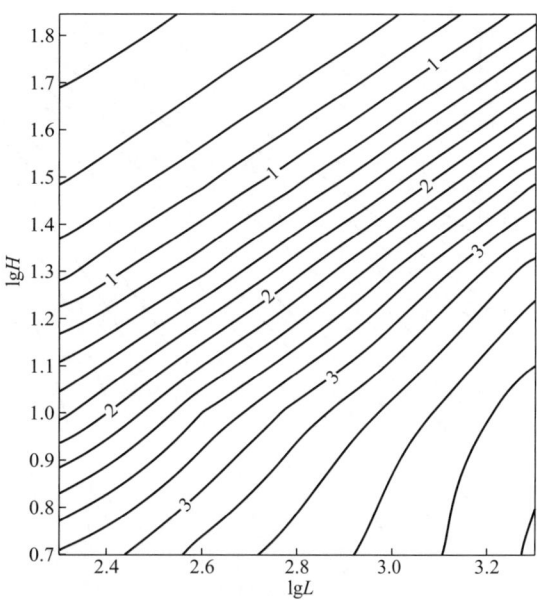

图 4-3-11 稳态产能比与储层厚度及水平段长度关系图版（$K_h = 10\text{mD}$，$\beta = 50$）

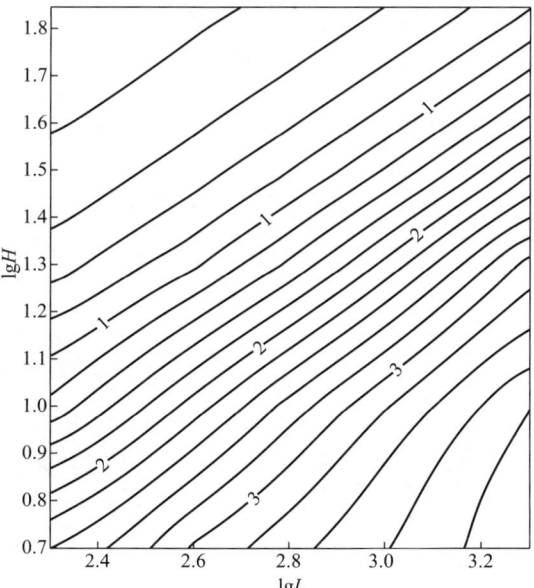

图 4-3-12 稳态产能比与储层厚度及水平段长度关系图版（$K_h = 10\text{mD}$，$\beta = 100$）

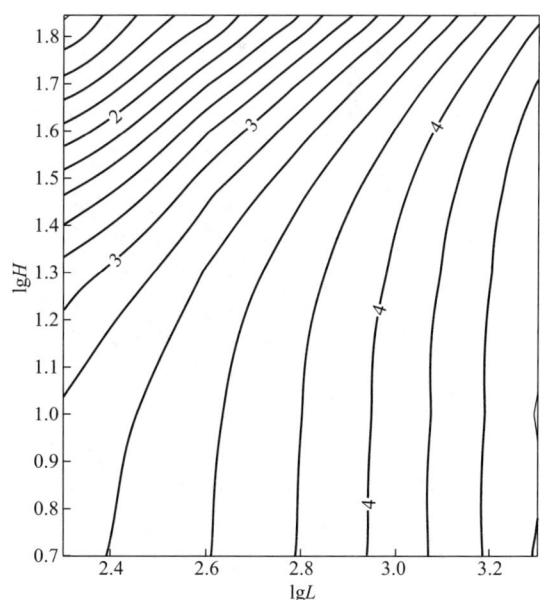

图 4-3-13 稳态产能比与储层厚度及水平段长度关系图版（$K_h = 1\text{mD}$，$\beta = 1$）

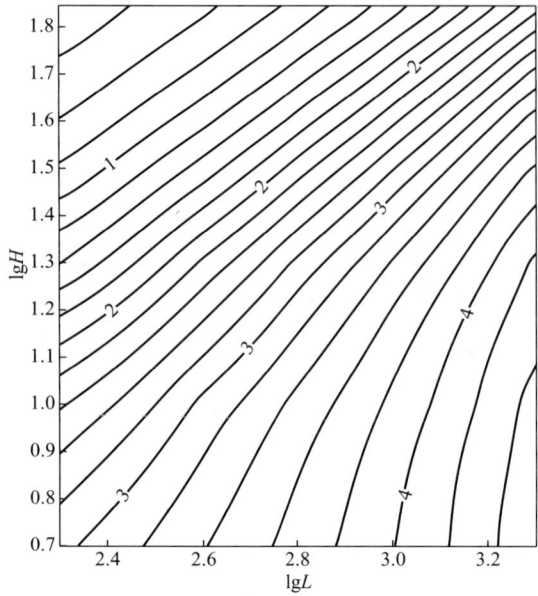

图 4-3-14 稳态产能比与储层厚度
及水平段长度关系图版
($K_h = 1\text{mD}$, $\beta = 5$)

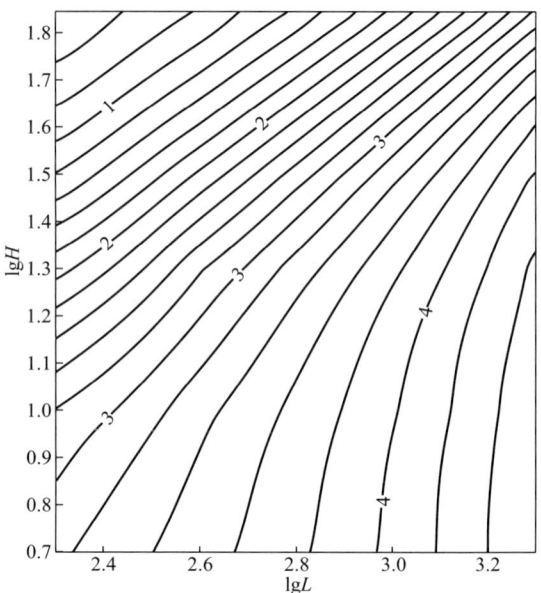

图 4-3-15 稳态产能比与储层厚度
及水平段长度关系图版
($K_h = 1\text{mD}$, $\beta = 10$)

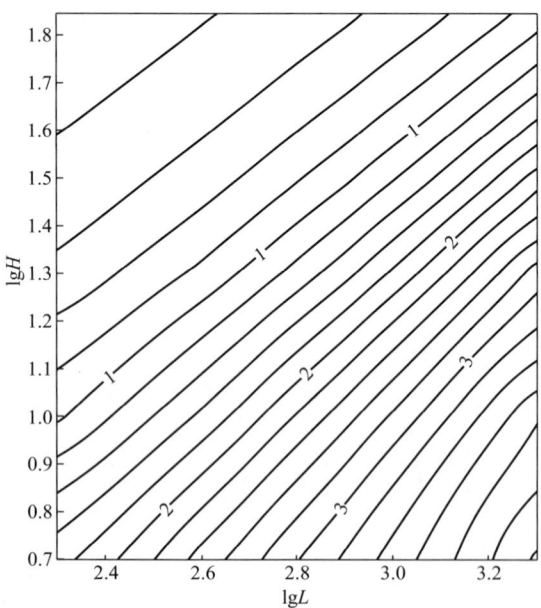

图 4-3-16 稳态产能比与储层厚度
及水平段长度关系图版
($K_h = 1\text{mD}$, $\beta = 50$)

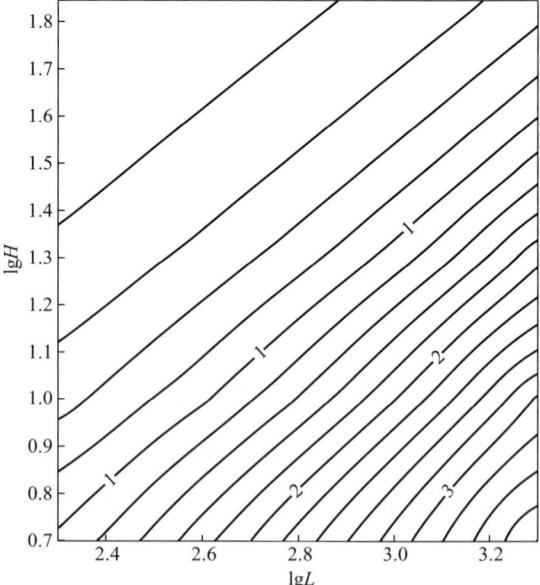

图 4-3-17 稳态产能比与储层厚度
及水平段长度关系图版
($K_h = 1\text{mD}$, $\beta = 100$)

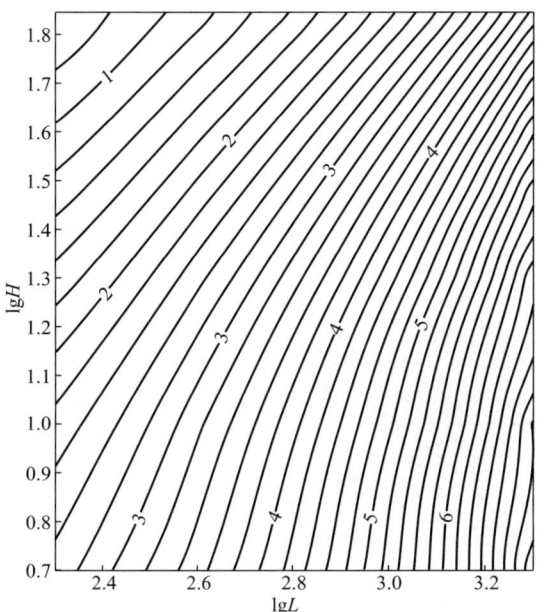

图 4-3-18　稳态产能比与储层厚度
及水平段长度关系图版

($K_h = 0.1\text{mD}$, $\beta = 1$)

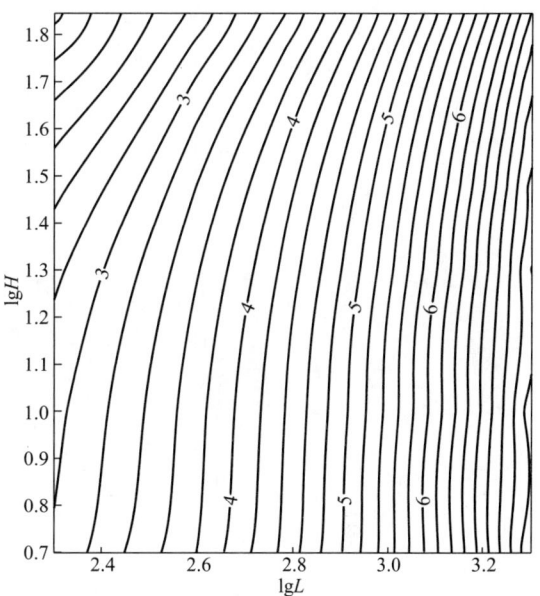

图 4-3-19　稳态产能比与储层厚度
及水平段长度关系图版

($K_h = 0.1\text{mD}$, $\beta = 5$)

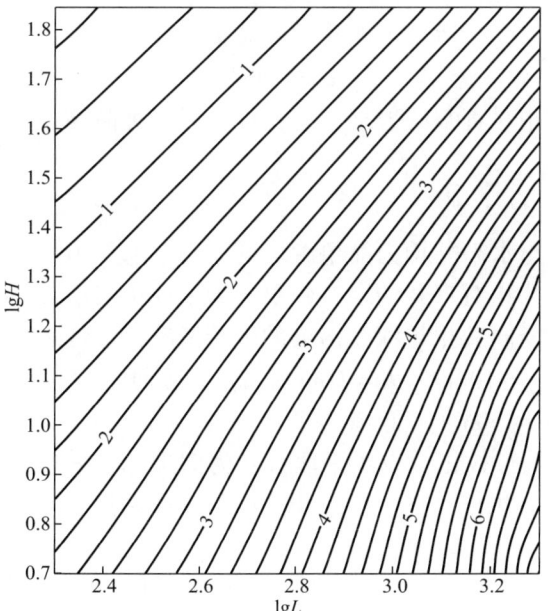

图 4-3-20　稳态产能比与储层厚度
及水平段长度关系图版

($K_h = 0.1\text{mD}$, $\beta = 10$)

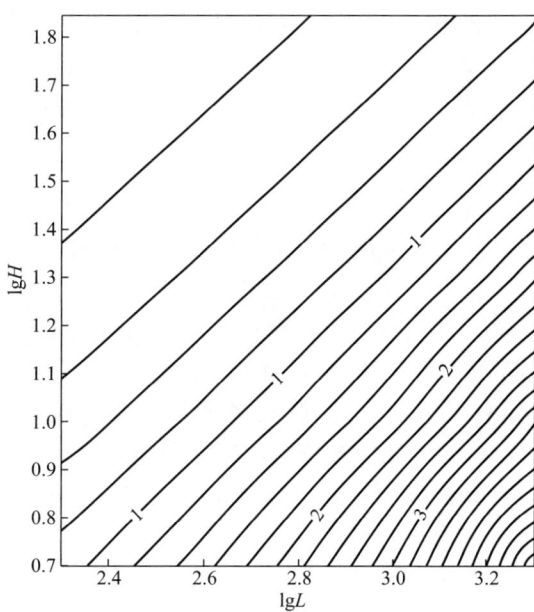

图 4-3-21　稳态产能比与储层厚度
及水平段长度关系图版

($K_h = 0.1\text{mD}$, $\beta = 50$)

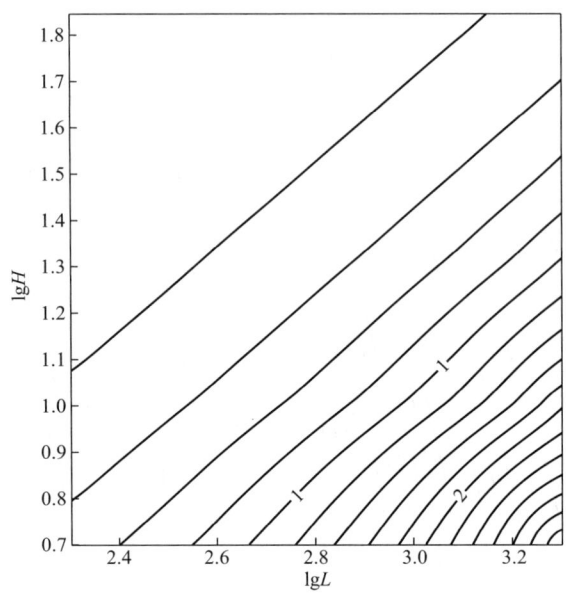

图 4-3-22 稳态产能比与储层厚度及水平段长度关系图版
($K_h = 0.1\text{mD}$, $\beta = 100$)

据前述分析，地层压力及紊流系数均不会明显影响水平井相对直井的稳态产能比，并且水平渗透率也只是在有限的变化范围内对稳态产能比形成影响，在此认识基础上做出的由 15 张稳态产能比等值图（图 4-3-8 至图 4-3-22）组成的系列图版展示了各项敏感参数对水平井相对直井的稳态产能比的影响规律及影响程度。运用本次建立的分析图版，只要已知储层的物性参数（储层厚度、各向异性系数、水平渗透率）及水平段长度，即可查得水平井相对直井的稳态产能比。图版法为预测水平井相对直井的稳态产能比提供了一种简便、快捷、实用的新方法。

5）表皮系数的影响

前面建立的增产倍比分析图版针对的是直井与水平井均为简单解堵（表皮系数为0）的情况，没有涉及不同污染程度或改造方式下水平井相对直井的增产效果，为了评价表皮系数对水平井相对直井稳态产能比的影响，考虑大型径向酸化与深度污染的极端情况，设计表皮系数取值范围为 -5~10，针对高渗透厚层（$K_h = 10\text{mD}$，$H = 50\text{m}$）、高渗透薄层（$K_h = 10\text{mD}$，$H = 10\text{m}$）、低渗透厚层（$K_h = 0.1\text{mD}$，$H = 50\text{m}$）、低渗透薄层（$K_h = 0.1\text{mD}$，$H = 10\text{m}$）四种储层类型，对图 4-3-8 和图 4-3-22 进行校正。以水平段长度为横坐标、表皮系数为纵坐标，不同的曲线代表不同表皮系数下水平井相对直井稳态产能比与表皮系数为 0 的情况下水平井相对直井稳态产能比的比值。

由图 4-3-23 至图 4-3-26 可见，对于高渗透厚层、高渗透薄层与低渗透厚层三种储层类型，表皮系数对水平井相对直井稳态产能比的影响不明显，只有在低渗透薄层特征下，表皮系数的影响不容忽视。

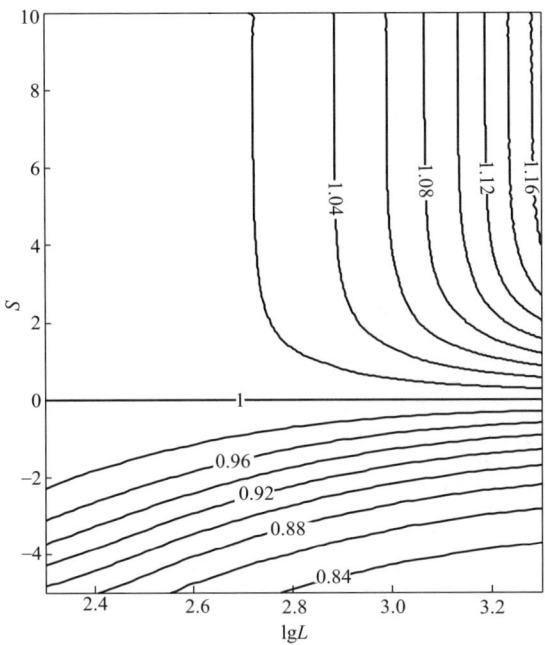

图 4-3-23 表皮系数对高渗透厚储层
稳态产能比的影响分析图版

($K_h = 10\text{mD}$,$H = 50\text{m}$)

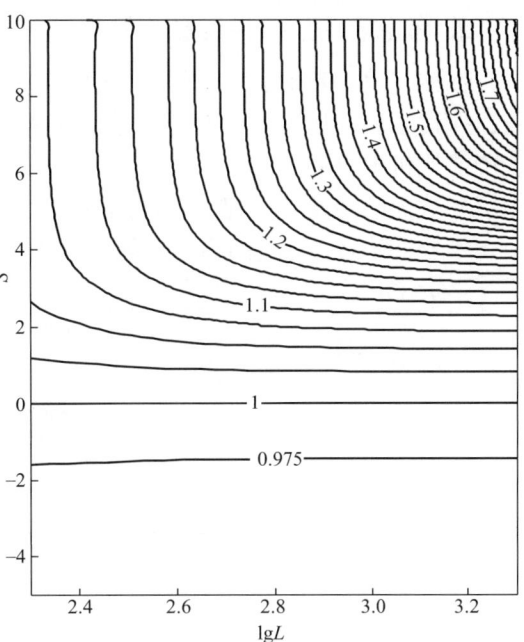

图 4-3-24 表皮系数对高渗透薄储层
稳态产能比的影响分析图版

($K_h = 10\text{mD}$,$H = 10\text{m}$)

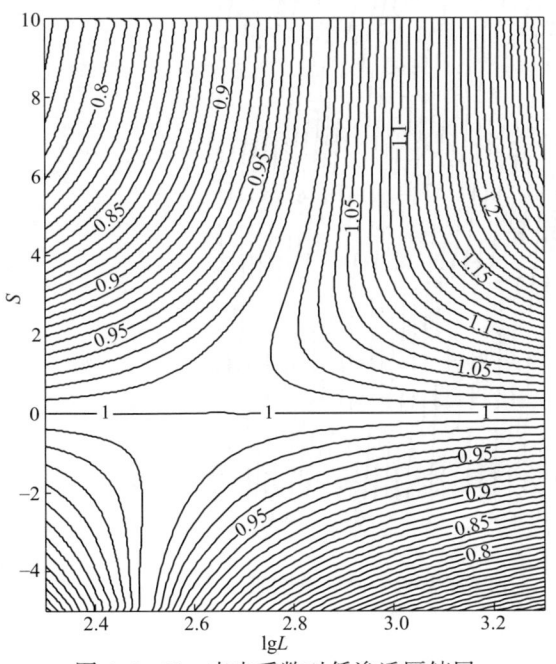

图 4-3-25 表皮系数对低渗透厚储层
稳态产能比的影响分析图版

($K_h = 0.1\text{mD}$,$H = 50\text{m}$)

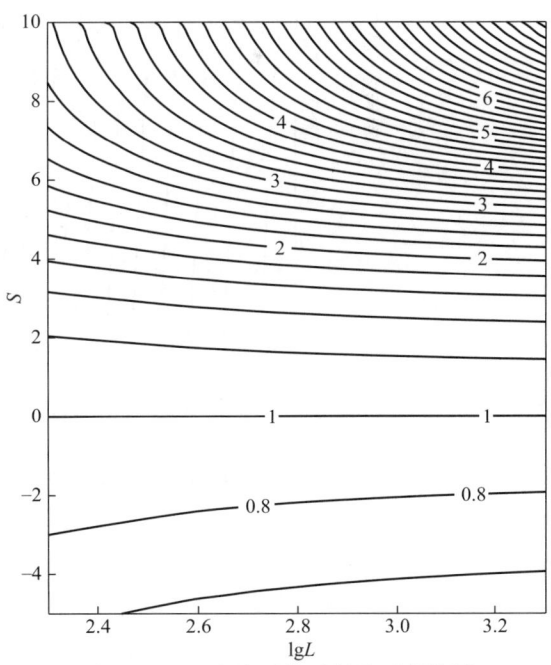

图 4-3-26 表皮系数对低渗透薄储层
稳态产能比的影响分析图版

($K_h = 0.1\text{mD}$,$H = 10\text{m}$)

2. 考虑启动压力梯度影响的分析图版

在四川盆地围绕广安须家河气藏开展了较为丰富的低速非达西渗流实验研究及理论研究，探讨了启动压力梯度对低渗透、高含水储层流体渗流的影响。为使水平井相对直井的稳态产能比机理研究更有针对性，更加符合实际气藏的地质特征，本次研究以广安须家河气藏储层参数为已知条件，建立考虑启动压力梯度影响的稳态产能比分析图版。图版设计框图如图 4-3-27 所示，对应的稳态产能比图版如图 4-3-28 所示。

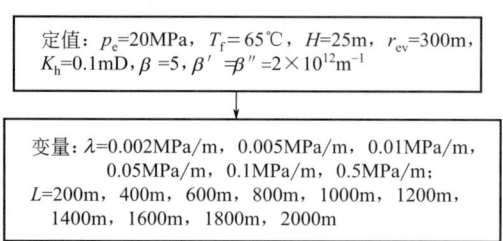

图 4-3-27　稳态产能比与启动压力梯度及水平段长度关系图版设计框图

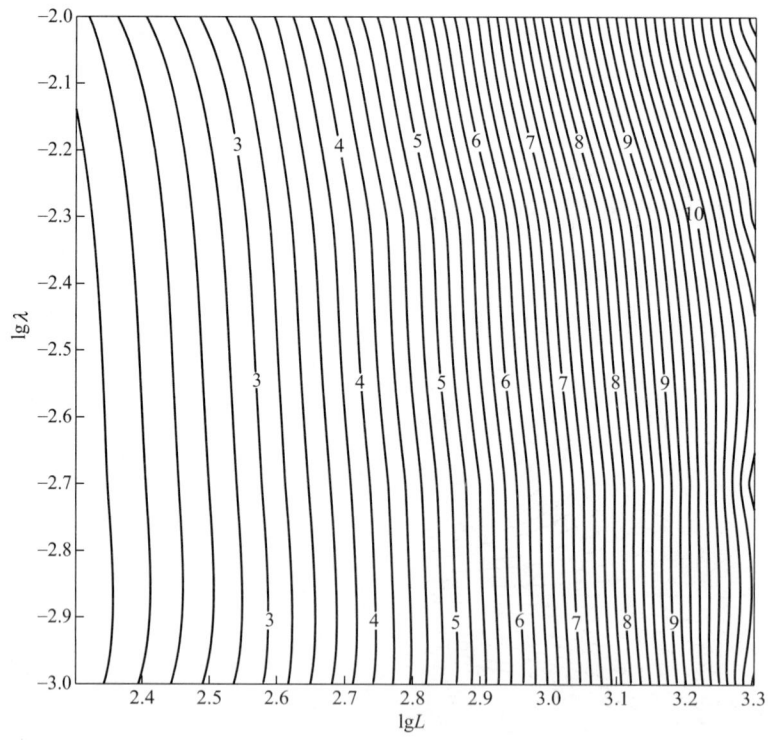

图 4-3-28　水平井增产倍比与启动压力梯度及水平段关系图版

低速非达西效应对气井产能的影响研究已经认识到启动压力梯度对直井产能的影响强于水平井，因此，虽然水平井与直井产能都随启动压力梯度增加而降低，但直井产能减小幅度大于水平井，由此导致水平井相对直井的稳态产能比随启动压力梯度增加而增大，且长水平井比短水平井的稳态产能比对启动压力梯度的变化更敏感。

当启动压力梯度超过 0.01MPa/m 后，直井的产能大幅度减小，水平井相对直井的稳态产能比数值较大（启动压力梯度为 0.05MPa/m 时，直井产能仅 452m³/d，水平井相对直井的稳态产能比达到 90），难以在图版中予以体现。为此，图 4-3-28 只展示了启动压力梯度为 0.001~0.01MPa/m 的稳态产能比变化趋势。

三、水平井相对直井稳态产能比敏感性分析

由水平井相对直井的稳态产能比理论计算公式 [式(4-3-11)] 可以得知，影响稳态产能比的参数有：地层压力（p_e）、水平段长度（L）、储层厚度（H）、水平渗透率（K_h）、各向异性系数（β）、紊流系数（β'，β''）；对于低渗透、高含水饱和度储层，影响因素还包括启动压力梯度（λ）。本次建立的水平井相对直井的稳态产能比分析图版直观地反映了各项参数与稳态产能比的相关关系，由图版分析可知，稳态产能比对地层压力及紊流系数不敏感（图 4-3-2 和图 4-3-4），因此，影响稳态产能比的主要参数为水平段长度、储层厚度、各向异性系数及水平渗透率；对于低渗透薄储层，还应考虑表皮系数的影响；对于低渗透、高含水饱和度储层，还应考虑启动压力梯度的影响。

1. 单因素影响分析

1）水平段长度对稳态产能比的影响

受水平井筒段摩阻影响，水平井的产能随水平段长度的延伸渐近递增，而在一定的地质条件下，直井的产能为定值，因此，水平井产能随水平段长度的变化规律也就是稳态产能比随水平段长度的变化规律。

2）储层厚度对稳态产能比的影响

储层厚度增加，水平井相对直井的稳态产能比降低，因此，薄储层的水平井增产效果更明显。

3）各向异性系数的影响

在其他参数不变的情况下，各向异性系数增加，相当于降低了储层的垂向渗透率，水平井产能相应降低，而直井产能不受各向异性系数的影响，由此导致水平井相对直井的稳态产能比减小，因此，均质储层的水平井增产效果更好。

4）水平渗透率的影响

"低渗透储层水平井增产效果更好"的观点已见诸众多文献，但是本次建立的水平渗透率与各向异性系数关系（图 4-3-6）证实该认识有失偏颇：当储层各向异性系数大于某个值后，对于一定的各向异性系数，随水平渗透率增大，水平井相对直井的稳态产能比反而增加，即表现出"高渗透储层水平井增产效果更好"的现象。因此，传统观点所提出的规律仅存在于储层各向异性系数相对较小的前提条件下，两种相反规律分界线所对应的各向异性系数值与储层厚度及水平段长度相关。在图 4-3-6 中，对于 20m 厚的储层、600m 水平段长度，两种规律的分界线大致位于 $\lg\beta=0.65$ 左右，对应的各向异性系数约为 4.5。

5）表皮系数的影响

据前述分析，高渗透厚层、高渗透薄层、低渗透厚层的水平井相对直井稳态产能比对表

皮系数均不敏感。为此，仅对低渗透薄层情况进行讨论：由于直井产能对表皮系数的变化更为敏感，因此随着储层改造效果增强，直井产能比水平井产能提高更明显，导致水平井相对直井稳态产能比下降；而随着储层伤害程度加深，直井产能又比水平井产能降低得更明显，导致水平井相对直井稳态产能比升高。随着水平段长度增加，稳态产能比对表皮系数的变化更敏感。

2. 多因素影响分析

单因素对稳态产能比的影响存在一定规律，但在多因素组合的共同影响下，各项因素的作用互相干扰、影响程度相互抵消或者相互叠加，使得稳态产能比的变化规律性减弱。对于影响稳态产能比的4个主要因素，利用本次建立的图版进行双因素组合影响敏感性分析，可以得出图4-3-29至图4-3-34中的系列认识。

（1）储层厚度与水平段长度的影响如图4-3-29所示。

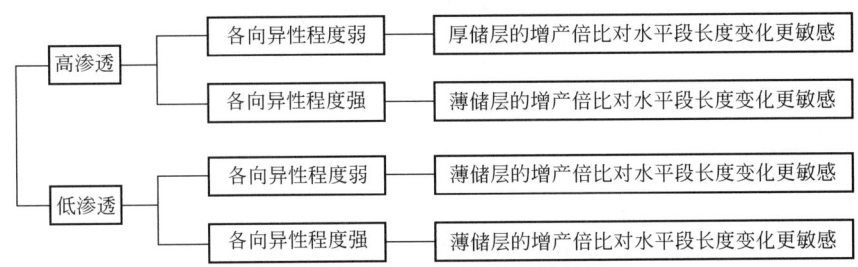

图4-3-29　稳态产能比对储层厚度及水平段长度变化敏感性分析

（2）水平渗透率与水平段长度的影响如图4-3-30所示。

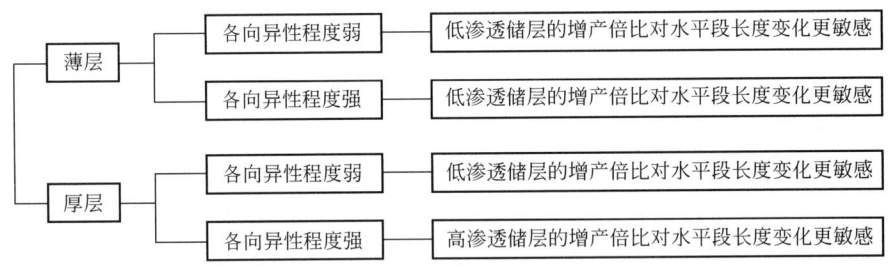

图4-3-30　稳态产能比对水平渗透率及水平段长度变化敏感性分析

（3）各向异性系数与水平段长度的影响如图4-3-31所示。

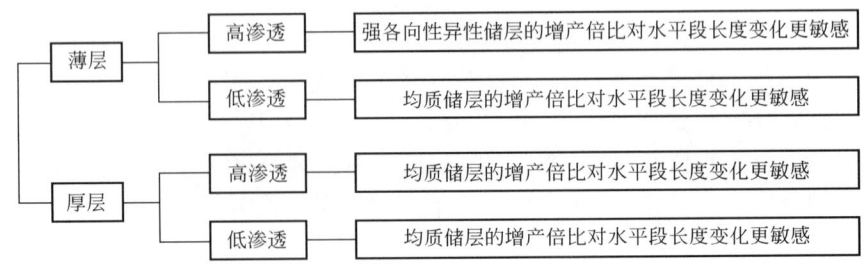

图4-3-31　稳态产能比对各向异性系数及水平段长度变化敏感性分析

（4）水平渗透率与各向异性系数的影响如图 4-3-32 所示。

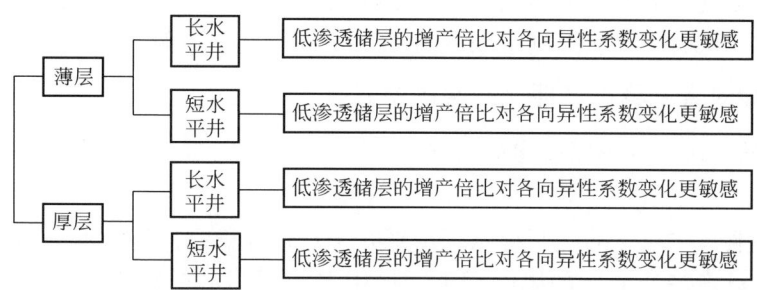

图 4-3-32　稳态产能比对水平渗透率与各向异性系数变化敏感性分析

（5）储层厚度与各向异性系数的影响如图 4-3-33 所示。

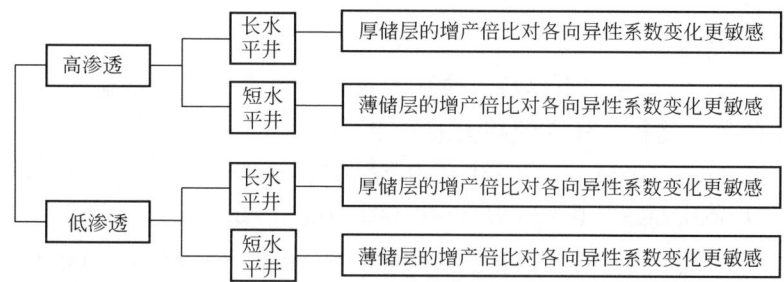

图 4-3-33　稳态产能比对储层厚度及各向异性系数变化敏感性分析

（6）储层厚度与水平渗透率的影响如图 4-3-34 所示。

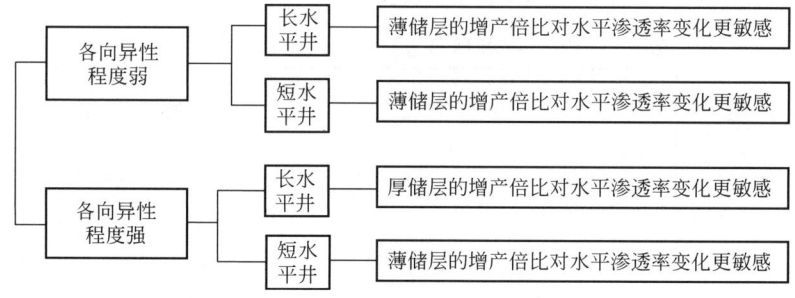

图 4-3-34　稳态产能比对储层厚度及水平渗透率变化敏感性分析

四、水平井相对直井稳态产能比分析经验关系式的建立

1. 多元回归分析技术的应用

多元回归分析是一种处理多个变量相关关系的数理统计方法，该技术广泛应用于不同领域，例如：实验数据处理、经验公式求取、影响因素分析、产品质量控制、气象及地震预报、自动控制中数学模型的制定等。

多元回归分析技术的根本思想是：在自变量和因变量之间没有严格的、确定性的函数关系的情况下，设法找出最能代表它们之间关系的数学表达形式，并通过揭示变量之间的关系来反映某种规律，从而预测或控制感兴趣的一个或几个变量的变化。

2. 水平井相对直井稳态产能比经验关系式

1）不考虑储层改造及储层伤害的情况

（1）二元回归关系式。

图 4-3-8 至图 4-3-22 的图版揭示了水平井相对直井稳态产能比的敏感特征，为了进一步量化各项参数对稳态产能比的影响程度，运用多元回归分析技术，对应于不同的关系曲线，建立水平井相对直井稳态产能比二元回归关系式（表 4-3-1）。二元回归关系式量化了储层厚度及水平段长度与稳态产能比的相关关系，但每个关系式都有适用的 K_h 值和 β 值范围，计算水平井相对直井稳态产能比时应根据具体的 K_h 值和 β 值，选择对应的关系式，采用插值法进行确定。

（2）四元回归关系式。

同时考虑 H，L，K_h 和 β 四个参数，建立四元回归关系式，是量化水平井相对直井稳态产能比敏感关系的另一途径，建立的相关关系如下：

$$y = 2.873 - 2.986\lg L + 1.673\lg H + 0.511\lg K_h + 2.446\lg\beta - 0.238\lg L\lg H - 0.363\lg L\lg K_h - 0.933\lg L\lg\beta + 0.002\lg H\lg K_h - 0.694\lg H\lg\beta + 0.442\lg K_h\lg\beta + 1.199\lg^2 L - 0.899\lg^2 H + 0.055\lg^2 K_h - 0.14\lg^2\beta \quad (4\text{-}3\text{-}12)$$

2）考虑储层改造及储层伤害的情况

对于低渗透薄储层，需进一步考虑表皮系数对水平井相对直井稳态产能比的影响，通过对图 4-3-26 进行二元回归，建立起不同表皮系数下的增产倍数与表皮系数为 0 的增产倍数的比值 y' 关于表皮系数及水平段长度的关系式：

表 4-3-1 水平井相对直井稳态产能比敏感关系式

号	水平渗透率，mD	各向异性系数	稳态产能比与储层厚度及水平段长度相关关系	相关系数
系列 1	$K_h \geq 10$	$\beta = 1$	$y = 4.0953 + 0.2214\lg L - 0.2654\lg^2 L + 2.1828\lg L\lg H - 3.5119\lg H - 1.4891\lg^2 H$	0.999
		$\beta = 5$	$y = 7.2310 - 2.9361\lg L + 0.3895\lg^2 L + 2.0363\lg L\lg H - 1.9355\lg H - 2.2804\lg^2 H$	0.998
		$\beta = 10$	$y = 7.3310 - 3.6501\lg L + 0.6447\lg^2 L + 1.5125\lg L\lg H - 0.6913\lg H - 2.3216\lg^2 H$	0.998
		$\beta = 50$	$y = 4.0162 - 2.4053\lg L + 0.8190\lg^2 L - 0.2791\lg L\lg H + 1.0411\lg H - 1.1862\lg^2 H$	0.996
		$\beta = 100$	$y = 1.8523 - 1.1452\lg L + 0.7618\lg^2 L - 1.0720\lg L\lg H + 1.1022\lg H - 0.3148\lg^2 H$	0.995
系列 2	$K_h = 1$	$\beta = 1$	$y = 4.2734 - 0.7088\lg L + 0.0639\lg^2 L + 1.8715\lg L\lg H - 2.6607\lg H - 1.4595\lg^2 H$	0.999
		$\beta = 5$	$y = 6.8461 - 3.7071\lg L + 0.7428\lg^2 L + 1.4692\lg L\lg H - 0.5903\lg H - 2.1957\lg^2 H$	0.998
		$\beta = 10$	$y = 6.1995 - 4.0433\lg L + 0.9855\lg^2 L + 0.6744\lg L\lg H + 0.8533\lg H - 2.0166\lg^2 H$	0.998
		$\beta = 50$	$y = 0.7996 - 1.5075\lg L + 1.0231\lg^2 L - 1.7365\lg L\lg H + 2.2859\lg H + 0.0879\lg^2 H$	0.996
		$\beta = 100$	$y = -0.7506 - 0.5425\lg L + 0.9097\lg^2 L - 2.2610\lg L\lg H + 1.9179\lg H + 0.99011\lg^2 H$	0.995

续表

号	水平渗透率，mD	各向异性系数	稳态产能比与储层厚度及水平段长度相关关系	相关系数
系列3	$K_h \leq 0.1$	$\beta=1$	$y = 17.9454-14.544\lg L+3.3786\lg^2 L+0.3091\lg L\lg H+1.013\lg H-1.0857\lg^2 H$	0.999
		$\beta=5$	$y = 12.2845-12.0781\lg L+3.2216\lg^2 L-1.2053\lg L\lg H+5.2354\lg H-1.6699\lg^2 H$	0.998
		$\beta=10$	$y = 7.4104-8.8864\lg L+2.8454\lg^2 L-2.4863\lg L\lg H+6.2108\lg H-0.8042\lg^2 H$	0.998
		$\beta=50$	$y = 0.0883-2.0272\lg L+1.4408\lg^2 L-3.1616\lg L\lg H+2.9712\lg H+1.5483\lg^2 H$	0.996
		$\beta=100$	$y = -0.3229-0.9594\lg L+0.9111\lg^2 L-2.269\lg L\lg H+1.6061\lg H+1.3825\lg^2 H$	0.995

$$y' = 0.8992-0.3621\lg L+0.113\lg^2 L+0.3301\lg LS-0.795S+0.0395S^2 \quad (4-3-13)$$

应用式(4-3-13)校正式(4-3-12)即可得到不同表皮系数下，水平井相对直井的稳态产能比：

$$\text{HRV} = yy' \quad (4-3-14)$$

第五章　低渗透砂岩气藏考虑非线性渗流效应水平井不稳态产能特征

水平井不稳态产能变化规律是定量分析水平井稳产能力的重要参数，本章基于叠加原理，建立了不同边界条件低渗透砂岩气藏考虑启动压力梯度影响水平井不稳定渗流模型及水平井定压条件下的产量解，并结合 Stehfest 数值反演掌握水平井不稳定产能变化规律。基于该模型，系统分析了影响低渗透砂岩气藏水平井产量递减规律主控因素。

第一节　点源函数基本解

早在 20 世纪 70 年代 Gringarten 等通过将井筒边界条件处理成源汇项，然后在实空间中利用 Green 函数法和 Newman 乘积法等数学手段，建立了一系列的油气藏渗流数学模型，为油气藏试井分析理论和油气藏工程研究奠定了坚实的理论基础。90 年代，Ozkan 等将 Gringarten 的思想进一步推广到 Laplace 空间中，并建立了系列理论模型。众所周知，利用 Green 函数求解具有源（或汇）项的非齐次边界条件和初始条件的不稳定渗流问题时，主要困难在于如何寻找给定条件下的 Green 函数。下面将从渗流微分方程出发，首先推导出不同边界条件下瞬时点源的基本解，然后以此为基础得到水平井的井底压力响应方程。

一、无限空间点源函数基本解

由质量守恒可知：

总的质量变化＝流入的流体质量－流出的流体质量－采出的流体质量

$$\frac{\partial}{\partial t}\int_R \rho\phi \mathrm{d}m = -\int_R \rho V n \mathrm{d}\Gamma - \int_R f(M,t)\mathrm{d}m \tag{5-1-1}$$

对上式的表面积分进行分离变量从而得到：

$$\frac{\partial}{\partial t}(\rho\phi) = -\nabla(\rho V) - f; (M,t) \in D \tag{5-1-2}$$

假设：气藏中渗透率、孔隙度为一常数，且忽略重力、毛细管力的影响，油藏中流体为牛顿流体且油藏中温度恒定，满足达西定律。由气体状态方程、运动方程及连续性方程，并引入拟压力概念，得到以拟压力形式表示的渗流数学模型的微分方程为（均质各向同性）：

$$\eta\nabla^2\psi - \frac{\partial\psi}{\partial t} - \frac{\tilde{q}}{\phi C} = 0; \tilde{q} = f/\rho \tag{5-1-3}$$

记：$i_D = i/l$；$i = x, y, z$；$t_D = \eta t/l^2$。

对式(5-1-3)无量纲化可进一步简化为：

$$\nabla_D^2 \psi - \frac{\partial\psi}{\partial t_D} - \frac{\tilde{q}_D}{\phi C} = 0;\quad (M_D, t_D) \in D_D \tag{5-1-4}$$

对式（5-1-4）进行拉普拉斯变换，得：

$$\bar{f}(s) = L[f(t_D)] = \int_0^\infty e^{-st_D} f(t_D) \mathrm{d}t_D \qquad (5\text{-}1\text{-}5)$$

引入算子：

$$L = \nabla_D^2 - \frac{\partial}{\partial t_D} \qquad (5\text{-}1\text{-}6)$$

有：

$$L\psi = \frac{\tilde{q}_D}{\phi C} \qquad (5\text{-}1\text{-}7)$$

对式(5-1-8)进行拉氏变换得到：

$$\bar{L}\bar{\psi}(s) = \frac{\bar{\tilde{q}}_D}{\phi C} - \psi_i ; \quad M_D \in \Omega_D \qquad (5\text{-}1\text{-}8)$$

其中：

$$\bar{L} = \nabla_D^2 - s$$

$\dfrac{\tilde{q}_D}{\phi C}$ 表示一个点源的源强度，对于一个瞬时脉冲源可用数学中的 δ 函数表示：

$$L\psi(M, M', t) = \delta(M, M')$$

由 δ 函数的定义可知：

$$\delta(x) = \begin{cases} 1 & x = 0 \\ 0 & x \neq 0 \end{cases}$$

δ 函数真实地反映了瞬时点源函数的性质。因此，可以得到均质储层、初始边界条件的基本解，由基本解通过积分得到流体在多孔介质中稳定流动的压力解。并且基本解 $\bar{\gamma}$ 满足 Laplace 空间的扩散方程：

$$\bar{L}\bar{\gamma}(M_D, M_D', s, 0) = -\delta(M_D, M_D') ; (M_D, M_D'; 0) \in D_D \qquad (5\text{-}1\text{-}9)$$

$\bar{\gamma}$ 表示位于 M_D'，$T_D' = 0$ 时刻作用的一个具有单位源强度的瞬时点源有关的基本解。

如果点源位于初始时刻各向同性的系统中，也可以将上面方程改写为在球形坐标系中考虑阈压渗流效应临界压力梯度的表达式：

$$\frac{1}{\rho_D^2} \frac{\partial}{\partial \rho_D}\left(\rho_D^2 \frac{\partial \bar{\gamma}}{\partial \rho_D}\right) - s\bar{\gamma} = -\frac{2\lambda_B}{s\rho_D} \quad \text{且} \quad M_D \neq M_D' \qquad (5\text{-}1\text{-}10)$$

可以写为：

$$\begin{cases} \bar{L}\bar{\gamma}(\infty, s) = -\dfrac{2\lambda_B}{s\rho_D} \\ \lim\limits_{\varepsilon \to 0+} 4\pi\rho_D^2 \left(\dfrac{\partial \bar{\gamma}}{\partial \rho_D} + \lambda_B\right)\bigg|_{\rho_D = \varepsilon} = -1 \end{cases} \qquad (5\text{-}1\text{-}11)$$

式(5-1-12)的齐次方程的通解为：

$$\bar{\gamma} = A \frac{e^{\sqrt{s}\rho_D}}{\rho_D} + B \frac{e^{-\sqrt{s}\rho_D}}{\rho_D} \qquad (5\text{-}1\text{-}12)$$

满足无限边界条件，$A = 0$；用预解法可以得到式(5-1-12)的特解为：

$$\bar{\gamma}=\frac{2\lambda_{\mathrm{D}}}{s^2\rho_{\mathrm{D}}} \tag{5-1-13}$$

即，方程的通解为：

$$\bar{\gamma}=B\frac{\mathrm{e}^{-\sqrt{s}\rho_{\mathrm{D}}}}{\rho_{\mathrm{D}}}+\frac{2\lambda_{\mathrm{D}}}{s^2\rho_{\mathrm{D}}} \tag{5-1-14}$$

代入内边界条件，得到系数 B 为：

$$B=\left(\frac{1}{4\pi}-\frac{2\lambda_{\mathrm{D}}}{s^2}\right) \tag{5-1-15}$$

整理，得到：

$$\bar{\gamma}=\left(\frac{1}{4\pi}-\frac{2\lambda_{\mathrm{B}}}{s^2}\right)\frac{\mathrm{e}^{-\sqrt{s}\rho_{\mathrm{D}}}}{\rho_{\mathrm{D}}}+\frac{2\lambda_{\mathrm{B}}}{s^2\rho_{\mathrm{D}}} \tag{5-1-16}$$

当 $\lambda_{\mathrm{B}}=0$ 时，上述关系即为不考虑阈压渗流效应临界压力梯度情形在无限大空间基本解。

二、板状储层点源函数基本解

1. 顶底封闭储层板状储层点源函数基本解答

顶底封闭储层瞬时点源渗流数学模型如下：

$$\begin{cases} \bar{L}\bar{\gamma}(M_{\mathrm{D}},M'_{\mathrm{D}},s,0)+\dfrac{2\lambda_{\mathrm{B}}}{s\rho_{\mathrm{D}}}=-\delta(M_{\mathrm{D}},M'_{\mathrm{D}}) \\ \dfrac{\partial\bar{\gamma}}{\partial z_{\mathrm{D}}}\big|_{z_{\mathrm{D}}=0}=\dfrac{\partial\bar{\gamma}}{\partial z_{\mathrm{D}}}\big|_{z_{\mathrm{D}}=z_{\mathrm{eD}}}=0 \\ \bar{\gamma}(\rho_{\mathrm{D}},0)=0 \\ \bar{\gamma}(\infty,s)=0 \end{cases} \tag{5-1-17}$$

根据点源解，通过镜像反映可以得到上述模型的基本解。用镜像反映的方法，可以将一个具有边界反映的瞬时点源看成是无数多个与之相对应的点源叠加。这些点源关于平面对称，且分别位于离边界 ($x=0$)$2nz_{\mathrm{eD}}$ 和 $-2nz_{\mathrm{eD}}$ 远处 $n=1，2，3，\cdots$。对于具有边界的瞬时点源可以利用无限多个对应的瞬时点源叠加求取。

于是，顶底封闭边界的瞬时点源的基本解为：

$$\begin{aligned}\bar{\gamma}=&\left(\frac{1}{4\pi}-\frac{2\lambda_{\mathrm{B}}}{s^2}\right)\sum_{-\infty}^{+\infty}\left\{\frac{\exp\left[-\sqrt{u}\sqrt{R_{\mathrm{D}}^2+(z_{\mathrm{D}}-z'_{\mathrm{D}}-2nz_{\mathrm{eD}})^2}\right]}{\sqrt{R_{\mathrm{D}}^2+(z_{\mathrm{D}}-z'_{\mathrm{D}}-2nz_{\mathrm{eD}})^2}}+\right.\\ &\left.\frac{\exp\left[-\sqrt{u}\sqrt{R_{\mathrm{D}}^2+(z_{\mathrm{D}}+z'_{\mathrm{D}}-2nz_{\mathrm{eD}})^2}\right]}{\sqrt{R_{\mathrm{D}}^2+(z_{\mathrm{D}}+z'_{\mathrm{D}}-2nz_{\mathrm{eD}})^2}}\right\}+\\ &\frac{2\lambda_{\mathrm{B}}}{s^2}\left\{\sum_{-\infty}^{+\infty}\left[\frac{1}{\sqrt{R_{\mathrm{D}}^2+(z_{\mathrm{D}}-z'_{\mathrm{D}}-2nz_{\mathrm{eD}})^2}}+\frac{1}{\sqrt{R_{\mathrm{D}}^2+(z_{\mathrm{D}}+z'_{\mathrm{D}}-2nz_{\mathrm{eD}})^2}}\right]\right\}\end{aligned} \tag{5-1-18}$$

其中

$$R_D^2 = \sqrt{(x_D - x_D')^2 + (y_D - y_D')^2}$$

$$x_D = \frac{x}{l}\sqrt{\frac{K}{K_x}} \quad y_D = \frac{y}{l}\sqrt{\frac{K}{K_y}} \quad z_D = \frac{z}{l}\sqrt{\frac{K}{K_z}} \quad z_{eD} = \frac{z_e}{l}\sqrt{\frac{K}{K_z}}$$

由于式(5-1-18)的计算很复杂，可以通过 Poisson 叠加公式将上述方程简化：

$$\sum_{n=-\infty}^{+\infty} \exp\left[\frac{(\zeta - 2n\zeta_e)^2}{4t_D}\right] = \frac{\sqrt{\pi t_D}}{\zeta_e}\left[1 + 2\sum_{n=1}^{n=\infty} \exp\left(-\frac{n^2\pi^2 t_D}{\zeta_e^2}\right)\cos\left(n\pi\frac{\zeta}{\zeta_e}\right)\right] \quad (5-1-19)$$

$$\sum_{n=-\infty}^{+\infty} \frac{\exp\left[-\sqrt{u}\sqrt{a^2 + (\zeta - 2n\zeta_e)^2}\right]}{\sqrt{a^2 + (\zeta - 2n\zeta_e)^2}} = \frac{2}{\zeta_e}\left[K_0(a\sqrt{u}) + 2\sum_{n=1}^{n=\infty} K_0\left(a\sqrt{u + \frac{n^2\pi^2}{\zeta_e^2}}\right)\cos\left(n\pi\frac{\zeta}{\zeta_e}\right)\right]$$
(5-1-20)

用前面的叠加公式，在 $z=0$ 和 $z=z_{eD}$ 处为封闭边界的瞬时点源函数基本解为：

$$\bar{\gamma} = \left(\frac{1}{4\pi} - \frac{2\lambda_D}{s^2}\right)\frac{2}{z_{eD}}\{K_0(R_D\sqrt{u}) +$$

$$2\sum_{n=1}^{n=\infty} K_0\left(R_D\sqrt{u + \frac{n^2\pi^2}{z_{eD}^2}}\right)\cos\left(n\pi\frac{z_D}{z_{eD}}\right)\cos\left(n\pi\frac{z_D'}{z_{eD}}\right)\} +$$

$$\frac{2\lambda_D}{s^2}\left\{\sum_{-\infty}^{+\infty}\left[\frac{1}{\sqrt{R_D^2 + (z_D - z_D' - 2nz_{eD})^2}} + \frac{1}{\sqrt{R_D^2 + (z_D + z_D' - 2nz_{eD})^2}}\right]\right\} \quad (5-1-21)$$

整理得到顶底封闭考虑阈压渗流效应临界压力梯度影响的点源函数基本解：

$$\bar{\gamma} = \frac{1}{2\pi z_{eD}}\left\{\left[K_0(R_D\sqrt{u}) + 2\sum_{n=1}^{n=\infty} K_0\left(R_D\sqrt{u + \frac{n^2\pi^2}{z_{eD}^2}}\right)\cos\left(n\pi\frac{z_D}{z_{eD}}\right)\cos\left(n\pi\frac{z_D'}{z_{eD}}\right)\right]\right\} -$$

$$\frac{2\lambda_D}{s^2}\left\{\frac{2}{z_{eD}}\left[K_0(R_D\sqrt{u}) + 2\sum_{n=1}^{n=\infty} K_0\left(R_D\sqrt{u + \frac{n^2\pi^2}{z_{eD}^2}}\right)\cos\left(n\pi\frac{z_D}{z_{eD}}\right)\cos\left(n\pi\frac{z_D'}{z_{eD}}\right)\right] -$$

$$\sum_{-\infty}^{+\infty}\left[\frac{1}{\sqrt{R_D^2 + (z_D - z_D' - 2nz_{eD})^2}} + \frac{1}{\sqrt{R_D^2 + (z_D + z_D' - 2nz_{eD})^2}}\right]\right\} \quad (5-1-22)$$

2. 顶底定压板状储层的瞬时点源函数基本解

$$\begin{cases} \bar{L}\,\bar{\gamma}(M_D, M_D', s, 0) + \frac{2\lambda_B}{s\rho_D} = -\delta(M_D, M_D') \\ \bar{\gamma}|_{z_D=0} = \bar{\gamma}|_{z_D=z_{eD}} = 0 \\ \bar{\gamma}(\rho_D, 0) = 0 \\ \bar{\gamma}(\infty, s) = 0 \end{cases} \quad (5-1-23)$$

采用的镜像反映方法，可以得到顶底定压边界瞬时点源的基本解为：

$$\bar{\gamma} = \left(\frac{1}{4\pi} - \frac{2\lambda_B}{s^2}\right)\sum_{-\infty}^{+\infty}\left\{\frac{\exp\left[-\sqrt{s}\sqrt{R_D^2 + (z_D - z_D' - 2nz_{eD})^2}\right]}{\sqrt{R_D^2 + (z_D - z_D' - 2nz_{eD})^2}} - \right.$$

$$\left.\frac{\exp\left[-\sqrt{s}\sqrt{R_D^2+(z_D+z'_D-2nz_{eD})^2}\right]}{\sqrt{R_D^2+(z_D+z'_D-2nz_{eD})^2}}\right\}+$$

$$\frac{2\lambda_B}{s^2}\left\{\sum_{-\infty}^{+\infty}\left[\frac{1}{\sqrt{R_D^2+(z_D-z'_D-2nz_{eD})^2}}-\frac{1}{\sqrt{R_D^2+(z_D+z'_D-2nz_{eD})^2}}\right]\right\} \quad (5-1-24)$$

利用 Poisson 公式简化，得到在 $z=0$ 和 $z=z_{eD}$ 处为定压边界的瞬时源函数基本解为：

$$\bar{\gamma}=\frac{1}{\pi z_{eD}}\left\{2\sum_{n=1}^{n=\infty}K_0\left(R_D\sqrt{u+\frac{n^2\pi^2}{z_{eD}^2}}\right)\sin\left(n\pi\frac{z_D}{z_{eD}}\right)\sin\left(n\pi\frac{z'_D}{z_{eD}}\right)\right\}-$$

$$\frac{2\lambda_B}{s^2}\left\{\frac{8}{z_{eD}}\sum_{n=1}^{n=\infty}K_0\left(R_D\sqrt{u+\frac{n^2\pi^2}{z_{eD}^2}}\right)\sin\left(n\pi\frac{z_D}{z_{eD}}\right)\sin\left(n\pi\frac{z'_D}{z_{eD}}\right)-\right.$$

$$\left.\sum_{-\infty}^{+\infty}\left[\frac{1}{\sqrt{R_D^2+(z_D-z'_D-2nz_{eD})^2}}-\frac{1}{\sqrt{R_D^2+(z_D+z'_D-2nz_{eD})^2}}\right]\right\} \quad (5-1-25)$$

3. 顶底混合板状储层的瞬时点源函数基本解

$$\begin{cases}\bar{L}\bar{\gamma}(M_D,M'_D,s,0)+\frac{2\lambda_B}{s\rho_D}=-\delta(M_D,M'_D)\\ \frac{\partial\bar{\gamma}}{\partial\rho_D}\big|_{z_D=0}=0\\ \bar{\gamma}\big|_{z_D=z_{eD}}=0\\ \bar{\gamma}(\rho_D,0)=0\\ \bar{\gamma}(\infty,s)=0\end{cases} \quad (5-1-26)$$

采用的镜像反映方法，可以得到顶底混合边界瞬时点源的基本解为式(5-1-24)。

三、径向封闭边界储层点源函数基本解

$$\begin{cases}\bar{L}\bar{\gamma}(M_D,M'_D,s,0)+\frac{2\lambda_B}{s\rho_D}=-\delta(M_D,M'_D)\\ \frac{\partial\bar{\gamma}}{\partial\rho_D}\big|_{z_D=0}=\frac{\partial\bar{\gamma}}{\partial\rho_D}\big|_{z_D=z_e}=0\\ \frac{\partial\bar{\gamma}}{\partial\rho_D}=0\end{cases} \quad (5-1-27)$$

利用上面的分析求解上述问题，在考虑径向边界问题时可以利用 Muskat 的方法进行求解，即：

$$\bar{\gamma}=P+G \quad (5-1-28)$$

对于径向封闭边界条件：其中 P 为只考虑顶底边界条件的压力解，而 $P+G$ 同时满足顶底和径向边界条件。

顶底封闭板状、外边界径向封闭储层的瞬时点源函数基本解：

$$\overline{\gamma} = \frac{1}{2\pi z_{eD}} \left\{ K_0(R_D\varepsilon_0) + \frac{K_1(r_{eD}\varepsilon_0)}{I_1(r_{eD}\varepsilon_0)} I_0(R_D\varepsilon_0) + \right.$$

$$2\sum_{n=1}^{\infty} \cos\left(\beta_n \frac{z_D}{z_{eD}}\right) \cos\left(\beta_n \frac{z_{wD}}{z_{eD}}\right) \left[K_0(R_D\varepsilon_n) + \frac{K_1(r_{eD}\varepsilon_n)}{I_1(r_{eD}\varepsilon_n)} I_0\sqrt{(x_D-\alpha)^2 + y_D^2}\varepsilon_n \right] \right\} -$$

$$\frac{2\lambda_D}{s^2} \left\{ \frac{2}{z_{eD}} K_0(R_D\sqrt{u}) + \frac{4}{z_{eD}} \sum_{n=1}^{n=\infty} \cos\left(n\pi \frac{z_D}{z_{eD}}\right) \cos\left(n\pi \frac{z_{wD}}{z_{eD}}\right) K_0(R_D\varepsilon_n) - \right.$$

$$\left. \sum_{-\infty}^{+\infty} \left[\frac{1}{\sqrt{R_D^2 + (z_D - z_{wD} - 2nz_{eD})^2}} + \frac{1}{\sqrt{R_D^2 + (z_D + z_{wD} - 2nz_{eD})^2}} \right] \right\} \quad (5\text{-}1\text{-}29)$$

第二节 水平井定产条件下井底压力响应函数

一、径向外边界无限大地层水平井井底压力响应函数

现假设圆形外边界气藏水平井渗流物理模型如图 5-2-1 所示，假设条件如下：

（1）厚度为 h 的气藏，在水平方向无限延伸，原始条件下，气藏压力处处相等，即原始地层压力为 p_i；

（2）气藏各向异性，在水平和垂直方向的渗透率分别为 K_x，K_y 和 K_z；

（3）水平井段长为 L，位于气藏的任意位置 Z_w 处，且平行于气藏顶、底边界；

（4）水平井以恒定地面产量 q 生产；

（5）忽略重力和毛细管力的影响；考虑表皮效应和井筒储存效应。

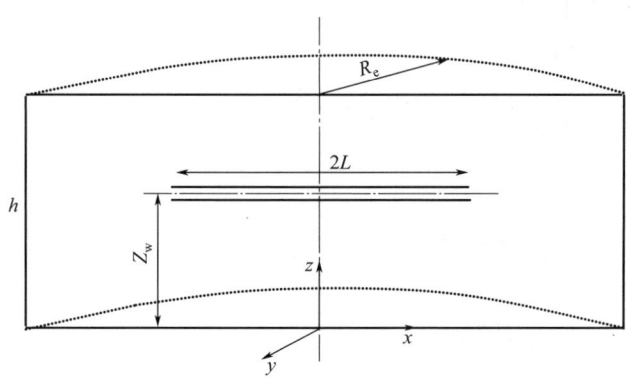

图 5-2-1 圆形外边界气藏水平井渗流物理模型

如果上述求得的不同边界条件下基本点源解满足其初始条件和边界条件。则水平井的压力响应函数可表示为：

$$\Delta\overline{\psi}(M_D, \tilde{M}_D; s, \tilde{t}_D) = \int_{\Omega_D} \overline{f}(M_D, \tilde{M}_D; s, \tilde{t}_D) \overline{\gamma}(M_D, \tilde{M}_D; s, \tilde{t}_D) dM'_D \quad (5\text{-}2\text{-}1)$$

其中

$$\Delta\overline{\psi} = \frac{\psi_i}{s} - \overline{\psi}$$

通过数学变换可以简化式(5-2-1) 从而得到一个更方便的近似表达式：

$$\Delta\overline{\psi}(M_D,\widetilde{M}_D;s,\tilde{t}_D) = \iiint_{\Omega_D \tilde{T}_D \tilde{S}_D} \frac{\tilde{q}_D(\widetilde{M}_D;\tilde{t}_D)}{\phi c}\delta(M'_D,\widetilde{M}_D)$$

$$\exp(-s\tilde{t}_D)\mathrm{d}\tilde{S}_D\mathrm{d}\tilde{t}_D\overline{\gamma}(M_D,M'_D;s,0)\mathrm{d}M'_D$$

$$= \iint_{\tilde{T}_D \tilde{S}_D}\frac{\tilde{q}_D(\widetilde{M}_D;\tilde{t}_D)}{\phi c}\exp(-s\tilde{t}_D)\overline{\gamma}(M_D,M'_D;s,0)\mathrm{d}\tilde{S}_D\mathrm{d}\tilde{t}_D \quad (5\text{-}2\text{-}2)$$

对于三维瞬时源：

$$\tilde{q}_D = \tilde{q}/l^3$$

因此连续点源解为：

$$\Delta\overline{\psi}(M_D,\widetilde{M}_D;s) = \int_{\tilde{S}_D}\frac{\overline{\tilde{q}}_D(\widetilde{M}_D;s)}{\phi c}\overline{\gamma}(M_D,M'_D;s)\mathrm{d}\tilde{S}_D$$

$$= \frac{\mu}{Kl}\int_{\tilde{S}}\overline{\tilde{q}}(\widetilde{M}_D;s)\overline{\gamma}(M_D,M'_D;s)\mathrm{d}\tilde{S} \quad (5\text{-}2\text{-}3)$$

如果源的强度在时间和空间上均匀，则水平井井底压力响应一般表达式：

$$\Delta\overline{\psi}(M_D,\widetilde{M}_D;s) = \int_{\tilde{S}_D}\frac{\overline{\tilde{q}}_D(\widetilde{M}_D;s)}{\phi c}\overline{\gamma}(M_D,M'_D;s)\mathrm{d}\tilde{S}_D$$

$$= \frac{\mu\tilde{q}}{Kls}\int_{\tilde{S}}\overline{\gamma}(M_D,M'_D;s)\mathrm{d}\tilde{S} \quad (5\text{-}2\text{-}4)$$

1. 顶底封闭

如果储层顶底封闭，则渗流模型为：

$$\begin{cases}\dfrac{1}{r_D^2}\dfrac{\partial}{\partial r_D}\left(r_D^2\dfrac{\partial\Delta\overline{\psi}}{\partial r_D}\right) - sf(s)\Delta\overline{\psi} = -\dfrac{2\lambda_B}{sr_D} \\ \dfrac{\partial\Delta\overline{\psi}}{\partial z_D}|_{z_D=0} = \dfrac{\partial\Delta\overline{\psi}}{\partial z_D}|_{z_D=z_{eD}} = 0\end{cases} \quad (5\text{-}2\text{-}5)$$

根据点源解，通过镜像反映可以得到上述模型 [式(5-2-5)] 的基本解。用镜像反映的方法，可以将一个具有边界反映的瞬时点源看成是无数多个与之相对应的点源叠加。这些点源关于平面对称，且分别位于离边界（$x=0$）$2nz_{eD}$ 和 $-2nz_{eD}$ 远处 $n=1,2,3,\cdots$。对于具有边界的瞬时点源可以利用无限多个对应的瞬时点源叠加求取。

把式(5-1-22)代入式(5-2-4)以及对应边界条件、根据 Poisson 叠加公式得到顶底封闭水平井压力响应函数为：

$$\overline{\psi}_D = \frac{1}{2s}\int_{-1}^{1} K_0(\sqrt{(x_D-\alpha)^2}\varepsilon_0)d\alpha + \frac{1}{s}\sum_{n=1}^{\infty}\cos(\beta_n z_{rD})\cos(\beta_n z_{wD})\int_{-1}^{1} K_0(\sqrt{(x_D-\alpha)^2}\varepsilon_n)d\alpha -$$

$$\frac{2\lambda_D}{s^2 (h_D L_D)^2 L}\left\{2L_D\int_{-1}^{1} K_0(\sqrt{(x_D-\alpha)^2}\varepsilon_0)d\alpha + \right.$$

$$4L_D\sum_{n=1}^{\infty}\cos(\beta_n z_{rD})\cos(\beta_n z_{wD})\int_{-1}^{1} K_0(\sqrt{(x_D-\alpha)^2}\varepsilon_n)d\alpha -$$

$$\left.\sum_{-\infty}^{+\infty}\int_{-1}^{1}\left[\frac{1}{\sqrt{(x_D-\alpha)^2+(z_D-z_{wD}-\frac{2n}{L_D})^2}} + \frac{1}{\sqrt{(x_D-\alpha)^2+(z_D+z_{wD}-\frac{2n}{L_D})^2}}\right]d\alpha\right\}$$

(5-2-6)

其中

$$\beta_n = n\pi$$
$$\varepsilon_n = \sqrt{s+\beta_n^2 L_D^2}$$

无量纲拟压力：

$$\psi_D = \frac{K_h h \Delta\psi}{0.01273 T q_{SC}}$$

无量纲时间：

$$t_D = \frac{3.6 K_h t}{\phi \mu c_t L^2}$$

无量纲坐标：

$$L_D = (L/h)\sqrt{K_v/K_h}, z_{rD} = z_{wD} + r_{wD}L_D$$

$$z_D = \frac{z_D}{h}, z_{wD} = \frac{z_{wD}}{h}, r_D = \sqrt{x_D^2+y_D^2}, r_D = \frac{r}{L}, r_{eD} = \frac{r_e}{L}, r_{wD} = \frac{r_w}{L}$$

2. 顶底定压

如果顶底定压，则渗流模型为：

$$\begin{cases}\frac{1}{r_D^2}\frac{\partial}{\partial r_D}\left(r_D^2\frac{\partial \overline{\Delta\psi}}{\partial r_D}\right) - sf(s)\overline{\Delta\psi} = -\frac{2\lambda_B}{sr_D} \\ \overline{\Delta\psi}|_{z_D=0} = \overline{\Delta\psi}|_{z_D=z_{eD}} = 0\end{cases}$$

(5-2-7)

则把式(5-1-25)代入式(5-2-4)，同理可得到定压边界水平井压力响应函数为：

$$\overline{\psi}_D = \frac{1}{s}\sum_{n=1}^{n=\infty}\sin(\beta_n z_{rD})\sin(\beta_n z_{wD})\int_{-1}^{1} K_0(\sqrt{(x_D-\alpha)^2}\varepsilon_n)d\alpha -$$

$$\frac{2\lambda_D}{s^2 (h_D L_D)^2 L}\left\{4L_D\sum_{n=1}^{n=\infty}\sin(\beta_n z_{rD})\sin(\beta_n z_{wD})\int_{-1}^{1} K_0(\sqrt{(x_D-\alpha)^2}\varepsilon_n)d\alpha -\right.$$

$$\left.\sum_{-\infty}^{+\infty}\int_{-1}^{1}\left[\frac{1}{\sqrt{(x_D-\alpha)^2+\left(z_D-z_{wD}-\frac{2n}{L_D}\right)^2}}-\frac{1}{\sqrt{(x_D-\alpha)^2+\left(z_D+z_{wD}-\frac{2n}{L_D}\right)^2}}\right]d\alpha\right\}$$

(5-2-8)

其中

$$\beta_n = n\pi$$
$$\varepsilon_n = \sqrt{s+\beta_n^2 L_D^2}$$

3. 顶底混合

如果顶底为混合边界，则渗流模型为：

$$\begin{cases} \dfrac{1}{r_D^2}\dfrac{\partial}{\partial r_D}\left(r_D^2\dfrac{\partial \Delta\overline{\psi}}{\partial r_D}\right)-sf(s)\Delta\overline{\psi}=-\dfrac{2\lambda_B}{sr_D} \\ \dfrac{\partial \Delta\overline{\psi}}{\partial r_D}\bigg|_{z_D=0}=0 \\ \Delta\overline{\psi}\bigg|_{z_D=z_{eD}}=0 \end{cases}$$

(5-2-9)

把式（5-1-25）代入式（5-2-4），同理得到顶底混合边界水平井压力响应函数为：

$$\overline{\psi}_D = \frac{1}{s}\sum_{n=1}^{\infty}\cos(\beta'_n z_{rD})\cos(\beta'_n z_{wD})\int_{-1}^{1}K_0(\sqrt{(x_D-\alpha)^2}\varepsilon'_n)d\alpha -$$

$$\frac{2\lambda_D}{s^2(h_D L_D)^2 L}\left\{4L_D\sum_{n=1}^{\infty}\cos(\beta'_n z_{rD})\cos(\beta'_n z_{wD})\int_{-1}^{1}K_0(\sqrt{(x_D-\alpha)^2}\varepsilon'_n)d\alpha -\right.$$

$$\left.\sum_{-\infty}^{+\infty}(-1)^n\int_{-1}^{1}\left[\frac{1}{\sqrt{(x_D-\alpha)^2+\left(z_D-z_{wD}-\frac{2n}{L_D}\right)^2}}+\frac{1}{\sqrt{(x_D-\alpha)^2+\left(z_D-z_{wD}-\frac{2n}{L_D}\right)^2}}\right]d\alpha\right\}$$

(5-2-10)

其中

$$\beta'_n = \frac{2n-1}{2}\pi$$
$$\varepsilon'_n = \sqrt{s+(\beta'_n)^2 L_D^2}$$

式（5-2-6）、式（5-2-8）、式（5-2-10）即分别为考虑阈压渗流效应临界压力梯度影响的径向边界无限大、顶底有界水平井井底压力响应函数。如果不存在阈压渗流效应临界压力梯度影响，则上述三式中不存在包含 λ_B 的项，则蜕化为达西流条件下水平井井底压力响应函数解。

二、径向外边界封闭地层水平井井底压力响应函数

径向外边界封闭地层水平井物理模型见图4-3-2，唯一不同的径向边界封闭。

$$\begin{cases} \dfrac{1}{r_D}\dfrac{\partial}{\partial r_D}\left(r_D\dfrac{\partial \Delta\overline{\psi}}{\partial r_D}\right)+\dfrac{\partial^2 \Delta\overline{\psi}}{\partial z_D^2}-u\Delta\overline{\psi}=\dfrac{2\lambda'_B}{s\sqrt{r_D^2+z_D^2}} \\ \dfrac{\partial \Delta\overline{\psi}}{\partial n}=0 \qquad z=0 \text{ 和 } z_e \text{ 和 } r=r_e \end{cases} \quad (5\text{-}2\text{-}11)$$

其中

$$r_D^2=\sqrt{x_D^2+y_D^2}$$

考虑径向边界封闭压力响应函数解根据 Muskat 的方法可分解为两部分：一是满足顶底有界、径向外边界无限大储层压力响应通解 P；二是满足式(5-2-11) 边界条件的特解。因此式(5-2-11) 模型的压力响应函数即为：

$$\Delta\overline{\psi}=P+G \quad (5\text{-}2\text{-}12)$$

则顶底封闭、径向圆形封闭储层，水平井无量纲井底压力响应在拉普拉斯空间中的解为：

$$\begin{aligned}\overline{\psi_D} =& \dfrac{1}{2s}\left\{\int_{-1}^{1}K_0\left(R_D\sqrt{(x_D-\alpha)^2+y_D^2}\varepsilon_0\right)d\alpha+\dfrac{K_1(r_{eD}\varepsilon_0)}{I_1(r_{eD}\varepsilon_0)}\int_{-1}^{1}I_0\left(\sqrt{(x_D-\alpha)^2+y_D^2}\varepsilon_0\right)d\alpha+\right.\\ & 2\sum_{n=1}^{\infty}\cos\left(\beta_n\dfrac{z_D}{z_{eD}}\right)\cos\left(\beta_n\dfrac{z_{wD}}{z_{eD}}\right)\left[\int_{-1}^{1}K_0\left(\sqrt{(x_D-\alpha)^2+y_D^2}\varepsilon_n\right)d\alpha+\right.\\ & \left.\left.\dfrac{K_1(r_{eD}\varepsilon_n)}{I_1(r_{eD}\varepsilon_n)}\int_{-1}^{1}I_0\left(\sqrt{(x_D-\alpha)^2+y_D^2}\varepsilon_n\right)d\alpha\right]\right\}-\\ & \dfrac{2\lambda_D}{s^2f(s)L}\left\{\dfrac{2}{z_{eD}}\int_{-1}^{1}K_0(\sqrt{(x_D-\alpha)^2+y_D^2}\sqrt{u})d\alpha+\right.\\ & \dfrac{4}{z_{eD}}\sum_{n=1}^{n=\infty}\cos\left(n\pi\dfrac{z_D}{z_{eD}}\right)\cos\left(n\pi\dfrac{z_{wD}}{z_{eD}}\right)\int_{-1}^{1}K_0(\sqrt{(x_D-\alpha)^2+y_D^2}\varepsilon_n)d\alpha-\\ & \sum_{-\infty}^{+\infty}\int_{-1}^{1}\left[\dfrac{1}{\sqrt{(x_D-\alpha)^2+y_D^2+(z_D-z_{wD}-2nz_{eD})^2}}+\right.\\ & \left.\left.\dfrac{1}{\sqrt{(x_D-\alpha)^2+y_D^2+(z_D+z_{wD}-2nz_{eD})^2}}\right]d\alpha\right\}\end{aligned} \quad (5\text{-}2\text{-}13)$$

如果不考虑阈压渗流效应临界压力梯度影响，则式(5-2-13) 中省略所有包含临界压力梯度项，则蜕化为达西流条件下、封闭储层水平井井底压力响应函数。

三、水平井定压条件下产量解

根据渗流力学理论可知，气井产量和井底压力之间存在如下关系：

$$\overline{p}_{wD}(u)\cdot\overline{q}_D(u)=\dfrac{1}{u^2} \quad (5\text{-}2\text{-}14)$$

$$q_D=\dfrac{0.01273Tq_{sc}}{K_h h(\psi_i-\psi_{wf})} \quad (5\text{-}2\text{-}15)$$

式中 $\overline{p}_{wD}(u)$——定产生产时井底无量纲压力的拉普拉斯空间解；

$\bar{q}_D(u)$——定压生产时井底无量纲产量的拉普拉斯空间解。

$\bar{p}_{wD}(u)$ 解的形式见式(5-2-6)、式(5-2-8)、式(5-2-10)及式(5-2-13)。

因此，根据式(5-2-14)可以得到水平井在不同储层边界、定压条件下拉氏空间产量解；然后通过 Stehfest 数值反演程序即可求得实空间中无量纲产量与无量纲时间的变化关系曲线；最后通过无量纲变量定义可得到实际产量与时间的关系。

第三节　水平气井不稳定产能变化规律分析

一、水平气井产量递减一般规律

图 5-3-1 为顶底封闭、径向无限大气藏产量递减规律。从该图可以看出，水平气井渗流大致分为三个阶段：垂向径向流段、中期线性流段、水平拟径向流段。考虑阈压效应影响，水平气井垂向流段、中期线性流段递减规律一致；当水平气井进入水平径向流段，考虑阈压效应影响时井递减速度快，类似于封闭边界反映情形，水平拟径向流反映不明显。

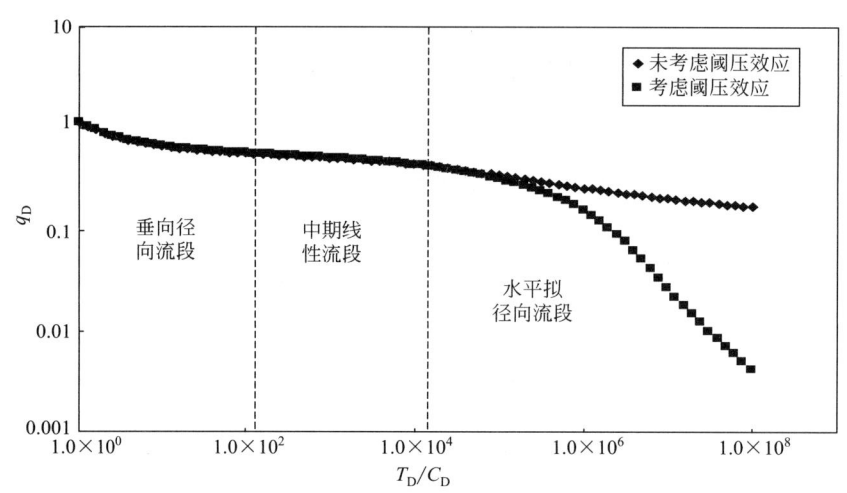

图 5-3-1　顶底封闭、径向无限大气藏产量递减规律示意图
($L=600$m，$H=20$m，$K_h=0.1$mD，$\beta=10$，$\lambda=0.005$MPa/m)

图 5-3-2 为顶底封闭、径向封闭气藏产量递减规律。在给定参数条件下，水平气井渗流大致分为三个阶段：垂向径向流段、中期线性流段、边界反应阶段，与无限大气藏比较，水平拟径向流段不明显。考虑阈压效应影响，水平气井垂向流段、中期线性流段递减规律一致。当水平气井进入边界反应阶段，考虑阈压效应影响时，井递减速度高于未考虑阈压效应递减情形；当临界压力梯度较小时（$\lambda=0.005$MPa/m，阈压效应控制半径 6000m），阈压效应影响边界大于真实地层边界（$r_e=1000$m），气井产能受地层真实边界控制，由于未考虑移动边界的影响，因此表现为阈压效应的影响不大；当临界压力梯度较大时（$\lambda=0.05$MPa/m，阈压效应控制半径 600m），受阈压效应影响边界小于真实地层边界（$r_e=1000$m），气井产能表现为受阈压效应控制边界影响，气井产能递减较大。

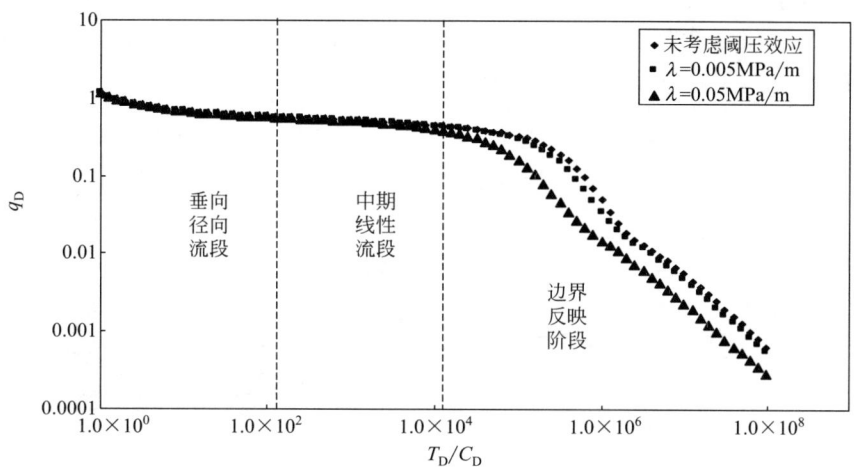

图 5-3-2 顶底封闭、径向封闭气藏产量递减规律示意图

($L=600\text{m}$，$H=20\text{m}$，$K_\text{h}=0.1\text{mD}$，$\beta=10$，$\lambda=0.005\text{MPa/m}$ 或 0.05MPa/m，$r_\text{e}=1000\text{m}$)

二、水平气井产量递减规律受控因素及敏感关系分析

从初期产能分析可以看出，影响水平气井产能因素主要包括储层参数、井筒参数以及特殊渗流效应的影响，下面分别对以上因素进行分析，以探讨影响水平气井产能递减规律主要因素及敏感程度。

1. 渗透率影响

渗透率对无限大气藏水平气井产能递减规律影响如图 5-3-2 和图 5-3-3 所示。计算结果表明，渗透率是影响水平气井产能关键参数。对于无限大地层、随着渗透率增加，气井产

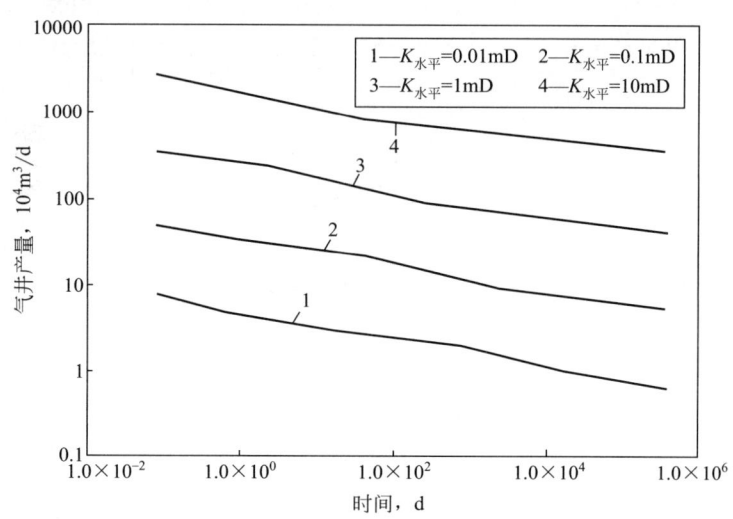

图 5-3-3 渗透率对无限大气藏水平气井产能递减规律影响

($L=1000\text{m}$，$H=20\text{m}$，$\beta=10$)

能逐渐增大。对于封闭地层，随着渗透率增大，气井垂直径向流及中期线性流产能逐渐增大；渗透率高的气井，首先达到水平拟径向流段；在供给范围有限的情况下，渗透率高的气井，产能递减速度大于渗透率较低的气井。

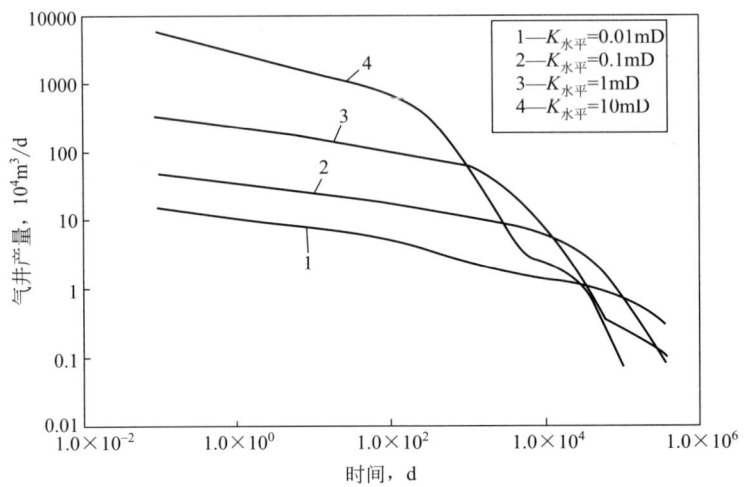

图 5-3-4　渗透率对封闭气藏水平气井产能递减规律影响
（$L=1000\text{m}$，$H=20\text{m}$，$\beta=10$，$r_e=2000\text{m}$）

2. 水平段长度影响

图 5-3-5 和图 5-3-6 表示的是水平段长度对无限大气藏水平气井产能的影响。对于无限大气藏（图 5-3-5），水平段长度增大影响水平气井整个渗流阶段；随着水平段长度增大，气井产能逐渐增大，增大幅度逐渐减小；水平段长度越大，水平气井控制范围增大，气井递减速度越小，比较计算末时刻气井/初始时刻气井产能值，水平段长度由 200m 增大至 2000m 对应的值大小分别为 7.54%，10.15%，11.9% 和 13.07%，因此，对于无限大储层、

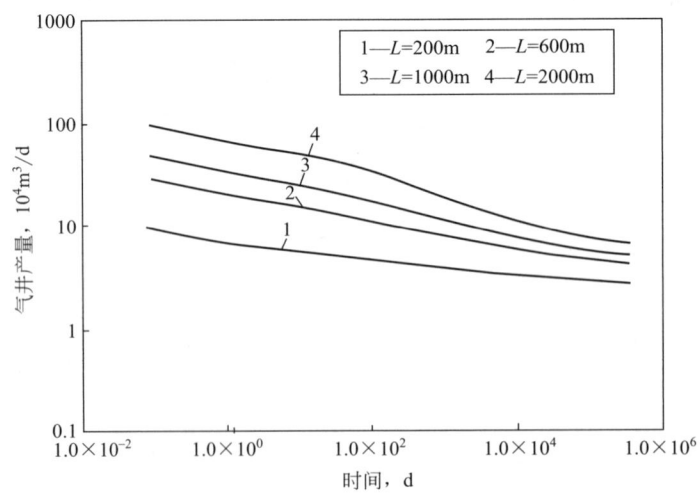

图 5-3-5　水平段长度对无限大气藏水平气井产能影响
（$K_h=0.1\text{mD}$，$H=20\text{m}$，$\beta=10$）

水平段长度越大,可延缓气井产能降低速度。

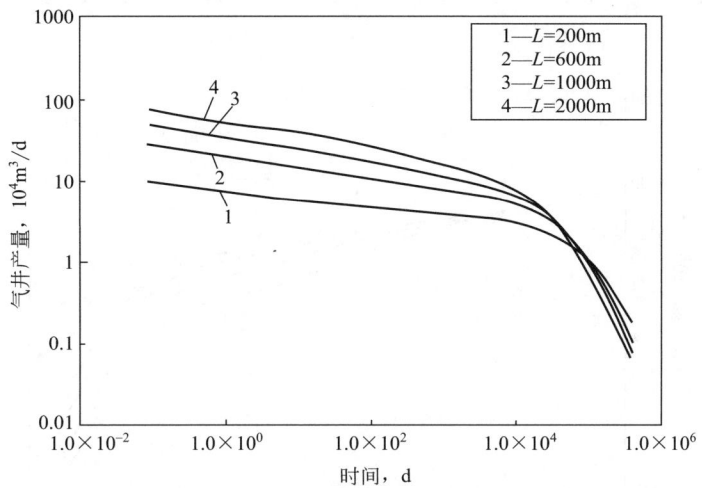

图 5-3-6　水平段长度对封闭气藏水平气井产能影响
（$K_h = 0.1 \text{mD}$，$H = 20\text{m}$，$\beta = 10$，$r_e = 2000\text{m}$）

对于封闭气藏（图 5-3-6），气井进入拟径向流阶段之前,随着水平段长度增大,气井产能逐渐增大,与无限大气藏类似,增大幅度逐渐减小；当气井进入边界反映阶段,水平段较长的井产能高、相同的生产时间采出程度大、井底压力降低较快,产能递减速度高于水平段长度较小的井。因此,对于封闭储层,配产过高是影响气井产能降低过快因素之一。

3. 储层厚度影响

图 5-3-7 和图 5-3-8 表示的储层厚度对水平气井不稳定产能的影响。从计算可以看出,

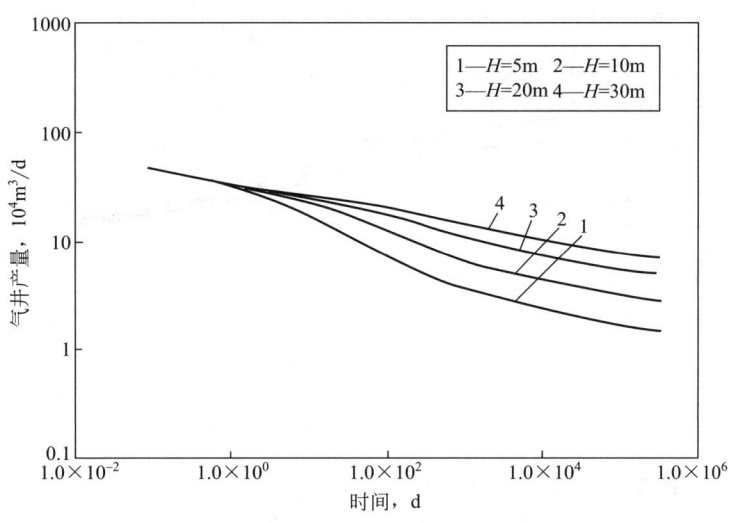

图 5-3-7　储层厚度对无限大气藏水平气井不稳定产能影响
（$K_h = 0.1 \text{mD}$，$L = 1000\text{m}$，$\beta = 10$）

储层厚度变化影响水平气井整个渗流阶段产能大小。总体而言，储层厚度越大，气井产能越大；产能随储层厚度增大幅度、增大程度逐渐减小；对于封闭气藏，储层厚度越大，气井产能降低速度减小。

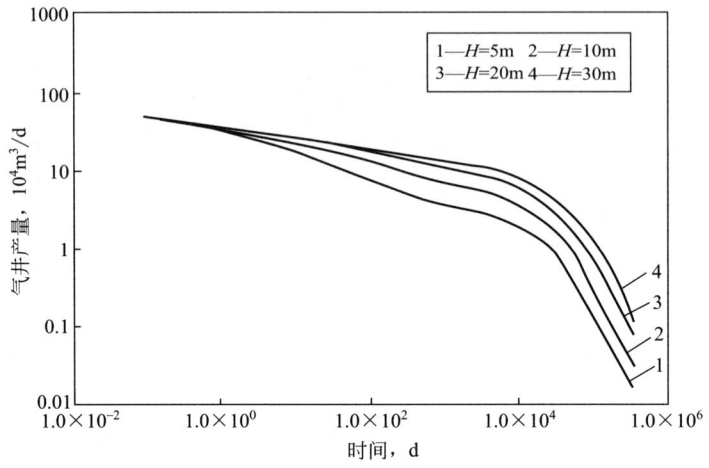

图 5-3-8　储层厚度对封闭气藏水平气井不稳定产能影响
（$K_h = 0.1\text{mD}$，$L = 1000\text{m}$，$\beta = 10$、$r_e = 2000\text{m}$）

4. 渗透率各向异性影响

图 5-3-9 和图 5-3-10 表示的是渗透率各向异性对水平气井不稳定产能的影响。从计算结果可以看出，渗透率各向异性变化主要影响水平气井垂直径向流阶段产能；渗透率各向异性越明显，气井产能越小。

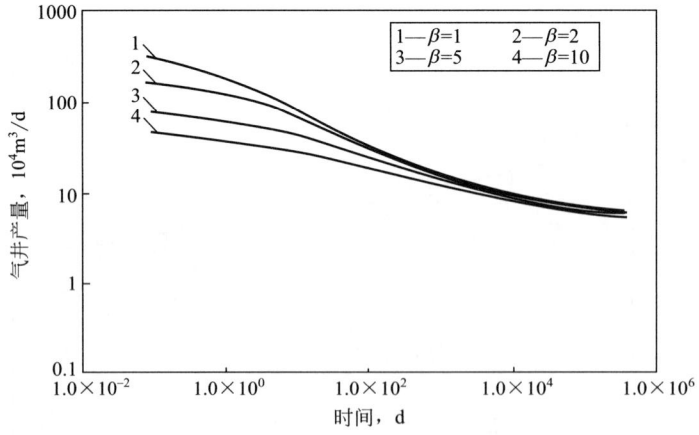

图 5-3-9　渗透率各向异性对无限大气藏水平气井产能影响
（$K_h = 0.1\text{mD}$，$L = 1000\text{m}$，$H = 20\text{m}$）

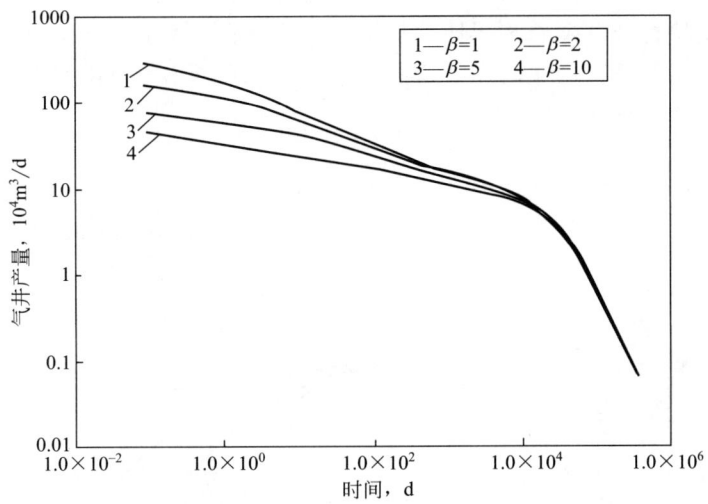

图 5-3-10　渗透率各向异性对封闭气藏水平气井产能影响
（$K_h = 0.1\text{mD}$，$L = 1000\text{m}$，$H = 20\text{m}$，$r_e = 2000\text{m}$）

5. 泄流半径影响

图 5-3-11 表示的是泄流半径对封闭气藏水平气井不稳态产能的影响，从该图可以看出，泄流半径主要影响水平气井线性流段、拟径向流段产能的大小。泄流半径越大，控制储量越大，气井产能出现快速递减的时间越晚。

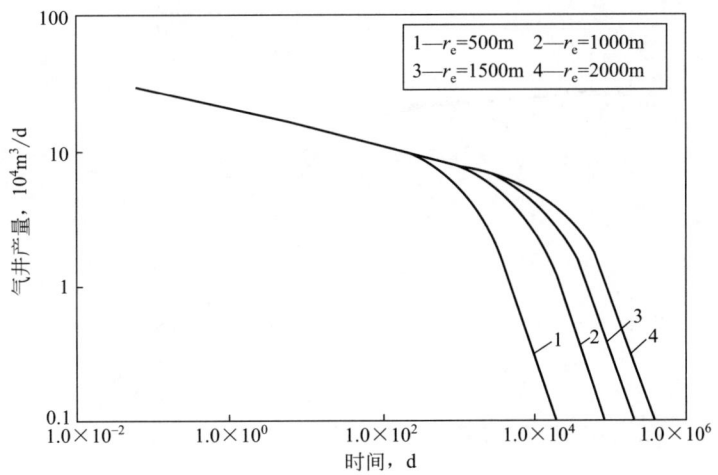

图 5-3-11　泄流半径对封闭气藏水平气井不稳定产能影响
（$K_h = 0.1\text{mD}$，$L = 600\text{m}$，$H = 20\text{m}$，$\beta = 10$）

6. 阈压效应影响

图 5-3-12 和图 5-3-13 表示的临界压力梯度对水平气井产能变化规律的影响。结果表

明，阈压效应主要影响拟径向流段气井产能。对于无限大气藏，由于阈压效应的影响，气井产能表现为边界反映特征，随着临界压力梯度的增大，阈压效应反映越明显、气井产能降低速度越快。对于封闭气藏，由于阈压效应的影响，随着临界压力梯度增大，边界反映更加明显，气井产能降低速度加快。

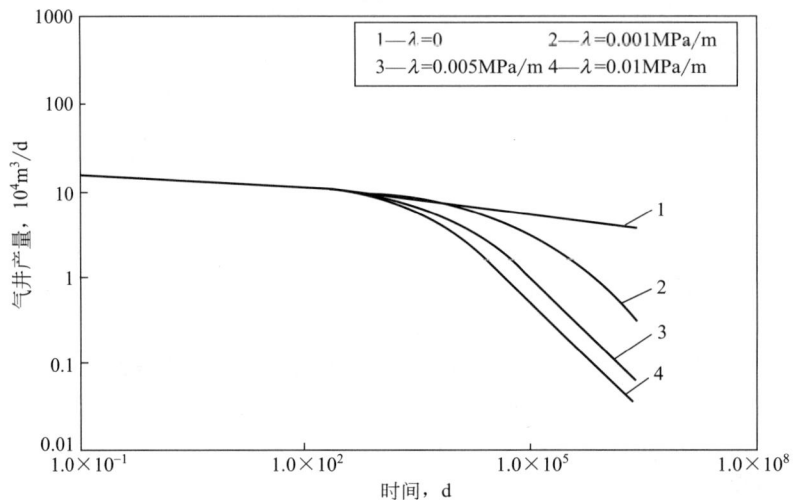

图 5-3-12　临界压力梯度对无限大气藏水平气井产能的影响
(K_h = 0.1mD，L = 1000m，H = 20m，β = 10)

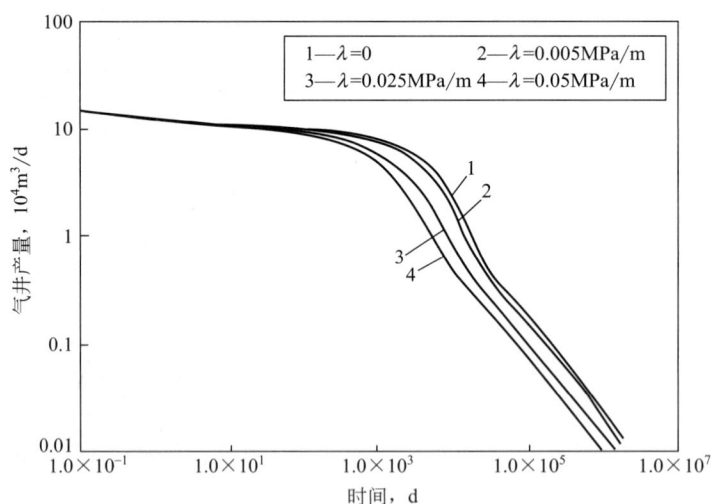

图 5-3-13　临界压力梯度对封闭气藏水平气井产能的影响
(K_h = 0.1mD，L = 600m，H = 20m，β = 10，r_e = 1000m)

图 5-3-14 和图 5-3-15 表示的不同水平段长度条件下，阈压效应对水平气井产能的影响。从计算结果可以看出，随着水平段长度增加，阈压效应对气井产能的影响越明显。分析认为，由于水平段长度增加，气井早期产能越大，压力波向外扩展速度越快，阈压效应对气

井产能的影响越早体现出来，因此，水平段长度较长的气井产能降低速度加快，而对于水平段长度较小的气井产能降低速度缓慢、反而能够以较低的产量生产。

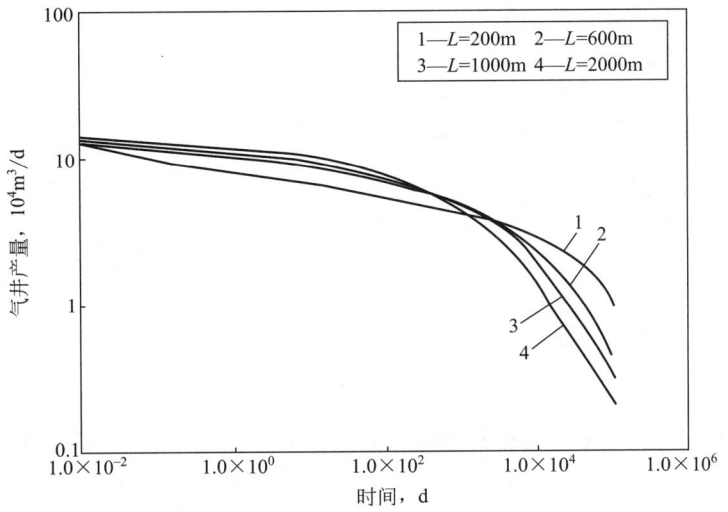

图 5-3-14　无限大气藏不同水平段长度条件下阈压效应对水平气井产能影响
（$K_h=0.1\text{mD}$，$\lambda=0.001\text{MPa/m}$，$H=20\text{m}$，$\beta=10$）

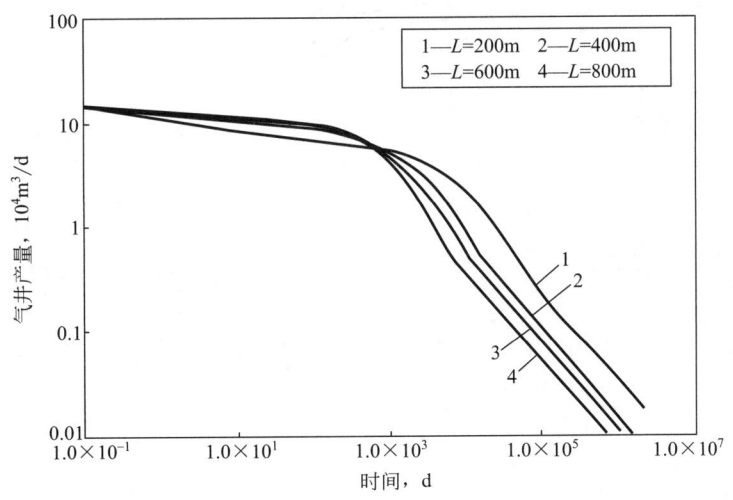

图 5-3-15　封闭气藏不同水平段长度条件下阈压效应对水平气井产能影响
（$K_h=0.1\text{mD}$，$\lambda=0.001\text{MPa/m}$，$H=20\text{m}$，$\beta=10$，$r_e=1000\text{m}$）

图 5-3-16 和图 5-3-17 表示的是不同储层厚度条件下，阈压效应对气井产能的影响。计算结果表明，储层厚度变化对气井产能的影响与达西流条件下趋势一致。与图 5-3-7 和图 5-3-8 对比，由于阈压效应的影响，随着储层厚度增大、拟径向流段气井增产幅度减小。

总体而言，通过对影响水平井产能因素分析，认为渗透率、水平段长度、储层厚度是影响水平气井产能的关键参数；受阈压效应影响水平气井产能递减加快。

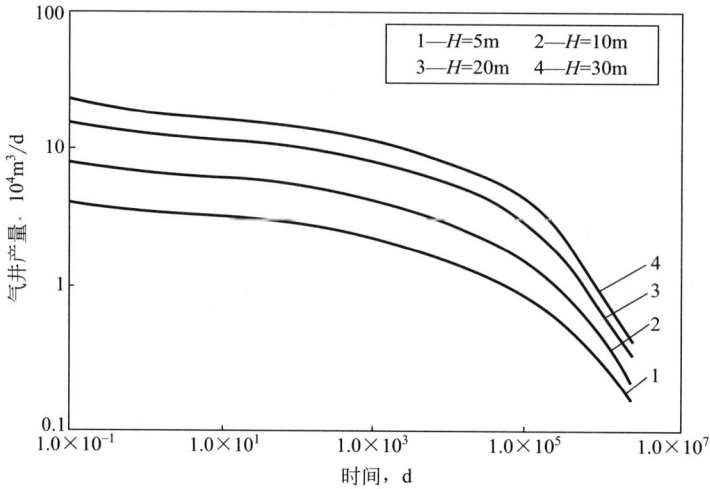

图 5-3-16 无限大气藏不同储层厚度条件下阈压效应对水平气井产能影响
($K_h=0.1mD$, $\lambda=0.001MPa/m$, $L=1000m$, $\beta=10$)

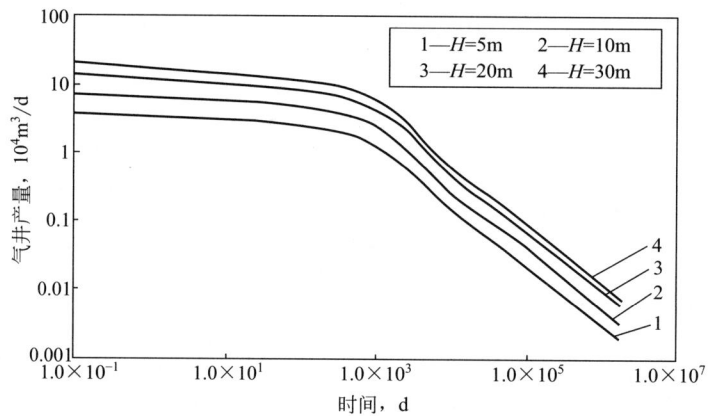

图 5-3-17 封闭气藏不同储层厚度条件下阈压效应对水平气井产能影响
($K_h=0.1mD$, $\lambda=0.05MPa/m$, $L=600m$, $\beta=10$, $r_e=1000m$)

第六章 水平井气液两相实验管流物理模拟研究

水平井提高单井产量技术在世界各国低渗透气藏中得到广泛应用，但是由于低渗透高含水砂岩气藏普遍具有较强的非均质性，水平井在实际钻进过程中为了提高储层钻遇率，往往形成起伏状井轨迹或沿水平段进气位置不均匀井轨迹。如果低渗透气藏生产到一定阶段存在产水潜力，可能造成水平井水平段积液，从而降低气井产能。本章建立室内仿真水平井水平段、造斜段及垂直井筒段携液机理实验装置，观测不同井段气液两相管流特征及基于实验测试结果建立水平井携液临界压差及产量。并结合气水相渗曲线测试结果，基于气藏工程及数值模拟方法评价多相渗流对水平井初期产能及生产动态特征的影响。

第一节 水平段积液影响气井产能的机理分析

一、水平段积液可能性分析

目前，诊断井底是否有积液主要有三种方法：一是分析井口处油管与套管压差；二是分析井筒压力梯度测试数据；三是分析试井曲线早、中、晚期有无异常。通过对广安气田目前所取得的资料分析，无法准确判断井底是否有积液，原因主要有以下三点：一是下入井下油嘴，无法准确计算井口油管压力；二是流压梯度测试下入深度较浅，测试水平井井底附近流压梯度难度更大；三是没有系统井底探液测试资料。因此，判断井底是否有积液存在只能根据试油资料及产量数据推测。

根据液相来源划分，造成水平井井筒积液的因素主要有两类：一是钻完井或后期改造过程中残留在井筒的液相，如果在试油过程中放喷不彻底，可能在井筒中形成积液；二是水平井钻遇富水区，气井带液效果不好，在水平段形成积液。

调研广安气田已投产水平井井身轨迹，发现相当一部分水平井为了提高储层钻遇程度，水平段呈起伏状，大部分水平井B点海拔比A点高。因此，对于这一类型水平井试油过程中完井或压裂施工过程中相当一部分液体可能没有排出，通过对实际井排液量统计（表6-1-1），实际水平井排液情况也符合该认识，大部分水平井井底积液没有排干净，因此在生产初期井底肯定存在积液。

表6-1-1 广安气田水平井试油过程液量分析

井号	水平段长度 m	完井方式	油管尺寸 mm	应排液量 m^3	实际排液量 m^3
广安002-H1	2010	衬管	139.7	—	—
广安002-H1-2	940	裸眼	215.9	651.5	650.36
广安002-Z2	901	裸眼	215.9	770.9	148.4

续表

井号	水平段长度 m	完井方式	油管尺寸 mm	应排液量 m³	实际排液量 m³
广安002-H8-2	429	裸眼	152.4	626.66	324.6
广安002-H8	986	裸眼	152.4	—	—
广安002-H12	422	裸眼	215.9	719.6	597.6
广安002-X3-H2	506	衬管	139.7	1035.32	1105.43
广安002-H9	506	衬管	139.7	601.2	482.6
广安002-H9-2	—	射孔	—	559.14	479
广安002-H10	660	裸眼	152.4	643.2	592.94

对于第二种情形，储层位于富水区，地层产水量大、气井初期产能小，到生产中后期由于地层压力降低、产水能力降低，气井积液严重。以广安气田须六气藏 B 区广安002-X3-H2井为例，气井投产初期日产水最高达到118m³，对应气产量为 1.522×10⁴m³/d，油管与套管压差为2MPa，初期由于地层压力较高，带水效果好。投产后气产量、水产量逐渐下降，生产21天后水产量为83m³/d，气井带水能力降低。到生产晚期，产水量仅有5~10m³/d，结合试油资料返排液量推断该井井底肯定存在积液。

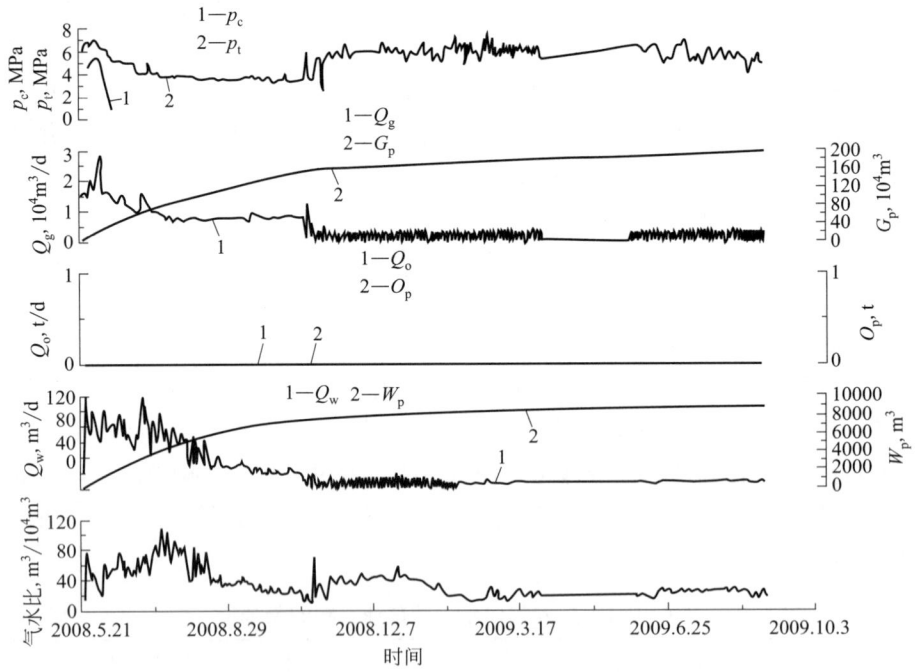

图 6-1-1　广安002-X3-H2井采气曲线

p_t—井口油管压力；p_c—井口套管压力；Q_g—日产气；G_p—累计产气量；
O_p—累计产油量；Q_o—日产油量；Q_w—日产水量；W_p—累计产水量

二、井底积液影响对水平井和直井产能影响对比分析

对于水平井而言，由于水平段积液存在，一方面，水相降低了井筒与储层有效接触面积；另一方面，液相占据气相部分流动空间，减小了气体过流面积，气液两相流存在增大气体流动阻力，使得气井产量降低。如果地层存在出水潜力，极限情况下，当液体完全充满弯管段时，如果地层能量不足以克服液相产生的阻力影响，气井可能出现停产风险。

对于直井而言可穿越多套储层，即使气井钻遇水层，由于重力分异作用，积液主要聚集在井底。如果积液程度不严重，则对气井上部产层影响程度不大，同时，下部产气层能够携带部分液相；查阅相关文献，认为同样条件下，垂直井筒段的带水能力高于水平段带水效果，因此推断井底积液对水平井产能的影响程度高于直井。

究竟实际生产过程中是否表现为这一特征？以广安气田水平井、直井生产情况为例。广安101井与广安002-X3-H2井为同一井场井、广安002-H12井与广安002-38井为两口邻近井，对应的采气曲线分别如图6-1-2和图6-1-3所示。

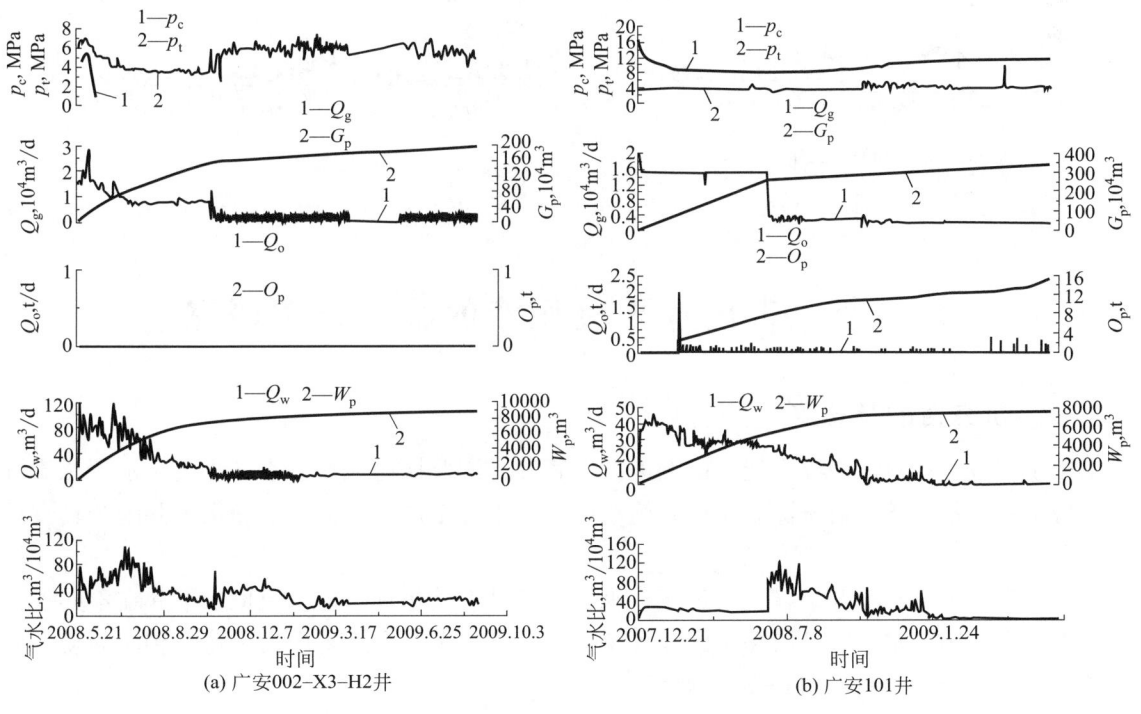

图6-1-2 广安101井与广安002-X3-H2井采气曲线

比较广安002-X3-H2井与同井场广安101井生产情况。投产初期，由于地层能量较高，水平井与直井产液能力都比较好，后期由于地层能量不足，产水能力逐渐减弱。从气水比变化情况来看，初期广安101井能够保持较好的稳定气水比生产，稳定生产时间达到173天，后期受水的影响，气井仍然基本能保持连续生产。而广安002-X3-H2井气水比波动较大，气水比总体趋势逐渐减小，产水能力逐渐减弱。受水的影响，广安002-X3-H2井水平井投产160天进入间歇生产阶段，而广安101井一直保持较低的产量连续生产。

比较广安 002-H12 井与广安 002-38 井生产情况。与前述两口井表现出同样的规律。至 2009 年 6 月 30 日，广安 002-H12 井气产量递减率为 $0.293\times10^4\mathrm{m}^3/\mathrm{mon}$、广安 002-38 井气产量递减率为 $0.072\times10^4\mathrm{m}^3/\mathrm{mon}$。总体而言，积液可能是影响气井产量的重要因素，且水平井受井筒积液的影响程度较大，直井受井筒积液的影响程度较小。

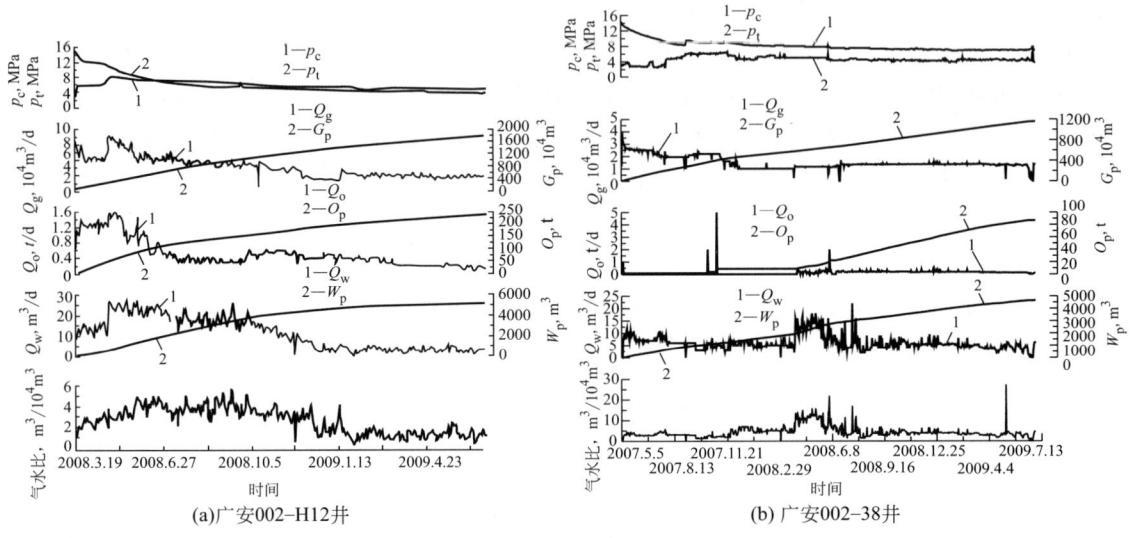

图 6-1-3　广安 002-H12 井与广安 002-38 井采气曲线

第二节　带出水平段积液的临界条件研究

一、研究目的及思路

由于积液存在对水平井产能的影响远大于直井，因此探讨水平井水平段气—水两相流机理、带出积液临界条件对于深刻认识井筒积液对水平井生产的影响，指导水平井配产具有重要意义。

结合广安地区水平井情况，通过建立水平井携液实验仿真手段，模拟水平井在不同条件下带液效果、确定水平井排出积液的临界条件、结合水平井实际生产情况建立相应的动态分析方法。具体研究思路如图 6-2-1 所示。

二、仿真实验条件的建立

根据目前广安地区已钻水平井钻完井资料分析，已钻水平井为了提高储层钻遇率，井轨迹沿储层展布走，形成了整个水平段呈起伏状井轨迹（表 6-2-1），形成了不规则井轨迹；水平段与水平方向夹角最大达到 12°，最小也有 3.8°；此外，文献调研结果表明，目前大量关于两相流机理研究采用的都是小倾角（−2°~2°）、单直管装置，没有考虑弯管段和直管段的影响。所以有必要建立能够仿真实际条件下水平井仿真模型，探讨水平井气液两相流机理、带液能力。此外，由于目标气藏储层的非均性较强，钻遇有效储层的概率不高，形成了

第六章 水平井气液两相实验管流物理模拟研究

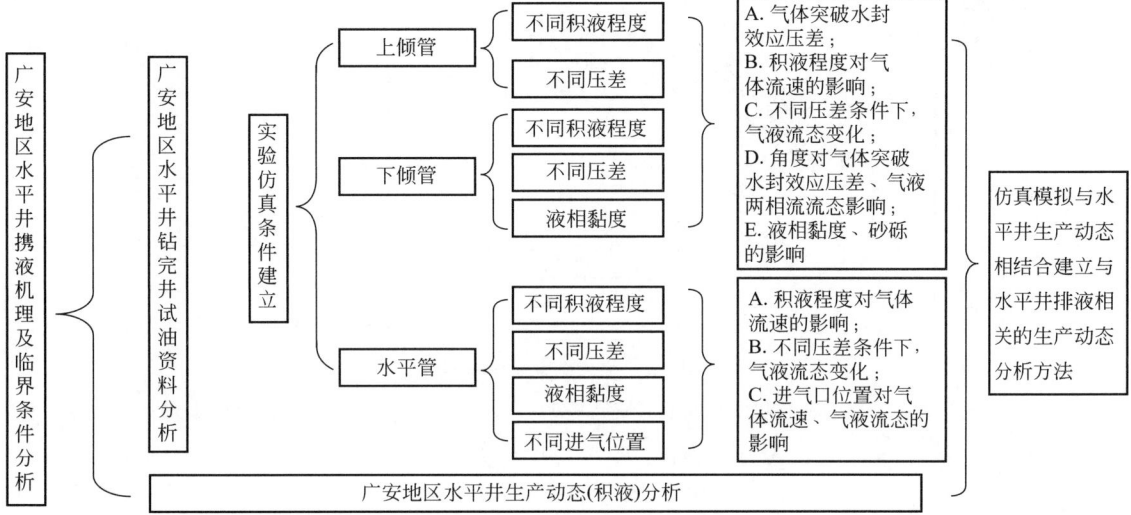

图 6-2-1 带出水平井筒积液研究思路

沿实钻水平段不同位置间歇性供气的特征。对于这种情况,不同的供气位置对水平井排液有多大影响,目前国内外均没有见到相关研究成果,有必要进行研究。

表 6-2-1 广安地区已完钻水平井水平段海拔对比

井号		A 点斜深 m	A 点海拔 m	最大落差井段斜深, m	最高海拔 m	角度, (°)
GA002-H1		2045	−1770.7	2145.7	1774.21	6.3
GA002-H1-2		2210	−1777.91	3150	1813.26	6.8
GA002-Z2	L_1	2013.4	−1804.7	2324.9	1811.2	3.8
	L_2	2030	−1805.08	2191.35	1794.24	−12.1
GA002-H8-2		2190.5	−1759	2496.24	1770.28	6.6
GA002-H12		2007	−1767.14	2329	1782	8.3
GA002-X3-H2		2358	−2041	2780	2051.8	4.6
GA002-H9		2123.7	−1776.1	2450	1785.2	5
GA002-H9-2		—	—	—	—	—
GA003-H1		—	—	—	—	—

对于水平型井轨迹我们分三种不同情况进行实验研究:进气口在趾端、进气口在中部以及进气口在根部。进气口在趾端用来仿真实际水平井远端供气的情形;进气口在水平段中间部位用来仿真实际水平井中部供气情形;进气口在跟端用来仿真进气口在井底附近情形。仿真实际水平井不同积液程度条件下气—液流动机理、排液难度及排液效果。

根据已完钻水平井井轨迹设计了如图 6-2-2 所示的装置来模拟水平段气、液流动规律以及带出水平段积液临界条件规律性研究:水平段(L_2)与水平方向夹角 θ 是可变的,可以模拟不同倾角条件下管流特征;气体入口位置可调节,可模拟分段完井水平井排液机理;气源采用工业氮气模拟储层天然气、入口端压力采用高精度压力表记录实验过程中压差。

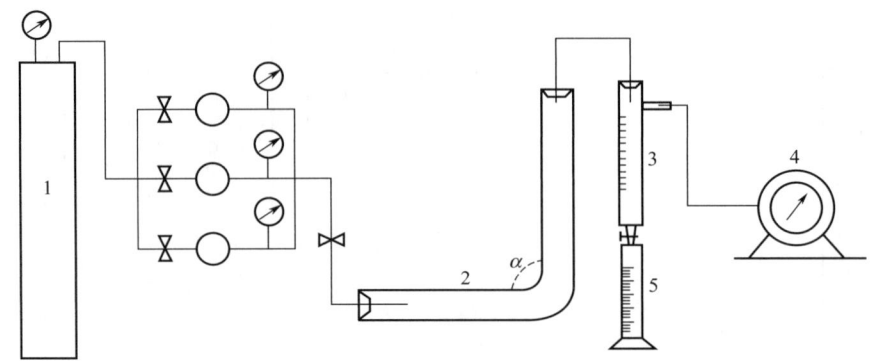

图 6-2-2 管流实验流程

1—气源；2—不同夹角耐压玻璃管；3—气液分离器；4—湿式气体流量计；5—玻璃量筒；
✕—手动阀； ◯—调压阀； ◯—精密压力表

主要技术指标：

（1）为了减少界面影响、并便于实施，确定"U"形管内径为20mm。

（2）$L_1 = 500$mm，$L_2 = 500$mm。

（3）水平段与水平方向夹角 α 分别取为：90°、45°、30°、15°和-15°；90°夹角用以模拟完全水平段情形，15°~45°模拟上翘型井轨迹条件下带液机理，-15°模拟下倾型井轨迹条件下带液机理。

（4）玻管能够承受最大压力为2MPa。

实验样品采用常规工业用氮气代替实际天然气、加染色剂水代替水平井井筒积液。采用此装置进行实验目的有以下三个方面：

（1）对于不规则水平井存在积液时，不同液量情况下，积液位置、形态以及对气体流速的影响。

（2）当液体完全充满弯管段时，测试气体突破水封效应的启动压差以及保持气体连续流动的临界压差。

（3）评价不同 α 角度条件下，水对气体流速、启动压差及临界压差的影响，排出井筒水平段积液难易程度和条件。

三、实验方案设计及完成的实验量

排液实验具体的步骤如下：

（1）实验准备工作。实验装置清洗和干燥、液体计量配置、气样准备；然后把配好的液体倒入装置中；最后按照实验流程把装置与压力计、流量计连接好。

（2）实验测试。首先是实验条件记录（大气压、温度），然后缓慢增大压差，观察水平段及弯管段液相形态变化。对于倾斜管，当出现第一个气泡时，记录下此时对应的压差。每一个压差点稳定3min，并记录下对应的气体流速、压差及流态变化。接着调压差，进入下一个实验点，压差增大到1.5MPa。

（3）实验完成。完成实验后，拆卸实验装置，记录玻璃筒中剩余的水量。然后清洗设备，准备下一组实验测试。

根据上述实验测试方法，共进行实验44次，见表6-2-2。

表6-2-2 实验测试方案

序号	角度（°）	进气口位置	液量，mL	积液程度，%	实验压差范围，MPa	实验内容
1	15	趾端	53	36.6	0~0.15	流态+临界压差
2			87	60.0	0~0.025	流态+临界压差
3			124	85.5	0~0.01	流态+临界压差
4			161	111.0	0~0.01	临界压差
5			53+加砂	36.6	0~0.15	流态+临界压差
6			53增黏度液	36.6	0~0.15	流态+临界压差
7	30	趾端	53	36.6	0~0.0158	流态+临界压差
8			87	60.0	0~0.02	流态+临界压差
9			94	64.8	0~0.01	临界压差
10			109	75.2	0~0.01	临界压差
11			124	85.5	0~0.008	流态+临界压差
12			135	93.1	0~0.005	临界压差
13			145	100.0	0~0.005	临界压差
14	45	趾端	53	36.6	0~0.0158	流态+临界压差
15			87	60.0	0~0.02	流态+临界压差
16			94	64.8	0~0.005	临界压差
17			109	75.2	0~0.005	临界压差
18			124	85.5	0~0.005	临界压差
19			145	100.0	0~0.11	流态+临界压差
20	90	趾端	30	20.0	0~1	流态
21			50	33.3	0~1.505	流态
22			80	53.3	0~1.6	流态
23			120	80.0	0~1.56	流态
24			150	100.0	0~1.505	流态
25			80+加砂	53.3	0~1.51	流态
26		中部	50	33.3	0~1.5	流态
27			80	53.3	0~1.49	流态
28			120	80.0	0~1.485	流态
29			150	100.0	0~1.525	流态
30		跟端	50	33.3	0~1.5	流态
31			80	53.3	0~1.55	流态
32			120	80.0	0~1.5	流态
33			150	100.0	0~1.5	流态

续表

序号	角度（°）	进气口位置	液量，mL	积液程度，%	实验压差范围，MPa	实验内容
34	-15	趾端	53	46.5	0~0.158	流态+临界压差
35			87	76.3	0~0.158	流态+临界压差
36			94	82.5	0~0.002	临界压差
37			109	95.6	0~0.002	临界压差
38			124	108.8	0~0.158	流态+临界压差
39			134	117.5	0~0.003	临界压差
40			150	131.6	0~0.003	临界压差
41			165	144.7	0~0.158	流态+临界压差
42			180	157.9	0~0.004	临界压差
43			195	171.1	0~0.04	临界压差
44			225	184.2	0~0.006	临界压差
45			87 增黏液	76.3	0~0.15	流态+临界压差

注：积液程度表示初始液量与水平段体积之比。

四、水平管、垂直管及倾斜管气水两相流态特征

对于水平管、直管及倾斜管气液两相流流态，国内外许多学者都进行了大量研究，由于气、液之间受力的差异，三种管道之间流态有较大的差异。

1. 水平管

对于水平管，可能存在的流态如图 6-2-3 所示。

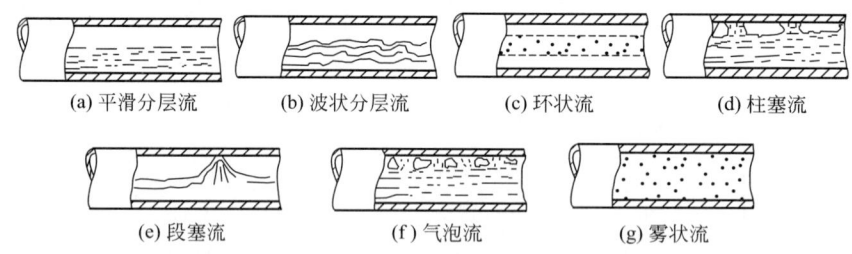

(a) 平滑分层流　(b) 波状分层流　(c) 环状流　(d) 柱塞流

(e) 段塞流　(f) 气泡流　(g) 雾状流

图 6-2-3　水平管气液两相流型图

1）平滑分层流

当气相、液相速度均较小时，气液两相分离，形成层状流动结构。液体沿管底部流动，气体在液面上流动，形成平滑的气—液界面。

2）波状分层流

随着层流中液面上气体流速的增加而在气—液界面上形成波动，界面波动的幅度随着气流速度的增加而增大。

3）环状流

液相呈膜状沿管道内壁流动，气体沿管道中心流动。由于重力作用，下部液相厚度高于上部管壁。

4）柱塞流

液体和气体沿管道上部交替呈活塞状流动。

5）段塞流

由于气泡以较快的速度流动而周期性崛起波形，形成泡沫栓，并以比平均速度大得多的速度流动。

6）气泡流

气相以小气泡的形式沿管道上部运动，其速度接近于液相速度。

7）雾状流

气相连续，液相以小液滴的形式分散于气相中。

另外一种流型划分方式，由于柱塞流和段塞流在实际实验中很难区分开来，因此有的学者把这两种流型统称为间歇流。在以上几种流型中，雾状流带液最充分，其次为间歇流、环状流，泡流和层状流带液效果最不理想。

2. 垂直管

在垂直管中气液两相混合物向上流动时，一般为大家所公认的典型流型如图6-2-4所示。

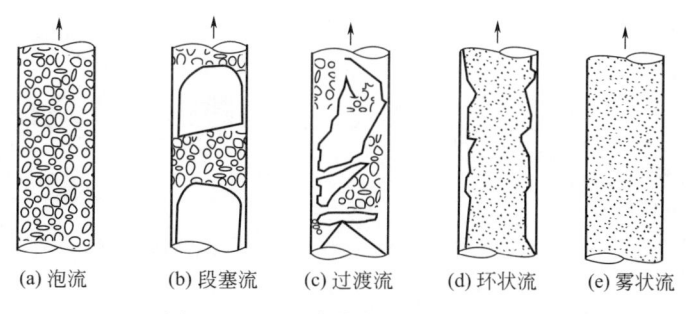

(a) 泡流　(b) 段塞流　(c) 过渡流　(d) 环状流　(e) 雾状流

图6-2-4　垂直管气液两相流型图

1）泡状流

当气液两相混合物中的含气率较低时，气相以分散的小气泡分布于液相中，在管子中央的气泡较多，靠近管壁的气泡较少，小的气泡都近似球形。气泡的上升速度大于液体流速，而混合物的平均流速较低。泡状流的特点是：气体为分散相，液体是连续相；气体主要影响混合物密度，对摩阻的影响不大，而滑脱现象比较严重。

2）段塞流

当混合物继续向上流动，压力逐渐降低，气体不断膨胀，含气率增加，小的气泡相互碰撞聚合而形成大的气泡，其直径接近于管径。气泡占据了大部分管子截面，形成一段液一段气的结构。气体段塞形象炮弹,其中也携带有液体微粒。在两个气段之间,是夹杂小气泡向上流动的液体段塞。这种弹状气泡举升液体的作用很像一个破漏的活塞向上推进。在段塞向上运动的同时,弹状气泡与管壁之间的液体层也存在相对流动,称液体回落。虽然如此,在这种流型下,液、气间的相对运动要较泡状流小,滑脱也小。段塞流是两相流中举升效率最高的流型。

3) 过渡流(搅动流)

液相从连续相过渡到分散相,气相从分散相过渡到连续相,气体连续向上流动并举升液体到一定高度,然后液体下落、聚集,而后又被气体举升。这种混杂的、振荡式的液体运动是过渡流的特征,故也称之为搅动流。

4) 环雾流(雾状流)

当含气率更大时,气弹汇合成气柱在管中流动,液体则沿着管壁成为一个流动的液环,这时管壁上有一层液膜。通常总有一些液体被夹带,以小液滴形式分布在气柱核心中。

3. 倾斜管

在倾斜管中,气液两相混合物同时流动时,典型流型有 5 种,如图 6-2-5 所示。

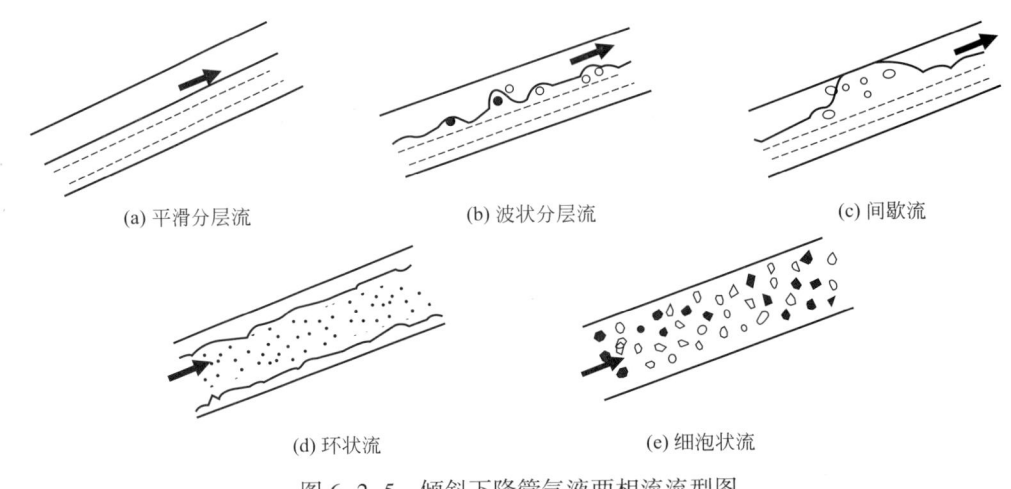

图 6-2-5 倾斜下降管气液两相流流型图

1) 平滑分层流

分层流动出现在较低的两相流率下,气相和液相分别沿管道顶部和底部运动,并在轴向连续。当两相流率都很低时,界面非常光滑,没有界面波存在,该流型范围较窄;当两相流率稍有改变,平滑的相界面立即消失。

2) 波状分层流

当气相流速提高,在气—液界面上会产生界面波,形成波状分层流动。当进一步增加气相流率时,液相位置下降,在光滑的波动界面上出现频率较高的波动。

3) 间歇流

间歇流时,液相沿轴向连续,气相不时被冲上管道顶部的液体分隔,沿轴向不连续。由于重力的影响，气相在管道偏上部运动。在间歇流动时，气相聚积成大气泡，其直径近似于管子直径，这种气泡直径大而且数量少，在两个大气泡之间夹杂一些小气泡，每当大气泡到达出口时，将产生很大的压差波动。

4）环状流

环状流动出现在较高的气相流率下，液体呈环状液膜存在于管道四周，并轴向连续；受重力的影响，管道底部的液膜厚于顶部的液膜。气体在管道的中央偏上区域运动，在环状流的大部分区域，气流中通常夹带有部分液滴，液膜中也携带一些气泡，复杂的相界间传递现象使相界面比较粗糙。随气相流率进一步增大，两相界面逐渐变得光滑，形成平稳环状流，此时液膜在壁面上平稳流动，壁面上不再有大量气泡的产生和破灭。

5）细泡状流

细泡状流出现在较低的气相流率或较高的液相流率下，气相以离散气泡的方式分布在连续的液相中，浮力的作用使大部分气泡偏向管道上部运动。

五、水平井带液微观机理研究

根据实验测试内容，分别对不同倾角条件下，水平段与垂直段气、液两相流态进行了总结。总结内容分两个大的方面：一是水平管段、垂直管段可能出现的流态；二是水平管段、垂直管段出现的流态对应的压差范围。

1. 水平型井轨迹带液机理

水平型井轨迹管流特征实验仿真实际水平井 A 点海拔与水平段其他部分海拔相近井轨迹。实验研究发现，对于水平型管流，进气口位置、水平段积液程度（表示的是加入液量与水平段体积百分比）不一样，引起的流动差异比较明显，积液程度为33%，100%时差异较大。下面分别对不同实验条件下选择有代表性的实验进行分析，对于不同进气口位置实验分别选择积液程度为33%（50mL）和100%（150mL）实验。

1）带液机理

（1）趾端进气。

进气口在趾端，积液程度为33%条件下不同压差条件下带液机理如图6-2-6所示。

初始状态液体均匀平铺于水平段底部，进气口离液面有一定距离。由于压差较小，气体流速比较低，气—液界面之间的黏滞阻力小，对气体流速基本没有影响。由于气体与液体之间的黏滞力引起进气口附近的液面发生变形，液面由水平面向凹型液面变化［图6-2-6（a）］。随着压差增大，液面形变更加明显，向下凹的幅度越大；进气口附近液面出现波动明显，但仍然以分层流为主；但远离进气口端液相没有明显波动，液面形状基本保持不变［图6-2-6(d)］。当压差达到0.35MPa时，气体流速增大对液相的扰动作用明显加强，入口端液相呈液膜的形式附着于上管壁向前流动；流动一段距离后由于重力作用向下落，在下掉过程中被气流吹成液滴状附着于远端管壁上［图6-2-6(b)(e)］；在弯管处液滴明显增多；在直管段出现少量液滴，但这一阶段在出口端没有见到液滴，表明这一阶段主要以单相气体流动为主。当压差增大到1.5MPa时，入口处基本看不到明显液滴，同时在出口处液滴明显增多，大量液体被带出。实验过程中发现，随着入口处液量减少，弯管段附近液相体积

(a) 0.01MPa，入口　　　　(b) 0.35MPa，入口　　　　(b) 1.5MPa，入口

(d) 0.01MPa，弯管　　　　(e) 0.35MPa，弯管　　　　(f) 1.5MPa，弯管

图 6-2-6　积液程度 33%、趾端进气不同位置流态

由于气流及夹杂在气流中高速运动液滴的冲刷作用同时减少。整个实验过程中，垂直管段没有观察到泡状流或段塞流流型。通过以上分析认为，对于积液程度较低时，入口处环状流态对带液起重要作用。

积液程度达到 100% 时，带液机理如图 6-2-7 和图 6-2-8 所示。与积液程度 33% 相比，当积液完全充满水平段时，排液过程明显划分为两个阶段：（1）第一阶段，气体首先必须驱动部分液相进入到垂直管段，形成连续的气流通道；随着压差增大，当压差足以克服垂直管段液柱引起的水封效应时，可见到明显气泡流动。（2）第二阶段，水平段带液机理与积液程度 33% 相似；但是在垂直管段由于液相体积增加，可观察到明显气液两相流动（图 6-2-8）。当压差为 0.1MPa 时［图 6-2-8(a)］，可见到明显气体段塞，随着压差增大气体段塞越来越大，携液高度已接近管子出口，携液能力强［图 6-2-8(b)］；当压差继续增大至

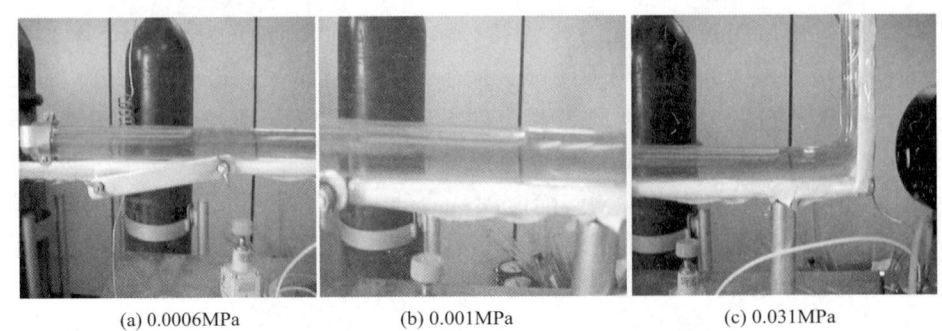

(a) 0.0006MPa　　　　　(b) 0.001MPa　　　　　(c) 0.031MPa

图 6-2-7　积液程度 100% 突破水封效应现象

0.405MPa 时，流态发生明显变化，形成的气体段塞不稳定、液相搅动明显、携液高度明显降低，表现为过渡流特征。

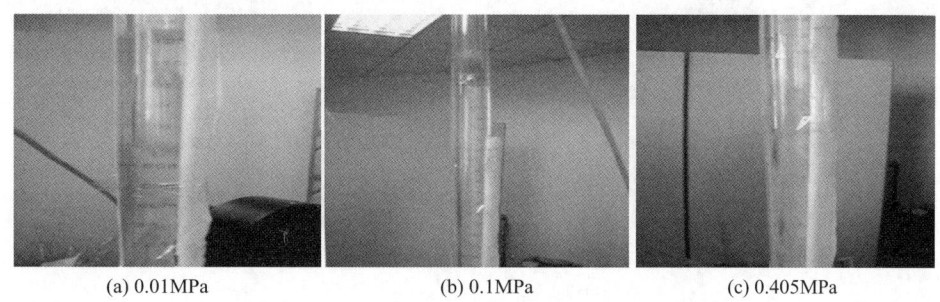

图 6-2-8　积液程度 100% 垂直管段两相流态

(2) 中间段进气。

进气口在中间部分，积液程度为 33% 时，不同压差条件下带液机理如图 6-2-9 所示。与进气口位置在趾端相比，实验带液机理有共同点也有不同点，共性表现在实验过程中在垂直管段均没有见到明显气液流动，以单相气流为主。不同点主要表现在以进气口位置为分界限，前端（靠近跟端）液相流动明显，后端（靠近趾端）液相基本不参与流动。其原因从图 6-2-9 可以看出，随着生产压差增大，在进气口附近形成明显气段塞把前后液相分隔开，气相携带前端液相向前流动，后端液相不参与流动；气段塞的阻隔作用随着压差的增大表现尤为突出；当压差为 1.5MPa 时，可看到前后端液相高度有明显差异。因此，由于气流阻隔效应，中部进气带液效果应该低于趾端进气。

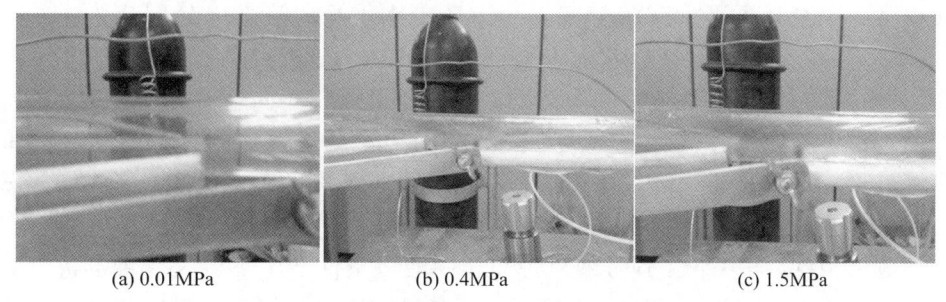

图 6-2-9　积液程度 33%、中部进气带液机理

进气口在中间部分，积液程度为 100% 条件下带液机理如图 6-2-10 和图 6-2-11 所示。可以看出，中部进气带液机理与趾端进气相似，带液过程明显分为两个阶段：首先，气相必须形成连续的气流通道（图 6-2-10）；然后，气液在水平段、垂直段形成气液两相流流态；水平段流态以分层流为主，与中部进气、积液程度 33% 实验相似，同样存在明显气相阻隔效应，随着压差的增大效应越明显；垂直管段以段塞流和过渡流为主（图 6-2-11）。

(3) 跟端进气。

进气口在跟端，其带液机理与趾端进气和中部进气不一样，差别较大。积液程度 33% 条件下带液机理如图 6-2-12 所示，积液程度 100% 条件下带液机理如图 6-2-13 所示。

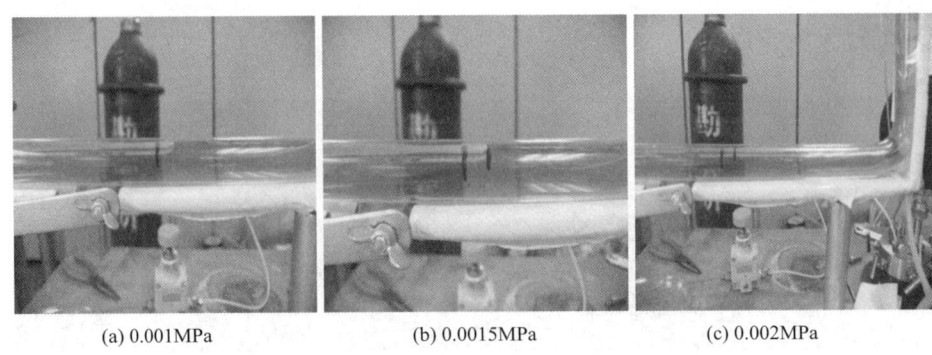

图 6-2-10　积液程度 100%、中部进气突破水封效应过程

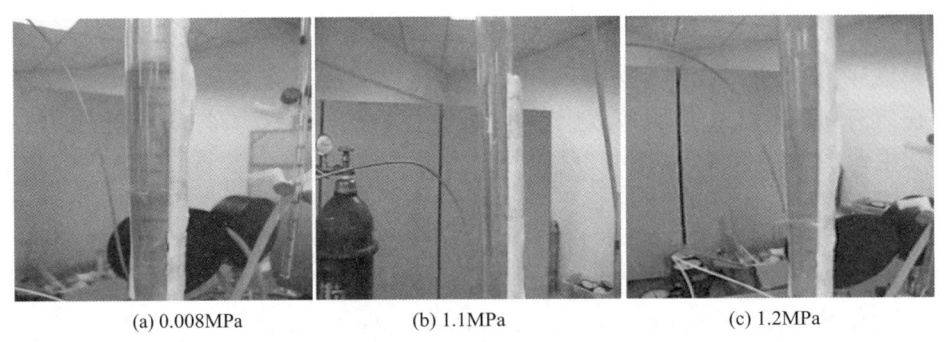

图 6-2-11　积液程度 100%、中部进气垂直段管流特征

积液程度为 33% 条件下，在整个实验压差范围内水平段流态以分层流为主；当压差达到 0.2MPa 时，在弯管段处形成环状流态（图 6-2-12）。分析其原因，由于弯管对气体流动的阻挡作用，一部分气相沿垂直管向上运动；另外一部分气相向趾端方向流动，然后反朝出口方向流动；由于气相流速高，气—液之间的黏滞力带动进气口附近部分液相向垂直管流动，在弯管处形成环状流态。随着压差增大，气相携带液相的范围越来越长，带液效果越来越明显；在垂直管段可见到明显液滴。

积液程度为 100% 条件下，其带液机理与相同液量条件下中部进气、趾端进气有较大差异。在压差 0.0025MPa（图 6-2-13）条件下，气相直接从弯管处沿垂直管向上溢出，形成明显的环状流动；水平段液相基本保持不动。随着压差增大，弯管处对气流的阻隔作用，向趾端流动的气相挤压液相进入垂直管，加上气流的携带作用，使得液相以液膜及液滴的形式向上运移，环状流态明显。当压差达到 0.08MPa 时［图 6-2-13(c)］，由于气流的挤压和携带作用，水平段大量液相被带入垂直管段，在水平段形成明显分层流态；随着压差进一步增大，水平段液量大部分被带入垂直段［图 6-2-13(a)(e)(f)］。垂直段流态以环状流和段塞流为主（图 6-2-14），在压差较低时，携带入水平段的液量较小，流态表现为环状流，携液高度有限，液相以液滴形式带出；随着压差增大，携带进入垂直段的液量增加，当压差增大到 0.08MPa 时，出现明显段塞流，携液高度增加，可见到连续液相流动；当压差增大到 1.5MPa 时，流态仍然表现为段塞流，液量减少明显。

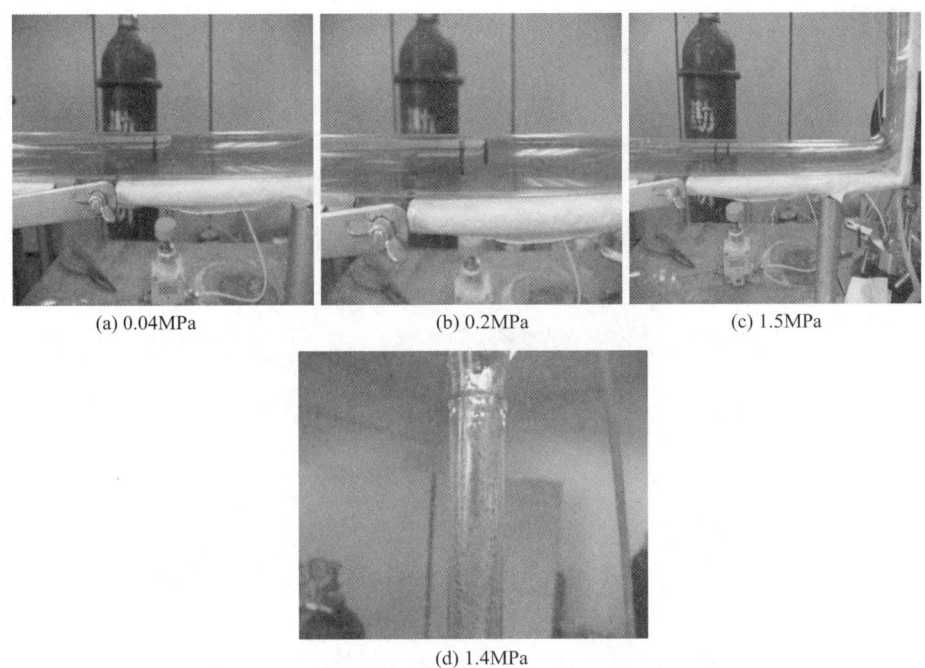

图 6-2-12　积液程度 33%、跟部进气带液机理

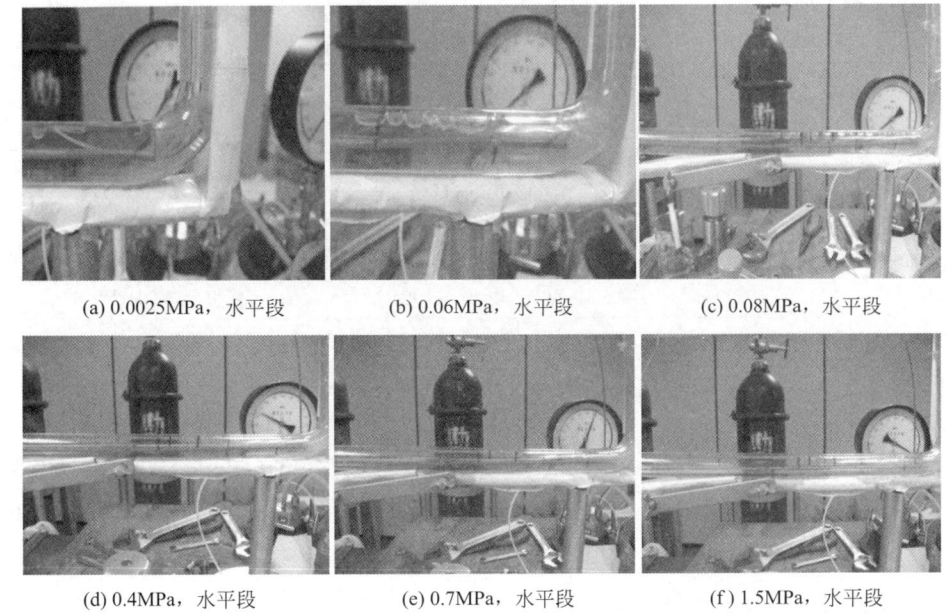

图 6-2-13　积液程度 100%、跟部进气水平段带液机理

2）流态变化规律

对于水平型井轨迹管流实验共进行 14 次不同进气口位置、不同积液程度条件下管流实

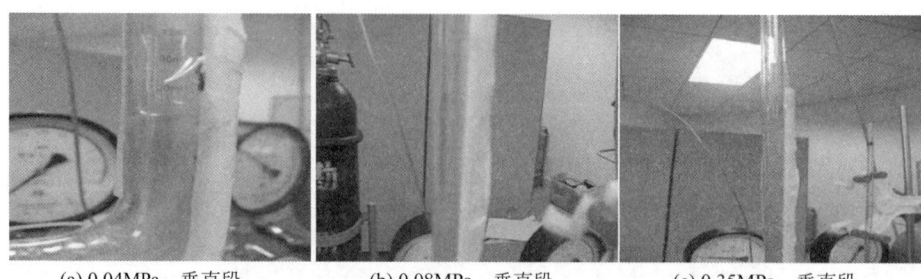

(a) 0.04MPa,垂直段　　(b) 0.08MPa,垂直段　　(c) 0.35MPa,垂直段

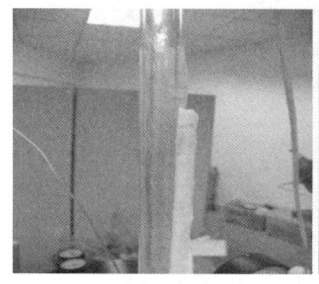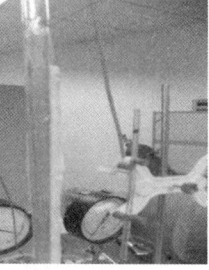

(d) 0.5MPa,垂直段　　(e) 1.5MPa,垂直段

图 6-2-14　积液程度 100%、跟部进气垂直段携液机理

验。实验结果表明,在不同的积液程度、进气口位置条件下,水平井带液的微观机理不一样,实验过程中观察到的流态见表 6-2-3。

表 6-2-3　水平型井轨迹不同液量条件下出现主要流型及对应压差范围

积液程度 %	进气位置	水平段流态对应压差,MPa			垂直段流态对应压差,MPa		
		间歇流	分层流	环状流	环雾流	段塞流	过渡流
33	趾端	—	0~0.35	0.35~1.5	垂直段未见到连续液相		
53		—	0~0.4	0.4~1.5	—	—	0.25~1.59
80		—	0~0.4	0.4~1.5	0.0024~0.006	—	0.006~1.56
100		0~0.003	0.003~0.405	0.405~1.5	—	0.003~0.25	0.25~1.5
33+加砂		—	0~0.5	0.5~1.5	0.0028~0.007	0.007~0.12	0.12~1.5
33	中部	—	0~0.45	0.45~1.5	垂直段未见到连续液相		
53		—	0~0.8	0.8~1.5	0.02~0.1	—	0.1~1.5
80		—	0~0.95	0.95~1.5	0.0035~0.1	0.1~0.8	0.8~1.5
100		0~0.002	0.002~1.05	1.05~1.5	—	0.002~1.1	1.1~1.5
33	跟端	—	0~1.5	—	0.2~1.5	—	—
53		—	0~1.5	—	0.018~1.5	—	—
80		0~0.007	0.007~1.5	—	0.07~0.2	0.2~1.5	—
100		0~0.09	0.09~1.5	—	0.004~0.08	0.08~1.5	—

从表 6-2-3 可以看出,不同的积液程度及进气口位置条件下,水平段或垂直段气液两

相流流型有一定的差异；此外，不同条件下流型出现对应的压差范围也不同。从流型来看，水平段出现流型仍然以分层流和环状流为主；垂直段流型以段塞流、过渡流和环雾流为主。

对于同一进气口位置条件下，随积液程度的增加，水平段分层流压差范围越大，环状流出现时间越晚；对于同一积液程度，不同的进气口位置条件下，趾端对应的分层流范围最小（平均在 0.4MPa 左右）、其次为中部进气位置、跟端位置对应的分层流范围最大（1.5 之间）。垂直段流态，在同一进气位置条件下，随积液程度增加，段塞流流态出现的时间越早，对应的压差范围大。因此，根据不同流型的带液效果预测，对于同一进气口位置，积液程度越小，带液效果越好；对于同一积液程度，进气口在趾端对应的带液效果最好，其次为中部位置，进气口在跟端位置带液效果最差。

2. 上翘型井轨迹

上翘型管流特征实验仿真实际水平井 A 点海拔低于水平段其他部分海拔井轨迹。对于上翘型井轨迹管流实验共进行 18 次不同积液程度条件下管流实验。实验主要针对气体突破液相水封效应的临界压差以及流态变化加以研究。

1）气相突破水封效应临界压差

对于上翘型井轨迹共进行实验 18 次不同角度、不同液量条件下临界压差实验。实验结果如图 6-2-15 和图 6-2-16 所示。

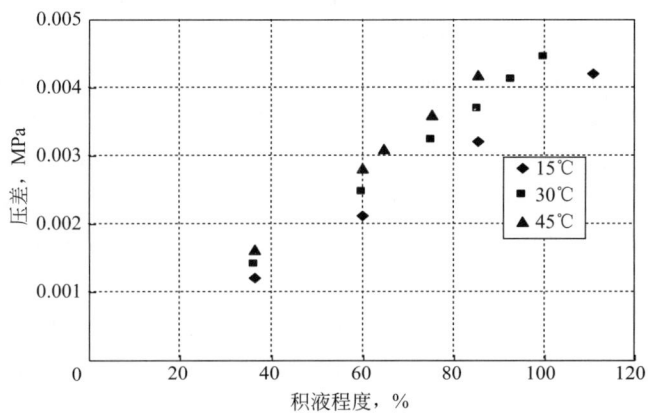

图 6-2-15 液量对气相突破水封效应临界压差的影响

从以上实验结果可以看出，同一倾角条件下，随着积液程度的增加，气体突破水封效应的影响需要的临界压差越大；临界压差与积液量呈良好的线性关系；因此，当一口井积液量确定后，可以根据该曲线确定带出井底积液需要的生产压差，为产水气井提供确定合理的生产压差的依据。

同一液量不同倾角条件下，随着倾角的增加，气体突破水封效应需要的压差越大；且角度与临界压差存在良好的线性关系；结合水平井实际生产情况，对于许多上翘型水平井为什么带液效果比不上水平段完全水平或上翘型井，气体突破水封效应的临界压差大是重要原因。所以，对于存在产水可能的储层，如果不考虑地层能量的影响，在水平井井身结构设计时，在提高储层钻遇率的同时，尽量不要采用下倾型井轨迹。

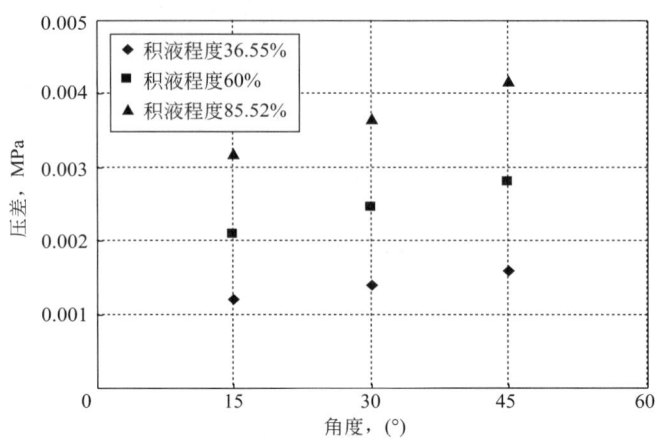

图 6-2-16　倾角对气相突破水封效应临界压差的影响（上翘型井）

此外，为了考虑液相黏度的影响，采用增黏剂来提高液相黏度。液相黏度由 0.5mPa·s 增加到 4.5mPa·s。采用倾角 15°、积液程度 36.55%（液量 53mL）进行了实验，实验测试得气相突破液相水封效应的临界压差为 0.00123MPa，与增黏前的临界压差 0.0012MPa 基本一致；分析认为，由于采用增黏剂与液相密度基本一致，所以表现为两次实验的临界压差吻合较好，液相密度是决定气相突破液相水封效应临界压差大小的主要原因。但是由于液相黏度的增加，对气体流速影响较大（图 6-2-17）。从图 6-2-17 可以看出，压差较低时，由于气相流速低，液相基本保持静止气—液之间的黏滞阻力小，两组实验气体流速相差不大；随着压差增加，气体流速加快，液相流速逐渐增加，气—液之间黏滞阻力也成倍增大，部分能量消耗于克服气液之间的黏滞阻力，因此，表现为增黏液相实验测试得到的气体的流速低于未增黏液相实验得到的气体流速，而且随着压差的增大，这种差距逐渐增大。对于实际水平井在钻完井过程中，建议采用低密度钻井液或完井液，有利于降低临界压差、降低排液难度。

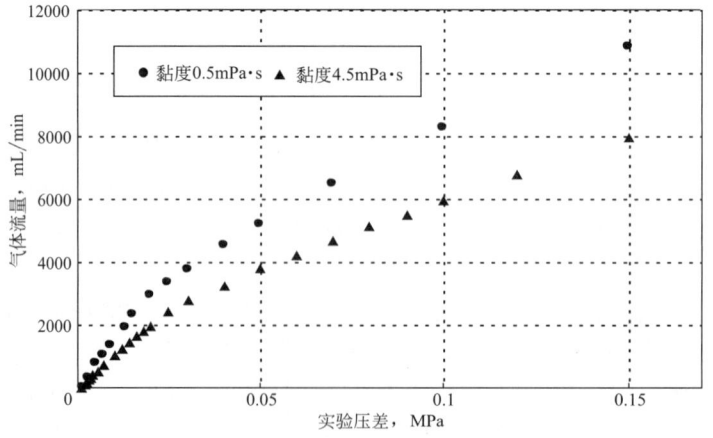

图 6-2-17　液相黏度对临界压差和气体流速的影响

2)带液机理

实验研究发现,对于上翘型井轨迹气体带出积液首先必须克服液相水封效应的影响(具体过程如图 6-2-18 至图 6-2-21)。初始条件下,液相与外部压力保持平衡,随着进气口压差增大,气相推动液相向垂直井筒段运移;当斜井段液相完全被驱替到垂直段,在弯管处形成一平铺液面,进气口压力必须克服垂直井筒段液柱产生的压力,形成气液两相流动;由于气、液密度的差异,弯管处气相靠近上管壁运动。

当气相突破水封效应后,随着生产压差的增加,气相在垂直井筒段形成段塞流;压差进一步增大,形成气相段塞越来越大。在斜井段没有见到类似于水平型井轨迹在水平段的多相流动;因此,对于上翘型井轨迹带液机理研究可借鉴直井的分析方法。

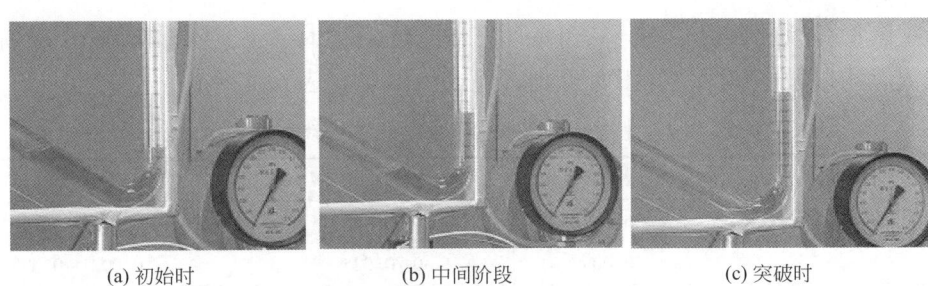

(a) 初始时　　　　　　　(b) 中间阶段　　　　　　　(c) 突破时

图 6-2-18　上翘型井轨迹趾端进气气体突破水封效应过程

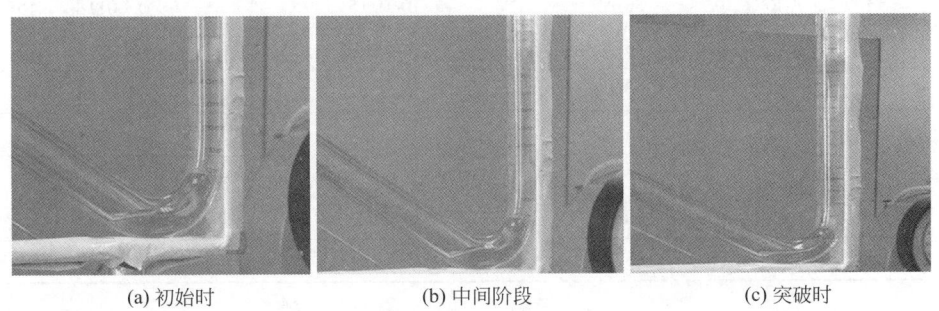

(a) 初始时　　　　　　　(b) 中间阶段　　　　　　　(c) 突破时

图 6-2-19　上翘型井轨迹趾端进气相突破水封效应后气液两相流动特征

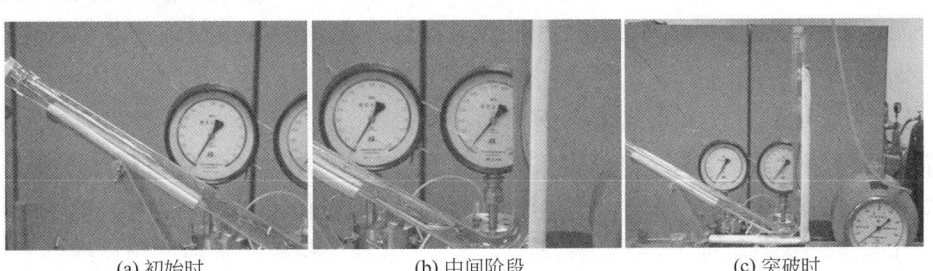

(a) 初始时　　　　　　　(b) 中间阶段　　　　　　　(c) 突破时

图 6-2-20　上翘型井轨迹中部进气气体突破水封效应过程

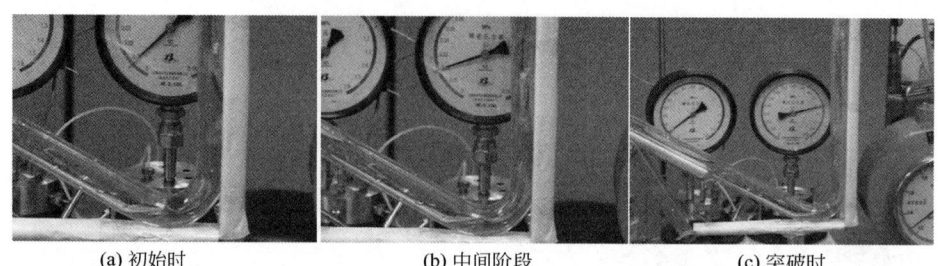

(a) 初始时　　　　　　　　(b) 中间阶段　　　　　　　　(c) 突破时

图 6-2-21　上翘型井轨迹中部进气相突破水封效应后气液两相流动特征

3) 流态变化规律

对于下倾型井轨迹，由于不同倾角条件下流态变化基本一致，所有实验在压差范围内垂直井筒段流态均以段塞流为主，没有见到其他流型出现（表 6-2-4）。

表 6-2-4　不同倾角条件下主要流型及对应的压差范围

角度，(°)	液量，mL	积液程度，%	实验压差范围，MPa	段塞流压差范围，MPa
15	53	36.55	0~0.158	0.0012~0.158
	87	60.00	0~0.025	0.0021~0.025
	124	85.52	0~0.01	0.0032~0.01
	53 增黏	36.55	0~0.15	0.00124~0.15
	53 增黏+加砂	36.55	0~0.15	0.00118~0.158
30	53	36.55	0~0.158	0.0014~0.15
	87	60.00	0~0.02	0.0024~0.02
	124	85.52	0~0.008	0.0037~0.008
45	53	36.55	0~0.158	0.0016~0.158
	87	60.00	0~0.02	0.0028~0.02
	124	85.52	0~0.01	0.0042~0.01

3. 下倾型井轨迹

下倾型管流特征实验仿真实际水平井 A 点海拔高于水平段其他部分海拔井轨迹。对于下倾型管流实验共进行模拟条件 13 次，测试内容包括气体突破水封效应临界压差、气—液两相流动机理。

1) 气相突破水封效应临界压差

对于下倾型测试不同积液程度条件下，12 组临界压差测试结果如图 6-2-22 所示。

从图 6-2-22 可以看出，对于下倾型管流实验仍然存在明显水封效应；且随着积液程度的增加，气体突破水封效应的临界压差越大。临界压差与积液量呈两段明显线性关系，在积液程度小于 100% 条件下，液相完全位于倾斜段、有效液柱高度随积液量增加幅度小，临界压差与积液程度关系对应于图中斜率较小段；当积液程度大于 100% 时，液相完全充满倾斜段，并在垂直管段形成一定高度液柱，随着积液程度的增加，有效液柱高度增加幅度大，临

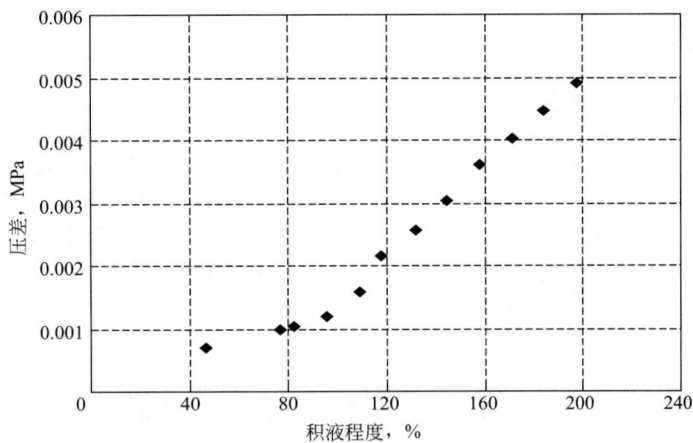

图 6-2-22　-15°倾角对气相突破水封效应临界压差的影响

界压差对应于图中斜率较大段。从两段曲线形状来看，与上翘型管流实验类似，积液程度与临界压差呈良好线性关系。

为了进一步验证液相黏度对临界压差的影响，采用增黏剂分别配制了黏度为 1.75mPa·s 和 4.5mPa·s 的液相，实验测定在积液程度 86%（87mL 液量）条件下临界压差，测得的临界压差分别为 0.00095MPa 和 0.001MPa，与增黏前临界压差 0.00098MPa 相比基本吻合，进一步验证了决定临界压差的主要因素是液相密度。

2）带液机理

下倾型管流带液机理实验目的主要有以下两点：一是仿真下倾型水平井带液机理；二是仿真大曲率水平井带液机理。

（1）下倾型水平井带液机理。

下倾型管带液机理与上翘型管有点类似，在观察到明显气相流动之前，气相压力必须首先克服由于液相引起的水封效应。

实验研究发现积液量不同时，带液机理略有不同。首先分析积液程度为 46.5%（53mL 液量）时带液机理。初始条件下，气—液相均保持静止；当压差达到临界压差之后，在倾斜段看到明显的气泡流动，此时液相基本保持静止；由于气、液之间的密度差异，气相沿上管壁流动，且越接近出口，由于气体膨胀，小气泡合并成大气泡，形成的段塞变大 [图 6-2-23 (a)]。随压差进一步增大，形成的段塞越来越大，段塞之间见到明显液桥；此阶段由于气—液之间的黏滞力，可见到明显的液相流动 [图 6-2-23(b)]；当压差达到 0.07MPa 时，气相速度较大，冲破液桥束缚，形成连续气相流动，液相展布于下部 [图 6-2-23(c)]。当压差达到 0.06MPa 时，液相被携带到垂直管段 [图 6-2-23(d)]；随着压差进一步增大，当压差达到 1.45MPa 时，垂直段可见到明显的液相流动，气液流态表现为段塞流 [图 6-2-23(e)]。

当积液程度大于 100% 时，携液机理与未充满相比略有差异。以积液程度为 144%（165ml 液量）实验为例，当压差达到 0.003MPa 时，可见到气泡流动；如图 6-2-24(a) 所

图 6-2-23 53mL 液量条件下带液机理

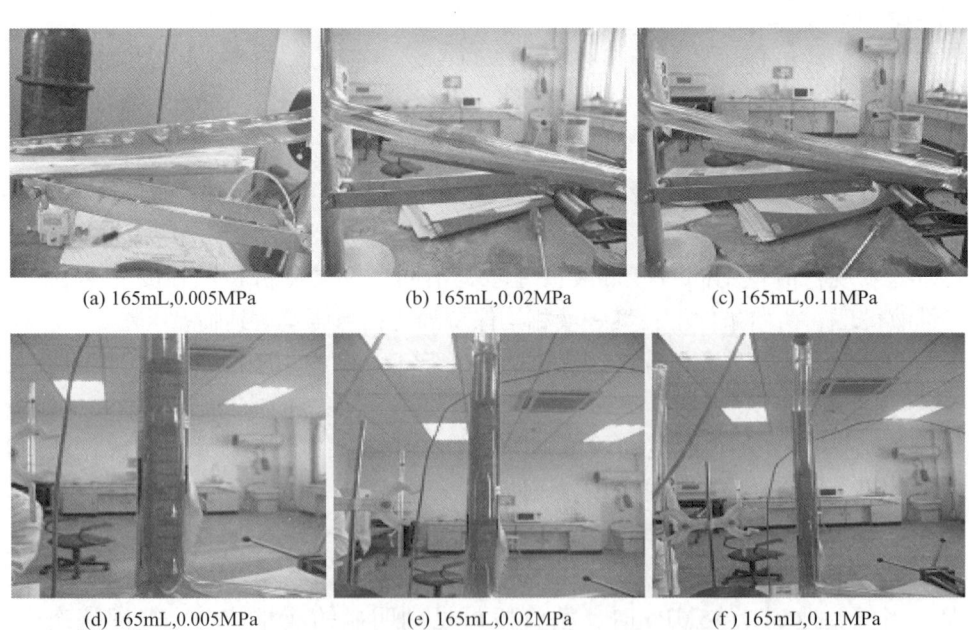

图 6-2-24 165mL 液量条件下带液机理

示,压差达到 0.005MPa 时,倾斜段气泡流动明显,且沿上管壁移动,越靠近出口气泡直径越大;在此压差条件下,垂直管段可见到明显"气弹",垂直管段液相上升高度有限。随着压差进一步增大,倾斜段气体段塞越来越明显,可观察到明显"液桥",液相流动速度加快;垂直管段"气弹"直径和长度明显增大,携液高度越来越高。当压差达到 0.11MPa 时,倾斜管段流态发生明显变化,表现为分层流特征;但在垂直管段仍然表现为段塞流特征,"气弹"直径几乎占垂直管段的 80%,液相完全可以携带到出口,与积液程度 46.5%(53mL 液量)实验现象比较该实验带液效果明显。

(2) 大曲率水平井带液机理。

对于大曲率水平井,此次研究主要分析趾端进气时带液机理。与小曲率水平井带液机理比较,大曲率水平井带液机理没有明显变化,其带液机理明显表现为两个阶段:一是在水平段形成连续的气流通道;二是在水平段、倾斜段形成明显气液两相流。

第一阶段:气体首先必须驱动部分液相进入到垂直管段,形成连续的气流通道;随着压差增大,当压差足以克服垂直管段液柱引起的水封效应时,可见到明显气泡流动(图 6-2-25)。第二阶段水平段带液机理与水平管流带液机理类似相似(图 6-2-26),水平段以分层流为主、倾斜管段以段塞流和过渡流为主。当压差增大到 0.1MPa 时,气、液两相表现为波状分层流特征,液相流动;对应的倾斜段表现为明显的段塞流特征,由于气液密度差异,气体段塞沿上管壁运移,与垂直管段段塞流气泡位于管子中心有较大差异。当压差为 1.2MPa 时,倾斜管段流态发生明显变化,形成的气体段塞不稳定、液相搅动明显、表现为过渡流特征;此时,水平段流态仍然以分层流为主。

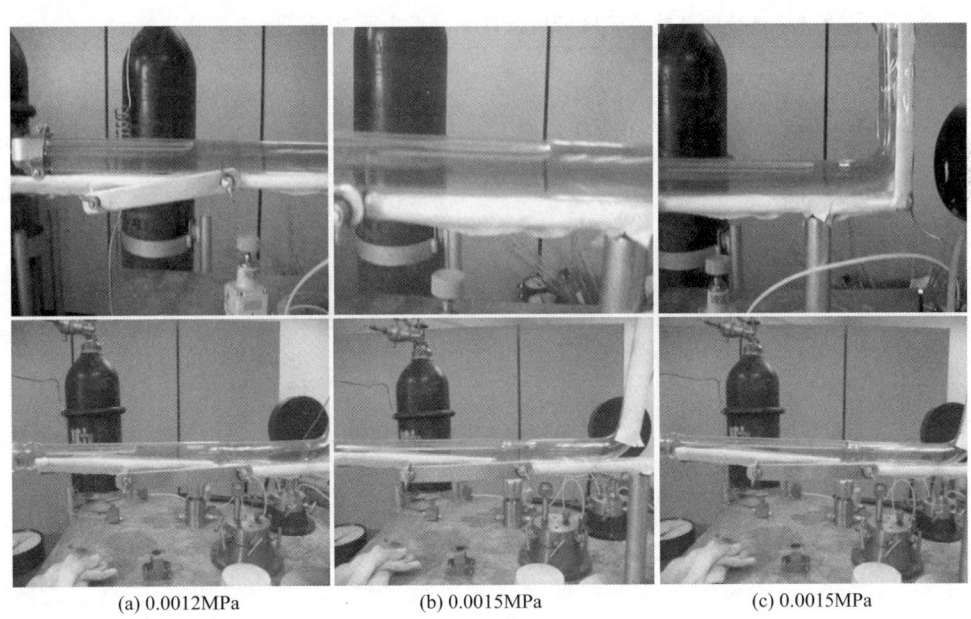

(a) 0.0012MPa (b) 0.0015MPa (c) 0.0015MPa

图 6-2-25 完全充满水平段时气相突破水封效应现象

3) 流态变化规律

对于下倾型井轨迹,其带液机理与水平型、下倾型不同;在实验设计压差范围内,倾斜段流态以间歇流、分层流为主;垂直段以段塞流为主。实验观察到的流型对应的压差范围见

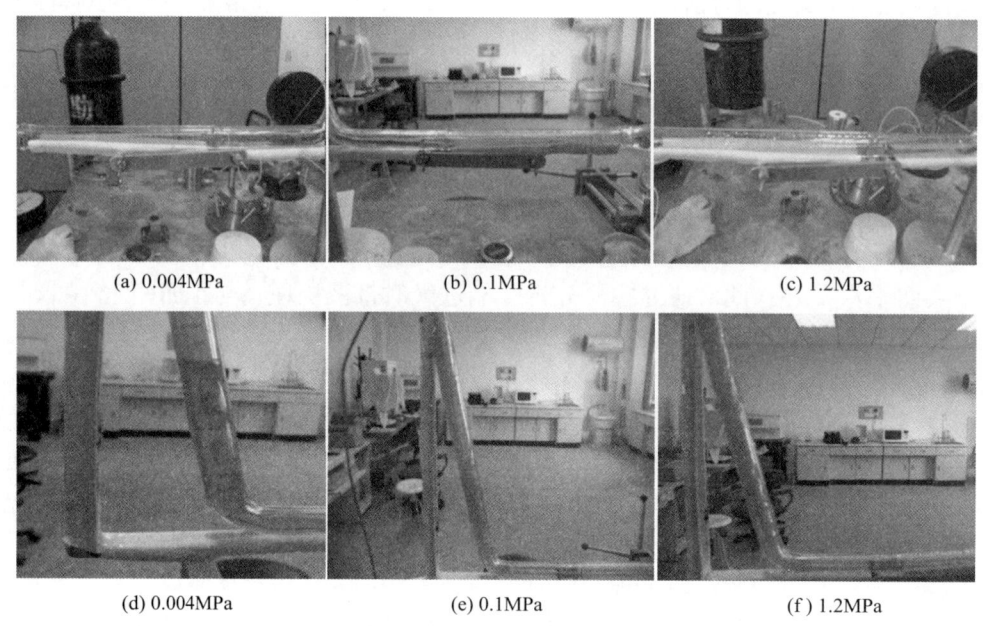

图 6-2-26 倾斜管带液机理

表 6-2-5。

表 6-2-5 下倾型井轨迹不同液量条件下出现主要流型及对应实验压差范围

液量，mL	积液程度，%	对应压差，MPa			
		水平段流型		垂直段流型	
		间歇流	分层流	环状流	段塞流
53	46.5	0.0007~0.08	0.07~1.5	0.06~0.13	0.13~0.15
87	76.3	0.00098~0.08	0.08~0.15	0.009~0.016	0.016~0.15
87（1.75mPa·s）	76.3	0.00095~0.07	0.07~0.15	0.01~0.017	0.017~0.15
87（4.5mPa·s）	76.3	0.001~0.06	0.06~0.15	0.008~0.016	0.016~0.15
124	108.8	0.0016~0.15	—		0.0025~0.15
165	144.7	0.003~0.11	0.11~0.15	—	0.006~0.15
115（大曲率）	100	—	0.0015~1.5	—	0.0015~1.12

从该表可以看出，随着生产压差增加，气相突破水封效应的影响后，倾斜段气液两相流态表现为间歇流、分层流；垂直管段流态有环状流、段塞流。不同液量条件下，不同流态对应的压差范围也不一样；当液量较小时（小于115mL），倾斜段流态以间歇流、分层流为主，液相体积及黏度对倾斜段间歇流、分层流对应的压差范围影响不大；当液量较大时（>115mL），倾斜段流态基本以间歇流为主。对于垂直管段而言，随着液量的增加段塞流型占的比例越来越大；当液相完全充满倾斜段时，即液相体积大于115mL，垂直管段在实验压

差范围内均表现为段塞流特征。

六、实验仿真研究结论对生产指导意义

1. 合理井型选择

比较不同倾角、相同积液量及进气位置（趾端进气）条件下，气体突破水封效应临界压差及带液效果分别如图 6-2-27 和图 6-2-28 所示。图 6-2-27 表示同一水量条件下，上翘型与下倾型临界压差对比，可以看出，在同一水量条件下，下倾型管临界压差远远低于上翘管产生的临界压差，从图中可以看出，随着水量增加，这种差距越来越大。因此，从地层能量考虑，对于高含水低渗透气藏，由于压力降低快，如果积液严重后期能量不足以克服水封的影响，那么采用下倾型轨迹优于上翘型井轨迹。

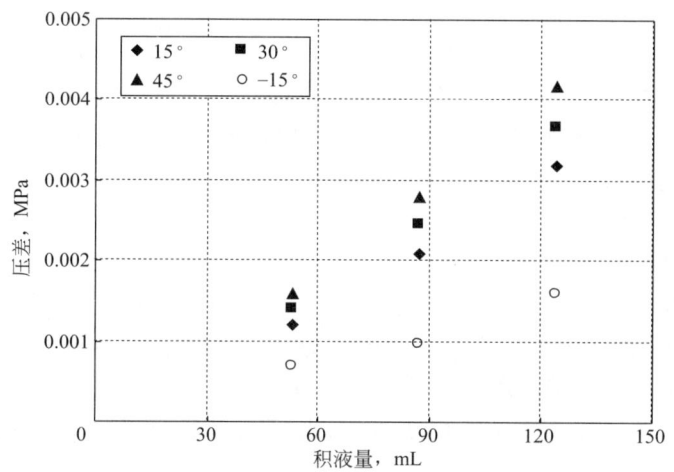

图 6-2-27　不同倾角条件下形成气体连续流动临界压差

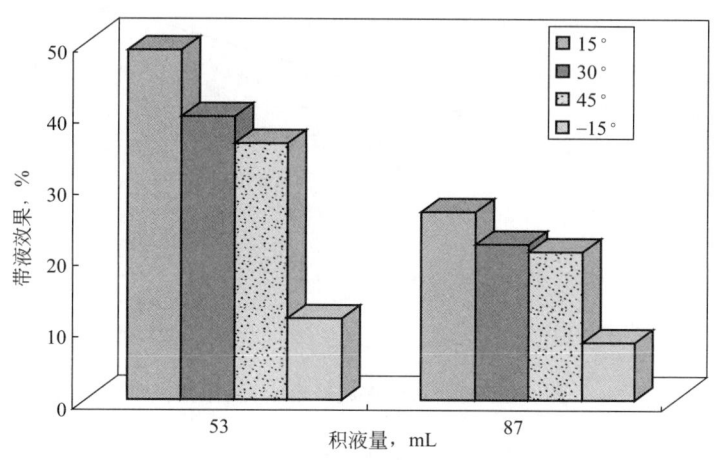

图 6-2-28　不同倾角条件下带液效果分析

从图 6-2-28 可以看出，在相同实验压差、进气位置及积液量，且地层能量足以突破水

封效应的条件下，在此次研究仿真实验条件下，上翘型井轨迹带液效果（带出液量与初始液量百分比）优于下倾型井轨迹。对比发现，造成两者差异的地方主要是由于其气液两相流态及位置的差异；上翘型气液两相流主要发生在垂直管段，后者主要在倾斜段；前者气相突破水封效应的影响后，整个液相均参与流动，带液效果（带出液量与初始积液量比值）好；后者部分液相位于水平段表现为分层流特征，带液效果差。因此，从带液效果来看，采用上翘型井轨迹要优于下倾型井轨迹，但是该结论有一个前提条件，即地层能量充足，足以克服水封效应的影响。

2. 带液最低压差确定

从前面章节实验测得的气相突破水封效应带液所需最低压差来看，与积液量呈线性关系；分析认为，引起水封效应的因素主要是由于气相驱替液相，在入口端与出口端形成液柱高度差异而产生，具体可采用如下公式描述：

$$\Delta p_{\text{critical}} = a\rho gh$$

式中　$\Delta p_{\text{critical}}$——气相突破水封效应临界压差，Pa；
　　　a——考虑弯管段影响修正常数，该常数可拟合实验数据得到；
　　　ρ——液相密度，kg/m³；
　　　g——重力加速度，m/s²；
　　　h——液柱高度，m。

根据实验测试的临界压差值与不同液量条件下计算得到的（ρgh）值进行线性回归（图6-2-29），得到不同角度条件下公式中修正常数 a。确定了不同角度条件下修正常数 a 的值，就可以采用水封效应带液所需最低压差计算公式进行计算。本次实验研究不同角度条件下带液所需最低压差计算公式见表6-2-6；采用理论计算公式与实际测试值对比，最大计算误差仅有3.8%，达到了工程计算精度要求。

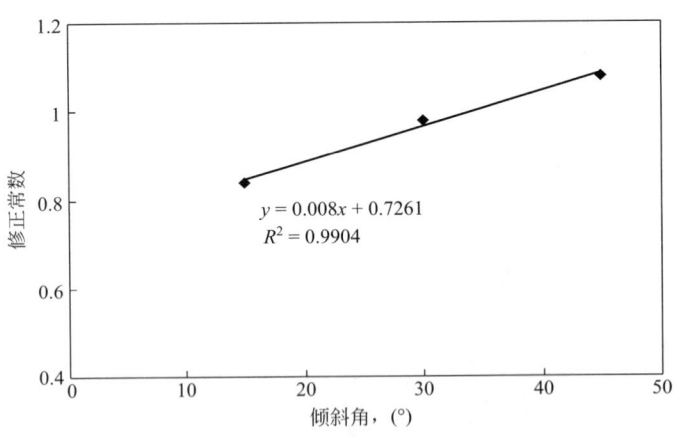

图6-2-29　修正常数与角度关系曲线

表6-2-6　带液所需最低压差计算公式

角度，(°)	系数 a	回归公式	相关性	平均误差，%
15	0.8394	$0.8394\rho gh$	0.9995	-3.8

续表

角度,(°)	系数 a	回归公式	相关性	平均误差,%
30	0.98	$0.98\rho gh$	0.989	0.92
45	1.0796	$1.0796\rho gh$	0.9911	1.7
−15	3.5869	$3.5869\rho gh$	0.9153	3.15
−15	0.8408	$0.8408\rho gh$	0.996	3.3

对于实际井而言，在明确其井身结构条件下，就可以根据以上计算公式确定其带液所需最低生产压差。以广安地区实际水平井典型参数（钻头尺寸158.8mm，垂直井段油管尺寸177.8mm、钻井液体系密度0.9~1.15g/cm³、地层水密度1.08g/cm³、水平段与水平面夹角范围−12.1°~8.3°），选取典型上翘型井轨迹（角度取为5°），采用建立的计算公式就可以计算带出积液所需要的最低生产压差（图6-2-30）。图6-2-31表示液体密度对带液所需最低压差的影响。

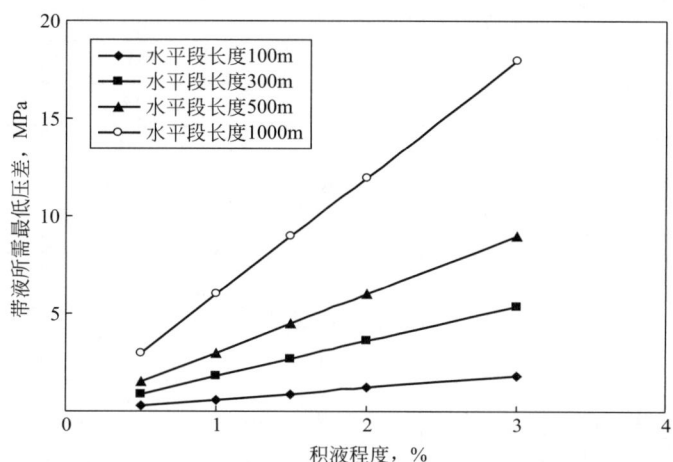

图6-2-30 不同水平段长度条件下带出积液最低压差

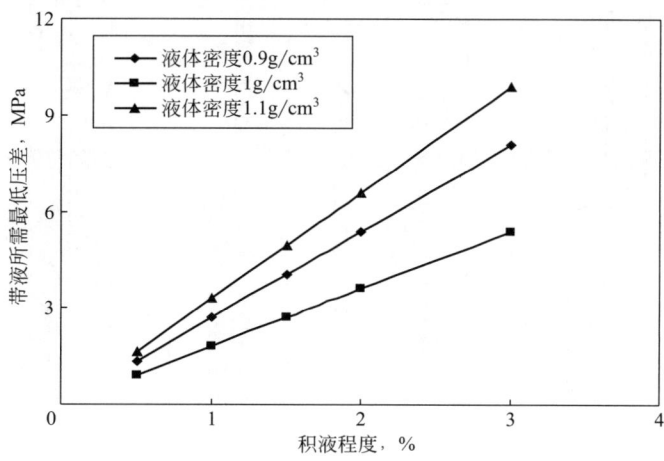

图6-2-31 液体密度对带液所需最低压差的影响（角度5°、水平段长度为500m）

从计算结果可以看出，随着积液程度的增大，带液所需最低压差越大；液体密度对带出积液的该压差影响较大，液体密度越大，需要的压差越大；对水平井而言，井筒积液对正常生产影响很大。

3. 合理产层打开位置

根据此次实验测试结果发现，不同的进气口位置条件下，带液机理及效果也不一样；希望通过此次实验研究结果，从排液角度为水平井完井段确定提供合理依据。以 90°条件下测试结果为例，在相同的实验压差条件下，不同进气位置带液效果分别见表 6-2-7 和图 6-2-32。

表 6-2-7 水平型井轨迹带液效果评价

总水量，mL	积液程度，%	进气口位置	剩余水量，mL	带出水量，mL	带液效果，%
30	20	趾端	9	21	70.0
50	33	趾端	12	38	76.0
80	53	趾端	18	62	77.5
120	80	趾端	26	94	78.3
150	100	趾端	32	118	78.7
50	33	中部	31	19	38.0
80	53	中部	38	42	52.5
120	80	中部	77	43	35.8
150	100	中部	78	72	48.0
50	33	跟端	26	24	48.0
80	53	跟端	31	49	61.3
120	80	跟端	75	45	37.5
150	100	跟端	75	75	50.0

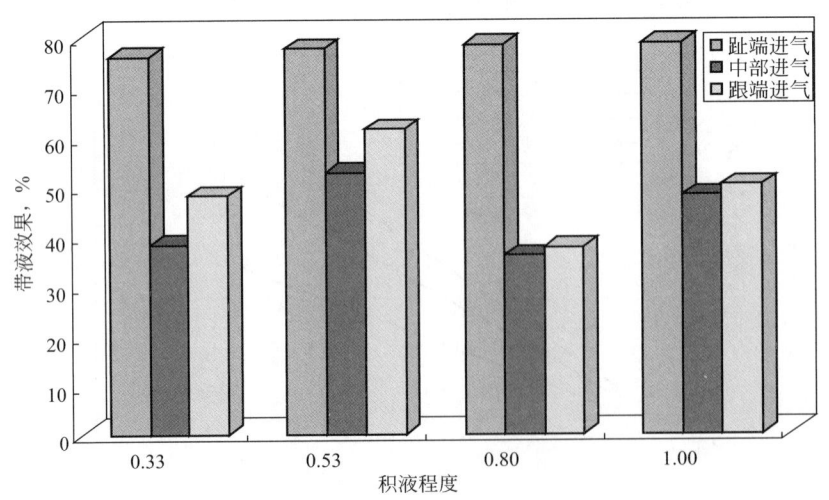

图 6-2-32 不同进气位置带液效果对比

从计算结果可以看出，在进气口位置相同的条件下，积液程度不大于53%时的带液效果（带液效果表示带出液量与初始加入液量百分比）比积液程度高的好一些。同一积液程度，不同进气位置比较，趾端进气带液效果明显好于中部、跟端进气实验。因此，对于存在积液可能的水平井在完井过程中，建议充分打开靠近趾端位置储层有利于提高带液效果。

4. 合理带液气产量确定

合理带液气产量确定主要针对水平型及下倾型井轨迹管流实验。根据前面实验观察到的现象：趾端进气，积液程度小于33%时，进气口上管壁形成明显的高速液膜时带液效果好；随着积液程度的增加，出现明显的波状分层流时带液效果好。中部进气，积液程度小于33%时，在进气口上管壁附近形成明显的高速液膜带液效果好；随着积液程度的增加，出现明显波状流动时带液效果好。趾端进气，当积液程度小于80%时，在弯管附近观察到明显液体膜流带液效果随着压差增大逐渐增强；随着积液程度增加，不仅在弯管附近出现高速膜流，而且在水平段可观察到明显的波状流时带液效果好。

根据上述判断，结合实验过程中气液两相流流型以及带液举升高度，确定了不同积液程度条件下带液效果明显对应的最低压差及流速（图6-2-33和图6-2-34）。从带液效果明显压差图可以看出，趾端进气带液需要的压差比跟端、中部进气位置所需要的压差都低；除积液程度为33%条件下，跟端进气所需要压差最大，其他条件下跟端进气带液所需压差位于中部进气及趾端进气之间；中部进气出现明显带液效果的压差最大。从带出积液最低流速对比图可以看出，在相同的进气位置条件下，随着积液程度的增加，带液效果明显所需要的最低气相流速随之增加；在相同的积液程度条件下，趾端进气需要的流速最低，其次为跟端进气位置，最大为中部进气位置；因此，对于实际水平井而言，充分打开靠近趾端及跟端位置产层有助于提高带液效果。此外，通过回归分析不同积液程度条件下气井带液效果明显对应的气体流速，发现均存在较好的指数关系或二项式关系，回归结果见表6-2-8。

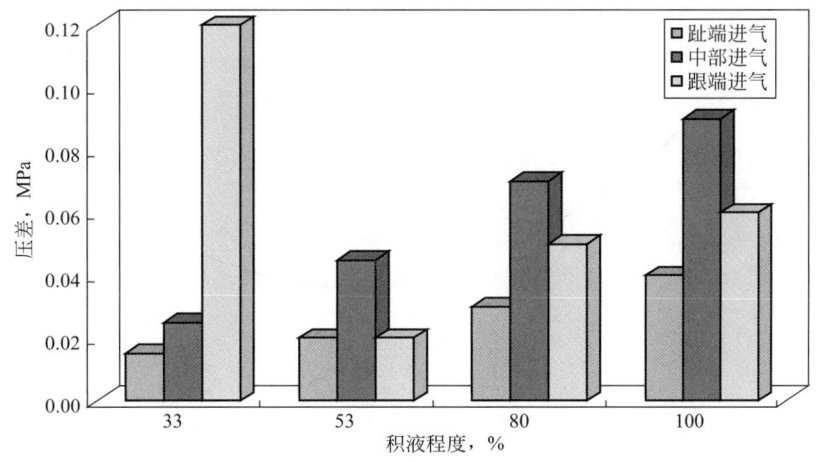

图6-2-33 不同积液程度、进气位置条件下带液效果明显最低压差

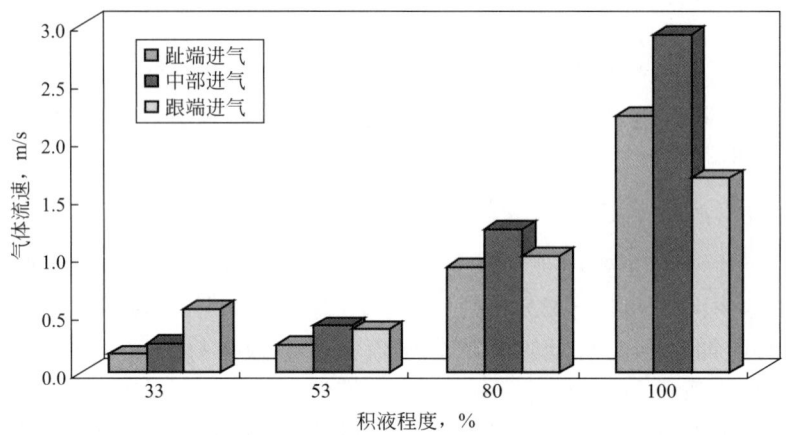

图 6-2-34　不同积液程度、进气位置条件下带液效果明显最低气相流速

表 6-2-8　不同积液程度与带液气体流速回归结果

进气位置	回归关系式	相关性
趾端进气	$y=0.0352e^{0.0407x}$	0.9796
中部进气	$y=0.0636e^{0.0376x}$	0.9886
跟端进气	$y=0.0005x^2-0.0423x+1.4174$	0.9867

注：y 表示带液效果需要的最低气体流速；x 表示积液程度。

根据确定不同积液程度条件下明显带出积液的最低流速，就可以对一口实际积液井配产提供指导意见。以目标气藏水平气井为例，投产初期气藏原始地层压力为 20MPa，地层温度为 65℃，气体相对密度为 0.57，裸眼或油管尺寸或衬管尺寸为 ϕ215.9mm，ϕ177.8mm 和 ϕ139.7mm，地面平均温度为 18℃，根据这些参数计算气藏偏差因子曲线（图 6-2-35），结

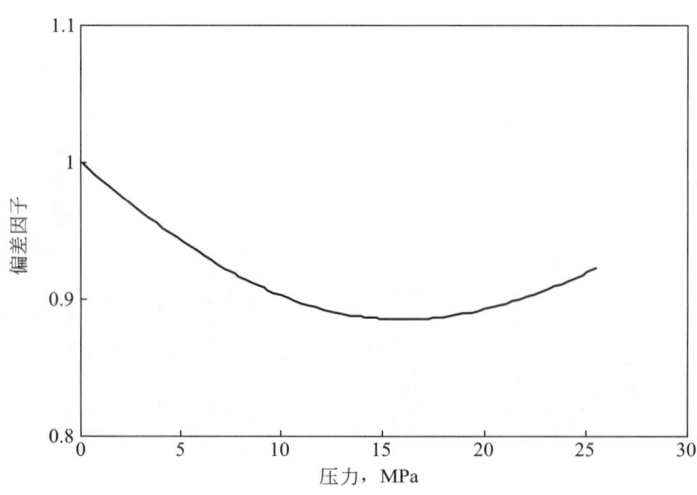

图 6-2-35　偏差因子随压力变化关系曲线

合前面实验确定的带液效果明显气体流速，计算了目标气藏不同积液程度条件下明显带出积液所需要的水平气井产量（图 6-2-36 和图 6-3-37）。

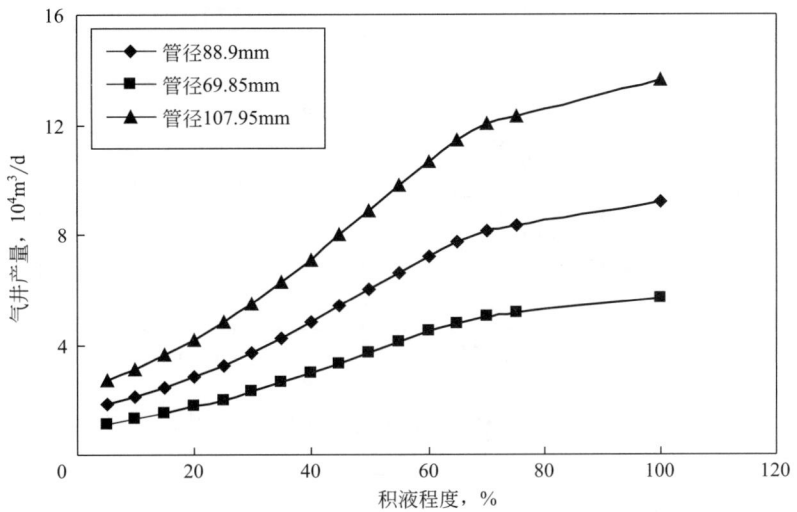

图 6-2-36　打开靠近趾端储层段带液效果明显需要气体产量

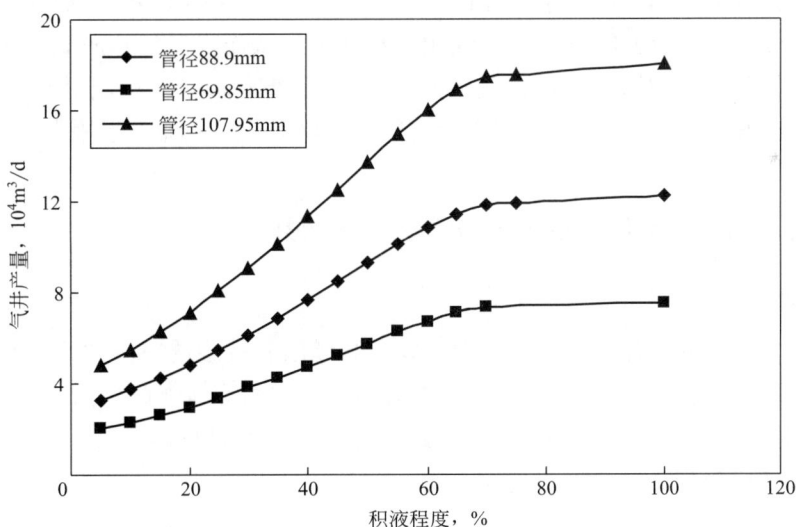

图 6-2-37　打开靠近中部储层段带液效果明显需要气体产量

从图 6-2-36 至图 6-2-38 可以看出，在相同的进气位置条件下，随着积液程度的增加，明显带出积液所需气体流速增大；小管径明显带出水平段积液需要的气井产量比大管径小，因此，采用小管径油管有助于提高带液效果。从图 6-2-38 可以看出，在相同的储层及管径条件下，趾端进气需要的产量比中部进气明显小一些，平均低 38.8% 左右，对于实际水平井充分打开靠近趾端储层有助于提高排液效果。

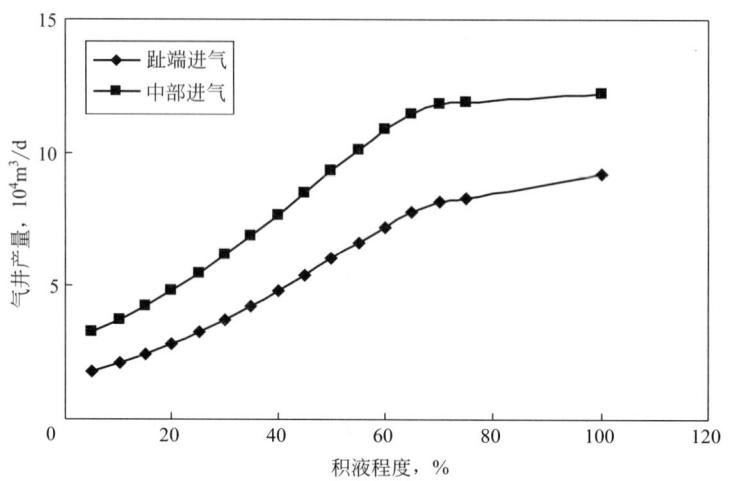

图 6-2-38　打开不同储层段对带出积液需要气井产量的影响（管径 88.9mm）

第三节　储层多相渗流对水平井产能的影响研究

第三章研究成果表明，高含水低渗透气藏可能存在气—水两相渗流形式。随着水饱和度增加，气体有效渗透率急剧降低，降低气相流动能力，从而降低气井产能。如何评价储层气水两相渗流对气井产能的影响？此次研究从两方面评价了储层多相流对水平气井产能的影响：一是储层多相流对气井初期产能的影响；二是储层多相流对水平气井不稳定产能的影响。

一、储层多相渗流对水平气井初期产能的影响

1. 评价方法

从式（4-1-12）可以看出，水平井产能大小与储层有效渗透率表现为正相关性，式中 K 表示气体有效渗透率，为了考虑储层多相渗流对气井产能的影响，引入函数 $K_g(S_w)$ 代替式（6-3-1）中 K。函数 $K_g(S_w)$ 根据第三章相渗曲线测试结果确定；由式（6-3-1）可以定量化评价储层多相渗流对水平井产能的影响。

$$q_{sc}=\frac{784.9K_g(S_w)h\left[p_e^2-p_w^2-2\bar{p}\lambda\left(r_e-r_w-\frac{L-h}{2}\right)\right]}{\mu ZT(A_H+B_H q_{sc})} \quad (6-3-1)$$

2. 对水平井初期产能影响分析

根据须六气藏平均物性参数、平均相渗曲线定量分析了储层多相渗流对水平气井初始产能的影响。须六气藏平均相渗曲线如图 6-3-1 所示，残余水饱和度为 36.6%，等渗点对应的水饱和度为 62%。

根据须六气藏物性特征确定典型水平井参数：地层压力 20MPa、地层温度 65℃、水平

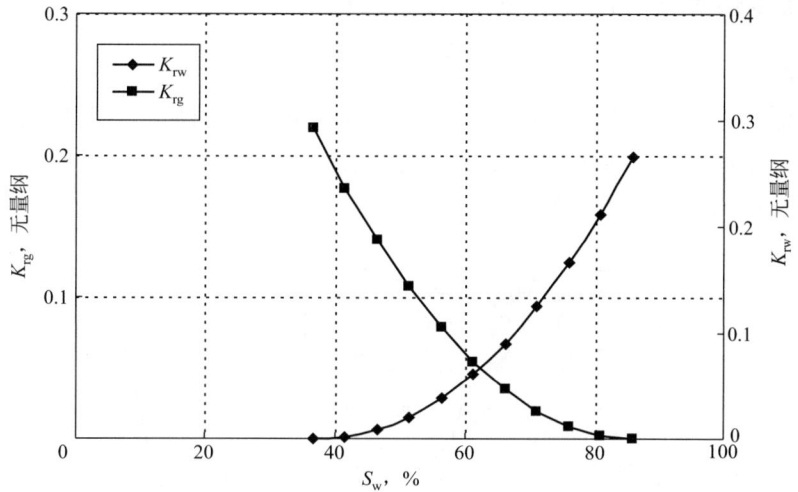

图 6-3-1 须六气藏归一化气水相渗曲线

段长度 1000m、储层厚度 20m。计算结果如图 6-3-2 所示。须六气藏平均束缚水饱和度为 40%，在区间 Ⅰ 气体以单相气体流动为主、水相几乎不流动，水平井产能降低幅度不大，仅有 15%；随着水饱和度增加，水相流动能力增强，出现明显气水两相渗流，在气相主流动区域内（Ⅱ 水饱和度<61%）因气相渗透率降低引起的水平井产能降低幅度达到 74%，考虑气体渗流通道减小后高速非线性渗流效应的增强，产能下降幅度会更大；在水相主流动区域（Ⅲ）气体流动能力急剧降低，当水饱和度达到 70% 时，水平井产能降低幅度达到 100%，气井无法正常生产。表明储层多相渗流对气井产能影响较大，对于广安须六气藏对水饱和度高于 61% 储层不适合打水平井。

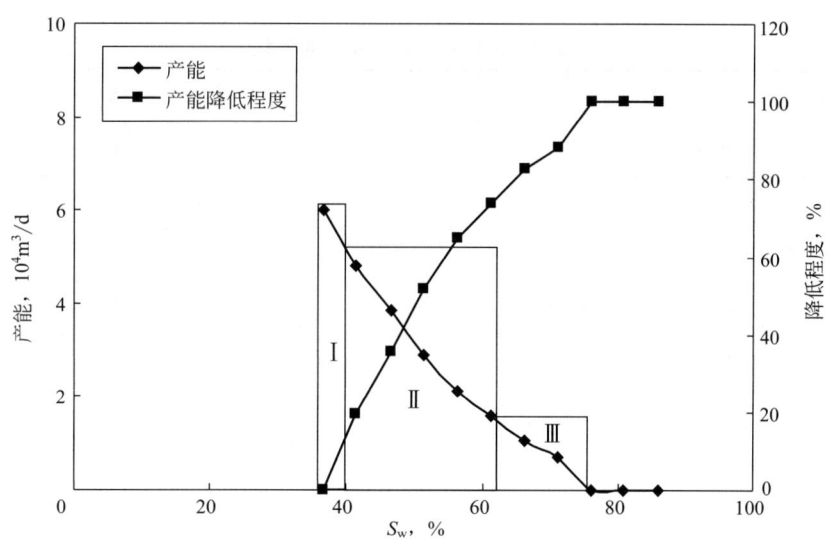

图 6-3-2 水平井初期产能受储层多相流影响

二、储层多相渗流对水平井不稳定产能的影响

1. 评价方法

目前平均储层多相渗流对气井产能的影响主要有两大类方法：一是数值试井；二是数值模拟。此次研究采用后者评价了储层多相渗流对水平井不稳定产能的影响。选取三套不同残余水饱和度相渗曲线（图6-3-3）。

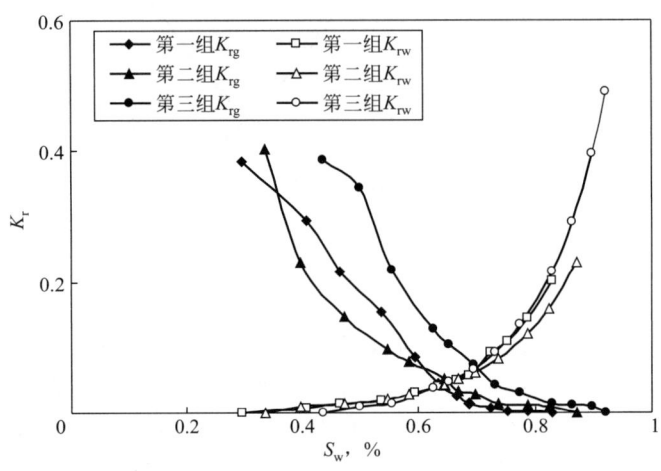

图 6-3-3　三组相渗曲线对比

三组相渗曲线对应残余水饱和度分别为29.8%，33.78%和43.79%，与含水饱和度40%比较，三组相渗曲线分别对应三类不同类型储层：产水能力较大储层（Ⅰ）、产水能力较小储层（Ⅱ）、不产水储层（Ⅲ）。其他参数见表6-3-1，按照该参数计算单井控制储量$1.47 \times 10^4 \mathrm{m}^3$。

表 6-3-1　单井模拟基础参数

参　　数	取值
水平段长度，m	1000
水平渗透率，mD	0.3
各向异性系数（K_h/K_v）	10
储层厚度，m	20
废弃井底压力，MPa	8
井眼半径，mm	107.95
原始地层压力，MPa	20
地层温度，℃	65
原始含水饱和度	0.4，0.5，0.6

续表

参　　　数	取值
模型大小，m×m	1200×1200
网格类型及网格数	矩形网格模型，网格块 20×20×2
气体相对密度	0.65
水的体积系数	1.014
水黏度，mPa·s	0.308
配产，$10^4 m^3/d$	5
评价年限，a	10

2. 对水平井不稳定产能影响分析

三类储层计算结果对比如图 6-3-4 至图 6-3-6 所示。从图 6-3-4 可以看出，随着水相临界流动饱和度增加、储层产水能力减弱，气井稳产能力增加；比较第Ⅰ和第Ⅲ类储层，稳产时间延长 13 个月，稳产能力提高程度达 59%。但是从图 6-3-5 可以看出，由于产水能力小的储层，单井稳产时间长、递减期早期阶段气井产量大，生产后期气井产量递减速度高于产水能力强的储层；评价期末，产水能力由强到弱储层，对应气井产量分别为 $0.506×10^4 m^3/d$，$0.386×10^4 m^3/d$ 和 $0.271×10^4 m^3/d$，相应气井产量月递减率分别为 $0.0458×10^4 m^3/mon$，$0.0512×10^4 m^3/mon$ 和 $0.0556×10^4 m^3/mon$；分析认为在单井控制储量有限的情况下，气井初期产量过大、采速相对较高是气井后期递减较快的主要原因。

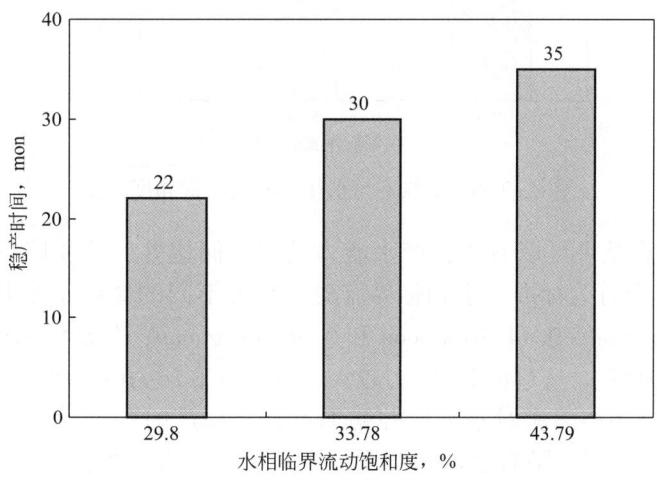

图 6-3-4　稳产时间与水相临界流动饱和度关系

从图 6-3-6 可以看出，随着储层产水能力减弱，评价期末采收率越高。储层类型Ⅲ比储层类型Ⅰ采收率高 4.04%。

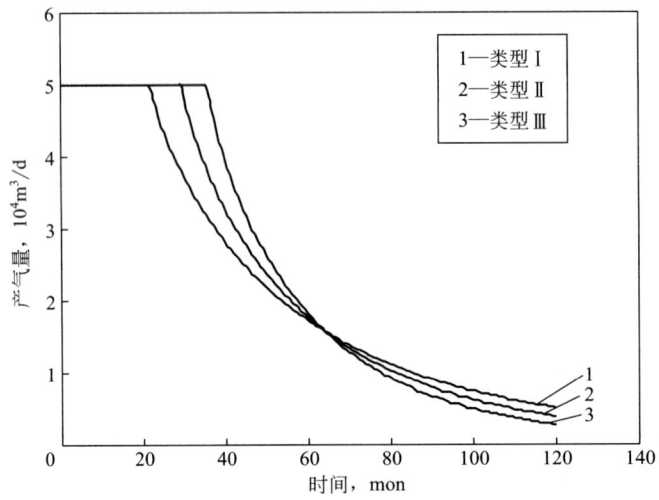

图 6-3-5　气井产量变化特征与水相临界流动饱和度关系

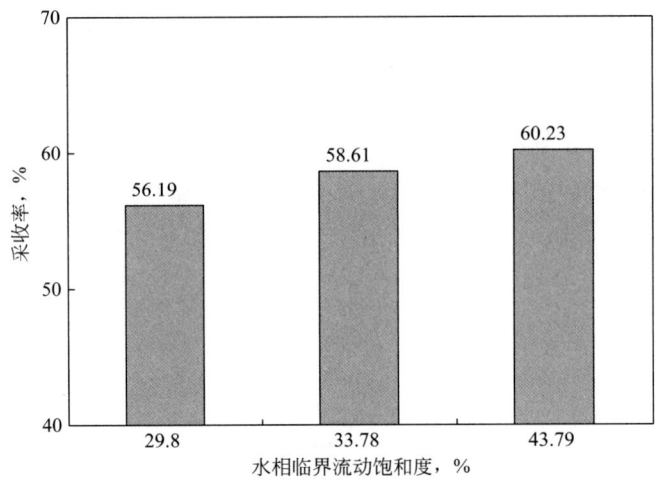

图 6-3-6　采收率与水相临界流动饱和度关系

从图 6-3-7 计算结果可以看出,产水能力越强,储层井底流压降低速度越快。以储层类型 I 稳产时间 22 个月为标准,水相临界流动饱和度不同的储层水平井对应井底流压递减率分别为 0.535MPa/mon、0.443MPa/mon 和 0.381MPa/mon;分析认为产水能力越强,储层两相渗流饱和度范围越大,气体渗流阻力越大,因此井底压力降低速度越快。

总体而言,储层多相渗流对水平气井初期产能、稳产时间、采收率及井底流压影响较大。储层出现多相渗流时,随着水饱和度增加气相流动能力减弱,水平井初期产能降急剧降低;储层产水能力越强,水平气井稳产时间越短、采收率越小,井底流压降低速度越快。因此,对于高含水低渗透砂岩气藏,水饱和度相对较高、存在局部裂缝发育区域,由于储层产水能力较强,不适合打水平井。

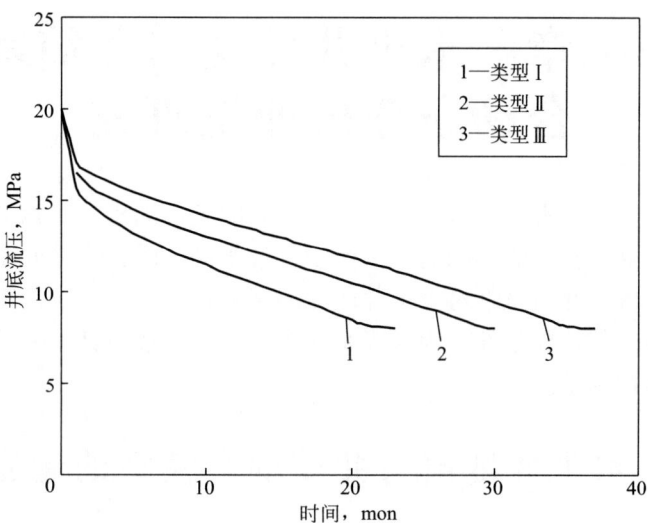

图 6-3-7 不同类型储层压力递减速度对比

第七章　水平井储层与井筒耦合动态分析理论研究

本章研究成果证实了产水是影响水平井正常生产的关键因素。本章分别建立单相渗流条件下，水平段井筒压降对其产能影响的评价模型；气水同产时，水平井不同井段携液机理理论计算模型。系统分析了井筒压降对水平井产能的影响规律及其影响因素；提出了水平井临界携液流量计算模型及其临界条件。为现场实际水平井井轨迹设计、井参数优化及合理配产提供了重要理论评价技术手段。

第一节　水平井地层与井筒耦合模型的建立及求解

与普通水平圆管流相比，水平井生产时，水平井筒内除了沿水平井长度方向有流动（一般称为主流）外，还有流体从地层沿水平井筒长度方向各处流入井筒，从水平井筒趾端到跟端，流体质量流量逐渐增加，形成水平井筒内的变质量流。在这种情况下，沿主流方向，气体流速逐渐增加，加速度压降不再等于零，其影响不能忽略；流体从地层沿水平井筒径向流入时，干扰了主流管壁边界层，影响了其速度剖面，从而改变了由速度分布决定的壁面摩擦阻力。从地层径向流入水平井筒的流量大小会影响水平井筒内压力分布及压降大小，而水平井筒内的压力分布会反过来影响从地层径向流入的流量大小，只有将地层渗流与水平井筒内的流动进行耦合，才能准确认识水平井筒内的流量、压力分布特征，建立起水平井筒内压降损失的耦合模型，才能正确评价水平井产能。

一、气体单相流水平井地层与井筒耦合模型的建立与求解

1. 井筒压降方程

水平井井筒压降（Δp_{seg}）包括摩阻压降、加速度压降与重力作用，即：

$$\Delta p_{seg} = \Delta p_{fric} + \Delta p_{acc} + \Delta p_{g} \tag{7-1-1}$$

式中　Δp_{fric}——井筒管流摩阻压降，考虑壁面粗糙度和流体混合产生的压力损失；

　　　Δp_{acc}——变质量流引起的加速度压降；

　　　Δp_{g}——重力压差。

对于水平井段无高低起伏及倾斜的理想情况，可以忽略水平井筒内的重力压差。

1）井筒管流摩阻压降

$$\Delta p_{fric} = \frac{fv^2\rho}{2d}\Delta L = \frac{f\rho Q^2}{4\pi^2 r_d^5}\Delta L \tag{7-1-2}$$

式中　ΔL——管道长度，m；

　　　f——Moody 摩阻系数；

　　　v——流体流速，m/s；

d——管道等效水力直径，m；
ρ——流体密度，kg/m³；
Q——流量，m³/s；
r_d——管道等效水力半径，m。

在 Δp_{fric} 中考虑壁面粗糙度和流体混合产生的摩阻，可以通过修正摩阻系数 f 予以体现：
对层流：

$$f=\frac{64}{Re}(1+0.04303Re_w^{0.6142}) \tag{7-1-3}$$

对紊流：

$$f=f_0(1-0.0153Re_w^{0.3978}) \tag{7-1-4}$$

其中

$$Re_w=\frac{q_s\rho}{\pi\mu} \tag{7-1-5}$$

式中　f_0——无壁面流入时的摩阻系数；
　　　Re_w——壁面流入的雷诺数，定义为：
　　　q_s——单位长度管壁面流入的体积流量。

2）加速度附加压降

设定水平管流体入口端流量为 q_A，由管壁流入井筒的流量为 q_I，则出口端的流量为 q_A+q_I，如图7-1-1所示，水平井段流体流量变化产生的附加作用力为：

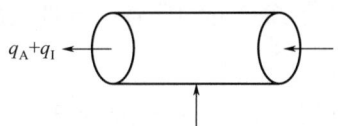

图7-1-1　井筒流体流量变化示意图

$$A\Delta p_{acc}=\rho A(v_2^2-v_1^2) \tag{7-1-6}$$

其中

$$v_1=\frac{q_A}{A} \tag{7-1-7}$$

$$v_2=\frac{(q_A+q_I)}{A} \tag{7-1-8}$$

式中　A——管道截面积，m²；
　　　q_A——上游流量，m³/s；
　　　q_I——井段壁面流入流量，m³/s。

将式（7-1-7）与式（7-1-8）代入式（7-1-6）可得：

$$\Delta p_{acc}=\frac{\rho}{A^2}(q_I^2+2q_Aq_I) \tag{7-1-9}$$

3）井筒流动方程

假设 $Q(x)$ 为 x 处井筒控制体的平均流量，$q_h(x)$ 为控制体壁面流率，根据式（7-1-1）、式(7-1-2)及式(7-1-9)可以导出井筒压降方程为：

$$\frac{\mathrm{d}p}{\mathrm{d}x} = \frac{f\rho Q^2(x)}{4\pi^2 r_w^5} + \frac{\rho}{A^2}[Q(x) \cdot q_h(x)] \tag{7-1-10}$$

气体密度：

$$\rho = \frac{M_{air}\gamma_g p}{RTZ}$$

式中 M_{air}——空气相对分子量；
γ_g——气体相对密度，无量纲。

气体体积系数：

$$B_g = \frac{p_{sc}TZ}{T_{sc}p}$$

将井筒控制体流量及流率换算到地面标准状况，令：

$$Q(x) = Q_{sc}(x)B_g$$
$$q_h = q_{hsc}(x)B_g$$

将 ρ，$Q(x)$ 和 q_h 代入式(7-1-10)得到水平井筒压降方程：

$$\frac{\mathrm{d}p}{\mathrm{d}x} = \left[\frac{fQ_{sc}^2(x)}{4\pi^2 r_w^5} + \frac{Q_{sc}(x)q_{hsc}(x)}{\pi^2 r_w^4}\right]\frac{M_{air}\gamma_g p_{sc}^2 T}{RT_{sc}^2}\frac{Z}{p} \tag{7-1-11}$$

2. 地层渗流方程

考虑平面上无限大、顶底边界不渗透的均质各向异性气藏，位于储层中央的裸眼水平井稳态产能方程可表示为：

$$A_H' q_{sc} + B_H' q_{sc}^2 = p_e^2 - p_w^2 - 2\bar{p}\lambda\left(r_e - r_w - \frac{L-h}{2}\right) \tag{7-1-12}$$

$$A_H' = 1.274\times10^{-3}\frac{\mu}{K_h}\frac{ZT}{h}\left(\ln\frac{a+\sqrt{a^2-(L/2)^2}}{0.5L} + \frac{\beta h}{L}\ln\frac{(\beta h/2)^2+\beta^2\delta^2}{\pi\beta h r_w/2}\right)$$

$$B_H' = 2.825\times10^{-21}\frac{ZT\gamma_g}{h^2}\left[\beta'\left(1-\frac{0.5L}{a+\sqrt{a^2-(L/2)^2}}\right) + \frac{\beta''h^2}{L^2}\left(\frac{\beta h}{2\pi r_w}-1\right)\right]$$

$$a = 0.5L\left[0.5+\sqrt{0.25+\left(\frac{2r_{eh}}{L}\right)^4}\right]^{0.5}$$

$$\beta' = \frac{7.644\times10^{10}}{K_h^{1.5}}$$

$$\beta'' = \frac{7.644\times10^{10}}{(\sqrt{K_v K_h})^{1.5}}$$

式中 K_h，K_v——储层水平方向与垂直方向渗透率，mD；
β——渗透率各向异性系数，$\beta=\sqrt{K_h/K_v}$；
γ_g——天然气相对密度；
q_{sc}——标准状态天然气产量，$10^4 \mathrm{m}^3/\mathrm{d}$；
L——水平段长度，m；

h——储层厚度，m；

p_e——地层压力，MPa；

p_w——井底流压，MPa；

μ——天然气黏度，cP；

Z——天然气偏差系数；

T——地层温度，K；

λ——启动压力梯度，MPa/m；

r_w——井筒半径，m；

r_e——供给半径，m。

3. 耦合计算方法

将式(7-1-11)与式(7-1-12)联立求解即可得到定跟端压力条件下的水平井筒流量、压力分布，耦合计算框图如图7-1-2所示。

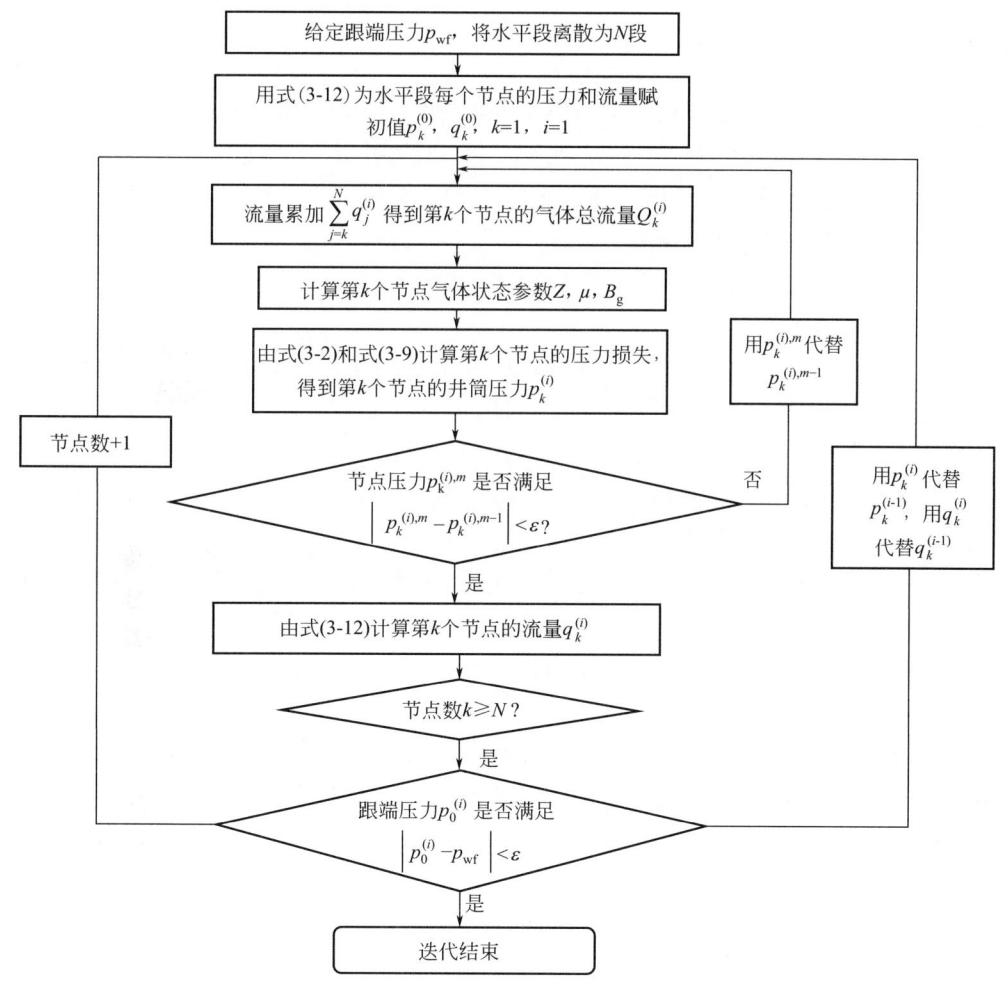

图7-1-2 气体单相流水平井地层与井筒耦合计算框图

二、气液两相流水平井地层与井筒耦合模型的建立及求解

两相流动和单相流动一样服从流体力学的所有基本定律,如连续性方程、动量守恒和能量守恒方程以及气体状态方程等,但两相流动中,由于存在着许多在单相体系中不存在的因素,而使问题大大复杂化。对于水平井气液两相耦合计算,当地层渗流也考虑为两相流动时,计算将相当复杂。为此,假定地层中为气体单相流动,井筒中为气液两相流动,井壁流入井筒的液量由水气比确定,以此建立耦合模型进行分析。

1. 井筒压降模型

对于多相流,假定为一维定常均匀平衡流动,根据能量守恒定律可以推导出:

$$\left(\frac{\mathrm{d}p}{\mathrm{d}Z}\right)_{总}=\left(\frac{\mathrm{d}p}{\mathrm{d}Z}\right)_{重力}+\left(\frac{\mathrm{d}p}{\mathrm{d}Z}\right)_{摩阻}+\left(\frac{\mathrm{d}p}{\mathrm{d}Z}\right)_{加速} \qquad (7-1-13)$$

$$\frac{\mathrm{d}p}{\mathrm{d}x}=-\left(\rho_{\mathrm{m}}g\sin\theta+\frac{\rho_{\mathrm{fr}}v_{\mathrm{m}}\mathrm{d}v_{\mathrm{m}}}{\mathrm{d}x}+\frac{f_{\mathrm{m}}\rho_{\mathrm{m}}v_{\mathrm{m}}^{2}}{2d}\right) \qquad (7-1-14)$$

式中 v_{m}——两相混合物速度,$v_{\mathrm{m}}=v_{\mathrm{sg}}+v_{\mathrm{sl}}$,m/s;

f_{m}——两相摩阻系数;

ρ_{m},ρ_{fr}——分别为考虑滑脱和不考虑滑脱两相混合物密度,kg/m³;

v_{sg},v_{sl}——气相、液相表观速度,$v_{\mathrm{sg}}=q_{\mathrm{g}}/A$,$v_{\mathrm{sl}}=q_{\mathrm{l}}/A$,m/s;

q_{g},q_{l}——气相、液相体积流量,m³/d;

A——水平井筒横截面积,m²;

g——重力加速度,m/s²;

d——水平井筒内径,m。

式(7-1-14)中,重力、摩阻和动能压降梯度项的两相流密度 ρ_{m} 和 ρ_{fr} 在一些经验相关式中均统一表示为重力项的两相混合物密度,即:

$$\rho_{\mathrm{m}}=\rho_{\mathrm{L}}H_{\mathrm{L}}+\rho_{\mathrm{g}}(1-H_{\mathrm{L}}) \qquad (7-1-15)$$

式中 ρ_{L},ρ_{g}——分别为液相和气相的密度,kg/m³;

H_{L}——持液率。

通常,由于流速增大所引起的动能变化较小,常被忽略;摩阻项中的两相混合物密度 ρ_{fr} 在某些经验公式中用无滑脱混合物密度表示:

$$\rho_{\mathrm{fr}}=\rho_{\mathrm{L}}\lambda_{\mathrm{L}}+\rho_{\mathrm{g}}(1-\lambda_{\mathrm{L}}) \qquad (7-1-16)$$

式中 λ_{L}——无滑脱持液率。

由于压力梯度方程[式(7-1-14)]右边函数中包含了流体物性、运动参数及其有关的无量纲量,无法求其解析解。因此,采用迭代法求解,迭代步骤如下:

(1) 设水平井跟端压力为 p_0、井底温度为 T、水平段长为 L,将计算井段分为 N 段,每段长度 $\Delta L=L/N$;

(2) 第 i 井段 ΔL_i 上的压差 Δp 是未知数,先估计一个 Δp,即先给 Δp 赋一初值 $\Delta p'$;

(3) 确定 ΔL_i 井段上的平均压力 $\bar{p}$:$\bar{p}=p_{i-1}+\Delta p'/2$;

(4) 对于 ΔL_i 井段,计算在 $\bar{p}$ 和 T 条件下的有关物性参数;

（5）计算各相体积流量 q_g 和 q_l，表观速度 v_{sg} 和 v_{sl} 以及混合物速度 v_m；

（6）计算有关无量纲量；

（7）计算持液率 H_L、摩阻系数 f_m；

（8）利用式(7-1-14)计算 Δp；

（9）比较 Δp 与 $\Delta p'$ 是否满足规定精度，若不满足精度，设 $\Delta p' = \Delta p$，重复步骤(3)~步骤(8)；

（10）将 $p_{i-1} + \Delta p$ 赋于 p_i，即 $p_i = p_{i-1} + \Delta p$，并设 $i = i+1$，重复步骤(2)~步骤(9) 进行下一井段的计算，直至水平井筒的趾端 $i = N$。

利用上述步骤计算井筒压力，关键在于计算持液率 H_L 和两相摩阻系数 f_m。Hagedorn 和 Brown 通过实验研究得出了确定持液率的3条关系曲线，如图 7-1-3 至图 7-1-5 所示。

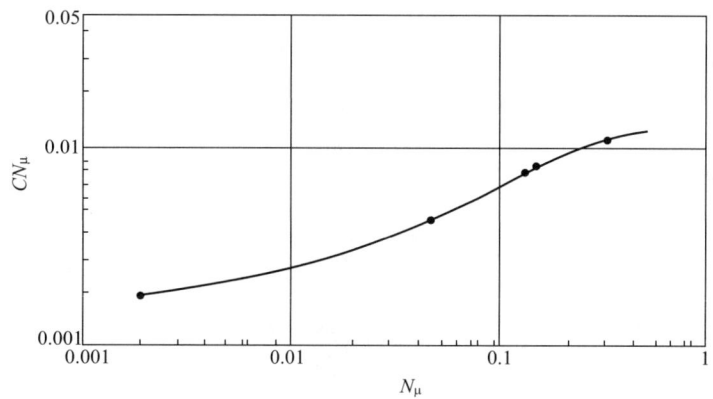

图 7-1-3　N_μ 与 CN_μ 的关系图

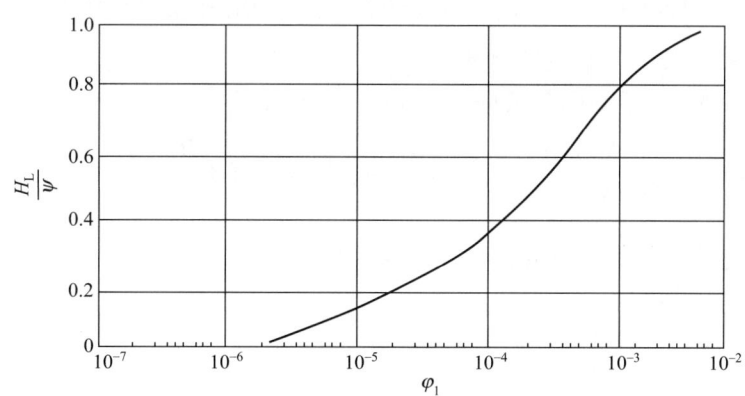

图 7-1-4　H_L/ψ 与 φ_1 的关系图

利用这3条曲线确定持液率 H_L 时，还需要计算四个无量纲参数。

液体速度数 N_{LV}：

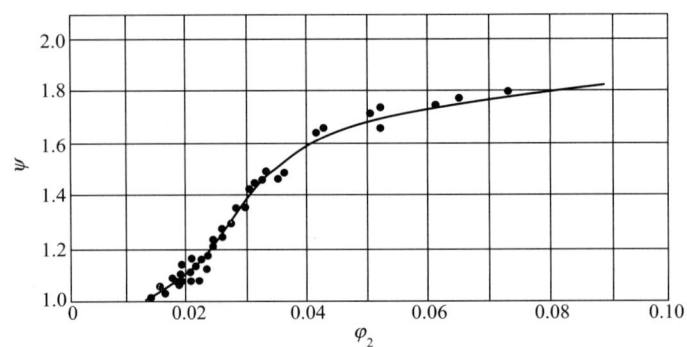

图 7-1-5 ψ 与 φ_2 的关系图

$$N_{LV} = v_{sl}\left(\frac{\rho_l}{g\delta}\right)^{1/4} \tag{7-1-17}$$

气体速度数 N_{GV}：

$$N_{GV} = v_{sg}\left(\frac{\rho_g}{g\delta}\right)^{1/4} \tag{7-1-18}$$

管子直径数 N_d：

$$N_d = d\left(\frac{\rho_l g}{\delta}\right)^{1/2} \tag{7-1-19}$$

液体黏度数 N_μ：

$$N_\mu = \mu_l\left(\frac{g}{\rho_l \delta^3}\right)^{1/4} \tag{7-1-20}$$

式中　δ——气液界面张力，N/m；

　　　μ_l——液体黏度，Pa·s。

其余符号含义同前文。

利用上述 4 个无量纲量和 3 条相关曲线计算持液率 H_L 和摩阻系数 f_m 的步骤如下：

(1) 计算 $\bar{p}$ 和 $\bar{T}$ 条件下的无量纲量：N_{LV}，N_{GV}，N_d，N_μ。

(2) 从 N_μ—CN_μ 关系图中，根据 N_μ 值查出 CN_μ 值。

(3) 计算 $\varphi_1 = \dfrac{N_{LV}(CN_\mu)\bar{p}^{0.1}}{N_{GV}^{0.575} N_d p_{sc}^{0.1}}$，并由 $\dfrac{H_L}{\psi}$-φ_1 关系图查出 $\dfrac{H_L}{\psi}$。

(4) 计算 $\varphi_2 = \dfrac{N_{GV} N_\mu^{0.38}}{N_d^{2.14}}$，并由 ψ—φ_2 关系图查出 ψ。

(5) 计算持液率 $H_L = \left(\dfrac{H_L}{\psi}\right)\cdot \psi$。

(6) 计算两相雷诺数 $Re_m = \dfrac{1.474\times10^{-2} M_t}{d\mu_l^{H_L}\mu_g^{1-H_L}}$，其中，$M_t$ 为气液总质量流量，kg/s。

(7) 计算两相摩阻系数 f_m：

$$\frac{1}{\sqrt{f_m}} = 1.14 - 2\lg\left(\frac{e}{d} + \frac{21.25}{Re_m^{0.9}}\right) \tag{7-1-21}$$

其中，e 为绝对粗糙度，mm。

2. 地层渗流模型

地层流动模型包括两部分：气体流动模型和产水模型。其中，气体流动模型同式(7-1-12)，产水模型为：

$$q_1 B_1 = R q_g B_g \tag{7-1-22}$$

式中　B_1，B_g——液相和气相体积系数；

　　　q_g——标准状况下的产气量，$10^4 \mathrm{m}^3/\mathrm{d}$；

　　　q_1——标准状况下的产水量，m^3/d。

3. 耦合计算方法

将式(7-1-14)和式(7-1-12)、式(7-1-22)联立求解，即可得到水平井气液两相流定跟端压力条件下的流量及压力分布，求解步骤如图 7-1-6 所示。

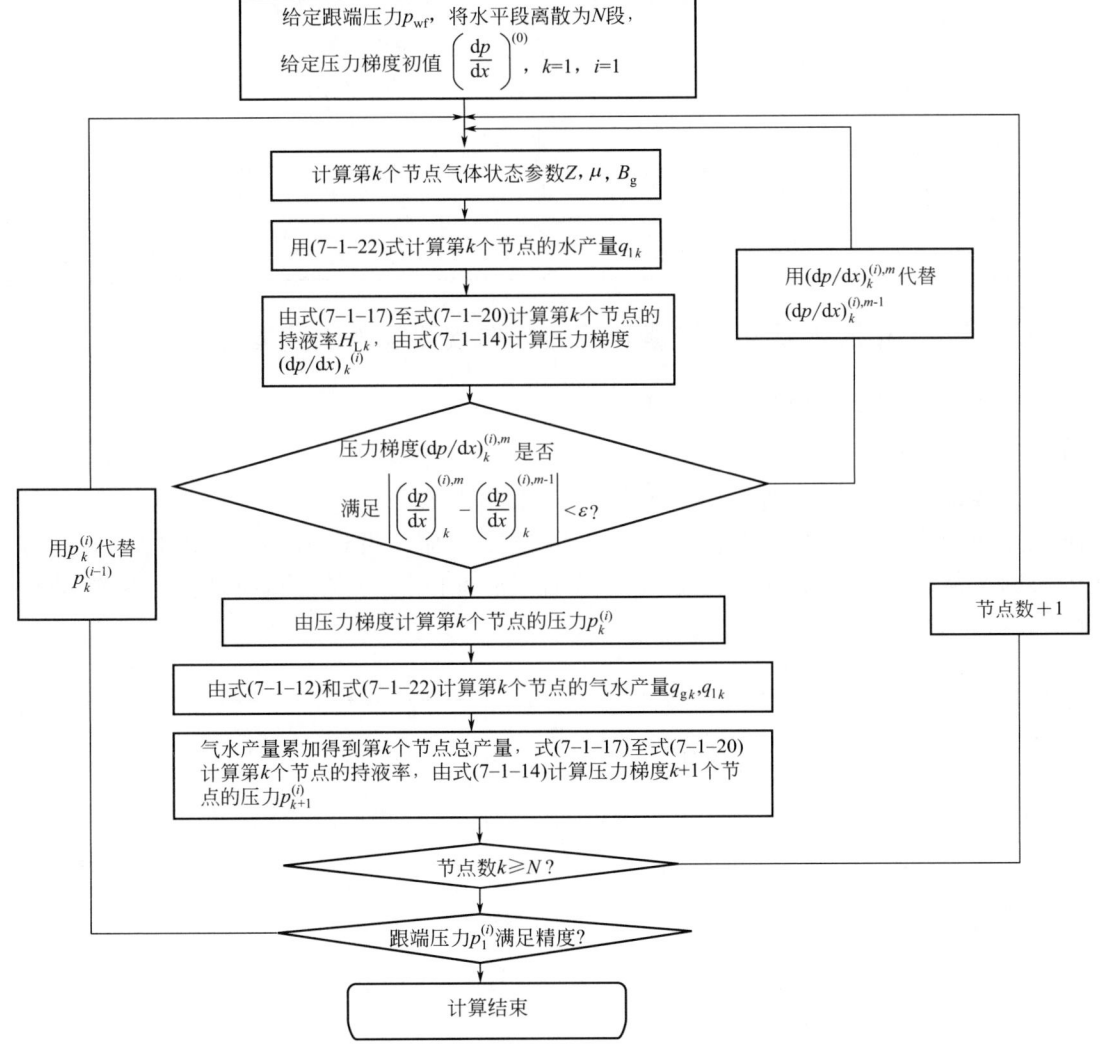

图 7-1-6　气液两相流水平井地层与井筒耦合计算框图

第二节 水平井筒流量、压力分布规律影响因素分析

影响水平气井井筒流量、压力分布的因素众多，本次研究运用建立的水平井地层与井筒耦合模型着重分析水平段长度、井径、井壁粗糙度、跟端压力以及水气比等对水平井筒流量及压力分布规律的影响。模型计算所用基本参数见表7-2-1。

表7-2-1 水平井地层与井筒耦合计算模型参数

参数名称	参数值	参数名称	参数值
地层压力，MPa	20	水平渗透率，mD	1
地层温度，K	353	各向异性系数	3
气体相对密度	0.65	储层有效厚度，m	25
气体黏度，mPa·s	0.0193	水平井泄流半径，m	1000
气体偏差因子	0.883	紊流系数，m^{-1}	2×10^{12}
水密度，kg/m^3	1050	井筒半径，m	0.0889
水黏度，mPa·s	0.8	井筒粗糙度，m	0.00016
标准压力，MPa	0.101325	最小井底压力（跟端），MPa	12
标准温度，K	293	水平段长度，m	1000
水气表面张力，N/m	0.06	水平井分段数	20

一、气体单相流水平井筒流量和压力分布规律及影响因素分析

1. 水平井筒流量和压力分布规律

水平井定跟端压力生产的情况下，由于沿水平井筒存在压力损失，从跟端到趾端井筒内压力逐渐升高，相应地层与井壁的生产压差逐渐降低，导致单位长度流量从跟端到趾端逐渐减小，水平井筒总流量随水平段长度增加渐近递增。由于流量与压力分布互为影响，从趾端到跟端随着流量逐渐增加，沿程的压力损失相应增大，跟端的压力下降幅度达到最大（图7-2-1）。

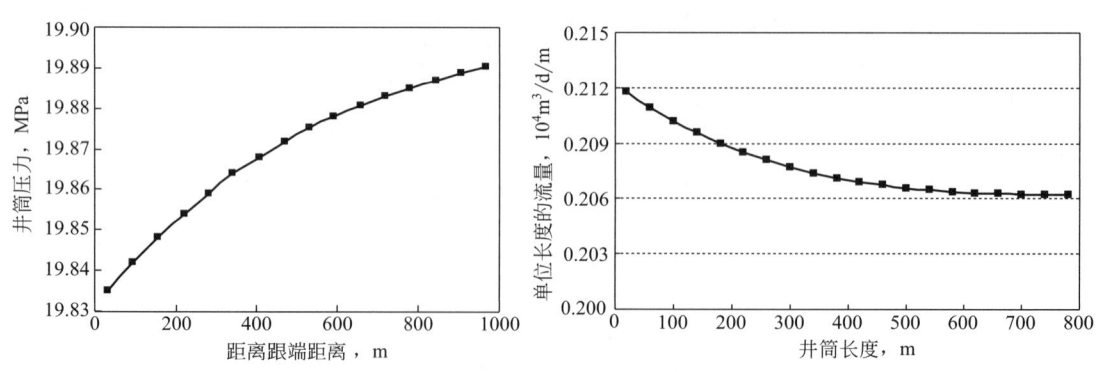

图7-2-1 水平井筒流量、压力分布规律图

2. 水平井筒流量和压力分布规律影响因素

1) 水平段长度的影响

水平段越长,水平井筒的总流量越大,水平井筒跟端与趾端的压力损失也就越大,定跟端压力的情况下,水平段各处压力就越高,地层与井壁的生产压差越小,相应的单位长度流量就越小(图7-2-2)。

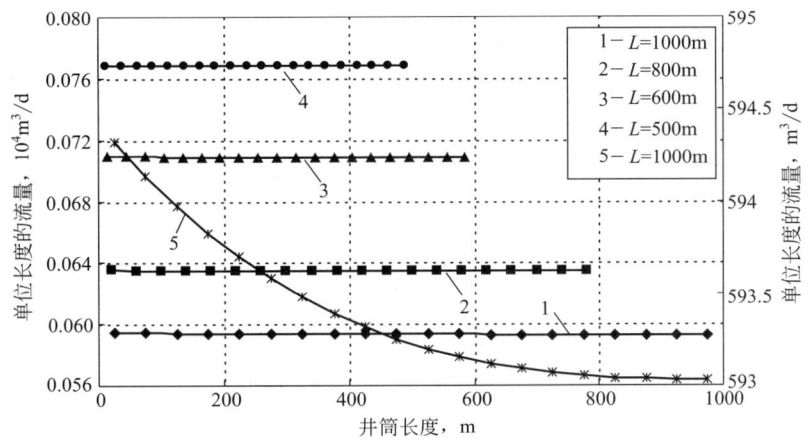

图 7-2-2 水平段长度对水平井筒流量分布的影响

($h=25\text{m}$,$K=1\text{mD}$,$p_{wf}=12\text{MPa}$,$p_i=20\text{MPa}$)

曲线 1、2、3、4 对应左侧纵坐标;曲线 5 对应右侧纵坐标

2) 井径的影响

井径越大,水平井筒单位长度的摩阻损失越小,在定跟端压力生产的情况下,水平井筒各处压力就越低(图7-2-3),相应地层与井壁的生产压差越大,导致单位长度流量增大(图7-2-4)。

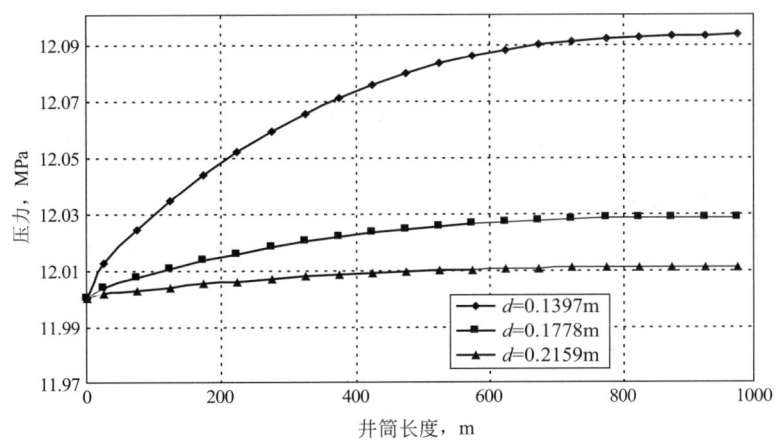

图 7-2-3 水平井筒直径对压力分布的影响

$h=25\text{m}$,$K=1\text{mD}$,$\gamma_g=0.65$,$T=80\text{°C}$,$p_i=20\text{MPa}$,$p_{wf}=12\text{MPa}$,$e=0.005$

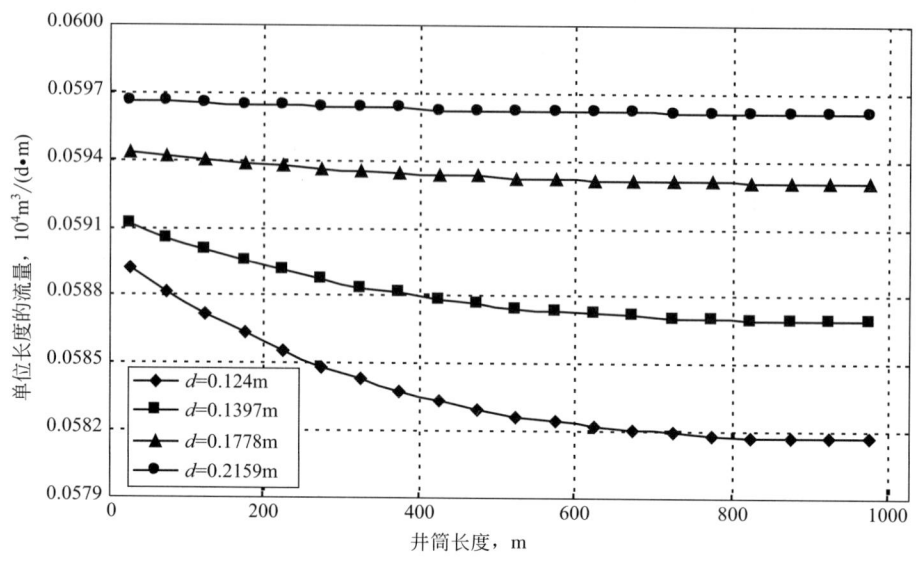

图 7-2-4 水平井筒直径对流量分布的影响

$h=25m$, $K=1mD$, $\gamma_g=0.65$, $T=80℃$, $p_i=20MPa$, $p_{wf}=12MPa$

3) 井壁粗糙度的影响

井壁粗糙度越大，水平井筒单位长度的摩阻损失越大，在定跟端压力生产的情况下，水平井筒各处压力就越高（图 7-2-5），相应地层与井壁的生产压差越小，导致单位长度流量减小（图 7-2-6）。

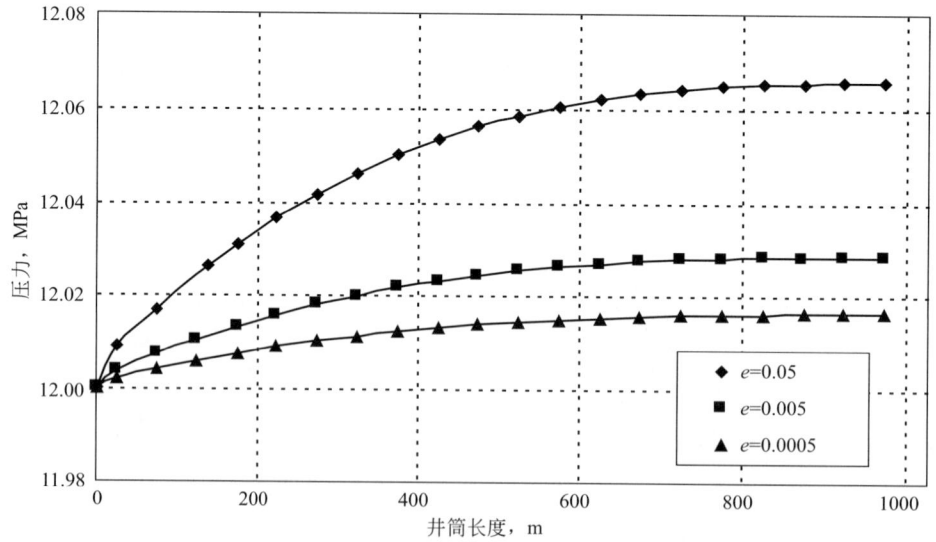

图 7-2-5 井壁粗糙度对水平井筒压力分布的影响

$h=25m$, $K=1mD$, $\gamma_g=0.65$, $T=80℃$, $p_i=20MPa$, $p_{wf}=12MPa$, $d=0.1778m$

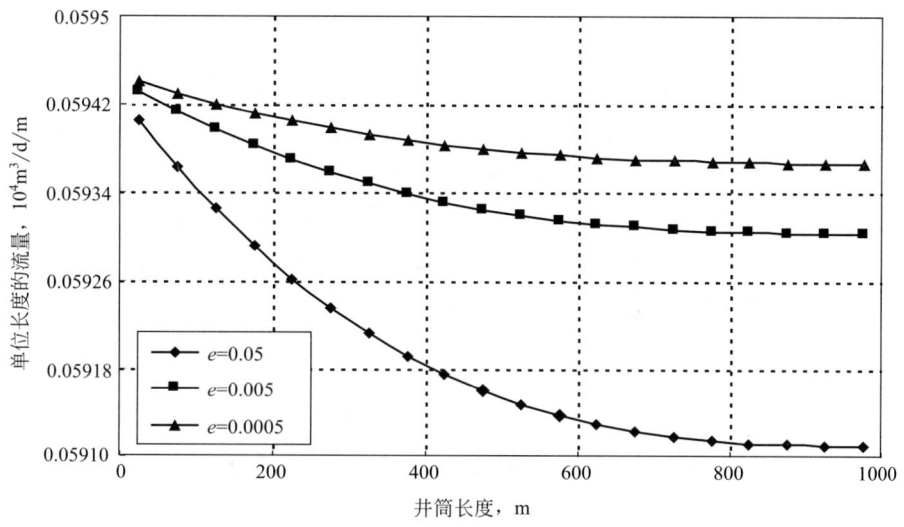

图 7-2-6 井壁粗糙度对水平井筒流量分布的影响

$h=25m$，$K=1mD$，$\gamma_g=0.65$，$T=80℃$

二、气液两相流水平井筒动态特征及影响因素分析

1. 水平井筒段流量—压力分布规律及影响因素

水平段长度、井径及粗糙度对气液两相流水平井筒流量、压力分布规律的影响与单相流是一致的，不同的仅仅是数值上的差异。地下水气比为地层条件下流入井筒的水与气体的体积之比。对于气液两相流，水气比是影响水平井筒动态的关键因素，在此对其影响予以重点分析。

地下水气比越高，两相混合物流动阻力就越大，在跟端压力一定的情况下，水平井筒各处压力就越高（图 7-2-7），相应地层与井壁的生产压差就越小，造成水平井筒单位长度流

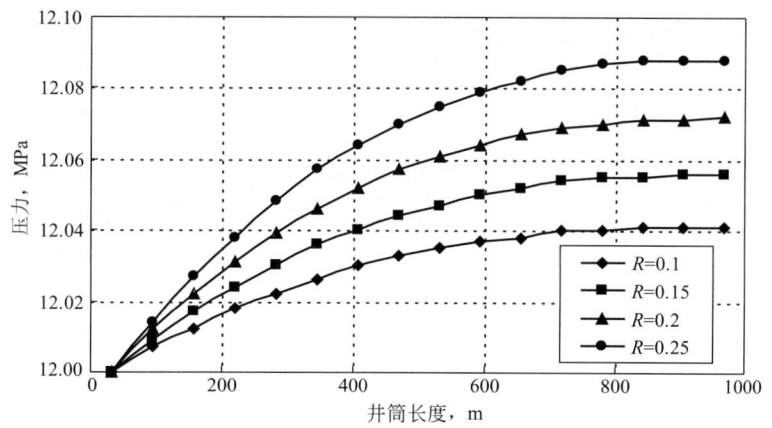

图 7-2-7 地下水气比对水平井筒内两相流压力分布的影响

$h=25m$，$K=1mD$，$p_i=20MPa$，$p_{wf}=12MPa$

量也就越小（图7-2-8）。

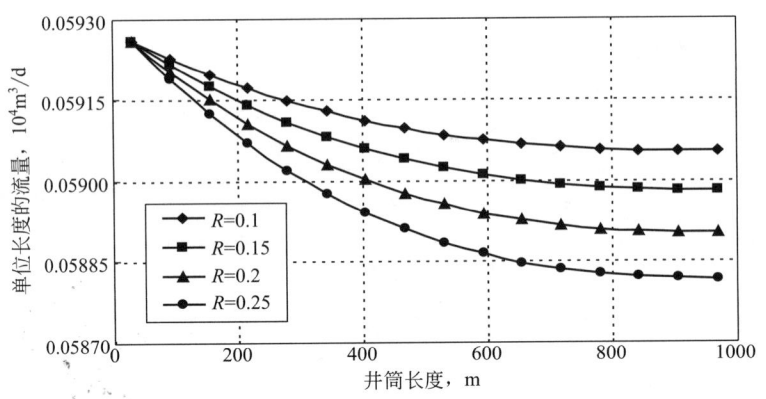

图7-2-8 地下水气比对水平井筒内两相流流量分布的影响
$h = 25\text{m}$，$K = 1\text{mD}$，$p_i = 20\text{MPa}$，$p_{wf} = 12\text{MPa}$

2. 水平井筒段理论持液率分布规律及影响因素

理论持液率是指一定气体流速下，一定井段内气流能够携带的最大液相体积与总的井段体积之比，反映了水平井筒内气流的最大携液能力，可利用 Hagedorn-Brown 方法计算其值。由于水平井筒趾端到跟端的流量逐渐增大，气流携液能力也随之增加，因此从趾端到跟端的理论持液率越来越高。

1) 井筒直径对持液率的影响

一方面，井径越小，井筒内的摩擦压降越大，在跟端压力一定的情况下，水平井筒各处压力就越高，相应地层与井壁间的生产压差越小，造成单位长度的流量越小；但另一方面，井径越小，水平井筒内的流速就越高。由于井径减小引起流速增加的幅度高于井径减小引起地层流入井筒流量降低的幅度，因此，井径减小引起的最终结果是气体流速增加，相应提高了气流的携液能力，即理论持液率（图7-2-9）。

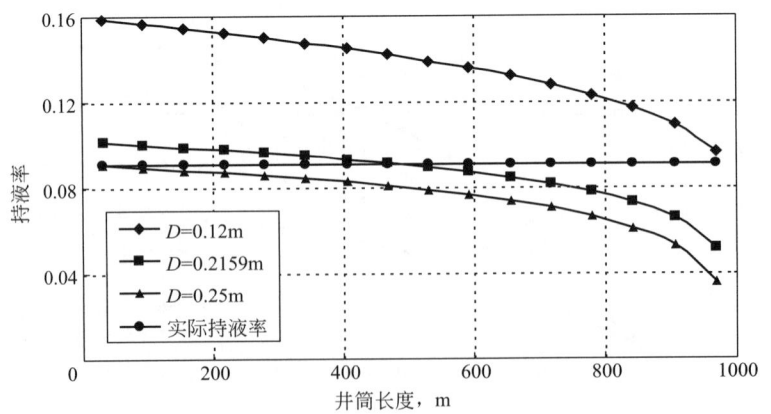

图7-2-9 井筒直径对水平井筒内两相流持液率分布的影响
$h = 25\text{m}$，$K = 1\text{mD}$，$p_i = 20\text{MPa}$

实际持液率是指气井实际生产中，一定井段内液相体积与总的井段体积之比。在图 7-2-9 的算例中，如果水平井筒段的实际持液率是 0.09，那么当井径等于 0.25m 时，实际持液率在每个节点都大于理论持液率，表明气井完全不能带液生产；井径等于 0.12m 时，实际持液率在每个节点都小于理论持液率，表明气井带液完全，能够正常带液生产；井径为 0.2159m 时，实际持液率和理论持液率的曲线发生交叉，表明长水平段在靠近趾端部分不能够正常带液生产。

2）跟端压力对持液率的影响

水平井跟端压力越高，对应的生产压差就越小，导致地层流入井筒的流量越小，水平井筒的气体流速就越低，气流携液能力越差，水平井筒内理论持液率就越小，如图 7-2-10 所示。

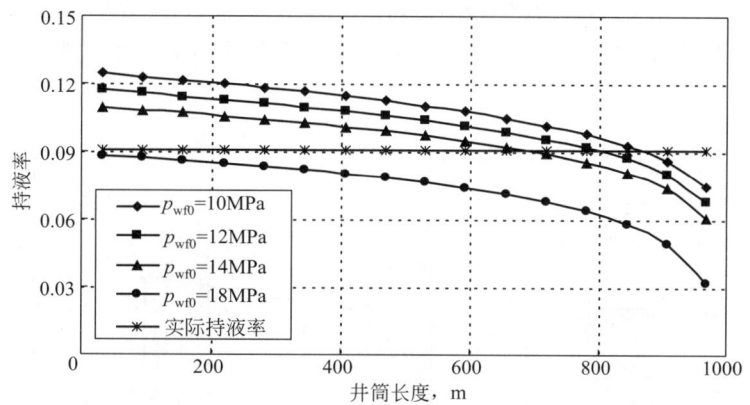

图 7-2-10 跟端压力对水平井筒内两相流持液率分布的影响

$h=25\text{m}$，$K=1\text{mD}$，$p_i=20\text{MPa}$，$D=0.1778\text{m}$

3）地下水气比对持液率的影响

地下水气比越高，水平井筒内的摩擦压降就越大，定跟端压力的情况下，水平井筒各处压力越高，地层与井壁的生产压差越小，地层流入井筒的流量越小，相应水平井筒气体流速就越小，气流携液能力下降，气井的理论持液率就越小，如图 7-2-11 所示。

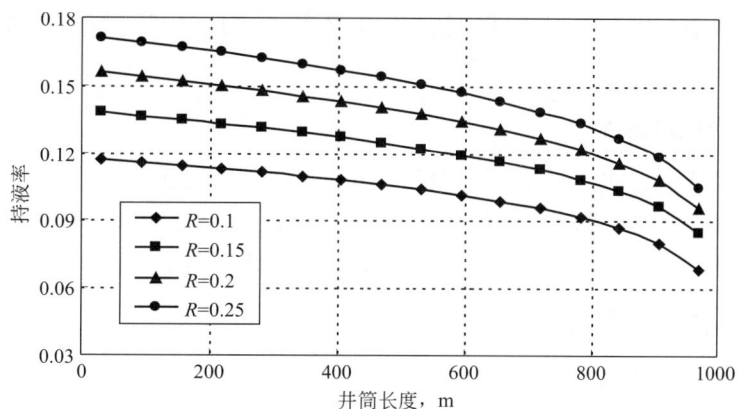

图 7-2-11 地下水气比对水平井筒内两相流理论持液率分布的影响

$h=25\text{m}$，$K=1\text{mD}$，$p_i=20\text{MPa}$，$p_{wf}=12\text{MPa}$

第三节 水平段压降对水平井产能的影响

水平井地层与井筒耦合模型中由于考虑了水平井筒压降的存在，确定的气井产能低于单纯考虑地层渗流所得结果。影响水平井筒流量、压力动态的关键因素决定着水平井筒压降对水平井产能的影响程度。

一、水平段长度的影响

在不考虑水平井筒压降的情况下，随着水平段长度增加，水平井产能基本呈线性递增，但通过地层与井筒耦合，水平段压力损失随水平段长度增加而增加的影响得以体现，即压降对水平井产能的影响程度逐渐增大（图7-3-1），导致水平井产能增幅随水平段。

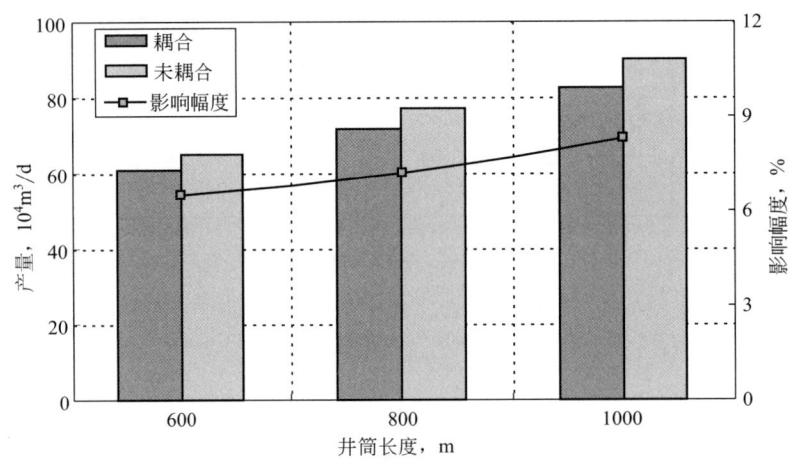

图7-3-1 不同水平段长度下水平井筒压力损失对水平井产能的影响
$p_i = 20\text{MPa}$，$p_{wf} = 0.9\text{MPa}$

长度增加而减小。因此，对于特定储层，并不是水平段越长越好，在考虑井筒压降对气井产能的影响时，水平段长度存在一合理值。

二、井筒半径的影响

随着井筒半径增大，水平井筒压力损失减小，水平井产能增高，同时井筒压降对水平井产能的影响程度降低，即由耦合模型求得的水平井产能与由水平井产能方程确定的结果差异减小（图7-3-2）。因此，采用大尺寸油管有助于提高水平气井产能。

三、井壁粗糙度的影响

水平井产能方程表明水平井产能与井壁粗糙度无关，而地层与井筒耦合模型中，水平井筒压降随井壁粗糙度增大而增加，导致水平井产能减少，井筒压降对水平井产能的影响幅度增大（图7-3-3）。因此，采用井壁光滑的油管有助于提高水平气井产能。

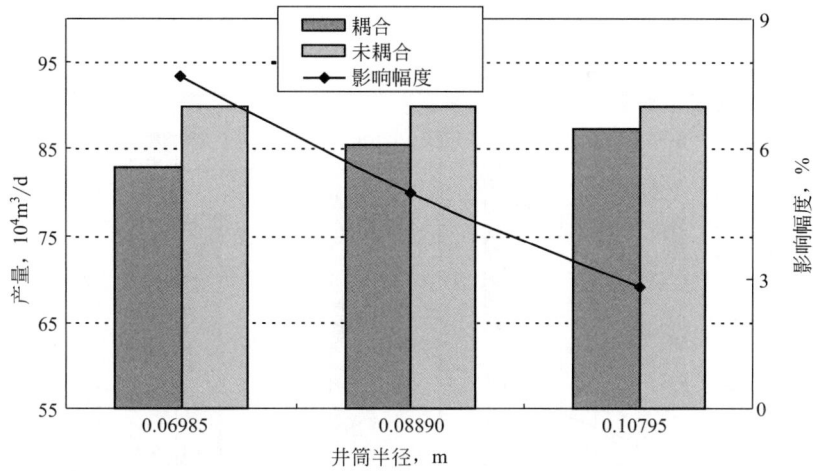

图 7-3-2 不同井筒半径下水平井筒压力损失对水平井产能的影响

$p_i = 20\text{MPa}$，$p_{wf} = 0.9\text{MPa}$

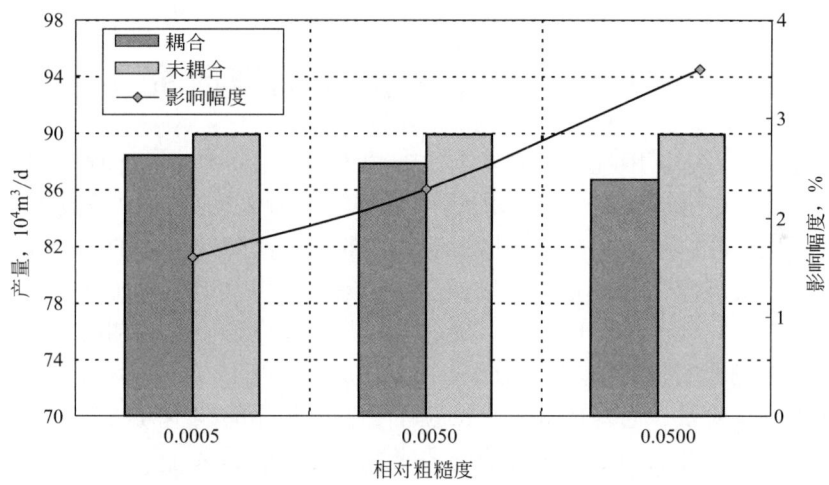

图 7-3-3 不同井壁粗糙度下水平井筒压力损失对水平井产能的影响

$p_i = 20\text{MPa}$，$p_{wf} = 0.9\text{MPa}$

四、水气比的影响

由于目前尚无针对水平井气液两相流的地层渗流模型，气体单相渗流的水平井产能方程中不包含水气比这一参数，因此，不考虑耦合的情况下，无法体现水气比对水平井产能的影响，即水平井产能不随水气比变化。而地层与井筒耦合模型中，水气比越高，水平井筒中的气液两相混合物流动阻力就越大，水平段压降对水平井产能的影响就越明显，相应水平井产能越低，耦合模型与未耦合模型确定的水平井产能差异就越大。因此，当地层出水或水平井筒存在积液时，水平井筒压降对水平井产能的影响不容忽视。

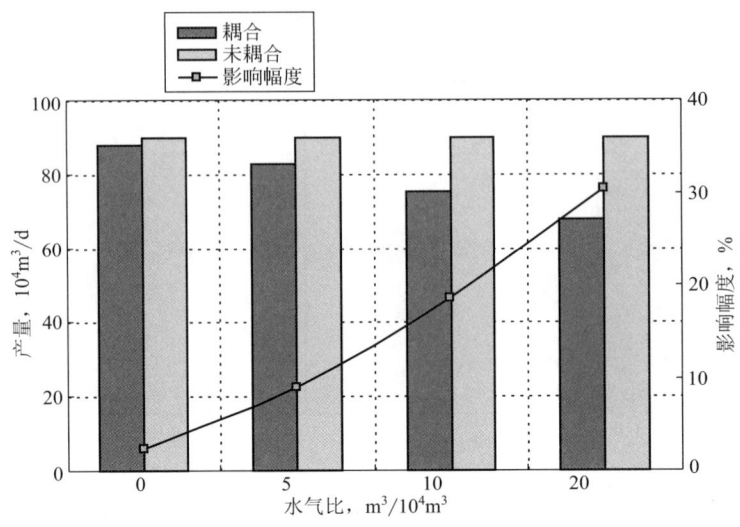

图 7-3-4　不同水气比下水平井筒压力损失对水平井产能的影响

$p_i = 20\text{MPa}$，$p_{wf} = 0.9\text{MPa}$

第四节　水平井携液机理研究

有水气藏开发过程中，困扰气田开发工作者的难题往往是气、水同产气井的合理开采。因为，一旦气井开始产液，而且气体不能提供足够的能量来使井筒中的液体连续流出井口时，气井中将形成积液，液体的聚集将增加对气体的回压，降低气井的生产能力，特别是在低压小产井中，积液可使气井被完全压死，这类现象在四川盆地白马庙蓬莱镇组气藏和广安须家河组气藏都有不同程度的体现。从对国内外气井携液理论研究的调研结果来看，总体而言，针对直井携液机理的研究较多，也形成了较为成熟的理论方法，但对水平井携液机理的研究目前还处于探索阶段，尚未形成可直接应用于生产实际的技术方法。研究水平井气井携液机理，对判别工艺气井应用于有水气藏的适应性具有重要意义。

一、液滴微观动力学分析

为从本质上对气井携液机理进行深入认识，首先从微观角度出发，对液滴的受力进行分析。目前针对这方面开展的研究较多，而在诸多研究中被普遍接受并应用较为广泛的是以 Turner，Hubbard 和 Dukler 为代表的研究成果。在他们的研究中，对两种气井排液物理模型进行了分析：（1）液体膜沿着管壁运动；（2）在高速气流中心夹带液滴。这两种模型在生产实际中是存在的，而且气流中夹带的液滴与管壁液膜之间将会不断交换。Turner 等用矿场资料对两个模型进行了检验，发现符合液滴模型的情况较多，因此基于液滴模型提出了"排出气井井筒积液所需的最低条件是使气流中存在的最大液滴移动"的认识。

1. 液滴受力分析

根据流体动力学理论，液滴在流体中随流体运动的情况下主要受到以下作用力：阻力

（F_d）、液滴加速度力（视质量力 F_m、巴斯特加速度力 F_B）、流体的不均匀力（压强梯度力 F_p）、横向力（马格努斯力 F_{ML}、滑移——剪切升力 F_L）、浮力 F_b 和重力 F_g，如图7-4-1所示。

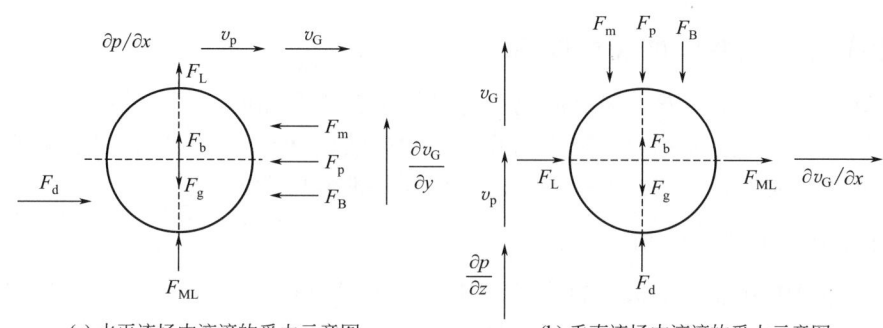

(a) 水平流场中液滴的受力示意图　　(b) 垂直流场中液滴的受力示意图

图 7-4-1　液滴在流体中运动时的受力分析示意图

由牛顿第二定律得液滴的运动方程为（忽略液滴间的相互作用力）：

$$m_p \frac{dv_p}{dt} = F_d + F_m + F_p + F_B + F_L + F_{ML} + F_b + F_g \tag{7-4-1}$$

2. 液滴的形状

单个液滴的形状方程为（图7-4-2）：

$$\frac{1}{R/b} + \frac{\sin\theta}{x/b} = 2 + \frac{z}{b}\beta \tag{7-4-2}$$

其中

$$\beta = -b^2 g/\sigma$$

式中　x，z——相对于原点 O 的坐标；

R——点（x，z）处的曲率半径；

b——原点处的曲率半径；

σ——表面张力；

θ——点（x，z）处的倾斜角。

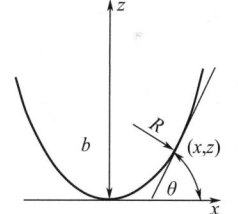

图 7-4-2　单个液滴形状示意图

系数 β 决定了液滴的形状，而 b 值决定了液滴的大小。

在牛顿流体中，受重力作用而自由上升或下降的液滴通常属于如下三种形状中的一种：球形、椭球形或球形帽（包括不大规则的球形、椭球形和球形帽）。

相对于气流运动的液滴受到两种相互对抗力的作用，一种是企图使液滴趋于扁平状的速度压力，另一种是力图保持液滴为球形的表面力。两种力的综合作用，使得相对气流运动的液滴会由圆球向其他形状发展，速度压力与表面力之比称为韦伯数 We。Hinze 指出，当韦伯数超过一个临界数值时，圆球液滴将会向扁平状方向发展。对自由降落的液滴，临界韦伯数为 20～30，即：$We < 20 \sim 30 NW$（NW 表示此值为计算的韦伯数），液滴为圆球形。

从韦伯数定义的表达式 $We = v_g^2 \rho d/\sigma$（v_g 为气井井筒中气体流动速度，m/s；ρ 为液滴密度；d 为液滴直径；σ 为表面张力，N/m）可以看出，表面张力大，液滴呈圆球形，液滴有效迎流面积小，不容易被天然气带出地面；而惯性力的作用使液滴趋于扁平，液滴有效迎流面积大，容易被天然气带出地面。而且，气井井筒中气体流动速度很大，速度压力的影响不可忽视，因此，综合考虑重力、速度压力和液滴表面力的共同作用，竖直井筒中的液滴在向上运动的过程中呈扁平形和半椭球形的可能性较大。

二、水平井不同井段携液机理研究

前面从微观液动力学出发，对液滴的受力进行了较为全面的分析，由于水平井的不同井段液滴受力存在差异，这种差异导致不同井筒段的携液机理有所不同。因此，对水平井不同井段的携液机理分别开展研究，以获得对该井型气井携液机理的整体认识。

1. 垂直井筒携液机理分析

对于垂直井筒中处于滞止状态的液滴，其主要作用力有：阻力、重力、浮力和横向力，其中横向力的影响可不予考虑，液滴所受阻力 F_D、重力 F_g 和浮力 F_b 达到平衡，有：

$$F_D + F_b = F_g \tag{7-4-3}$$

即

$$C_D S \frac{1}{2} \rho_G v_G^2 + V \rho_G g = V \rho_L g \tag{7-4-4}$$

式中　V——液滴的体积；
　　　C_D——阻力系数；
　　　S——液滴迎风面积；
　　　v_G——气流速度；
　　　ρ_G，ρ_L——分别为气相和液相密度，kg/m^3。

此时若提高气流速度，液滴所受阻力 F_D 增加，液滴将开始向上运动，并且被带出井筒。因此，使液滴处于平衡状态的气流速度就是气井能够排液的临界速度，根据式（7-4-4）可得此速度为：

$$v_G = \left[\frac{2V(\rho_L - \rho_G)g}{C_D S \rho_G} \right]^{1/2} \tag{7-4-5}$$

式（7-4-5）表明：气流临界携液速度随着液滴尺寸的增加而增加，随着气体密度的增加而减小。因此，对于高密度气体或小液滴，气流阻力将对液滴的轨迹起主要作用。

假设液滴在气流中作沉降运动，液滴所受的前后压力不同，存在压差 Δp，由伯努力方程得到：

$$\Delta p = \frac{1}{2} \rho_G v_G^2 \tag{7-4-6}$$

在压差 Δp 作用下，液滴呈半椭球形。假设该液滴既不与其他液滴合并，自身也不发生分裂，则其体积不变，只是表面积在外力作用下发生变化。根据能量守恒定律，由于压差作用使液滴发生变形所产生的功与由于液滴表面张力作用使液滴表面积减小变成球形所产生的功和为 0，即：

$$\Delta p S \delta h + \sigma \delta S = 0 \tag{7-4-7}$$

式中　δh——功的变化，$N \cdot m$；

σ——表面张力，N/m；

δS——液滴面积变化，m^2。

上式变形为：

$$\frac{\Delta p S}{\sigma} = -\frac{\delta S}{\delta h} \qquad (7-4-8)$$

椭球体体积为：

$$V = \frac{4}{3}\pi a b^2 \qquad (7-4-9)$$

椭球体表面积为：

$$S = \pi a b \qquad (7-4-10)$$

由式(7-4-4)、式(7-4-8)、式(7-4-9)与式(7-4-10)联立求解，可得：

$$v_G = \sqrt[4]{\frac{8}{3}\frac{\sigma g(\rho_L - \rho_G)}{C_D \rho_G^2}} \qquad (7-4-11)$$

阻力系数 C_D 与雷诺数 Re 直接相关，一般情况下，气井中气体的流动处于标准阻力曲线中的Ⅲ区（图7-4-3），即 C_D 随 Re 变化不大。影响阻力系数的其他因素还包括：流体湍流、气相稀薄性、可压缩性、两相不等温以及液滴非球形等，这些因素对液滴阻力系数的影响，可以用相应的修正因子及修正项表示如下：

$$C_D = C_{Ds} f(Re) f(\delta) f_r(Kn) f_c(Mr) \beta \qquad (7-4-12)$$

式中 C_D——阻力系数，指物体所受到的阻力与气流动压和参考面积之比，无量纲；

Re——雷诺数，流体力学中表征黏性影响的相似准则数，无量纲；

Kn——克努森数，表征气体稀薄程度的一个无量纲参数，无量纲；

Mr——马赫数，表示声速倍数的数，无量纲；

$f_c(Mr)$，$f_r(Kn)$，$f(\delta)$——分别表示考虑马赫数、稀薄程度及湍流度影响对阻力系数的修正项。

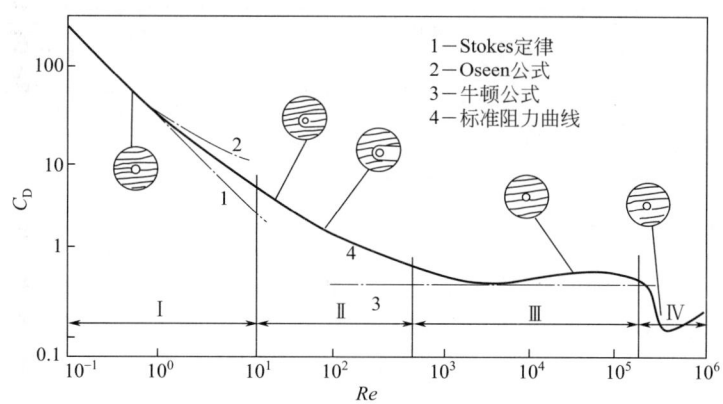

图 7-4-3 阻力系数与雷诺数的关系

由于目前尚未找到阻力系数与湍流度之间的关系式，因此在计算中通常取 $f(\delta) = 1$；气液在井筒中流动时，相对马赫数较小，则 $f_c(Mr) \approx 1$，$f_r(Kn) \approx 1$；考虑到液滴形状近似为半椭球形，因此 $\beta=4$。综合考虑流体湍流、可压缩性和液滴非球形等对阻力系数的影响，阻力系数的最终取值应为：

$$C_D = C_{DS} f(Re) f(\delta) f_r(Kn) f_c(Mr) \beta = 0.44 \times 1 \times 1 \times 1 \times 4 = 1.76 \quad (7\text{-}4\text{-}13)$$

将式（7-4-13）代入式（7-4-11），得到气体携液的最小流速或临界流速为：

$$v_G = \left[\frac{8}{3} \frac{9.8(\rho_L - \rho_G)\sigma}{1.76\rho_G^2} \right]^{1/4} = 1.963 \left[\frac{(\rho_L - \rho_G)\sigma}{\rho_G^2} \right]^{1/4} \quad (7\text{-}4\text{-}14)$$

相应气体最小携液产量或临界携液产量为：

$$q_{SC} = 2.5 \times 10^8 \frac{A p v_G}{ZT} \quad (7\text{-}4\text{-}15)$$

式中　q_{sc}——气井临界携液流量，$10^4 \text{m}^3/\text{d}$；

　　　p——压力，MPa；

　　　Z——偏差因子，无量纲；

　　　T——温度，K；

　　　v_G——临界流速，m/s；

　　　A——液滴表面积，m^2。

Turner 在假设被高速气流携带的液滴是圆球形的前提下，导出了气井携液临界流量和产量计算公式，实际上在高速气流作用下的液滴前后存在一定压差，液滴在这一压差和重力的作用下会变形为半椭球体，基于这一认识，通过对阻力系数及其影响因素进行分析，对 Turner 模型建立的气井临界携液流量和产量计算公式进行校正得到式（7-4-14）。校正后的模型与 Turner 模型的差异见表 7-4-1。从计算公式看，校正后的模型确定的临界携液流速只有 Turner 模型的 35.4%，这与实际气藏开发中通过生产资料统计得出的认识"气井最小携液流量只有 Turner 模型计算结果的 1/3"相吻合。

表 7-4-1　Turner 模型与本次研究携液模型区别

模型	Turner 模型	本次研究
假设条件（液滴形状）	圆球形	半椭球形
阻力系数（C_D 取值）	0.44	1.76
临界流速公式系数	6.6	1.963

2. 倾斜井筒携液机理分析

在倾斜井筒中，处于滞止状态的液滴受力与垂直井筒相似，但受力方向发生变化，液滴所受阻力、重力和浮力的平衡关系如图 7-4-4 所示。

$$F_D \sin\theta + F_b = F_g \quad (7\text{-}4\text{-}16)$$

其中，θ 为倾斜管与水平方向夹角。将 F_D，F_b 和 F_g 的表达式代入式（7-4-16），可得：

$$C_D S \frac{1}{2} \rho_G v_G^2 \sin\theta + V \rho_G g = V \rho_L g \quad (7\text{-}4\text{-}17)$$

同样，使液滴处于平衡状态的气流速度就是气井能够排液的临界速度，根据式（7-4-17）

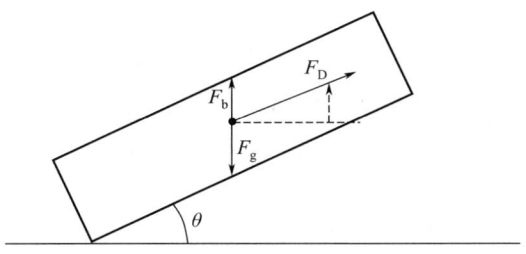

图 7-4-4　倾斜管中液滴受力分析图

可得此速度为：

$$v_G = \left[\frac{2V(\rho_L - \rho_G)g}{C_D S \rho_G \sin\theta}\right]^{1/2} \quad (7\text{-}4\text{-}18)$$

对比式（7-4-5）可见，倾斜管与垂直管的气流临界携液速度计算式相似，只是倾斜管中的液滴阻力 F_D 按倾斜角进行受力分解，比垂直管增加了 $\sin\theta$ 项。

阻力系数 C_D 的确定方法与垂直管一致，将 $C_D = 1.76$ 代入式（7-4-18）得到倾斜管中气体携液的最小流速或临界流速为：

$$v_G = 2.334\left[\frac{(\rho_L - \rho_G)\sigma}{\rho_G^2 \sin\theta}\right]^{1/4} \quad (7\text{-}4\text{-}19)$$

利用式（7-4-12）与式（7-4-19），对不同倾角下，倾斜管与垂直管最小携液产量进行对比计算，结果如表 7-4-2 及图 7-4-5 所示。

表 7-4-2　倾斜管与垂直管临界携液流量对比

θ，（°）	85	70	50	40	30	20	15	10	5
$\sin\theta$	0.996	0.940	0.766	0.643	0.500	0.342	0.259	0.174	0.087
$(\sin\theta)^{1/4}$	0.999	0.985	0.936	0.895	0.841	0.765	0.713	0.646	0.543
倾斜管与垂直管临界携液流量比值	1.001	1.016	1.069	1.117	1.189	1.308	1.402	1.549	1.840

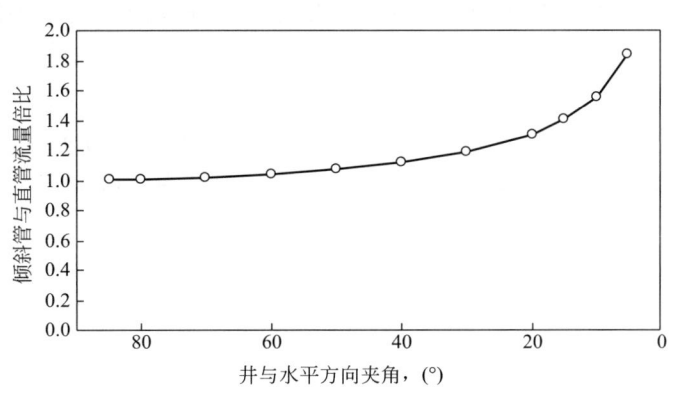

图 7-4-5　不同倾斜角下倾斜管与垂直管最小携液产量倍比

3. 水平井筒携液机理分析

在水平管中，气液两相在垂直方向上的受力对两相流动的影响较小，气液两相在流动中主要受水平方向力的影响，这就使水平管中气液两相流动的特征有别于垂直管及倾斜管。针对水平管中气液两相流问题，国内外学者主要围绕流型分类、流型分析图版建立、摩阻压降测定等内容，进行了长期研究。

1) 水平井筒气液两相流流型及携液机理研究

依据对水平管中气液两相流流型变化规律的实验研究成果，认识到在水平段的气液两相流中可能会出现分散状气泡流、狭长状气泡流、平滑分层流、波状分层流、段塞流、环空流及雾状流等几种流型。

泡状流的特征是液相为连续相，气相分散于液相当中，这种工况主要出现在井筒充满水、气产量很小的情况下，水平管中气体无法携出水平井筒积液，实际气藏开发中低渗透气藏新井排液投产初期或水淹气井易出现这一流型；该情况对应的水平井通常不具备工业产能，或者仅是排液投产期的一个短暂过程，我们可不必过于关注。

随着气产量的增大，水平井段气液两相的流型逐渐向平滑分层流、波状分层流转变；当气产量足够大时，出现段塞流、环状流等流型；雾状流仅出现在气产量大、液量少的情况下。水平井筒气液两相流动呈段塞流及雾状流时，气相流动能力远强于水相引起的阻力，气井携液生产状况好，不是本次研究的重点。

平滑分层流状态下气液界面滑脱现象严重，气体的动能不能很好地传递给液体，导致持液率低、携液困难；实验证实，增大气体流速，使之出现波状分层流后，携液情况才有所改观。因此，水平管中平滑分层流与波状分层流流型转变的界限，即是水平段携液的临界条件，这也是西南油气田公司博士后工作站 2009 年出站博士汪周华通过水平管和倾斜管气液两相流实验得出的重要认识。

2) 水平井筒携液模拟计算分析

在已有的水平管气液两相流实验研究认识基础上，为了进一步定量评价不同因素对水平井筒携液能力的影响，我们建立了仿真水平井轨迹（含水平段、造斜段和垂直段）的实验流管气液两相流数值计算模型。针对不同初始条件和边界条件，采用流体动力学计算（CFD）软件进行模拟计算，分析相应的气液两相流型分布状况以及水平管内和流管出口位置的含液变化情况。

（1）模型设置。

① 基础模型。物理模型如图 7-4-6 所示。设定水平井筒半径 $r_w = 88.9$ mm，井筒长度 $L = 200$ m；水平井筒趾端为入口条件一（In1），一系列射孔为入口条件二（In2）。

计算模型：气液两相 VOF 模型；计算介质：甲烷、水。

计算边界条件：In1 和 In2 为进气端；Out 为出气端。气井产量按长度平均分配，分别取入口一、入口二边界条件，In1 和 In2 的体积含水率均为 0（$f_w = 0$）。

初始化条件：水平段积液程度（积液高度与管径之比）$V_{OW} = h_l/D = 30\%$；

两进气端速度之间存在关系 $v_{In2} = \frac{1}{4} v_{In1}$。

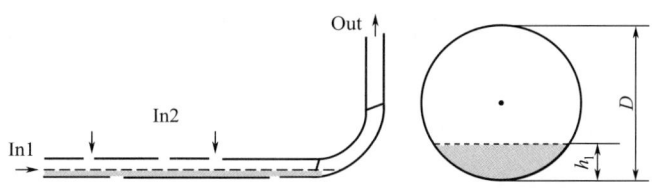

图 7-4-6　模拟计算基本物理模型示意图

② 扩展模型。扩展模型只在基本模型的基础上改变某一个条件，其他参数保持不变。

分别对各个模型进行计算，在计算过程中对整个井筒内及出口位置的含液情况进行监控，对井筒中流体的流型、流动状况进行记录。

（2）水平井筒携液能力影响因素分析。

① 不同积液程度的影响。

在入流为纯气（$f_w=0$）且流速一定（2.5m/s）的情况下，分别计算不同井筒积液程度条件下（V_{OW}=30%，40%，50%，60%），井筒内及出口位置处的含液情况以及井筒中流体的流型、流动状况的变化情况。

当积液程度为30%（V_{OW}=30%）时，井筒内的液体体积含量基本不随时间发生变化，井口基本没有液体产出（图7-4-7），水平管内气液两相呈分层流（图7-4-8），气液剪切

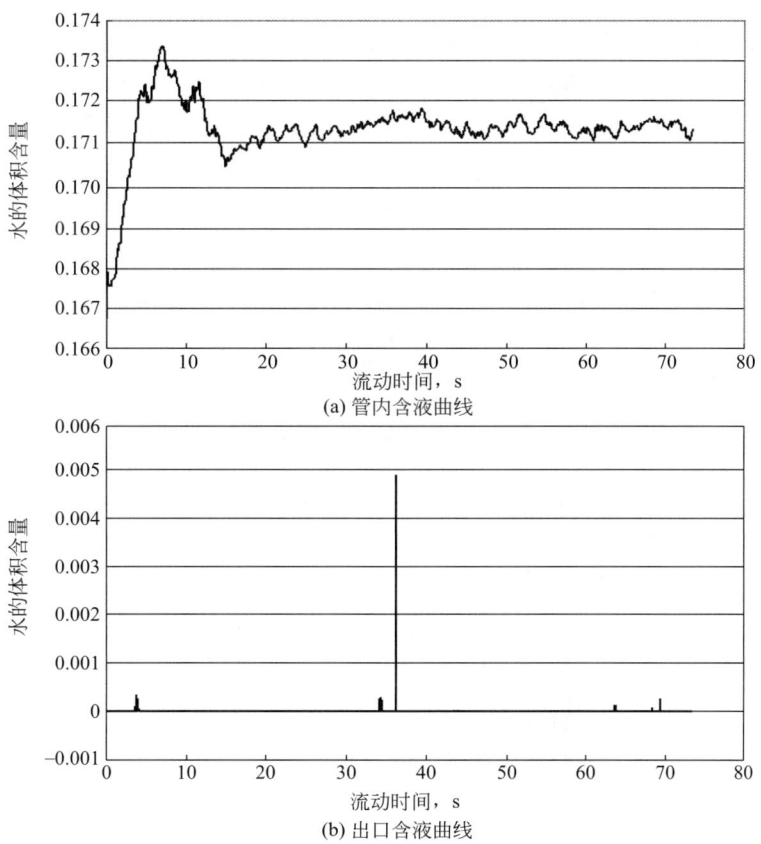

图 7-4-7　In1 速度 2.5m/s，$f_w=0$，V_{OW}=30%，管内及出口含液曲线

力不足以推动液体沿管壁滑动，该气流速度下气体无法有效带出井筒积液。

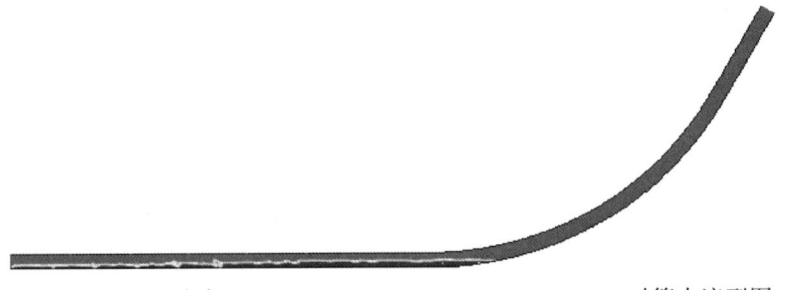

图 7-4-8　In1 速度 2.5m/s，$f_w=0$，$V_{OW}=30\%$，$t=73.1$s 时管内流型图

气体流速不变的情况下，当积液程度为 40% 时，开井初期井筒内的液体含量有所下降，井口有液体产出，随着积液程度降低，气流的携液能力减弱，部分液体残留井底无法被带出。到计算期末井筒液体含量下降 10% 左右（图 7-4-9）。气液两相由分层流向非分层流转化，液体在水平段与造斜段形成段塞而被气流带出（图 7-4-10、图 7-4-11）。

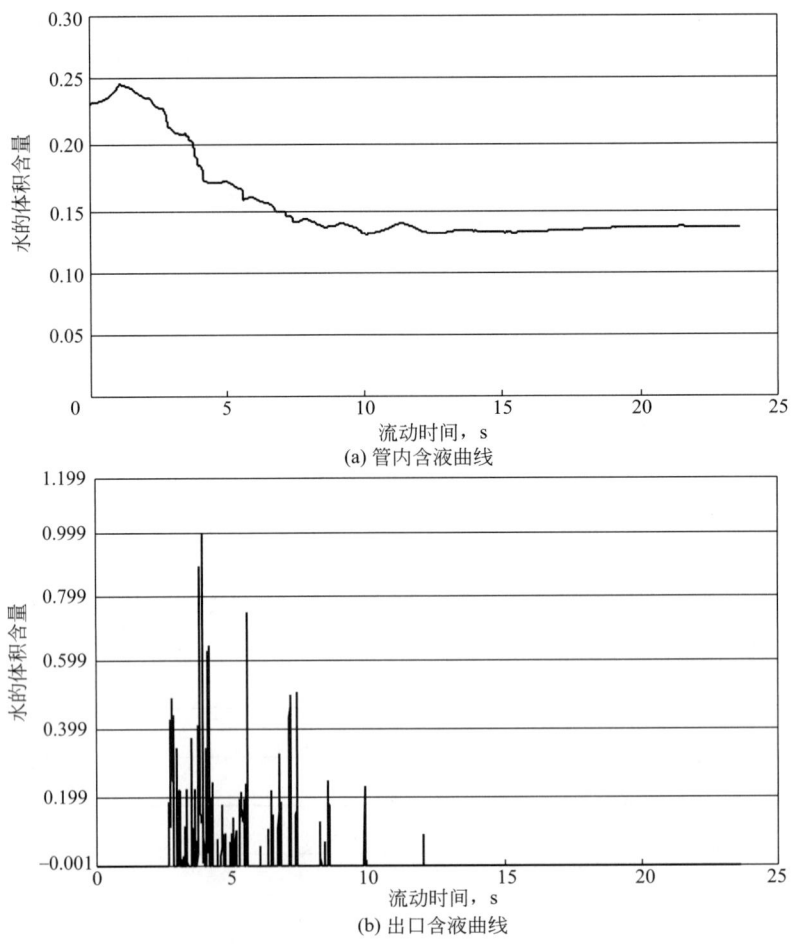

图 7-4-9　In1 速度 2.5m/s，$f_w=0$，$V_{OW}=40\%$，管内及出口含液曲线

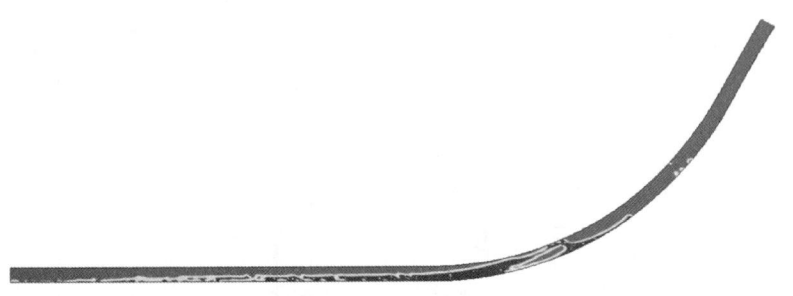

图 7-4-10　In1 速度 2.5m/s，$f_w=0$，$V_{OW}=40\%$，$t=1.4197$s 时管内流型图

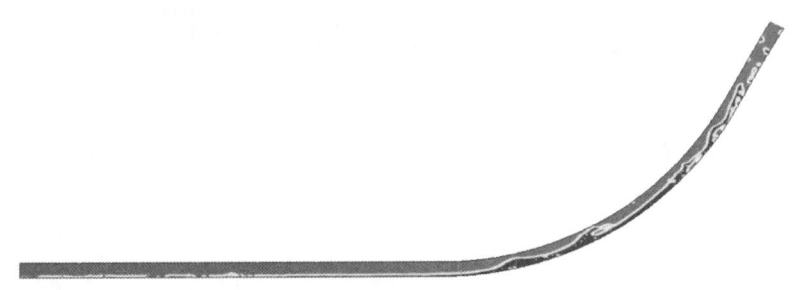

图 7-4-11　In1 速度 2.5m/s，$f_w=0$，$V_{OW}=40\%$，$t=2.8722$s 时管内流型图

图 7-4-12 至图 7-4-14 与图 7-4-15 至图 7-4-18 分别展示了积液程度为 50% 与 60% 时的携液情况。两种积液程度下，井口均有液体产出，但气流携液均不完全，到计算期末井筒内液体含量分别下降 15% 及 18% 左右。

通过模拟计算可以看出：井筒要有液体被带出，井筒内必然存在流型变化，在入流条件不变的情况下，随着积液程度的增加，流型的转换越容易发生，特别是从层状流向非层状流的转化越容易实现，水平段的液体更容易被带出、带液效果更彻底。

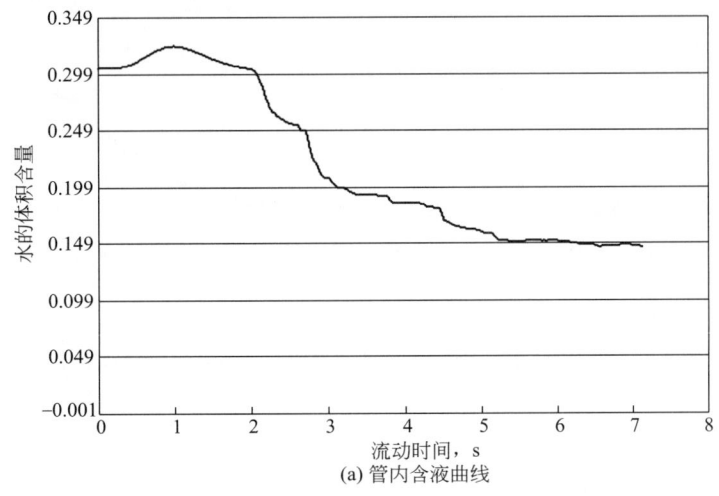

(a) 管内含液曲线

图 7-4-12　In1 速度 2.5m/s，$f_w=0$，$V_{OW}=50\%$，管内及出口含液曲线

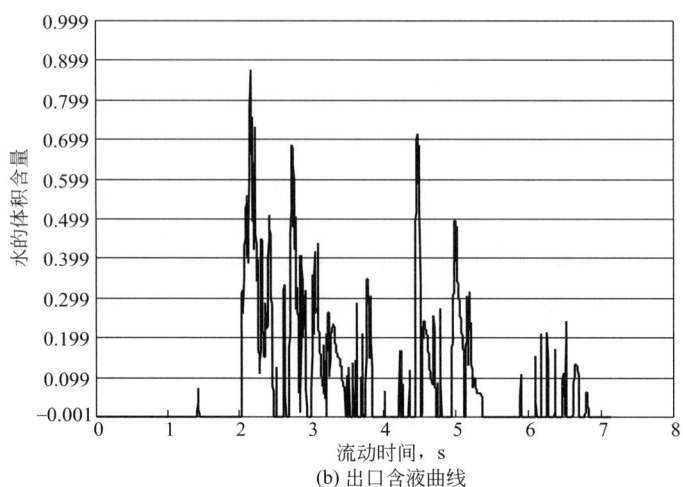

(b) 出口含液曲线

图 7-4-12　In1 速度 2.5m/s，$f_w=0$，$V_{OW}=50\%$，管内及出口含液曲线（续）

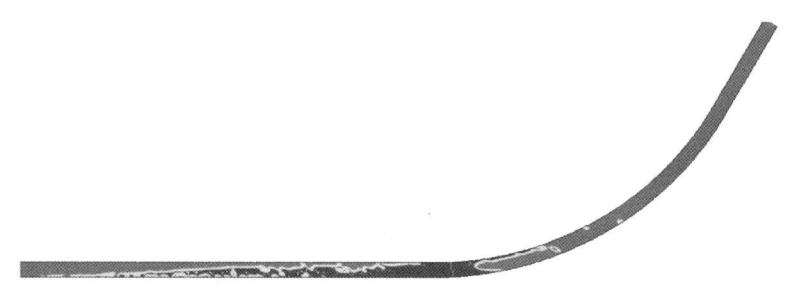

图 7-4-13　In1 速度 2.5m/s，$f_w=0$，$V_{OW}=50\%$，$t=0.8572$s 时管内流型图

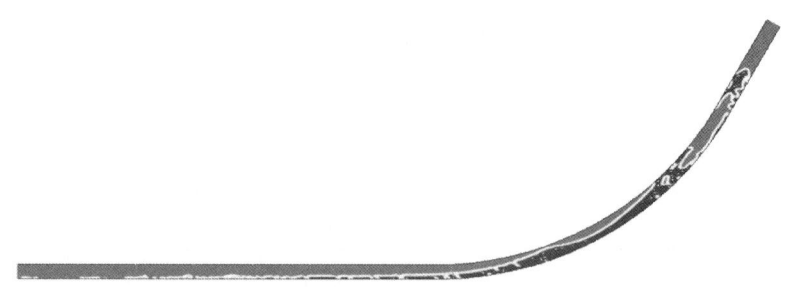

图 7-4-14　In1 速度 2.5m/s，$f_w=0$，$V_{OW}=50\%$，$t=1.9495$s 时管内流型图

② 不同入流含水率的影响。

在井筒初始不积液（$V_{OW}=0$）且气体流速一定（2.5m/s）的情况下，分别计算不同入流含水率条件下（$f_w=1\%$，5%，10%，20%），井筒内及出口位置的含液情况以及井筒中流体的流型、流动状况变化情况。

在入流为气液两相的情况下，开井初始井筒内的液体含量持续上升，出口处无液体产出，水平井筒段逐渐积液，当积液达到一定程度后液体才开始被气体带出。随着入流

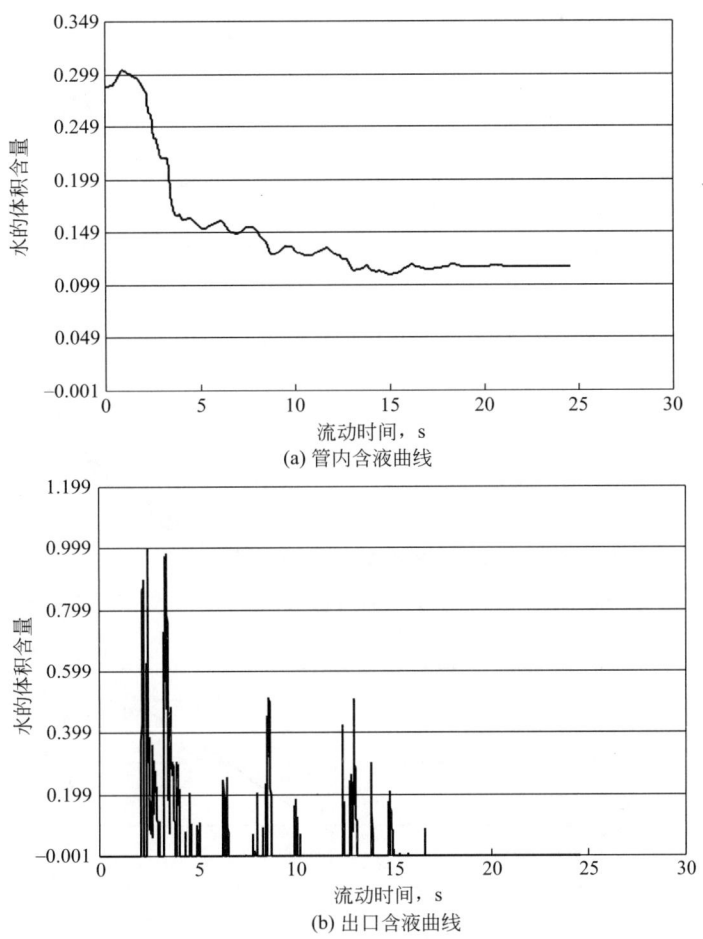

图 7-4-15　In1 速度 2.5m/s，$f_w=0$，$V_{OW}=60\%$，管内及出口含液曲线

图 7-4-16　In1 速度 2.5m/s，$f_w=0$，$V_{OW}=60\%$，$t=0.88745$s 时管内流型图

含水率增加，出口见水时间提前，出口的水量略有增加，但总体而言，入流含水率的增幅高于出口含水率的增幅，导致水平井筒段积液程度趋于严重。计算期末，对应于入流含水率为 1%，5%，10% 和 20% 的井筒内液体体积含量分别为 21.3%，21.5%，22.5% 和 37.1%（图 7-4-19 至图 7-4-29）。

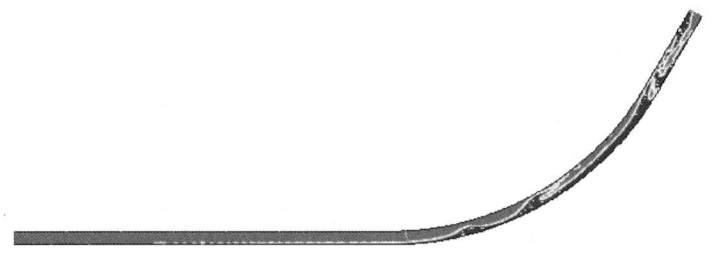

图 7-4-17　In1 速度 2.5m/s，$f_w=0$，$V_{OW}=60\%$，$t=2.703$s 时管内流型图

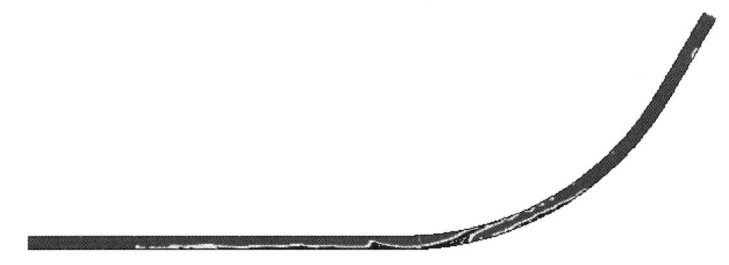

图 7-4-18　In1 速度 2.5m/s，$f_w=0$，$V_{OW}=60\%$，$t=7.0511$s 时管内流型图

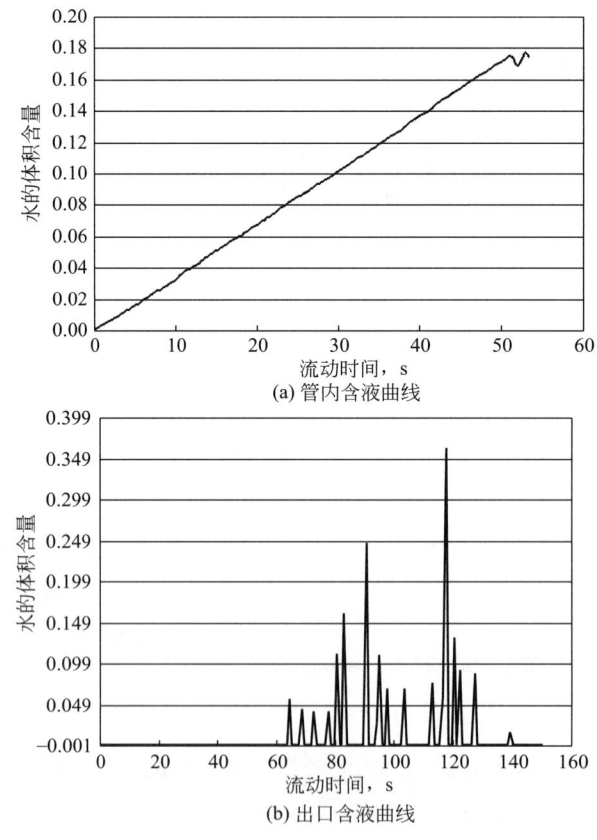

图 7-4-19　in1 速度 2.5m/s，$f_w=1\%$，$V_{OW}=0$，管内及出口含液曲线

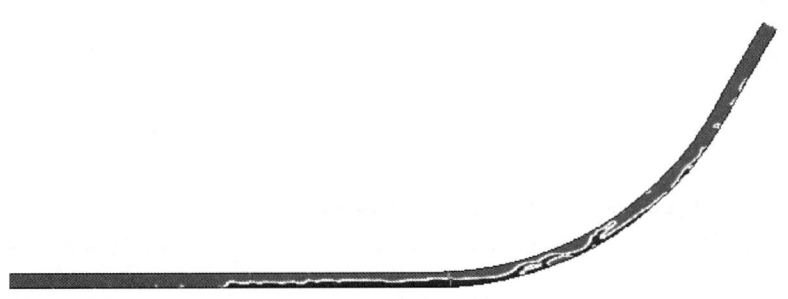

图 7-4-20　In1 速度 2.5m/s，$f_w=1\%$，$V_{OW}=0$，$t=160.3$s 时管内流型图

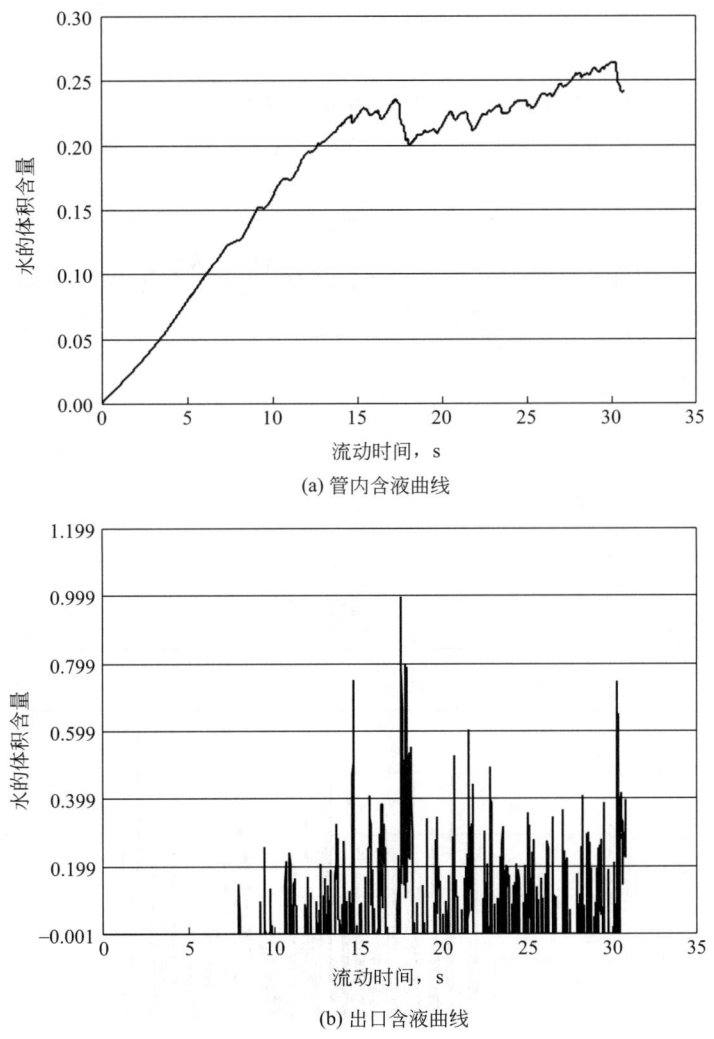

(a) 管内含液曲线

(b) 出口含液曲线

图 7-4-21　In1 速度 2.5m/s，$f_w=5\%$，$V_{OW}=0$，管内及出口含液曲线

③ 不同入流速度的影响。在井筒初始不积液（$V_{OW}=0$）且入流含水率一定（$f_w=20\%$）

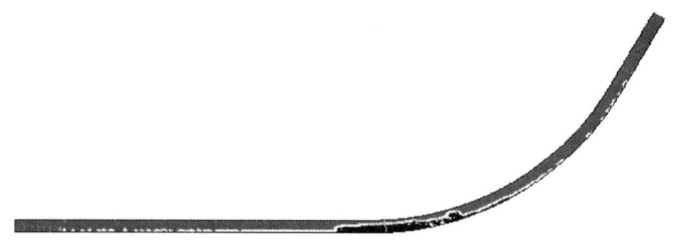

图 7-4-22 In1 速度 2.5m/s，$f_w=5\%$，$V_{OW}=0$，$t=10.1$s 时管内流型图

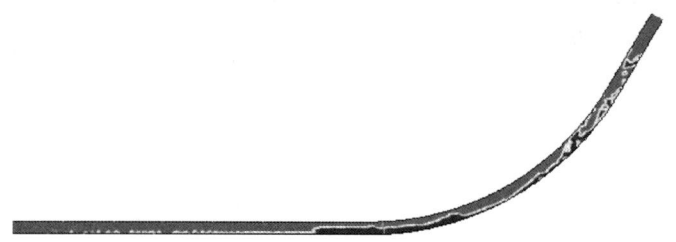

图 7-4-23 In1 速度 2.5m/s，$f_w=5\%$，$V_{OW}=0$，$t=40.3$s 时管内流型图

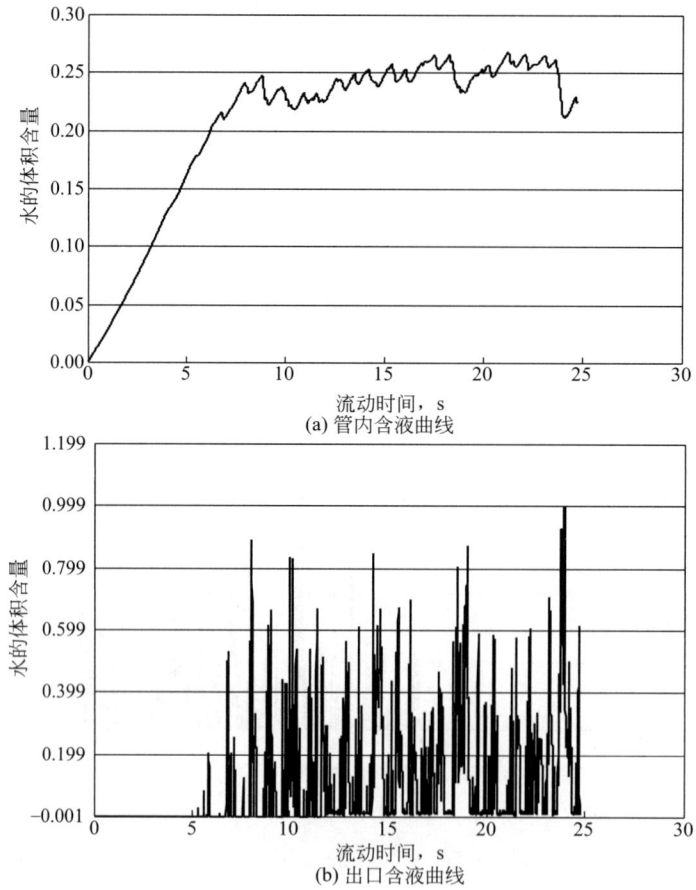

图 7-4-24 In1 速度 2.5m/s，$f_w=10\%$，$V_{OW}=0$，管内及出口含液曲线

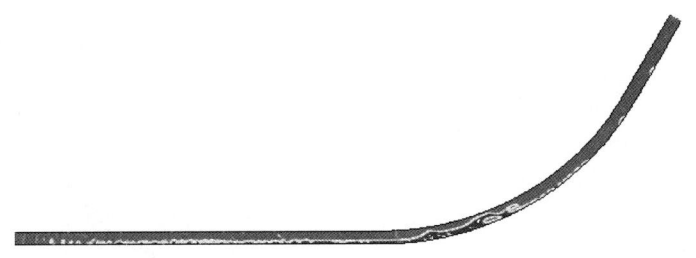

图 7-4-25 In1 速度 2.5m/s，$f_w=10\%$，$V_{OW}=0$，$t=4.90$s 时管内流型图

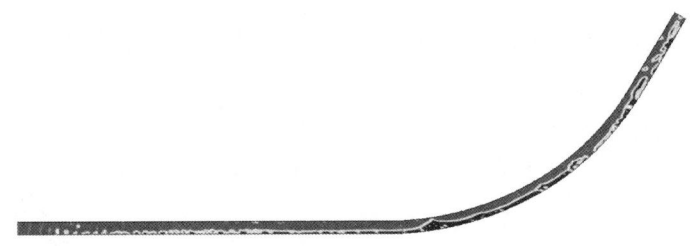

图 7-4-26 In1 速度 2.5m/s，$f_w=10\%$，$V_{OW}=0$，$t=16.19$s 时管内流型图

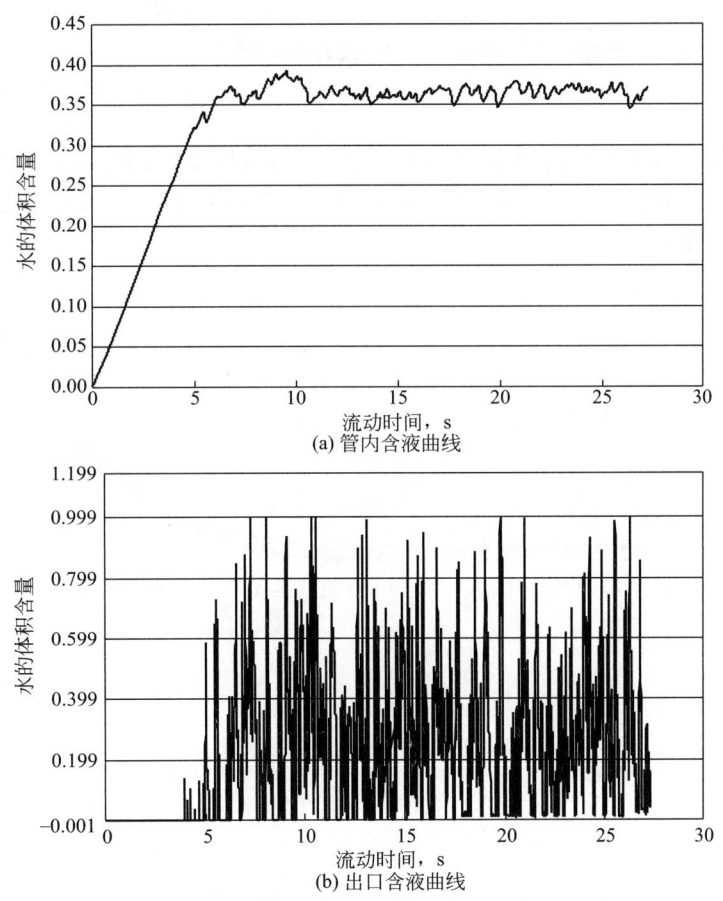

图 7-4-27 In1 速度 2.5m/s，$f_w=20\%$，$V_{OW}=0$，管内及出口含液曲线

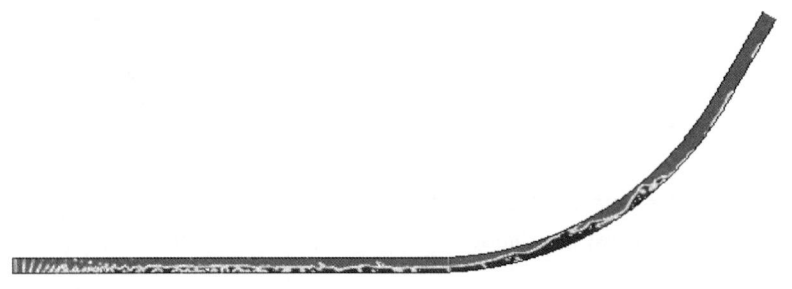

图 7-4-28　In1 速度 2.5m/s，$f_w=20\%$，$V_{OW}=0$，$t=4.301$s 时管内流型图

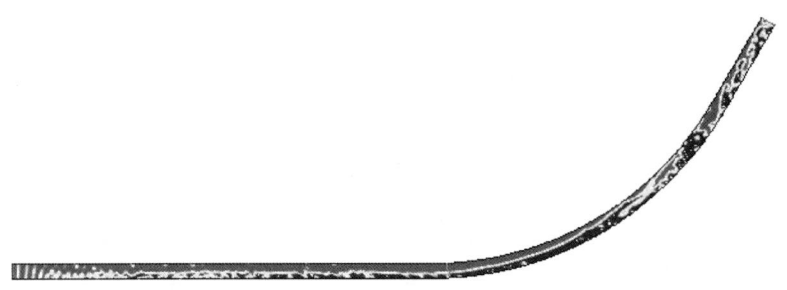

图 7-4-29　In1 速度 2.5m/s，$f_w=20\%$，$V_{OW}=0$，$t=10.101$s 时管内流型图

的情况下，分别考察气体入流速度为 2.5m/s 与 12m/s 的携液效果。对比分析计算结果，随着流速增加，井筒内的流型变化加剧（图 7-4-30 和图 7-4-31），当流速达到一定值时，井筒内的液体能被彻底带出。

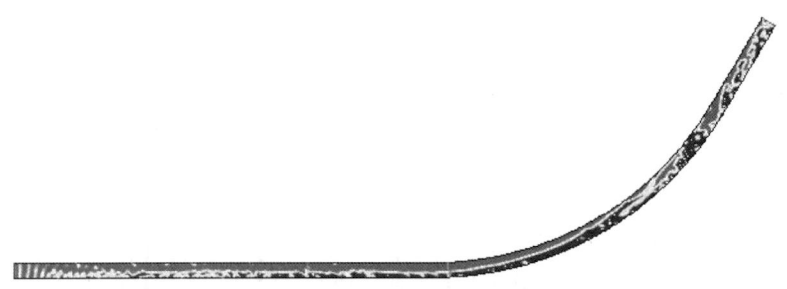

图 7-4-30　In1 速度 2.5m/s，$f_w=20\%$，$V_{OW}=0$，$t=10.101$s 时管内流型图

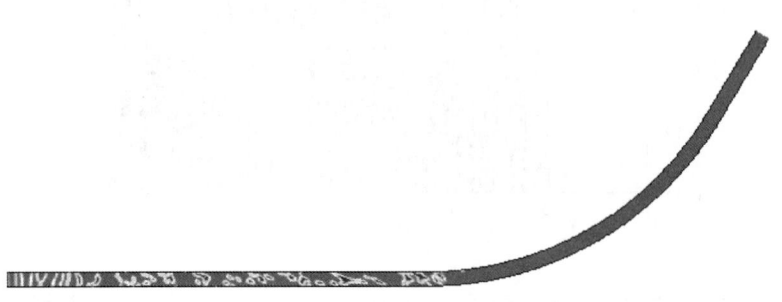

图 7-4-31　In1 速度 12m/s，$f_w=20\%$，$V_{OW}=0$，$t=0.32578$s 时管内流型图

(3) 总体认识。

综合所有模型的监测曲线和流型图进行分析可以看出，水平井段达到波状分层流时，直管段已达到带液能力更好的段塞流及环状流，只要水平段能够充分携液，液体进入直管段后就容易被带出。因此，一般而言，水平井段携液临界条件高于直井段携液临界条件，认清水平井段携液临界条件，就掌握了水平井整体携液临界条件的下限。

3) 水平井段临界携液流量图版的建立

通过前述研究已经认识到：水平井段的携液能力与水平井段内气液两相的流型直接相关，而影响气液两相流型变化的主要因素是气液两相的流速。针对气液两相流速与流型变化，贝克（Baker）、曼德汉（Mandhane）、泰特尔（Taitel）、威斯曼（Weisman）等进行了研究，建立了气液两相流的流速与流型分区图（图7-4-32），但这一研究成果是基于常温、常压条件下的分析所得，而实际气藏温度、压力条件下流体的黏度增大，导致流体之间的黏滞力增大，真实地层条件与地面标准状态的差异将直接影响气液两相流速与流型的变化规律，进而影响水平井筒临界携液流量的确定。为了准确掌握储层条件下水平井携液临界条件——平滑分层流与波状分层流流型转变的界限，参照四川盆地批量采用水平井开发的典型气藏的温度、压力条件，通过模拟计算校正了流型分区图。从修正后的图版看，受实际气藏高温、高压的影响，储层条件下气体的黏度高于常温常压实验条件下气体的黏度，从而使平滑分层流向波状分层流转换所需的气相临界流速降低，即储层条件下气流的带液能力更强。

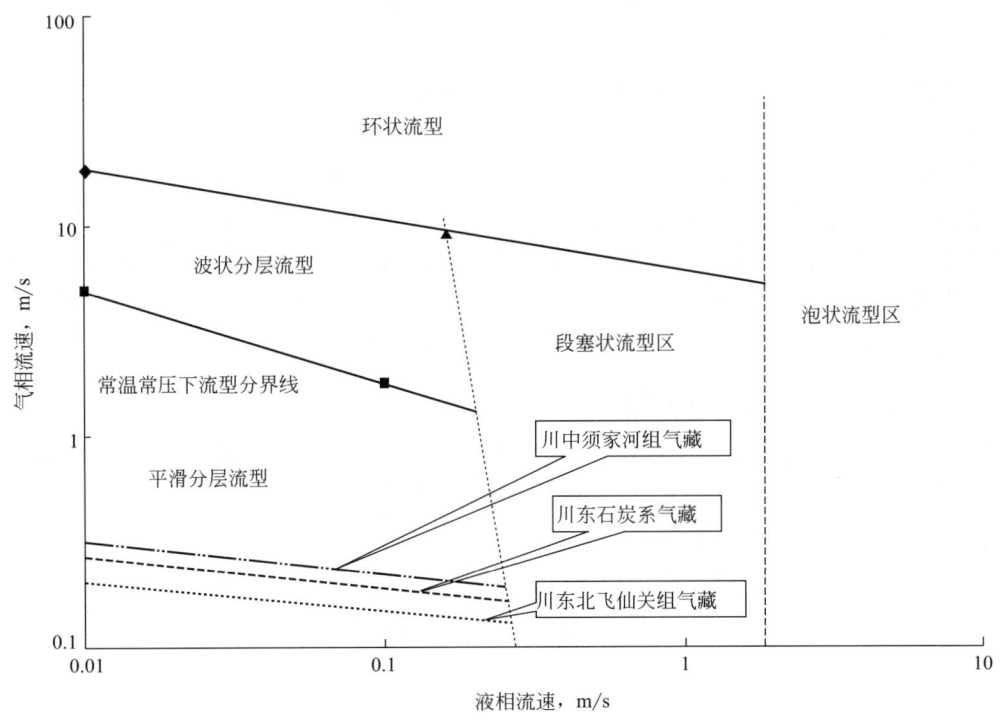

图7-4-32　水平管气液两相流流型分区图

应用校正后的图版,进一步考虑不同井径、不同积液程度对流型变化的影响,通过流体动力学计算(CFD)软件进行模拟计算,确定出水平管临界携液流速,建立四川盆地典型气藏水平井携液临界流量分析图版(图7-4-33至图7-4-35)。图版中横坐标为井径的对数,纵坐标为水平井筒积液程度的对数,图版中等值线标数为不同参数组合情况下携液临界条件对应的气产量。

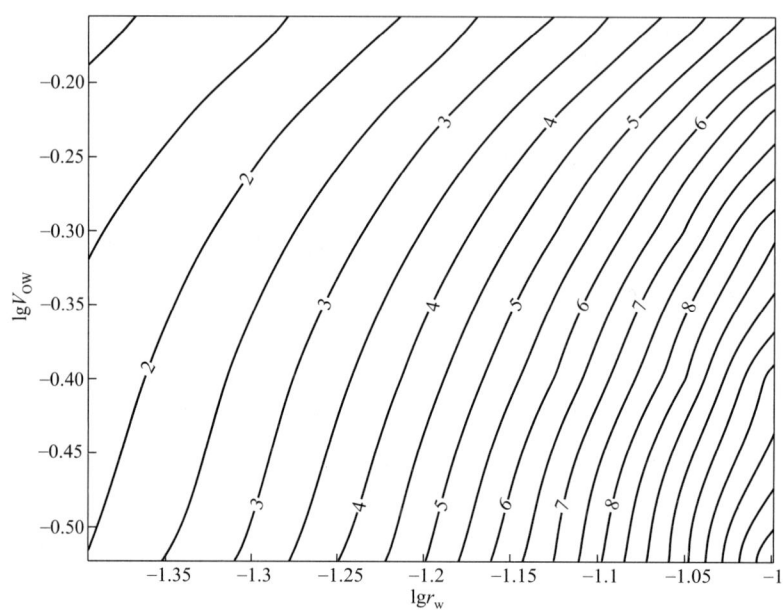

图7-4-33 罗家寨飞仙关组气藏水平井筒临界携液产量分析图版(单位:$10^4 m^3/d$)

对比分析图7-4-33至图7-4-35等值线图版可见:随着水平井筒半径减小、积液程度增加,携液临界流量降低,其中携液临界流量对积液程度的敏感关系更强。由此表明,小井眼水平井携液能力更强;水平段积液较多时,气流容易将部分积液带走,然而带出水平段的全部液体相对较困难,需要更大的气产量。对于完全积液(积液程度为100%)的水平井,井筒内不能形成连续的气流通道,不在本次研究范畴之列。

4. 水平井造斜段携液机理研究

西南油气田公司博士后工作站2009年出站博士汪周华通过水平井带液机理仿真实验模拟,认识到造斜段是制约水平井充分携液的主要环节,易出现带液效率差的气液平滑分层流现象,使得液体沿斜井段的下壁面堆积。关于弯曲管气液两相流型分布规律,目前国内外学者通过实验研究已得到部分认识,提出"造斜段气液分层流向非分层流的转变条件即是该段的携液临界条件,且这一条件与该段的造斜率相关"的观点(图7-4-36)。

对比图7-4-36与图7-4-32可以看出,弯曲管内气液两相的流型分布与水平管流型分布存在明显差异,最突出的表现是:平滑分层流消失;波状分层流区域缩小,在

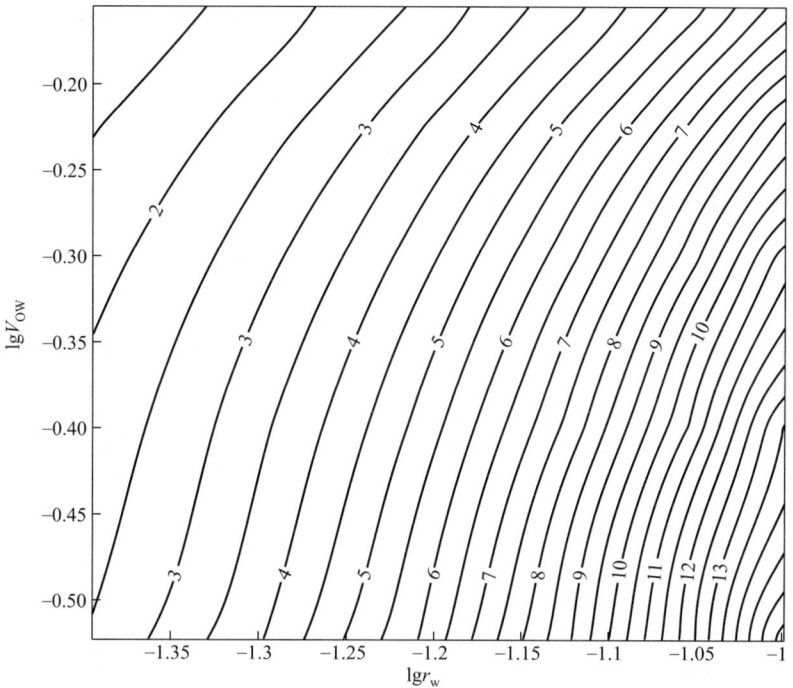

图 7-4-34 五百梯石炭系气藏水平井筒临界携液产量分析图版（单位：$10^4 m^3/d$）

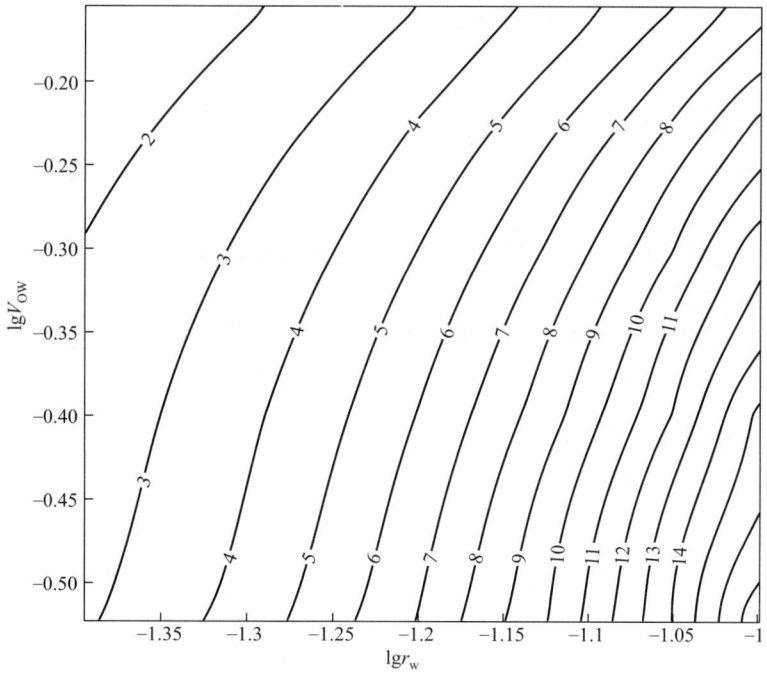

图 7-4-35 广安须家河组气藏水平井筒临界携液产量分析图版（单位：$10^4 m^3/d$）

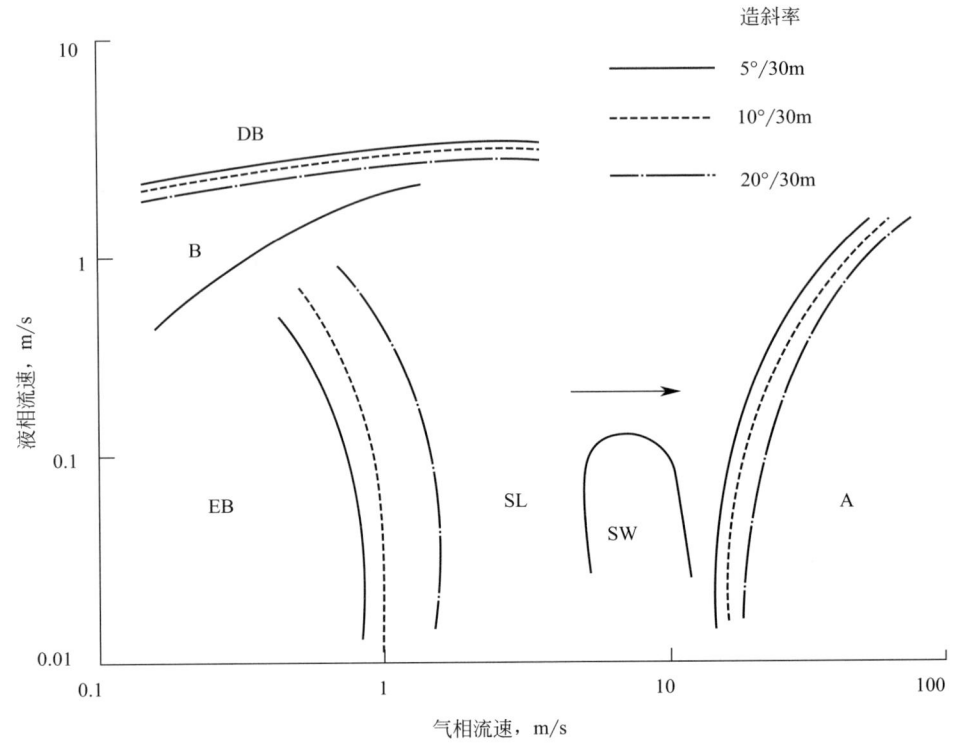

图 7-4-36 流管弯曲程度对流型转变的影响
DB—分散泡状流；B—泡状流；EB—长泡状流；
SW—波状分层流；SL—段塞流；A—环状流

流管造斜率增大后甚至消失；段塞流区域扩大。随着造斜率的增大，打破气泡流型（难于带液）状况所需要的气体流速增大，达到环状流型（高效带液）所需要的气体流速也略增大。

根据弯曲管气液两相流型分布图分析可知，气液两相流在弯曲管中比在水平管中更容易形成段塞流，但在造斜率大的弯曲管中可能出现分层流而形成液体堆积现象。由此推断，小曲率半径水平井比大曲率半径水平井的带液能力更强，当气井产量未达到足够大时，接近产层的造斜段容易形成液体聚集、气液分层、携液不畅的现象。

三、水平井携液条件总体认识

水平井筒段气液流型从平滑分层流转化到波状分层流的临界条件，即是水平井携液的临界条件，即使水平段达到携液临界条件，如果不继续增大产量，则在接近产层的大斜度井段容易形成液体堆积，影响带液效率。因此，排净水平井整个井筒段的积液所需气产量与刚好达到排液状态的携液临界气产量不同，前者更高。

从井身结构来看，水平井由水平段、造斜段与垂直段组成，不同井段的携液机理存在差异。为此，建立水平井携液能力判别流程（图 7-4-37），通过对各井段逐一进行携液分析，最终对水平井的携液能力做出正确判断。

第七章 水平井储层与井筒耦合动态分析理论研究

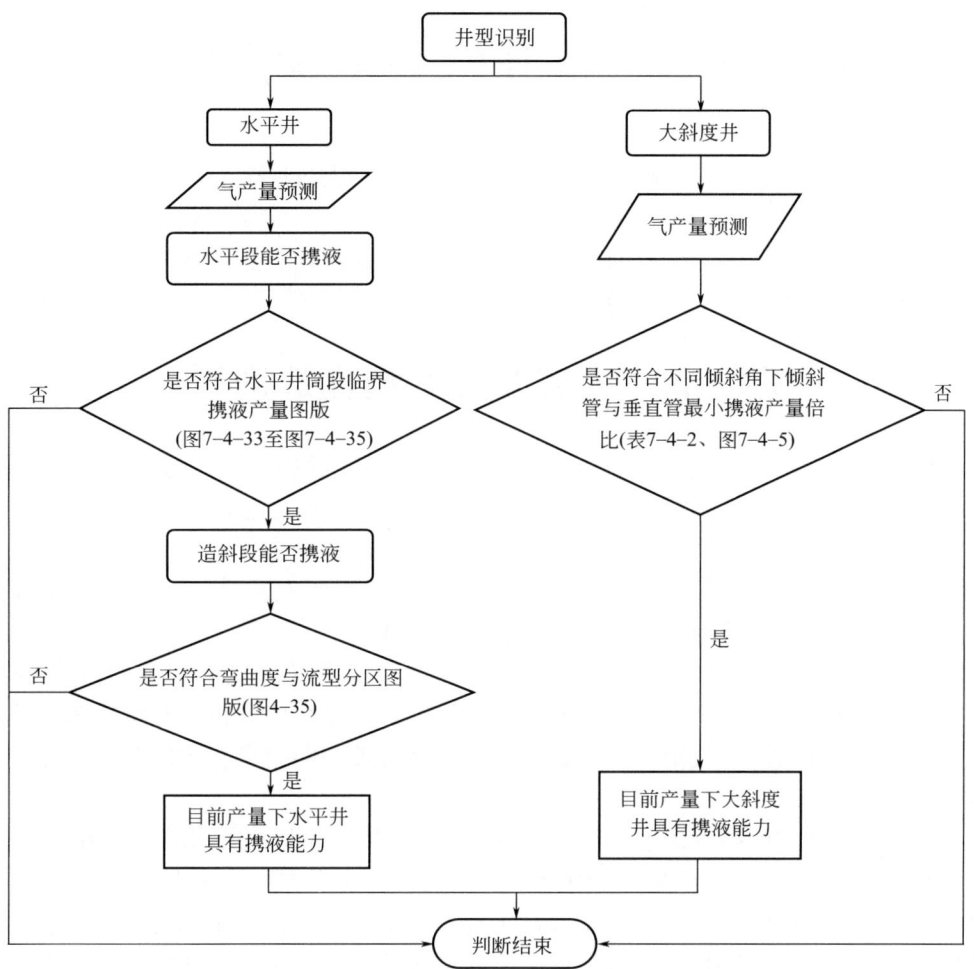

图 7-4-37 水平井携液能力判别流程图

第八章 气藏开发井型优选技术

水平井技术是否适合所有气藏类型是油气田开发技术人员所关心的问题,本章基于前述章节不同井型增产倍比理论计算模型及水平井携液机理认识,建立气藏井型优选评价技术思路与方法。针对四川盆地广安须家河低渗透砂岩气藏、五百梯石炭系低渗透区块开展井型优选,提出了不同储层条件下不同井型适应条件。

第一节 气藏开发井型优选准则

水平井具有提高气井产能及延缓有水气藏水侵的开发优势,但"好的是否一定是适用的?"依然是实施水平井技术之前有待论证解答的疑问,井型优选成为气藏开发井网部署需要优先考虑的内容。前面的机理研究已经从气藏工程的角度分析了水平井、大斜度井相对直井增产倍比的影响因素,但井型优选并非单纯的气藏工程研究范畴,而是一项需将气藏工程、钻井工艺和经济效益等因素予以综合考虑的科学技术。

从气藏工程的角度分析,井型优选的准则是有效提高气井产能;从钻井工艺的角度分析,井型优选的准则是符合现有工艺技术要求;从经济效益角度分析,井型优选的准则是实现效益开采。只有同时满足气藏工程、钻井工艺与经济效益的要求,才能对气藏开发井型做出科学合理的选择。

按照井型优选准则的指导思想,建立井型优选的技术流程。根据对特殊井型(主要指水平井及大斜度井)气井钻井技术的调研,获知就钻井工艺技术的角度而言,对特殊井型气井的应用没有特别的限制要求,只要气藏工程及经济评价论证结果认为有钻工艺气井的必要,现有的钻井技术都能够付诸实现。因此,井型优选的环节可以简化为气藏工程与经济评价论证,井型优选最终以实现增效开采为目标。

第二节 多产层气藏的井型优选

位于某一地层层系之中的气藏,其纵向上往往由多个小储层段组成,各储层段之间存在着厚薄不一的夹层,这些夹层有的完全没有渗流通道(比如石膏层、泥岩层、致密灰岩层),作为隔层将相邻的储层段分隔开来;而有的夹层是具有一定渗流能力的,只是不符合储层下限的标准而被划为非储层。对于前者,可以认为"储层纵向连续性差,气藏具有多产层特征";对于后者,可以认为气藏为一套纵向上连续的储层,只是储层的垂向渗流能力由于夹层的存在而被削弱,储层的垂向连通程度由渗透率各向异性系数的大小体现。在此,针对前一种情况,即储层纵向连续性差的多产层气藏探讨井型优选。

抛开分支水平井及台阶式水平井等水平井中的特殊井型,就常规水平井而言,其水平段只能穿越一套产层,不能充分发挥各套产层的产能贡献作用,水平井的增产优势大大受限,而大斜度井可以穿越所有产层,恰好弥补了水平井的这一局限性;但是,大斜度井穿越储层的有效长度毕竟有限（四川盆地各气藏的储层厚度为 5~80m，对应于 60°~86°井斜角的大斜度井有效储层穿越长度介于 10m~1144m 之间），其依靠增加泄流面积提高气井产量的能力又比不上水平井。用无阻流量来评价水平井与大斜度井增产水平孰高孰低，在很大程度上取决于水平井穿越储层段厚度占多产层气藏总储层厚度的比例，其判别方法如下：

假设多产层气藏总储层厚度为 H，大斜度井相对于直井的稳态产能比为 SRV；若水平井穿越多产层气藏的某一储层段 R_h，其储层厚度为 H_h（图 8-2-1），水平井相对于打开 R_h 段直井的增产倍比为 HRV_h，那么水平井相对于打开总储层厚度的直井的稳态产能比 $HRV = HRV_h \times (H_h/H)$。若 $SRV \geq HRV$，则井型优选结果为大斜度井，反之则宜采用水平井进行开发。

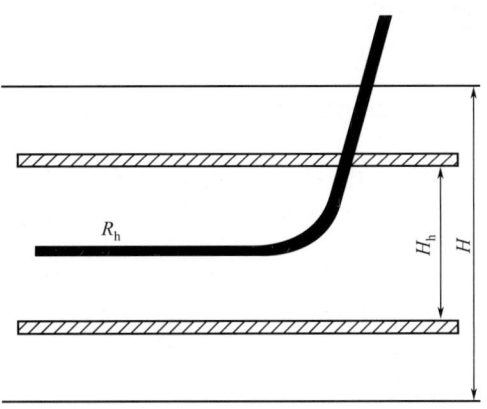

图 8-2-1　多产层气藏水平井开发示意图

按照这一思路，对于具有不同特征的多产层气藏，分析两种井型的适应性。在不考虑多产层气藏层间渗透率差异的情况下，比较高渗透与低渗透多产层气藏、薄层与厚层多产层气藏的水平井与大斜度井相对直井的稳态产能比，结果如图 8-2-2 至图 8-2-5 所示。

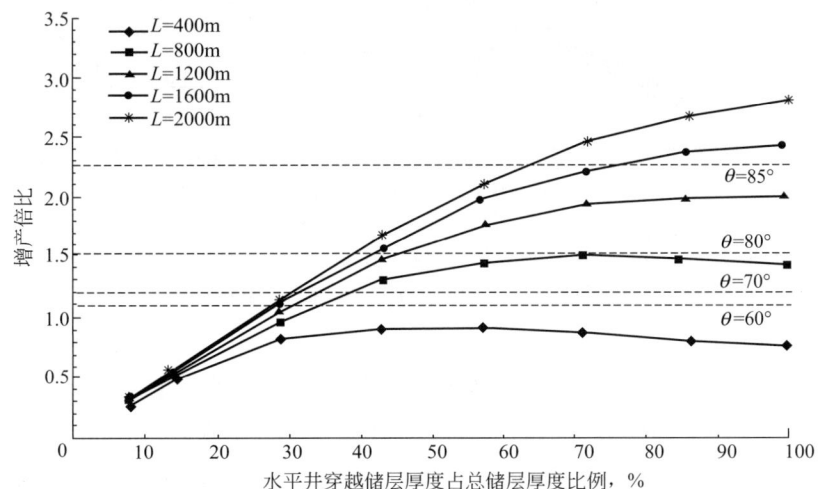

图 8-2-2　多产层气藏水平井与大斜度井相对直井稳态产能比对比图
（总储层厚度 $H=70\mathrm{m}$，水平渗透率 $K_h=10\mathrm{mD}$）

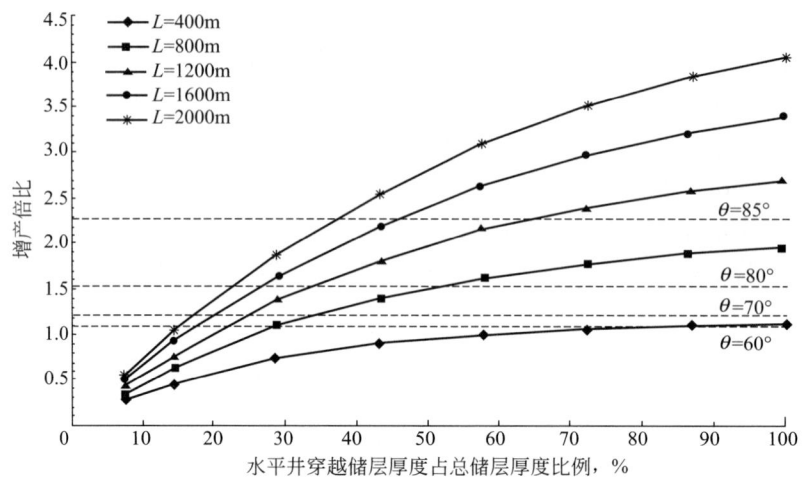

图 8-2-3 多产层气藏水平井与大斜度井相对直井的稳态产能比对比图
（总储层厚度 $H=70\mathrm{m}$、水平渗透率 $K_\mathrm{h}=0.1\mathrm{mD}$）

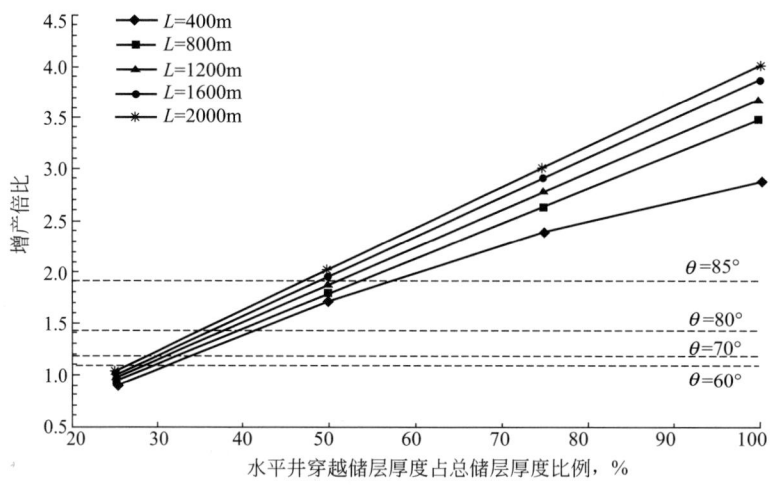

图 8-2-4 多产层气藏水平井与大斜度井相对直井的稳态产能比对比图
（总储层厚度 $H=20\mathrm{m}$、水平渗透率 $K_\mathrm{h}=10\mathrm{mD}$）

对比 4 种储层条件下，水平段长度为 800m 的水平井达到与井斜角为 80°的大斜度井同等稳态产能比时所对应的 H_h/H：当储层厚度为 70m、水平渗透率为 10mD 时，无论 H_h/H 值为多少，大斜度井相对直井的稳态产能比始终是高于水平井的；而当储层厚度为 20m、水平渗透率为 0.1mD 时，只要 H_h/H 值大于 32%，水平井相对直井的稳态产能比就将高于大斜度井（表 8-2-1）。

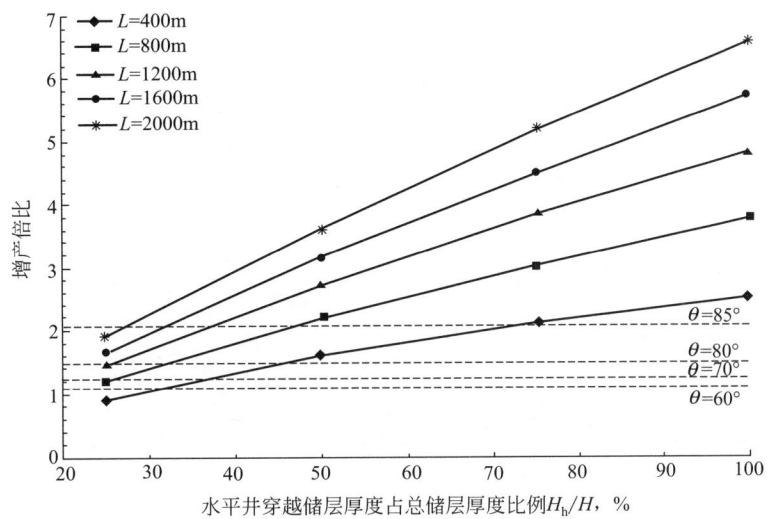

图 8-2-5　多产层气藏水平井与大斜度井相对直井的稳态产能比对比图
（总储层厚度 $H=20$m、水平渗透率 $K_h=0.1$mD）

表 8-2-1　多产层气藏水平井达到大斜度井稳态产能比的储层条件对比

储层条件	$\beta=5$			
	$H=70$m		$H=20$m	
	$K_h=10$mD	$K_h=0.1$mD	$K_h=10$mD	$K_h=0.1$mD
HRV=SRV 对应的 H_h/H，%	100	50	38	32

通过上述分析，可以得知：多产层气藏的储层厚度越大、水平渗透率越高，大斜度井的增产优势就越明显，对于兼具厚层与高渗透特征的多产层气藏，宜采用大斜度井进行增产；而对于兼具薄层与低渗透特征的多产层气藏，大斜度井的增产优势不突出，只要水平井所在的主产层贡献比例稍强或者适当增加水平井的水平段长度，就可以获得高于大斜度井稳态产能比的效果。因此，已有的常识"多产层气藏采用大斜度井开采效果比水平井好"具有片面性，多产层气藏的井型优选同样不能一概而论，需要结合各产层的具体情况进行分析。

在此我们仅仅是从无阻流量的角度进行了多产层气藏水平井与大斜度井增产效果的评价，就储量动用水平而言，大斜度井显然更具优势，但仍然不排除水平井穿越主产层的储渗条件足够好，导致大斜度井开采效果不如水平井的情况。总之，多产层气藏井型优选仍需按照后面设计的技术流程进行严密分析。

第三节　气藏开发井型优选技术流程设计

按照井型优选准则设计井型优选技术流程，如图 8-3-1 所示。

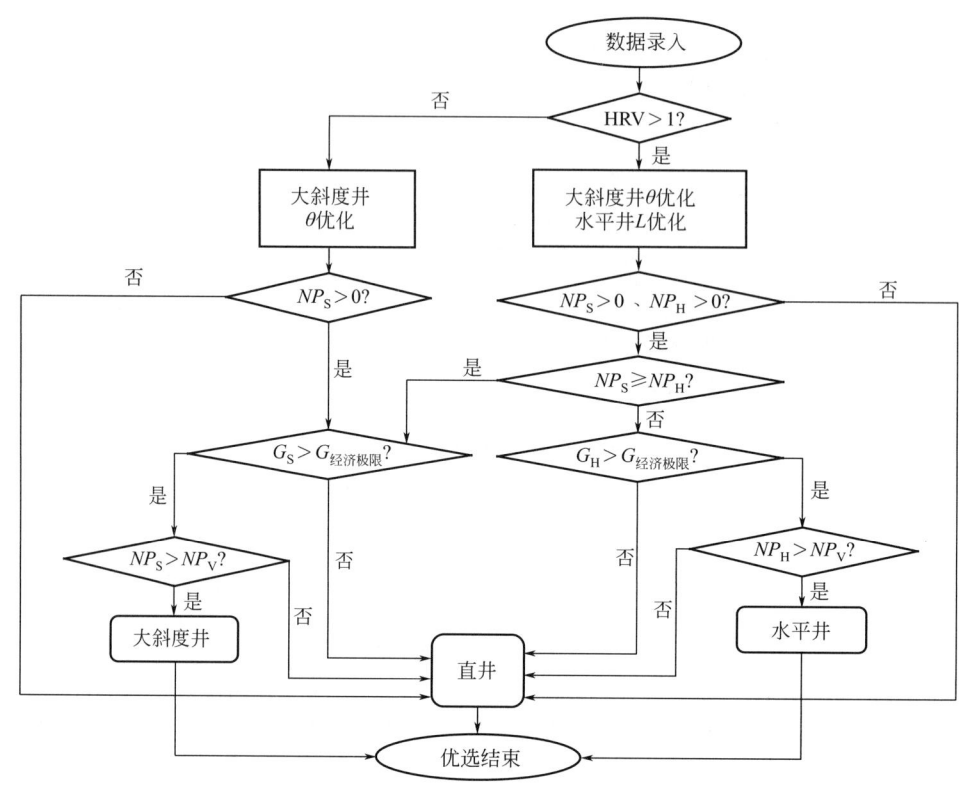

图 8-3-1 气藏开发井型优选技术流程图

HRV—水平井相对直井的稳态产能比；θ—大斜度井井斜角，(°)；L—水平段长度，m；
NP—气井净收益，万元；G—气井控制储量，$10^8 m^3$；C—气井开发成本，万元；
下标 H 代表水平井；下标 S 代表大斜度井；下标 V 代表直井

一、步骤一：水平井相对直井的稳态产能比判别

水平井相对直井的稳态产能比分析图版显示，水平井并非在任何条件下都能提高气井产量，对于具有渗透率各向异性特征的储层，厚储层短水平井的产能比同等条件下的直井还低，即在水平井稳态产能比图版的左上角存在着稳态产能比小于 1 的区域，水平渗透率降低或渗透率各向异性系数增大，这一区域的范围扩大，显然对于这种水平井稳态产能比小于等于 1（HRV≤1）的情况不适合水平井开采。总体而言，水平井应用于厚储层的局限性很大程度上需要通过延长水平段长度予以弥补。

二、步骤二：水平井（大斜度井）参数优化

1. 情况一：HRV>1

大斜度井相对直井的稳态产能比始终是大于 1 的，当水平井相对直井的稳态产能比也大于 1 时，需进行水平井与大斜度井之间的比选。对于一个将进行井型优选的目标区块，其地

质条件是确定的，而影响气井产能大小的关键因素——水平井水平段长度（L）与大斜度井井斜角（θ）却是可变的，也是可以预先设计的。因此，要对水平井、大斜度井的产能进行评价，必须先完成水平井、大斜度井的优化设计。

众所周知，水平井水平段长度增加（大斜度井井斜角增加）将引起水平井（大斜度井）产能增加、水平井（大斜度井）产值增加；但同时，随着水平段长度延伸（大斜度井井斜角增大），不仅钻井周期增加而且作业难度也越来越大，由此发生的实际费用将大幅度增加，风险费用也越来越大，相应增加了水平井（大斜度井）的开发成本。水平井水平段长度增加（大斜度井井斜角增加）产生的利与弊相互抗衡，由此产生了如何确定最佳水平段长度与最佳井斜角的问题。

关于水平段长度优化，已有方法大都是基于水平井筒摩阻对水平井产能的影响规律，利用水平段长度与水平井产能关系曲线进行确定（图8-3-2），但水平井是否优于直井并不仅仅取决于水平井相对直井是否增产，而在于水平井是否具有比直井更高的经济效益。为此，在水平井（大斜度井）增效原则的指导思想下，建立水平井（大斜度井）参数优化方法：以实现效益最大化为优化目标，取与水平井（大斜度井）净收益最大值所对应的水平段长度（井斜角）为优化结果（图8-3-3）。

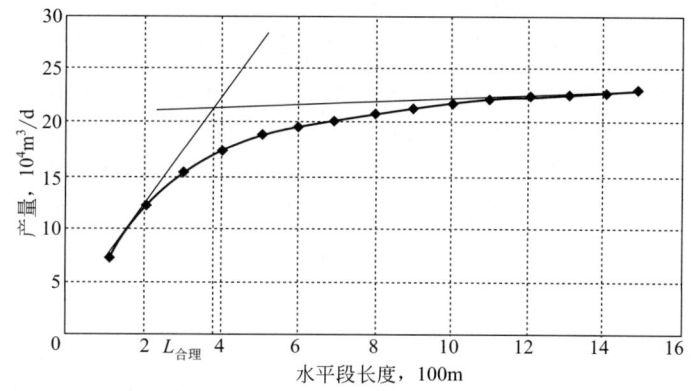

图 8-3-2　水平段长度与产量关系曲线确定合理水平段长度方法示意图

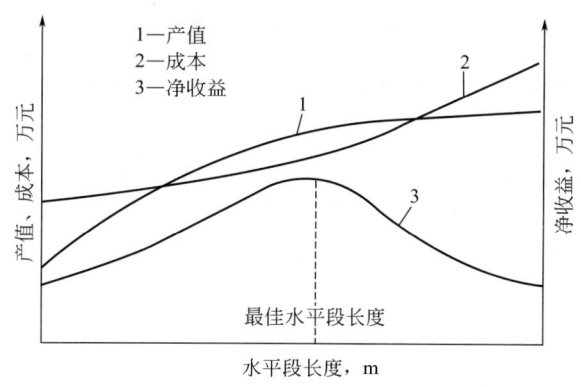

图 8-3-3　水平段长度优化示意图

气井产值取决于其累计产量。按照经验取值，以 8 年投资回收期作为评价期，取 2009 年西南油气田公司天然气平均出厂价 0.892 元/m³，以 1/4 无阻流量对气井配产，取年有效生产时间 330 天，天然气商品率取 95%（高含硫气藏取 85%），则气井在评价期内形成的产值可表示为：

$$PV = 0.95 \times 0.892 \times 8 \times 330 \times q_{AOF}/4 = 559.28 q_{AOF} (万元) \quad (8-3-1)$$

高含硫气井在评价期内形成的产值则为：

$$PV = 0.85 \times 0.892 \times 8 \times 330 \times q_{AOF}/4 = 500.41 q_{AOF} (万元) \quad (8-3-2)$$

气井开发成本包括钻井成本及评价期内发生的天然气生产操作费。钻井成本主要由设备费、钻进费、起下钻费、固井费、完井费和技术服务费组成，其中设备费、钻进费、起下钻费和技术服务费等都是钻井时间的函数，钻井时间越长，总费用越高。取 2008 年西南油气田公司平均天然气生产操作费 0.27 元/m³，则评价期内气井的开发成本为：

$$C = C_{钻} + 8 \times 330 \times 0.27 \times q_{AOF}/4 = C_{钻} + 178.2 q_{AOF} (万元) \quad (8-3-3)$$

气井在评价期内创造的产值减去其开发成本即为气井在评价期获得的净收益，即：

$$NP = PV - C = 381.08 q_{AOF} - C_{钻} (万元) \quad (8-3-4)$$

高含硫气井在评价期内获得的净收益则为：

$$NP = PV - C = 322.21 q_{AOF} - C_{钻} (万元) \quad (8-3-5)$$

在式（8-3-4）及式（8-3-5）中，q_{AOF} 与 $C_{钻}$ 都是关于水平段长度（井斜角）的函数，因此，NP 值的大小最终与水平段长度（井斜角）直接相关，当 NP 值达到最大时，对应的水平段长度（井斜角）即为水平井（大斜度井）的合理水平段长度（井斜角）。需要说明的是：由于式（8-3-1）、式（8-3-2）及式（8-3-3）中涉及了较多的经验参数取值，这些参数的大小与市场经济发展、钻完井工艺技术密切相关，因此，计算净收益的式（8-3-4）及公（8-3-5）并非固定不变的计算式，列举于此仅仅是为水平段长度（井斜角）优化展示一种可行的具体方法。

2. 情况二：HRV≤1

当水平井不能提高气井无阻流量实现增产时，气藏开发井型就只能在大斜度井与直井之间进行比选，需要进行大斜度井井斜角优化。

三、步骤三：水平井（大斜度井）控制储量约束

在步骤二里面，水平井（大斜度井）产值的确定已经隐含了"水平井（大斜度井）具有与其稳定产量相匹配的地质储量"这一假设前提，这就要求水平井（大斜度井）具有足够的储量基础，即：与最佳水平段长度对应的水平井或与最佳井斜角对应的大斜度井的控制储量要大于各自的经济极限可采储量。控制储量采用容积法进行确定：

$$G_{控} = 10^{-8} \pi r_e^2 h \phi S_g / B_g \quad (8-3-6)$$

式中　$G_{控}$——气井控制储量，$10^8 m^3$；

　　　r_e——气井供气半径，m；

　　　h——有效储层厚度，m；

　　　ϕ——有效孔隙度，%；

S_g——含气饱和度，%；

B_g——天然气体积系数。

经济极限可采储量是气井实现效益开采的储量下限，实际上就是当气井产值与气井开发成本相当时的累计产气量：

常规气藏

$$G_{经济极限} = C/(0.892 \times 0.95) = 1.18C \tag{8-3-7}$$

高含硫气藏

$$G_{经济极限} = C/(0.892 \times 0.85) = 1.32C \tag{8-3-8}$$

式中 $G_{经济极限}$——气井经济极限可采储量，$10^8 m^3$。

如果水平井（大斜度井）的控制储量小于其经济极限可采储量，意味着水平井（大斜度井）的储层条件无法满足由开发成本决定的储量要求，气藏开发井型不宜采用水平井（大斜度井）。

四、步骤四：水平井与直井（大斜度井与直井）的比选

截至步骤三，已经在水平井与大斜度井之间作出了选择，最终需要在水平井与直井或者大斜度井与直井之间进行比选。依然立足于井型优选的增效准则，采用净收益大小进行比选，净收益高者对应井型为气藏开发井型。

第四节 气藏开发井型优选方法应用

将设计的气藏开发井型优选流程应用于典型气藏——广安气田须六气藏、五百梯石炭系气藏井型优选。

一、广安气田须六气藏

1. 气藏参数取值

地层压力20MPa、储层厚度25m、直井供气半径400m，按储层渗透率划分为差储层与相对有利储层，差储层的水平渗透率为0.1mD、各向异性系数7.8；相对有利储层的水平渗透率为0.5mD、各向异性系数为2.8。

2. 井型优选分析

1）水平井相对直井稳态产能比判别

根据气藏地质特征，查水平井相对直井稳态产能比预测图版可知，同等储层条件下，水平井无阻流量高于直井（HRV>1），需进行水平井与大斜度井之间的比选。

2）水平井（大斜度井）参数优化

根据气藏现有水平井钻井成本统计（表8-4-2）建立水平段长度与钻井成本相关关系（图8-4-1）。

$$C_{钻} = 2.6663L + 2925.2 (万元) \tag{8-4-1}$$

表 8-4-1　广安气田须六气藏水平井钻井成本统计

井号	广安002-H12	广安002-H8-2	广安002-H10	广安002-H1-2	广安002-H1	广安002-H6	广安002-H7	广安002-H8	广安002-H9	广安002-X3-H2	广安002-Z2
成本,万元	3625.5	4515.9	4483.0	5490.5	8076.2	4647.8	5893.5	3398.6	3759.2	4086.8	6070.7

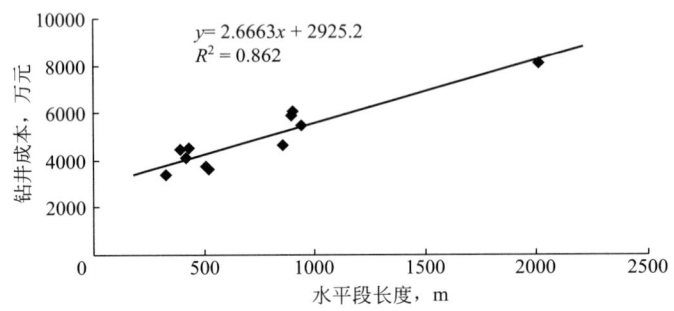

图 8-4-1　广安气田须六气藏水平井钻井成本与水平段长度关系图

对于大斜度井，通过 $L=H\times\cos\theta$ 确定其穿越储层的长度，由此将井斜角转化为水平段长度，建立井斜角与钻井成本的关系：

$$C_{\text{钻}}=53.33\cos\theta+2925.2(万元) \quad (8\text{-}4\text{-}2)$$

采用水平井产能评价方程，结合式(8-3-1) 建立起水平段长度与水平井产值的关系；将式(8-4-1) 代入式(8-3-3) 建立起水平段长度与水平井开发成本的关系。采用大斜度井产能评价方程，结合式(8-3-1) 建立起井斜角与大斜度井产值的关系；将式(8-4-2) 代入式(8-4-3) 建立起井斜角与大斜度井开发成本的关系。

产值与成本一经确定，即可建立起水平段长度（井斜角）与水平井（大斜度井）净收益的关系。评价结果显示：对于广安气田须六气藏的差储层，无论是水平井还是大斜度井，净收益均为负值（图8-4-2和图8-4-3），不能实现效益开采。对于气藏相对有利储层，当水平段长度为1200m时（图8-4-4），对应的8年评价期净收益值最高；随着井斜角的增大，大斜度井的净收益越高（图8-4-5），但大斜度井净收益明显低于水平井。因此，对于

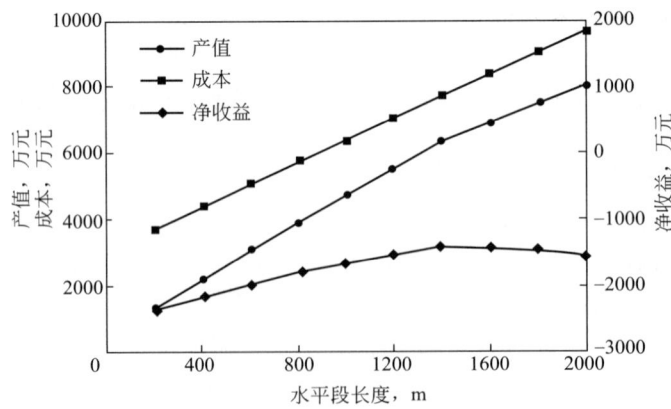

图 8-4-2　广安气田须六气藏差储层水平井净收益与水平段长度关系曲线

广安气田须六气藏相对有利储层,初步比选结果是水平井比大斜度井更具开采优势,水平井的合理水平段长度为1200m。

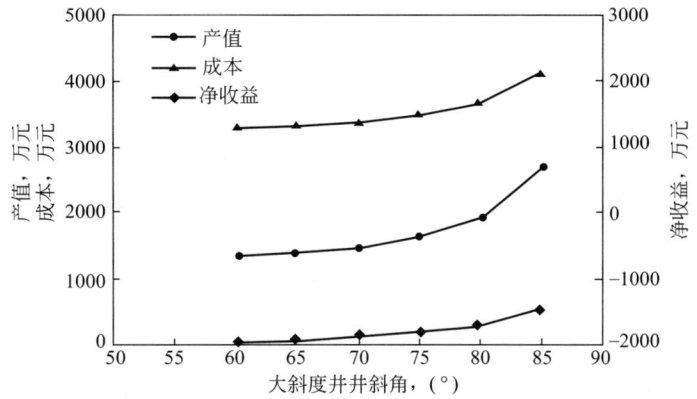

图 8-4-3　广安气田须六气藏差储层水平井净收益与水平段长度关系曲线

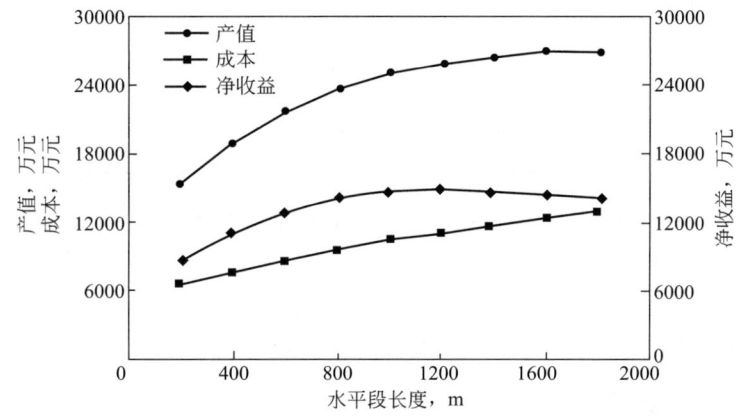

图 8-4-4　广安气田须六气藏相对有利储层水平井净收益与水平段长度关系曲

3)水平井控制储量约束分析

对水平井开采广安气田须六气藏相对有利储层进行储量评估,与1200m最佳水平段长度相对应的水平井等效直井供气半径为658m,取含气饱和度60%、体积系数0.0046,由式(8-3-6)求得水平井控制储量为$3.99×10^8m^3$;采用式(8-3-7)求得与1200m水平段长度相对应的水平井经济极限可采储量为$1.31×10^8m^3$。水平井的控制储量高于经济极限可采储量,表明水平井具有实现效益开采的储量基础。

4)水平井与直井之间的比选

通过前述分析,已经获知:对于广安气田须六气藏的差储层,尽管水平井及大斜度井能够提高气井产能,但却不能实现效益开采,因此不宜采用工艺井进行增产,而直井加砂压裂不失为提高气井开采效益的有效手段,该技术应用于气藏取得了较好的增产效果(表8-4-2)。

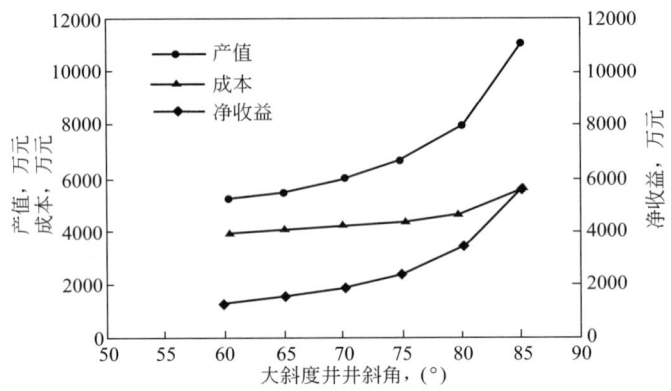

图 8-4-5　广安气田须六气藏相对有利储层大斜度井净收益与井斜角关系曲线

表 8-4-2　广安气田须六气藏低渗储层直井压裂效果统计

井号	渗透率 mD	压前		压后	
		测试产量 $10^4 m^3/d$	无阻流量 $10^4 m^3/d$	测试产量 $10^4 m^3/d$	无阻流量 $10^4 m^3/d$
广安 002-21	0.058	1.04	3.01	8.12	14.75
广安 002-31	0.1	微气	—	6.89	11.80
广安 002-38	0.03	微气	—	6.07	12.69

对于广安气田须六气藏的相对有利储层，由于水平井具有比大斜度井更为突出的开采优势，因此需对水平井与直井进行最终比选。水平段长度为 1200m（最佳水平段长度）的水平井在评价期内的净收益为 14628 万元（图 8-4-4），而直井在评价期内的净收益为 2233 万元，水平井效益明显高于直井，开发井型的最终优选结果为水平井。

二、五百梯石炭系气藏

1. 气藏参数取值

已有的地质认识将气藏划分为低渗透区与中高渗透区，针对两类不同的储层分别进行评价。低渗透区地层压力为 40MPa、储层厚度为 13m、直井供气半径为 400m、水平渗透率介于 0.1~1.3mD、各向异性系数为 6.2。

2. 井型优选分析

1）水平井相对直井稳态产能比判别

根据气藏地质特征，查水平井相对直井稳态产能比预测图版可知，无论是低渗透区还是中高渗透区，对于同等储层条件，水平井无阻流量均高于直井（HRV>1），需进行水平井与大斜度井之间的比选。

2）水平井（大斜度井）参数优化

根据气藏现有水平井、大斜度井及沙罐坪气田石炭系气藏的大斜度井（罐 010-X1 井）

钻井成本（表8-4-3）建立水平段长度与钻井成本相关关系（图8-4-6）。

表8-4-3　川东石炭系气藏水平井、大斜度井钻井成本统计

井号	天东97X	天东017-X2	天东017-X3	罐010-X1
钻井成本,万元	6340	7324	8022	5992

$$C_{钻} = 5591.6e^{0.0006L}（万元）\qquad(8-4-3)$$

由式（8-4-2）推出大斜度井井斜角与钻井成本的相关关系：

$$C_{钻} = 5591.6e^{0.0006H\cos\theta}（万元）\qquad(8-4-4)$$

参照广安气田须六气藏，建立起水平段长度（井斜角）与水平井（大斜度井）产值的关系、水平段长度（井斜角）与水平井（大斜度井）开发成本的关系、水平段长度（井斜角）与水平井（大斜度井）净收益的关系。评价结果显示：

对于五百梯石炭系气藏低渗透区水平渗透率小于0.1mD的特低渗透储层，无论水平井还是大斜度井的净收益均为负值（图8-4-7和图8-4-8），不能实现效益开采。

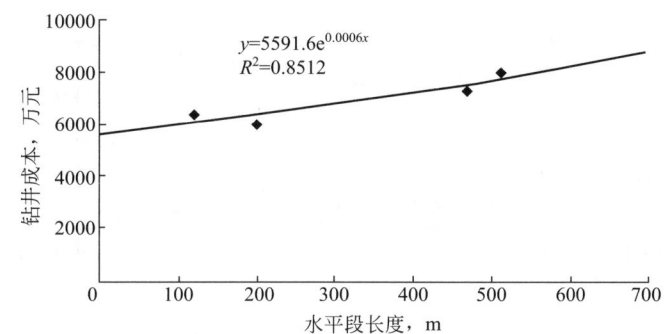

图8-4-6　川东石炭系气藏水平井钻井成本与水平段长度关系图

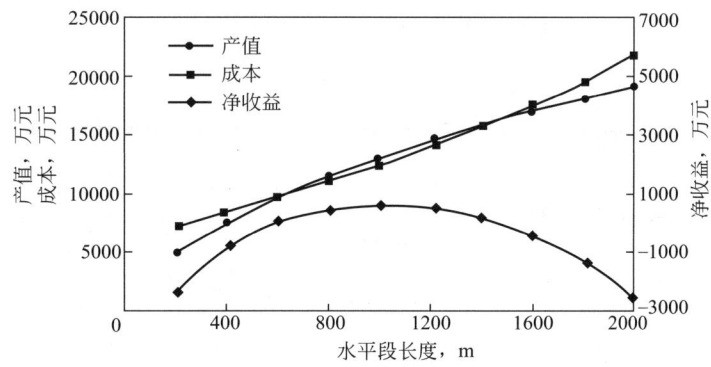

图8-4-7　五百梯石炭系气藏特低渗储层水平井净收益
与水平段长度关系曲线（$K_h = 0.1$mD）

对于低渗透区中的相对有利储层，水平井与大斜度井均能实现效益开采，但水平井比大斜度井更具开采优势，水平井的合理水平段长度为800m（图8-4-9和图8-4-10）。

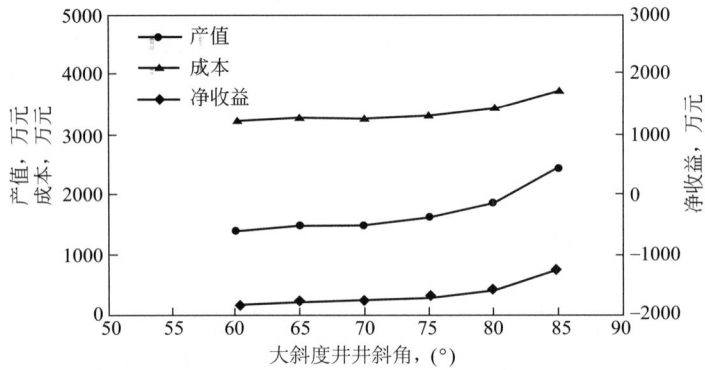

图 8-4-8　五百梯石炭系气藏特低渗透储层大斜度井净收益
与井斜角关系曲线（$K_h=0.1$mD）

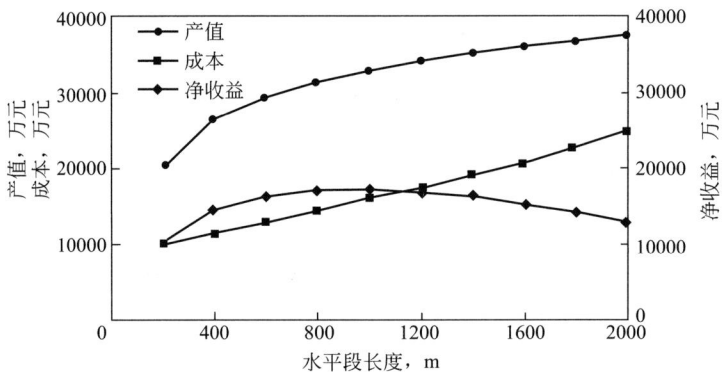

图 8-4-9　五百梯石炭系气藏低渗透区相对有利储层水平井
净收益与水平段长度关系曲线（$K_h=1.3$mD）

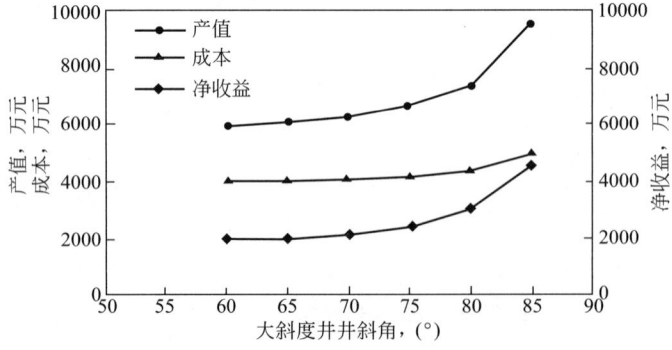

图 8-4-10　五百梯石炭系气藏低渗透区相对有利储层大斜度井
净收益与井斜角关系曲线（$K_h=1.3$mD）

3) 水平井控制储量约束分析

对水平井开采五百梯石炭系气藏进行储量评估：对于低渗透区中的相对有利储层，与800m最佳水平段长度相对应的水平井等效直井供气半径为796m，取含气饱和度72%、体积系数0.0036，水平井控制储量为$2.59×10^8m^3$；与800m水平段长度相对应的水平井经济极限可采储量为$1.71×10^8m^3$。对于气藏中高渗透区中，与800m最佳水平段长度相对应的水平井等效直井供气半径为1206m，取含气饱和度79%、体积系数0.0051，水平井控制储量为$8.77×10^8m^3$；与800m水平段长度相对应的水平井经济极限可采储量为$1.62×10^8m^3$。

五百梯石炭系气藏中高渗透区及低渗透区中的相对有利储层，水平井的控制储量高于经济极限可采储量，水平井具有实现效益开采的储量基础。

4) 水平井与直井之间的比选

通过前述分析，已经获知：对于五百梯石炭系气藏的特低渗透储层，尽管水平井及大斜度井能够提高气井产能，但却不能实现效益开采，因此不宜采用工艺井进行增产。该类储层直井改造效果也不理想，以天东7井为例，该井试井解释渗透率仅0.055mD，试井曲线表现出低速非达西渗流特征，实施压裂酸化储层改造也未取得增产效果。鉴于目前尚无提高特低渗透储层开采效果的有效手段，建议暂时放弃对该类储层的布井开发。

第五节　水平井与大斜度井适应性评价

通过井型优选技术流程在典型气藏的应用分析，对水平井、大斜度井的适应性得出以下总体认识：

（1）不适合水平井的情况。

"水平井是提高低渗透气藏气井产量的有效手段"已成为共识，如果按照四川盆地气藏分类标准——渗透率低于10mD即为低渗透气藏，那么这一观点应该是成立的。通过前述论证，进一步分析可知：对于特低渗透储层（渗透率低于0.1mD，该临界值随地层压力降低、储层厚度减小或各向异性程度增强而提高），尤其是兼具薄层特征的储层，尽管水平井相对直井的增产效果较为明显，但由于水平井产量小，相应创造的产值低，净收益为负或很低，增产不增效的结果与井型优选的准则不符，因此总体而言，低渗透薄储层不宜采用水平井开发。该类情况的代表区块有：五百梯石炭系气藏水平渗透率小于0.1mD的特低渗透储层。

（2）不适合大斜度井的情况。

薄储层往往不适合采用大斜度井开采：一方面，低渗透薄储层大斜度井产能小、产值低，往往不能实现效益开采，如五百梯石炭系气藏水平渗透率小于0.1mD的特低渗透储层。

（3）宜采用直井改造的情况。

前面进行水平井相对直井增产倍比的稳定性评价时，已经认识到对于低渗透厚储层，未改造水平井相对未改造直井的增产优势不明显，而未改造水平井产能不如改造直井（增产倍比小于1）的特点较为显著。因此，对于这类储层宜实施直井大型压裂或酸化以提高气井产量，如广安气田须六气藏差储层。

在此，对不同井型的适用条件没有进行量化，对各类储层条件——薄层与厚层、高渗透与低渗透均没有明确界定，原因在于：取决于产能大小的产值高低受多种因素影响，不同因素的作用此消彼长。例如：以五百梯石炭系气藏特低渗透储层为代表的"低渗透薄层"，水平井在水平渗透率为 0.1mD、有效储层厚度为 13m 的储层条件下不能实现效益开采，但我们并不能凭此将不适合水平井开采的"低渗透薄层"条件具体化为"$K_h = 0.1mD$，$H = 10m$"，因为随着地层压力增高、各向异性系数降低，以及天然气气价上涨、水平井钻井成本降低等条件发生变化，该临界条件下的水平井开发将由不可行成为可行。因此，能够确定的是不同井型明显适用或不适用的储层特征，而不能实现不同井型适用条件的明确化。

第六节 井型优选的其他约束条件

一、气水同产与井筒积液井的井型优选

在上述井型优选的流程中没有考虑气水同产与井筒积液的情况，由于目前水平井、大斜度井的排水采气技术尚处于攻关试验阶段，水平井、大斜度井只能靠自身能量与产水或积液的负面影响相抗衡，因此，需对不同井型的带液生产能力进行比较。参照本次研究建立的水平井、大斜度井携液能力判别方法，如果水平井、大斜度井的产量低于各自的临界携液产量，则气藏开发井型不宜采用工艺井。在广安气田须六气藏的井型优选中，也仅仅是针对气藏富气区的分析，而实际上该气藏大部分区域具有富水特征，其井型优选有待进一步论证。

二、不同井型评价指标接近情况的井型优选

按照上述井型优选流程进行评价时，如果不同井型的技术指标没有明显差异，则需要结合其他技术管理与政策方面的因素进行选择，比如：

（1）对于地质条件复杂的气藏或地质认识程度尚低的气藏，为了降低钻井风险，立足于成熟技术应用，则宜采用直井开采；

（2）为了加快产能建设周期，宜采用钻井周期相对短的直井开采；

（3）为了配合工艺气井现场攻关实验的开展，选择水平井、大斜度井开采。

第九章 典型低渗透致密砂岩气藏水平井生产效果分析

广安须家河组气藏是四川盆地水平井技术在低渗透砂岩气藏中推广应用的典型实例。本章系统分析了水平井在不同含水饱和度区域，水平井的应用情况，深入分析了不同储层条件下水平井生产动态特征参数；并结合实例气藏储层特征，提出了制约水平井实际应用效果的主要因素。

第一节 气藏概况

到 2009 年 6 月底，广安地区共完钻水平井 13 口，9 口井投产；水平井分布如图 9-1-1

图 9-1-1 广安气田须六气藏水平井分布情况

所示，生产基本情况见表9-1-1。

表9-1-1 广安须家河组气藏水平井生产基本情况（至2009年6月底）

井号	投产时间	初期产量，$10^4 m^3/d$	目前气产量，$10^4 m^3/d$	累计产气量，$10^4 m^3$
广安002-H1	2007.6	10.6452	4.1	5578.5667
广安002-H1-2	2008.1	10.8245	2.6	2664.9454
广安002-H6	—	—	—	—
广安002-H7	—	—	—	—
广安002-H8	2007.8	9.3325	5	4267.119
广安002-H8-2	2008.3	2.2836	2.4	863.7043
广安002-H9	—	—	—	—
广安002-H10	2008.11	0.448	0.4105	73.0496
广安002-11-H2	2009.3	1.1683	1.1	108.8182
广安002-X3-H2	2008.5	1.6341	0.3	197.7998
广安002-Z2	2007.10	1.8779	2	791.1448
广安002-Z2-2	—	—	—	—
广安002-H12	2008.3	5.6158	2.4	1785.4547
合计		43.83	20.3	16330.6

一、富气区气藏概况

广安气田须六气藏富气区主要分布于A区高部位，共钻有水平井5口：广安002-H1井、广安002-H1-2井、广安002-H12井、广安002-H8井、广安002-H8-2井。该区比较典型三口水平井包括广安002-H1井、广安002-H8井、广安002-H1-2井；广安002-H1井完钻水平段长度2010m，是目前四川地区水平段最长的水平井；广安002-H8井全程采用气体钻井水平井、广安002-H1-2井是四川地区第一口采用多段压裂水平井。广安002-H8井采气曲线如图9-1-2所示。

二、富水区气藏概况

富水区集中于A区边部位以及B区大部分区域，富水区共完钻水平井5口，投产2口。位于A区边部位富水区广安002-H6井、广安002-H7井由于未钻遇储层，气井未获工业产能；B区广安002-X3-H2、广安002-11-H2井投产。广安002-X3-H2井采气曲线如图9-1-3所示。

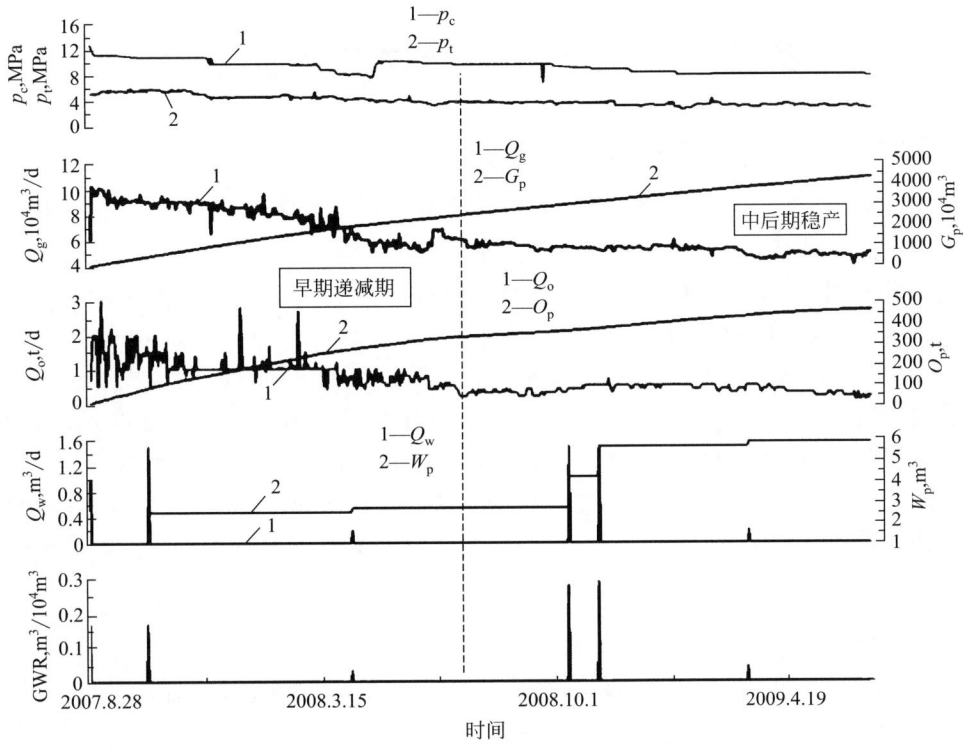

图 9-1-2　广安 002-H8 井采气曲线

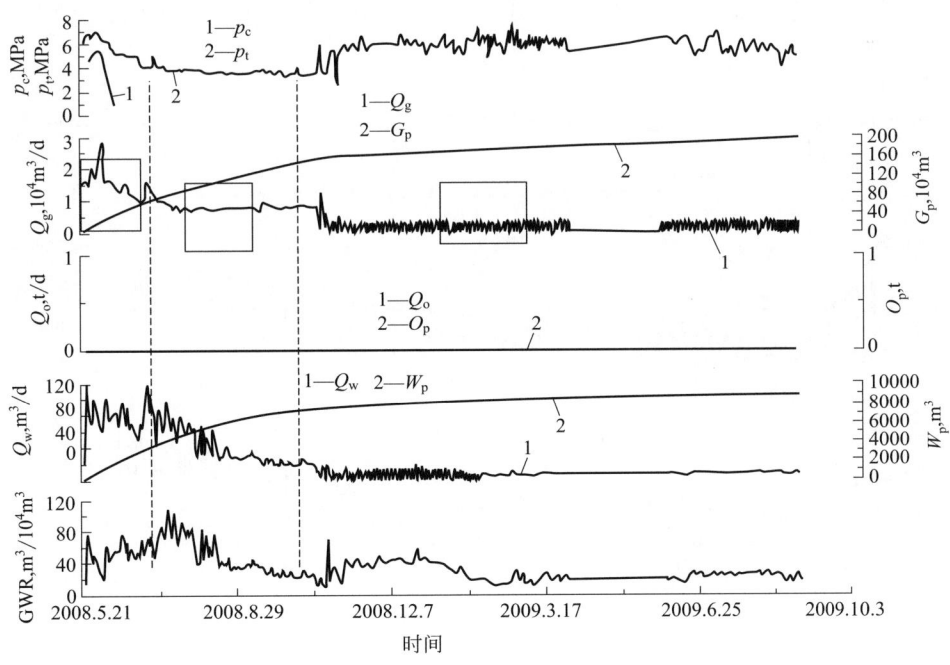

图 9-1-3　广安 002-X3-H2 井采气曲线

第二节　水平井生产动态特征分析

一、富气区水平井生产动态特征分析

从图9-1-3可以看出，与气藏其他部位水平井比较，钻遇富气区顶部位水平井总体而言表现为以下几点特征：（1）气井测试产量高、投产初期井产量大，广安002-H8井测试产量及初期产量分别为$18.63\times10^4m^3/d$和$10\times10^4m^3/d$。（2）气井初期产量递减较快，后期稳产效果较明显。广安002-H8井投产8个月时，气井产量降至$6\times10^4m^3/d$，月递减率$0.5\times10^4m^3/mon$，累积降低幅度达到40%，分析认为该阶段气井产量递减较快主要由于初期配产过高，受阈压效应控制、储层供给不足；后期水平井产量基本保持在$5\times10^4\sim6\times10^4m^3/d$生产，稳定生产时间达13个月，且油管与套管压差稳定，显示较好稳产能力。（3）气井基本不产水，储层渗流以单相气体渗流为主。广安002-H8位于A区顶部位与边水区距离较远、采用气体钻井技术井筒不存在积液、储层伤害小。该井累计产水仅$5.9m^3$，未受水的影响。

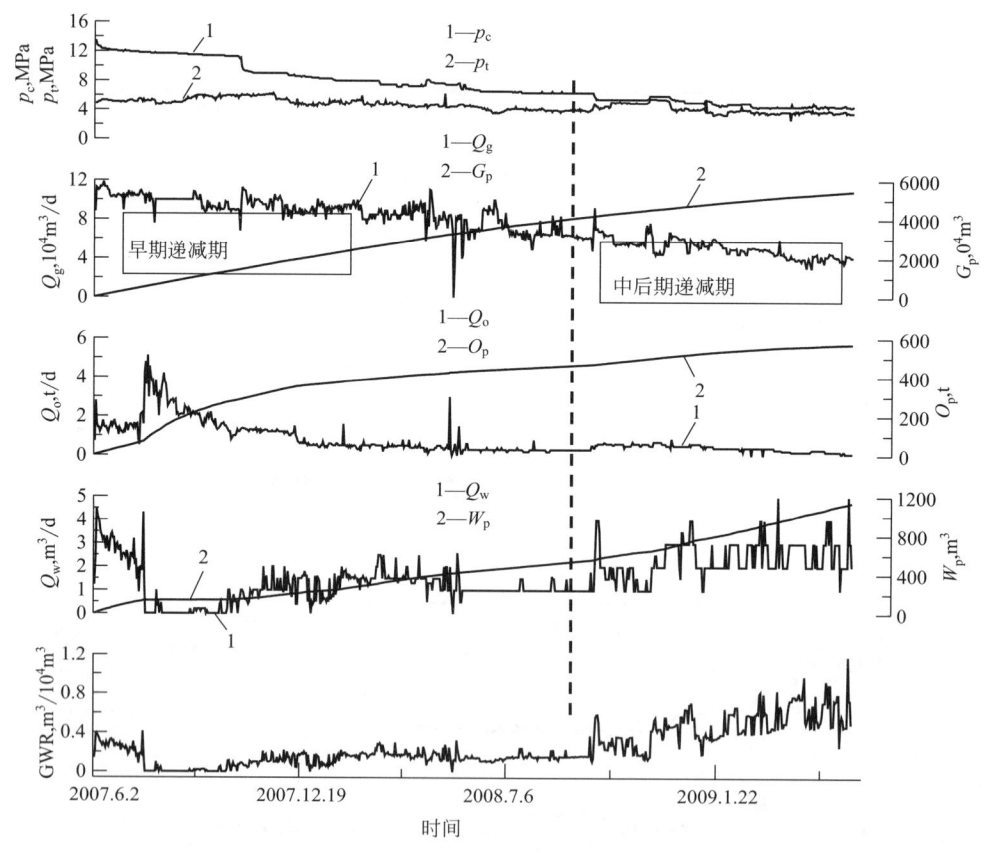

图9-2-1　广安002-H1采气曲线

广安002-H1井位于富气区边部位。从图9-2-1可以看出，与富气区顶部位水平井生产动态特征比较，边部位水平井具有以下不同特征：（1）气井初期产量高，产量递减较快；

后期产量小，产量递减缓慢。气井投产约 15 个月时，气井产量降低至 $6\times10^4\text{m}^3/\text{d}$，降低幅度 45.4%，月递减率为 $0.33\times10^4\text{m}^3/\text{mon}$，分析认为这一阶段气井生产主要受阈压效应影响，配产过大、储层供给不足，造成气井产量递减较快。（2）后期气井产量已处于较低的水平，气井产量持续降低，降低幅度减小，月递减率仅有 $0.22\times10^4\text{m}^3/\text{mon}$；虽然后期水产量有所增大，但水对气井生产影响不大，推断地层渗流仍然以单相气体渗流为主。（3）初期水产量较大，初期水平井带液效果好、水气比小；后期受富水区地层水的影响，水产量增加，水气比大。该井初期水产量约为 $4.5\text{m}^3/\text{d}$，生产 50 天时气井水产量为 0，基本不产水，水气比基本保持在 $0.14\sim0.16\text{m}^3/10^4\text{m}^3$。当生产约 15 个月时，受富水区地层水影响，水产量逐渐上升至 $2\sim4\text{m}^3/\text{d}$，水气比最高达到 $0.83\text{m}^3/10^4\text{m}^3$，平均值为 $0.475\text{m}^3/10^4\text{m}^3$。

广安 002-H1-2 井与广安 002-H1 井为同一井场水平井，其采气曲线如图 9-2-2 所示。广安 002-H1-2 井完钻测试产微气 $0.7386\times10^4\text{m}^3/\text{d}$、采用多段加砂压裂措施后测试气产量为 $16.533\times10^4\text{m}^3/\text{d}$，压裂增产效果明显。与广安 002-H1 井比较，该井生产动态具有以下特征：（1）初期气、水产量高，气、水产量递减较快。气井投产初期平均气产量为 $11\times10^4\text{m}^3/\text{d}$，气井投产 10 个月时间产量降低至 $4\times10^4\text{m}^3/\text{d}$ 左右，月递减率 $0.8\times10^4\text{m}^3/\text{mon}$。初期水产量平均为 $28\text{m}^3/\text{d}$，气井生产 4 个月时间累计产水 3007m^3，扣除残留在地层中施工液体 650m^3，大部分水产量来自于地层水，表明近井区存在明显多相渗流；气井生产 10 个月水产量降低

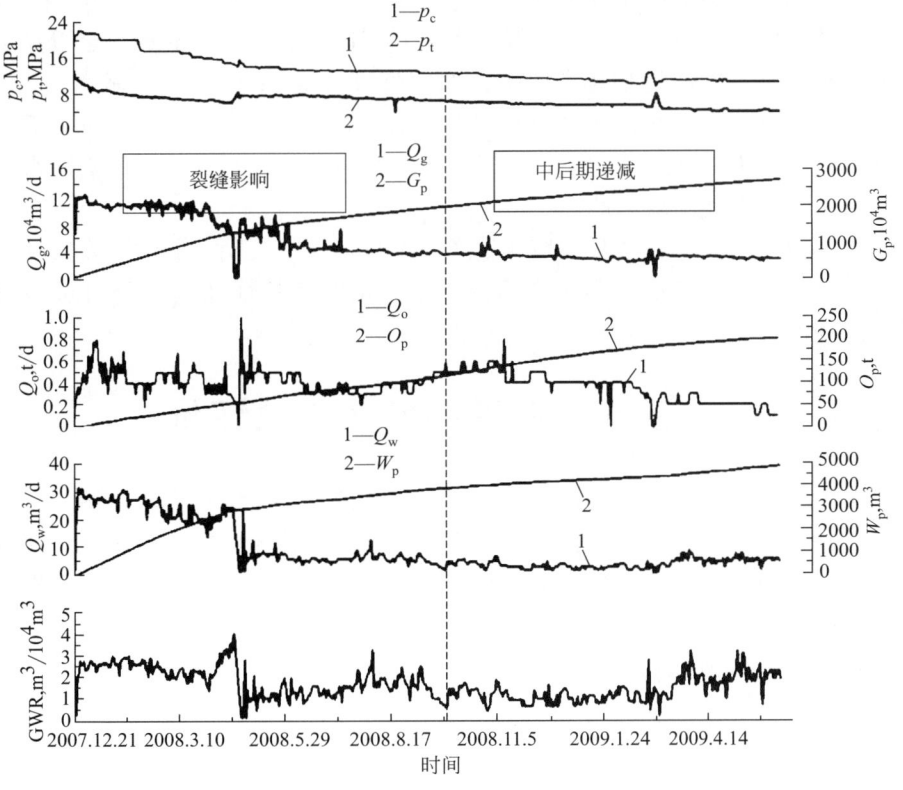

图 9-2-2　广安 002-H1-2 井采气曲线

至 $7m^3/d$ 左右；比较广安 002-H1 井和广安 002-H1-2 初期水产量，后者水产量明显高于前者。分析认为主要是由于该井采用多段压裂增产措施改善近井区流体渗流条件，流体通过能力得以增强，气井气产量、水产量高。（2）初期带水生产效果好，中后期带水生产效果较差。广安 002-H1-2 井初期产量均在 $11×10^4m^3/d$，水产量最高达到 $32.5m^3/d$，水气比在 $2.5m^3/10^4m^3$ 左右，带水效果明显；后期当气产量降低至 $4×10^4m^3/d$ 左右，气井水产量降低至 $7m^3/d$ 左右，对应平均水气比约为 $1.7m^3/10^4m^3$，带水效果减弱。根据带液机理确定该井带液产量约在 $5×10^4m^3/d$ 左右，早期产量明显大于该临界产量，同时由于地层能量充足，表现出早期较好带水效果。中后期阶段由于气井产量降低至 $4×10^4m^3/d$，地层能量未能得到有效补给，带水效果变差。

总体而言，通过对富气区典型水平井生产动态特征，得到以下几点认识：受阈压效应影响，早期配产过大，递减快，中后期产量较低，稳产性好。富气区地层渗流以单相为主，气井产少量地层水，带水效果好，对气井生产影响小。富气区边部位因为压裂沟通富水区地层水，对气井生产造成影响。

二、富水区水平井生产动态特征分析

从图 9-2-2 可以看出，位于富水区水平井产量主要表现出以下特征：（1）气井投产初期（阶段 I），水产量大、气产量小。广安 002-X3-H2 井初期气、水产量分别为 $2×10^4m^3/d$ 和 $80m^3/d$，地层渗流仍然以单相气流为主，水相、气相分别具有各自渗流通道。由于地层能量充足，气井仍然能够保持连续生产，不存在带液问题。（2）气井生产一段时间后，井口压力很快降低至外输压力，水产量降低导致井底回压增大，地层能量不足以完全克服水封效应的影响，水产量、气产量都逐渐降低，井底逐渐开始积液。（3）随着生产时间延长，井筒积液越来越严重，一方面，井筒积液产生的水封效应越来越严重；另一方面，井底周围气层逐渐被水淹、水饱和度逐渐增大。由于地层能量供给不足，完全不能克服水封效应以及两相渗流阻力，气井只能间歇生产。

从气藏工程角度来看，通过对典型井生产动态特征分析表明，制约广安气田须家河组气藏水平井生产效果的主要表现在两个方面：一是储层物性特征及其由此引起的阈压效应特征；二是井筒积液及储层出水的影响。

第三节 水平井增产效果评价

水平井作为提高低渗透气藏单井产量方式在广安须家河组气藏得到应用，从目前生产现状来看，水平井与直井比较并不具有明显优势，部分水平井增产优势不明显。究竟水平井与直井比较增产效果如何？此次研究从初期增产倍比和不稳定增产倍比两个方面进行分析。基础参数根据前面章节成果确定。

一、初期增产效果分析

（1）富气区同等储层条件下，未压裂水平井与未压裂直井比较，水平井初期增产效果明显。

水平井广安 002-H1 井与广安 2 井同井场，且均未经过增产改造措施。广安 002-H1 井是四川油气田完成的水平段最长的水平井,于2007年4月25日完钻,水平段长2010m,钻遇储层厚度1664m,有效储层钻遇率82.7%,完井测试气产量16.44×10^{4}m^3/d,是同井场直井广安2井(初测气产量4.21×10^{4}m^3/d)的3.9倍。于2007年6月2日投产,初期产量11×10^{4}m^3/d左右,目前产量4×10^{4}m^3/d左右。

对比水平井与邻近直井的储层参数、无阻流量及实际产量(表9-3-1)。在储层物性基本一致条件下,水平井无阻流量远高于相邻直井,表明同样储层条件下,水平井仍具有明显增产优势。

表9-3-1 广安002-H1井与广安2井增产效果对比分析

井号	井型	孔隙度 ϕ,%	储层厚度 H,m	含气饱和度 S_g,%	无阻流量 q_{AOF} 10^{4}m^3/d	平均产量 10^{4}m^3/d	累产时间 d	增产倍比
广安002-H1	水平井	11.5	0.875	67.86	33.1	7.36	758	4.54
广安2	直井	12.6	28.6	61.07	7.28	1.78	1407	

(2)富气区压裂水平井与压裂直井比较,水平井未达到明显增产效果;钻遇率低是制约水平井增产效果的重要因素。

广安002-H1井与广51井均经过压裂增产工艺措施,两口井均获得较好压裂增产效果,具有一定代表性。广安002-H1-2井于2007年9月7日完钻,水平段长940m,钻遇储层厚度369.3m,有效储层钻遇率38.6%,裸眼完井,完井测试气产量0.74×10^{4}m^3/d,后经加砂压裂改造,获测试产量16.53×10^{4}m^3/d,对于低渗透气藏水平井压裂改造措施对提高水平井单井产量同样至关重要。于2008年1月13日投产,初期产量11×10^{4}m^3/d左右,目前产量3×10^{4}m^3/d左右。该井与广5井比较见表9-3-2。

表9-3-2 广安002-H1-2井与广51井增产效果对比分析

井号	井型	ϕ,%	H,m	S_g,%	q_{AOF} 10^{4}m^3/d	平均产量 10^{4}m^3/d	累产时间 d	增产倍比
广安002-H1-2	水平井	10.5	8.375	76.8	22.82	5.03	530	0.71
广51	直井	10.83	27.25	58.13	31.93	3.46	1747	

从表9-3-2可以看出,由于广51井钻遇储层有利发育区,储层含气性远高于广安002-H1-2井,水平井无阻流量仅有直井的0.71。第四章理论分析表明,当储层厚度达到30m,水平井不具有明显增产优势。因此,对于低渗透气藏储层条件仍然是制约水平井增产效果重要因素。

(3)富气区储层保护技术有利于提高低渗透高含水气藏水平井增产效果,但未钻遇发育区增产效果不明显。

水平井广安002-H8井、广安002-H8-2井与直井广51井同井场。广安002-H8井采用气体钻井技术于2007年8月19日完钻,水平段长328.65m,有效储层钻遇率90.26%,完井测试气产量18.63×10^{4}m^3/d、产油2.94t/d。广安002-H8-2井于2008年2月22日完钻,完钻井深2619.0m,水平段长428.5m,有效储层钻遇率90%,经加砂压裂,测试获气$5.65×10^4m^3/d$。

水平井与直井的储层参数对比显示：水平井广安002-H8-2井储能系数明显低于邻井（表9-3-3）。广安002-H8-2井增产失败原因一方面是由于未钻遇有利储层；另外一个重要方面是该井未采取相应储层保护钻井技术。

表9-3-3　广安002-H8井、广安002-H8-2井与广51井比较

井号	井型	ϕ,%	H,m	S_g,%	q_{AOF} $10^4m^3/d$	套管压力递减率 MPa/m	平均产量 $10^4m^3/d$	累产时间 d
广安002-H8	水平井	9.7	6.125	67.61	32.89	0.21	6.35	672
广安002-H8-2	水平井	11.61	6.575	67.1	6.16	0.48	2.23	387
广51	直井	10.83	27.25	58.13	31.93	0.23	3.46	1747

广安002-H8井与广安002-H8-2井储层钻遇率及储层参数差别不大，但是前者产能及产量差距较大。广安002-H8井与同井场直井广51井比较，单纯从产能角度进行评价，水平井无明显增产效果。但在产能相当的条件下，广安002-H8井实际生产过程中的产量却比同场直井广51井高$2.89×10^4m^3/d$，而压力递减速度相近，表明水平井具有比直井更强的稳产能力。

（4）井底积液是影响富气区边部位水平井增产效果的重要因素。

水平井广安002-H12井位于A区边部位，储层含水饱和度较高，于2007年10月完钻，完钻井深2560.00m（斜深）/1775.57m（垂深），最大井斜94.58°，水平段长520m，有效储层钻遇率54%，完井后经加砂压裂测试获气$12.16×10^4m^3/d$。

水平井广安002-H12井与同井场斜井广安002-X45井及邻近直井广002-38井储层条件相当（表9-3-4），水平井无阻流量、实际生产过程中的平均产量均为直井的2.6倍，水平井相对直井增产效果明显。水平井无阻流量比斜井广安002-X45井高$11.25×10^4m^3/d$，但由于生产过程中出水，加之水平段根部上翘，比中间低凹段高近6m（图9-3-1），地层水在低部位沉积，影响气体产出，致使平均气产量比斜井低了近$2×10^4m^3/d$。

表9-3-4　广安002-H12井区气井储层参数及无阻流量、实际产量对比

井号	井型	ϕ,%	H,m	S_g,%	q_{AOF} $10^4m^3/d$	平均产量 $10^4m^3/d$	累产时间 d
广安002-H12	水平井	12.8	38	52	42.11	3.82	468
广安002-X45	斜井	12.5	39.7	40.6	25.25	5.59	703
广002-38	直井	11.0	47.5	57.8	14.21	1.48	785

（5）富水区水平井井底积液严重是水平井未获的明显增产效果关键因素。

广安气田须六气藏B区为气水过渡带，目前B区已完钻并完成测试的水平井有三口，仅有水平井广安002-X3-H2井、广安002-11-H2井投产。

水平井广安002-H11井于2008年3月15日完钻，完钻井深2765m，加砂压裂后测试产气$1.27×10^4m^3/d$，产水$45m^3/d$。该井位于B1区边部靠近B2区域，而地质研究表明B2区

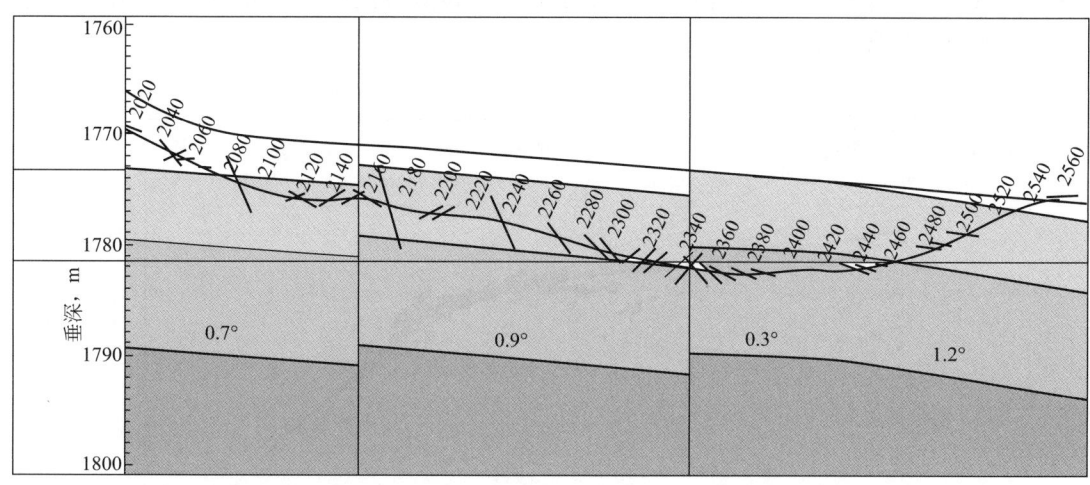

图 9-3-1　水平井广安 002-H12 井实钻井轨迹示意图

高含水饱和度的特征突出，气井测试普遍产水，且水产量较大。B2 区与广安 002-H11 井相邻的直井广安 110 井测试结果也是"小气大水"（表 9-3-5），进一步证实广安 002-H11 井钻遇储层位于富水区，致使水平井增产失败。

表 9-3-5　广安 002-H11 井与广安 110 井储层参数及无阻流量、实际产量对比

井号	井型	ϕ,%	H,m	S_g,%	测试结果	备注
广安 002-H11	水平井	10~13	—	40~79	气 $1.27\times10^4 m^3/d$，水 $45 m^3/d$	未投产
广安 110	直井	11.7	21.8	49.3	气 $1.02\times10^4 m^3/d$，水 $38.4 m^3/d$	未投产

水平井广安 002-X3-H2 井、与直井广安 101 井同井场。广安 002-X3-H2 井于 2007 年 11 月 21 日完钻，完钻井深 2780m，水平段长 422m，最大井斜 91.14°，有效储层钻遇率 25.7%，完井测试获气 $0.14\times10^4 m^3/d$，后经加砂压裂测试产气 $4.75\times10^4 m^3/d$、产水 $59.01 m^3/d$。水平井广安 002-X3-H2 井与直井广安 101 井位于 B2 区，均为气水同产井（表 9-3-6），B 区富水、低渗透的地质特征决定了工艺井无法实现有效增产的目的。

表 9-3-6　广安 002-X3-H2 井区气井储层参数及无阻流量、实际产量对比

井号	井型	ϕ,%	H,m	S_g,%	测试结果	平均产量 $10^4 m^3/d$
广安 002-X3-H2	水平井	9~15	29.4	35.6~42.7	气 $4.75\times10^4 m^3/d$，水 $59.01 m^3/d$	0.7，水 30.7
广安 101	直井	9.43	34.4	43.71	气 $2.5\times10^3 m^3/d$，水 $24 m^3/d$	0.61，水 13.6

根据以上分析，结合广安气田须六气藏地质特征，在 A 区高部位有利储层发育区钻水平井有利于提高单井开发效果；B 区建议不采用水平井开发方式。

二、单井控制储量

低渗透气藏采用水平井开发技术的另外一个重要优势是可以提高单井控制储量。为了对比分析水平井相对于直井提高单井控制储量优势，对于水平井采用新理论计算结果，对于直

井采用 RTA 分析手段对相邻直井进行递减分析。直井拟合结果如图 9-3-2 至图 9-3-5 所示，均达到较好拟合效果。

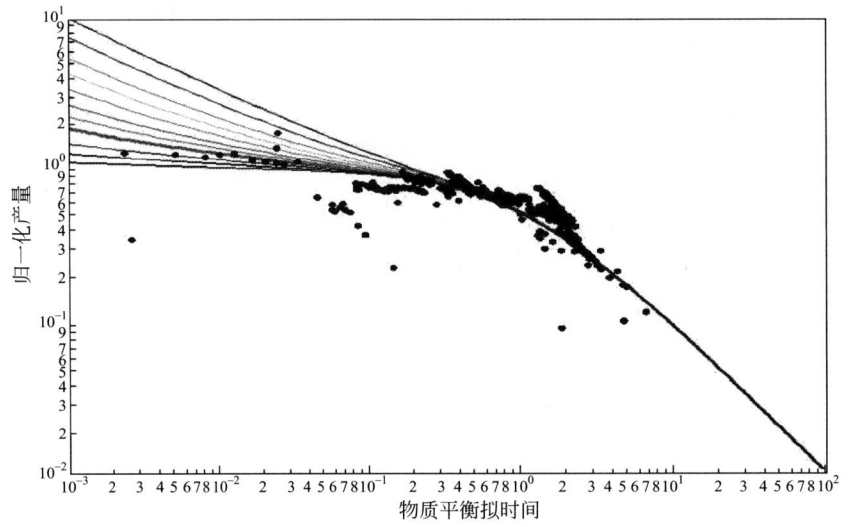

图 9-3-2　广安 2 井递减分析图

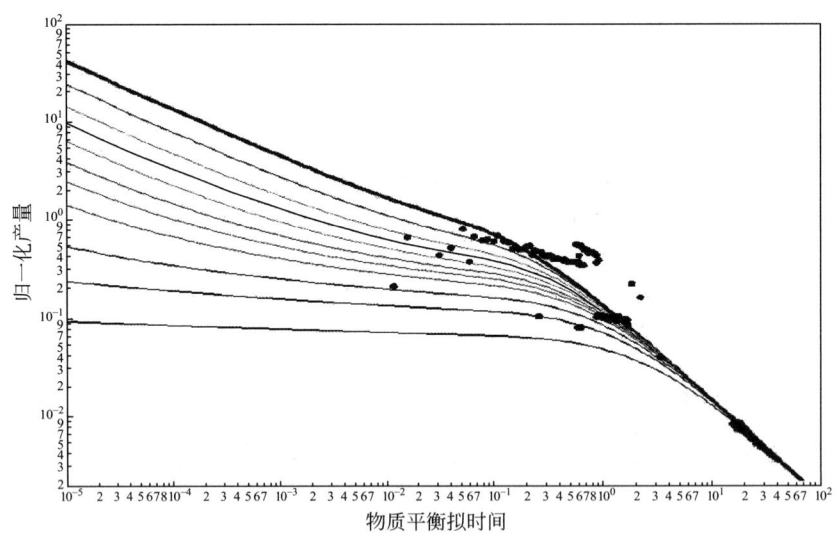

图 9-3-3　广 51 递减分析图

从曲线特征来看，均达到较好拟合效果。拟合得到的直井单井控制储量与水平井单井控制储量（新模型计算）对比见表 9-3-7。从计算结果可以看出，虽然水平井生产时间小于直井，但总体而言水平井单井控制储量均大于直井，水平井与直井控制储量比值均大于 1、最高达到 5.41。此外，从计算结果可以看出，B 区水平井控制储量远小于 A 区水平井控制储量，因此在须六气藏 B 区不建议打水平井。

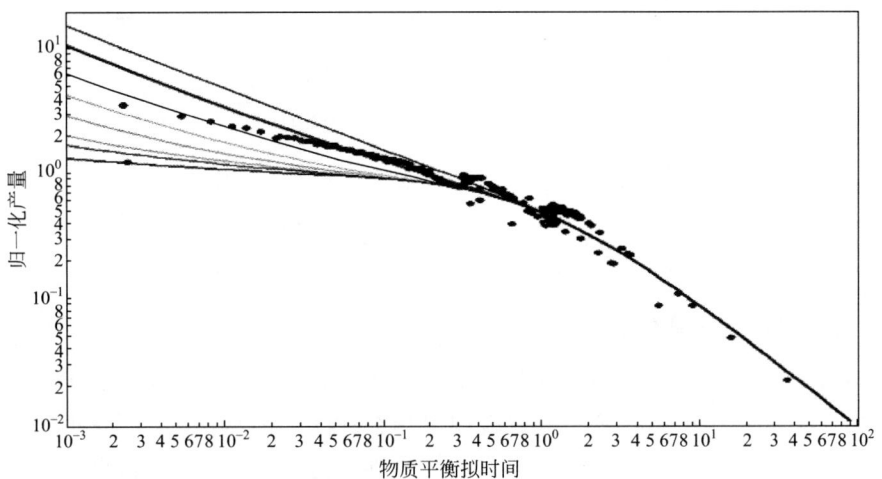

图 9-3-4　广安 002-38 递减分析图

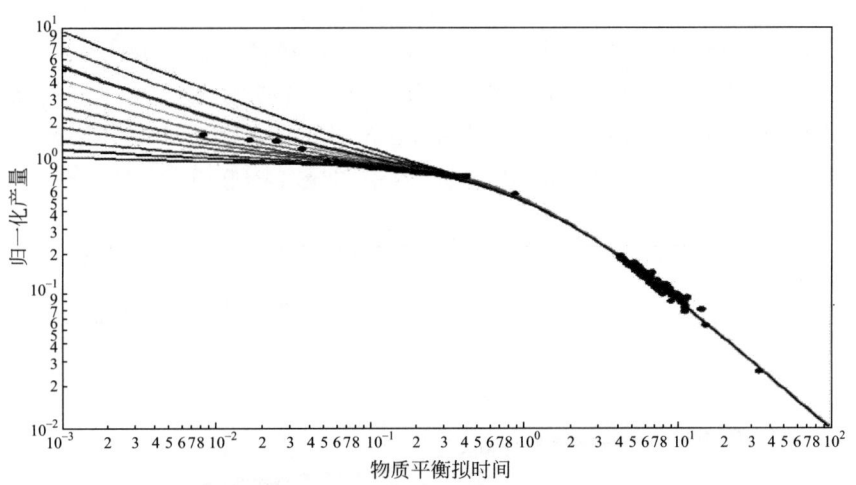

图 9-3-5　广安 101 井递减分析图

表 9-3-7　水平井与相邻直井控制储量对比

井区	井号	生产时间 a	控制储量 $10^8 m^3$	控制储量 增加倍数	累计产气量 $10^4 m^3$	累积采出程度 %
广安 2 井区	广安 002-H1	2.25	1.734	2.88	5832	33.63
广安 2 井区	广安 002-H1-2	1.64	0.935	1.55	2883	30.83
广安 2 井区	广安 2	4.34	0.603	—	2623.23	43.50
广 51 井区	广安 002-H8	1.19	1.96	1.16	4558	23.26
广 51 井区	广 51	3.54	1.69	—	6255.86	37.02

续表

井区	井号	生产时间 a	控制储量 $10^8 m^3$	控制储量增加倍数	累计产气量 $10^4 m^3$	累积采出程度 %
广安002-38井区	广安002-H12	1.45	1.31	5.41	1916.31	14.63
	广安002-38	2.32	0.242	—	1217.59	50.31
广安101井区	广安002-X3-H2	0.86	0.085	2.00	206.8	24.33
	广安101	1.69	0.0424	—	109	25.71

三、不稳定增产效果分析

从前面分析可以看出，广安须六气藏水平井初期产能及单井控制储量均比相邻直井高，那么水平井相对于直井在长时间阶段究竟表现出什么样的产能特征？此次研究根据新方法拟合参数，采用Pansystem软件分别对广安须六气藏典型水平井及其相邻直井进行不稳定产能、稳产性评价。分析结果如图6-17至图6-31所示。

（1）富气区同等储层条件下，长井段水平井可获得较好不稳定增产效果。

计算广安002-H1井相对于同井场广安2井不稳定增产倍比为2.59~4.25，随着生产时间延长，增产倍比逐渐减小（图9-3-6）。在相同的配产条件（$5×10^4 m^3/d$）下，广安002-H1井与广安2井稳产时间分别为3.7年和0.5年（图9-3-7），由于水平井提高储量动用程度，稳产效果明显高于直井。在相同稳产时间（0.5年）条件下，水平井稳产期产量可达到$17.8×10^4 m^3/d$，比直井高$12.8×10^4 m^3/d$，增产效果明显（图9-3-8）。

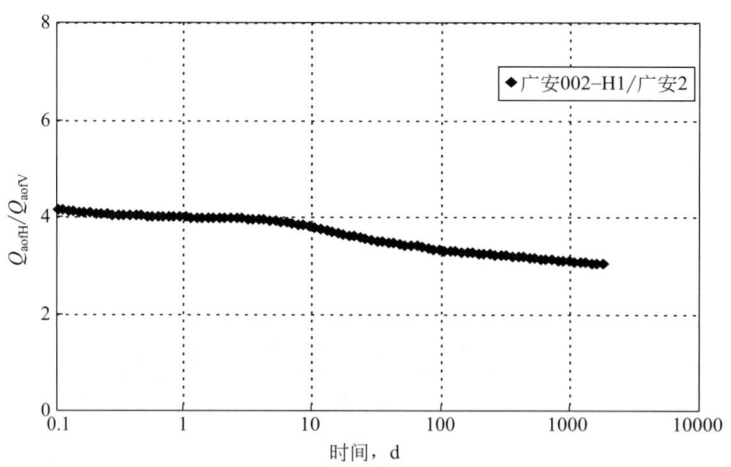

图9-3-6 广安002-H1井与广安2井不稳定增产倍比对比
Q_{aofH}—水平井产能，$10^4 m^3/d$；Q_{aofV}—直井产能，$10^4 m^3/d$

为了验证理论计算正确与否，分别对广安002-H1井与广安2井实际配产进行对比分析。水平井相对于直井实际配产增产倍比主要范围介于2~5，与理论计算结果一致（图9-3-9）。

（2）富气区压裂水平井与压裂直井比较，水平井不具有明显增产效果。

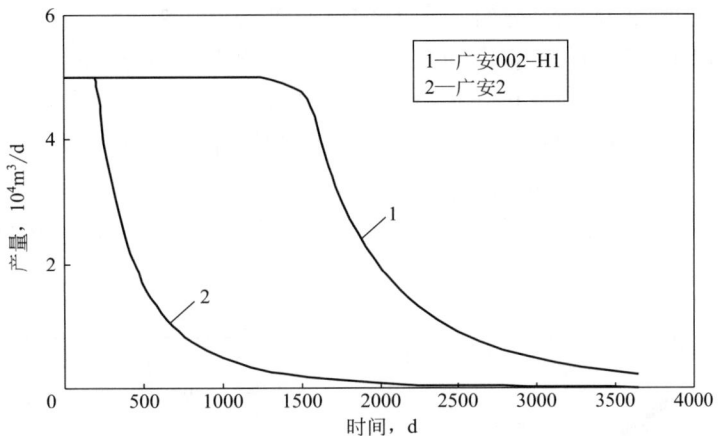

图 9-3-7　广安 002-H1 井与广安 2 井稳产性评价（相同配产条件）

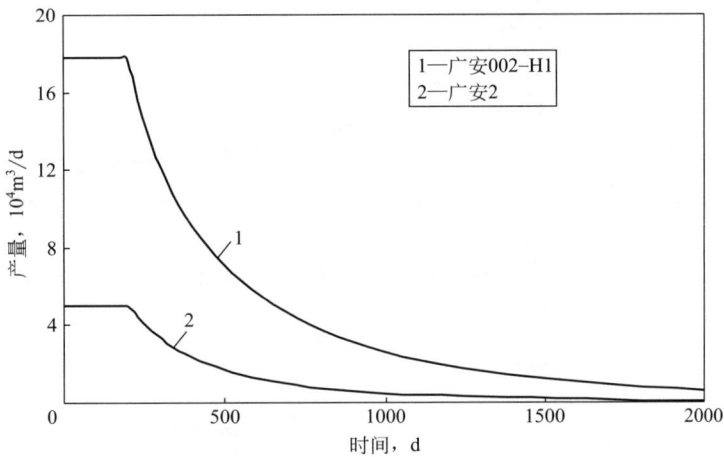

图 9-3-8　广安 002-H1 井与广安 2 井稳产性评价（相同稳产时间）

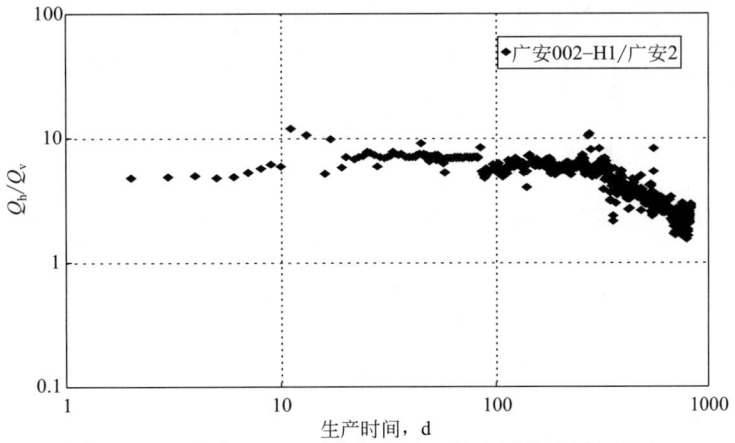

图 9-3-9　广安 002-H1 井与广安 2 井实际增产效果比较

Q_h，Q_v—分别为水平井和直井的产量，$10^4 m^3/d$

计算广安 002-H1-2 井与广安 51 井不稳定增产倍比为 0.27~5，随着生产时间延长，增产倍比迅速减小（图 9-3-10）。生产约 25 天时，增产倍比小于 1。在相同的配产条件（5×$10^4m^3/d$）下，广安 002-H1-2 井与广安 51 井稳产时间分别为 0.54 年和 0.7 年（图 9-3-11）。在相同稳产时间（0.7 年）条件下，水平井稳产期配产反而比直井低 $0.5×10^4m^3/d$，未实现增产目的（图 9-3-12）。在相同的配产条件下，水平井产量递减比广 51 快；评价期末（10 年）水平井、直井累计产气量分别为 432.1×10^4m^3 和 471.6×10^4m^3，广安 002-H1-2 井不具有明显增产效果。

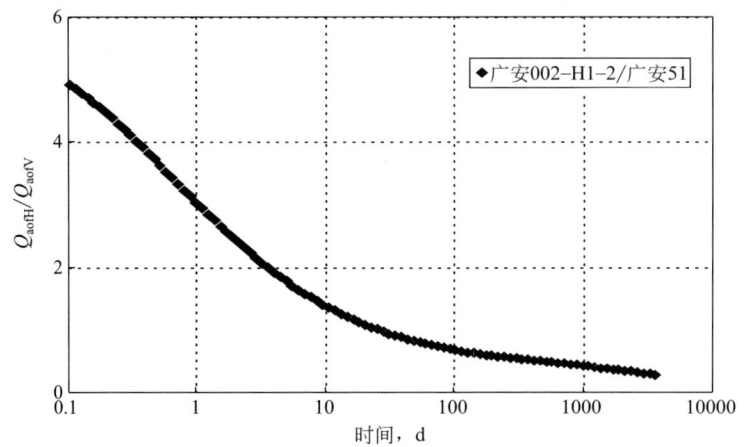

图 9-3-10 广安 002-H1-2 井与广安 51 井不稳定增产倍比对比

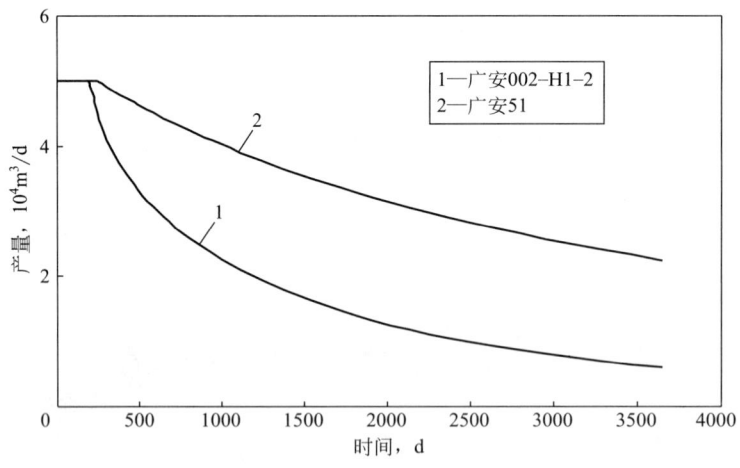

图 9-3-11 广安 002-H1-2 井与广安 51 井稳产性评价（相同配产条件）

这两口井实际生产动态分析也表明，广安 002-H1-2 井与广 51 井不具有明显增产优势（图 9-3-13）。当气井投产约 150 天时，实际水平井产量反而小于直井，与理论计算趋势一致。分析认为，一方面受水平井钻遇率低储层制约，另外一方面水平井受井底积液影响较大。

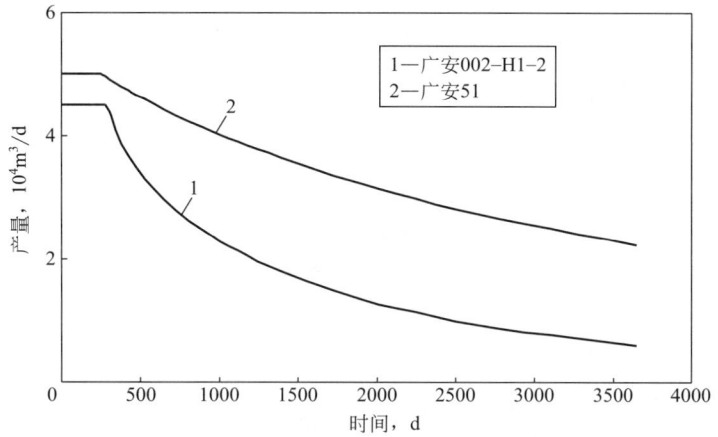

图 9-3-12　广安 002-H1-2 井与广安 51 井稳产性评价（相同稳产时间）

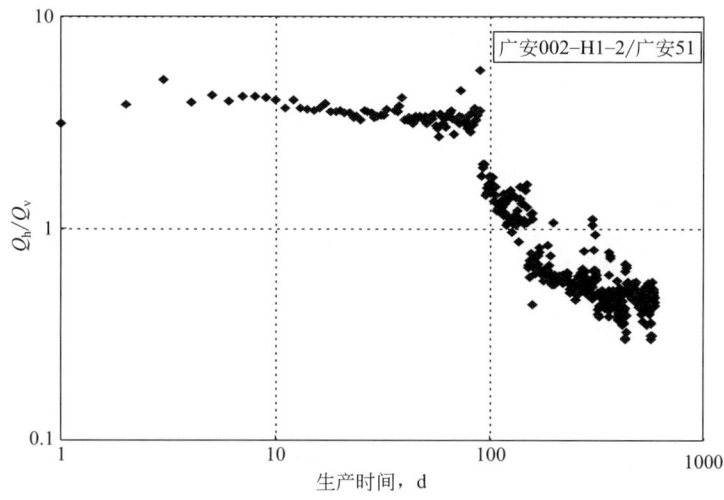

图 9-3-13　广安 002-H1-2 井与广安 51 井实际增产效果比较

（3）富气区高部位，未钻遇有效储层制约水平井实际增产效果。

计算广安 002-H8 井与广安 51 井不稳定增产倍比为 0.3~2.4，随着生产时间延长增产倍比逐渐减小（图 9-3-14）。在相同的配产条件（$5×10^4m^3/d$）下，广安 002-H8 井与广安 51 井稳产时间分别为 1.59 年和 0.7 年（图 9-3-15），水平井稳产效果好。在相同稳产时间（0.7 年）条件下，水平井稳产期产量可达到 $6×10^4m^3/d$，比直井高 $1×10^4m^3/d$，略有增产效果（图 9-3-16）。在相同的配产条件下，水平井产量递减比广 51 井快；评价期末（10年）水平井、直井累计产气量分别为 $489×10^4m^3$ 和 $471.6×10^4m^3$，水平井略有增产优势；但是水平井可获得较高初期产量符合目前对于低渗透气藏高效开发模式。

这两口井实际生产动态分析也表明，广安 002-H8 井与广 51 井增产优势不明显（图 9-3-17）。气井生产约 1 年，水平井与直井实际产量几乎一致，后期直井产量反而较高。

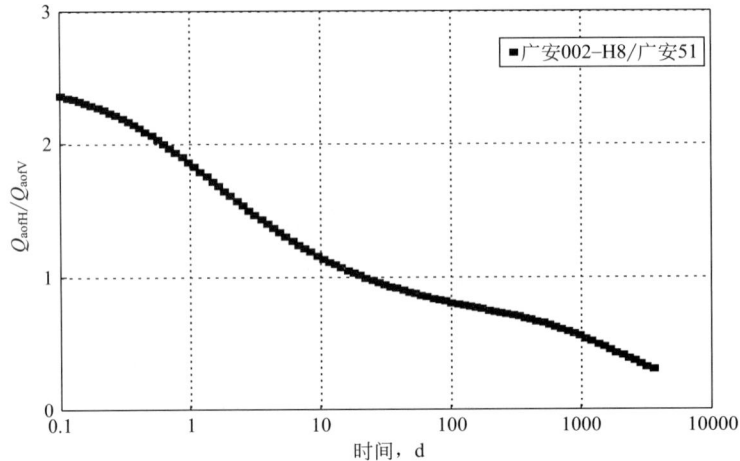

图 9-3-14　广安 002-H8 井与广安 51 井不稳定增产倍比分析

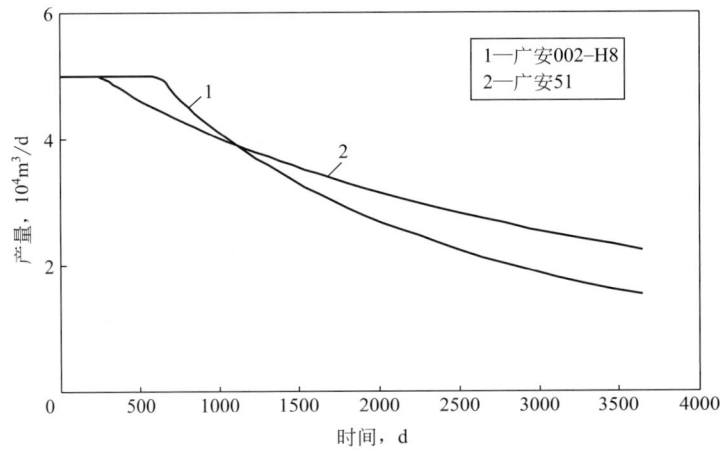

图 9-3-15　广安 002-H8 井与广安 51 井稳产性评价（相同配产条件）

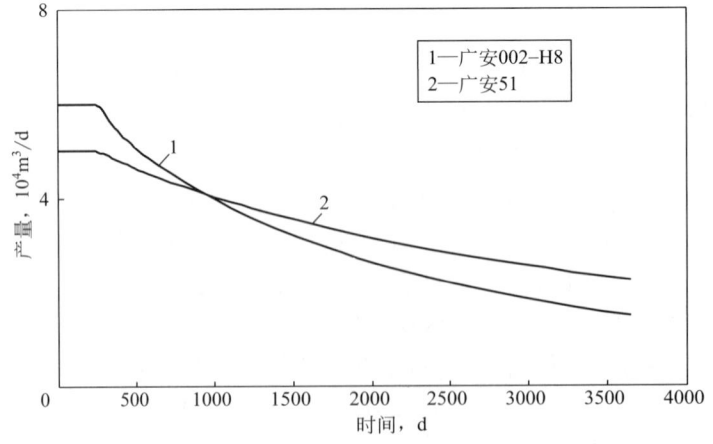

图 9-3-16　广安 002-H8 井与广安 51 井稳产性评价（相同稳产时间）

第九章 典型低渗透致密砂岩气藏水平井生产效果分析

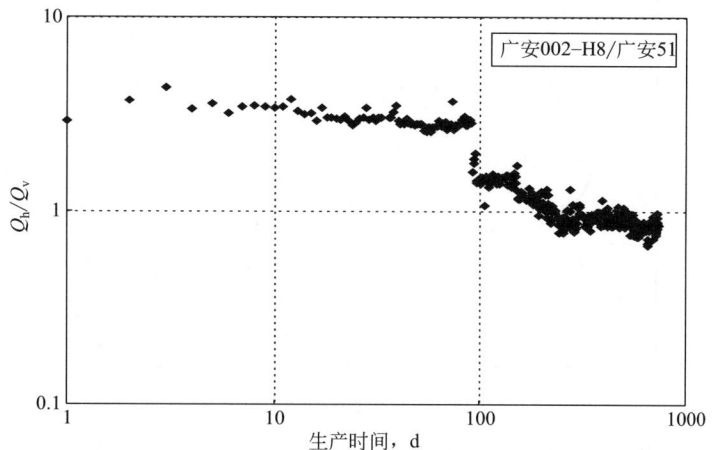

图 9-3-17 广安 002-H8 井与广安 51 井实际产量对比

（4）富气区边部位水平井受井筒积液的影响，水平井初期增产效果好，中后期增产效果不明显。

计算广安 002-H12 井与广安 002-38 井不稳定增产倍比为 1.8~13.4，随着生产时间延长，增产倍比迅速减小（图 9-3-18），当气井生产约 30 天时，水平井相对于直井产能比仅有 2.76。在相同的配产条件（$5\times10^4 m^3/d$）下，广安 002-H12 井与广安 002-38 井稳产时间分别为 3.0 年和 0.4 年（图 9-3-19），水平井稳产效果好。在相同稳产时间（0.4 年）条件下，水平井稳产期产量可达到 $13.5\times10^4 m^3/d$，比直井高 $8.5\times10^4 m^3/d$，水平井可获得较高初期产量（图 9-3-20）。在相同的配产条件下，评价期末（10 年）水平井、直井累产气量分别为 $469.9\times10^4 m^3$、$408\times10^4 m^3$，水平井增产优势明显。

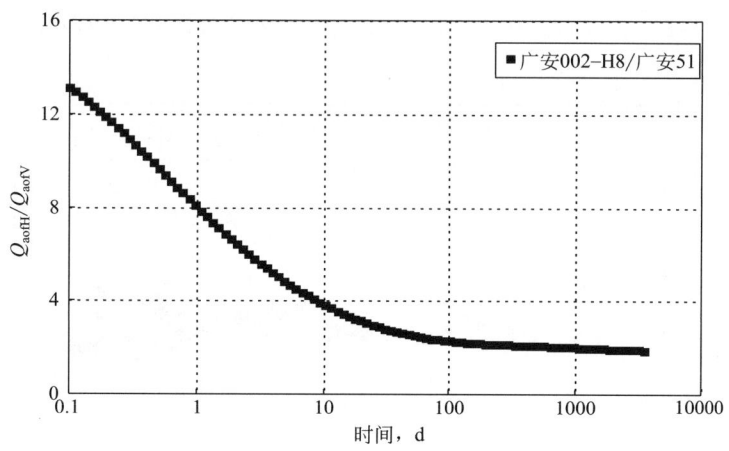

图 9-3-18 广安 002-H12 与广安 002-38 井区不稳定增产倍比

但是这两口井实际生产动态表明，水平井相对于直井并不具有明显优势（图 9-3-21），与理论计算结果差距较大。分析认为主要受此次研究建立方法制约，无法考虑水平井生产后

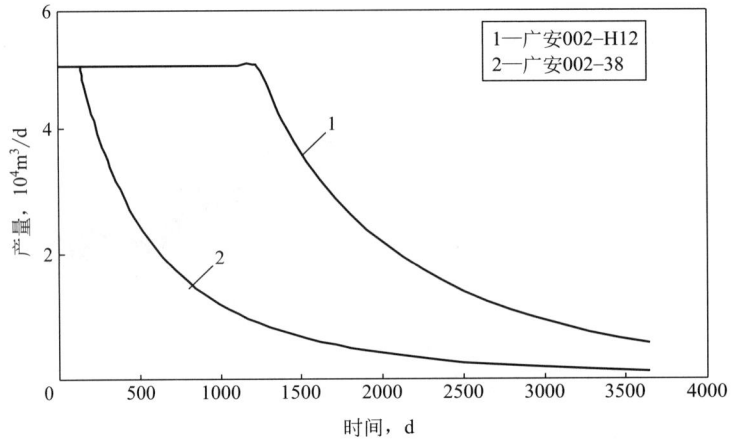

图 9-3-19　广安 002-H12 与广安 002-38 井稳产性评价（相同配产条件）

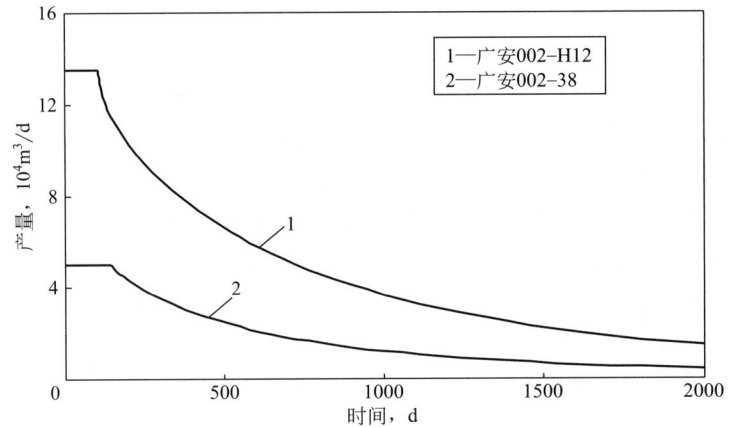

图 9-3-20　广安 002-H12 井与广安 002-38 井稳产性评价（相同稳产时间）

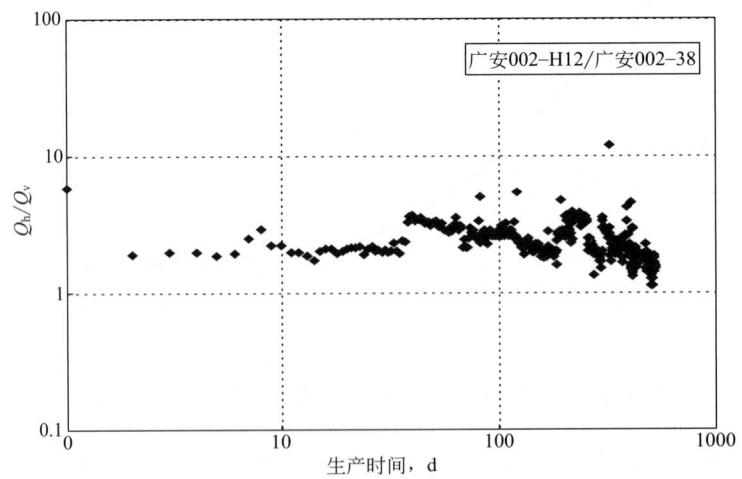

图 9-3-21　广安 002-H12 井与广安 002-38 井实际产量对比

期储层多相渗流及井筒积液的影响。

（5）富水区受储层条件及井筒积液影响，水平井与直井开采效果均较差。

计算广安002-X3-H2井与广安101井不稳定增产倍比为1~12.5，随着生产时间延长，增产倍比迅速减小（图9-3-22）。虽然理论计算水平井具有明显增产效果，但是水平井绝对无阻流量较小，生产约30天水平井无阻流量仅有$3.3 \times 10^4 m^3/d$，开采效果较差。在相同的配产条件（$1.5 \times 10^4 m^3/d$）下，广安002-X3-H2井稳产时间为0.7年，广安101井未见到明显稳产阶段（图9-3-23）。如果考虑储层多相渗流以及井筒积液的影响，水平井的增产效果会更差。

两口井实际生产动态表明，富水区水平井相对于直井并不具有明显增产优势（图9-3-24），与理论计算一致。

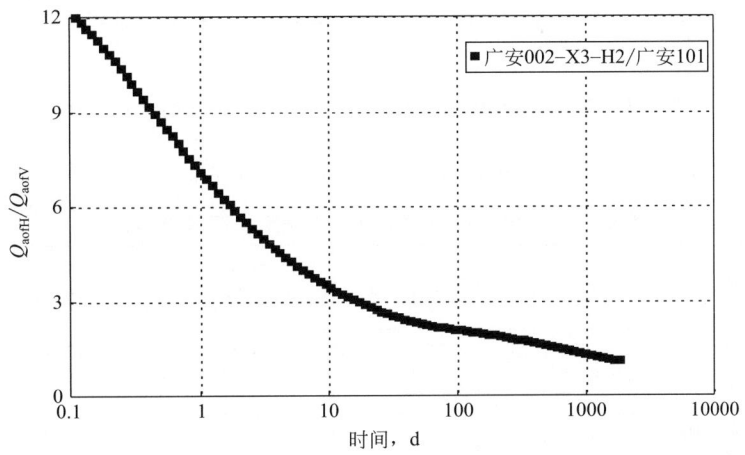

图9-3-22　广安002-X3-H2井与广安101井区不稳定增产倍比对比

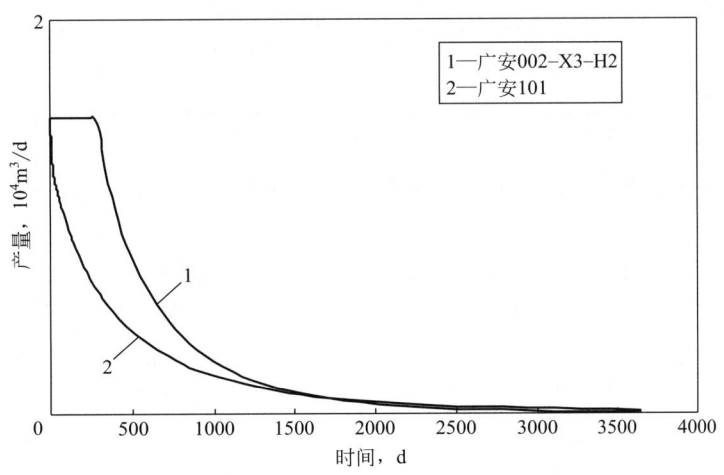

图9-3-23　广安002-X3-H2井与广安101井区稳产性评价（相同配产条件）

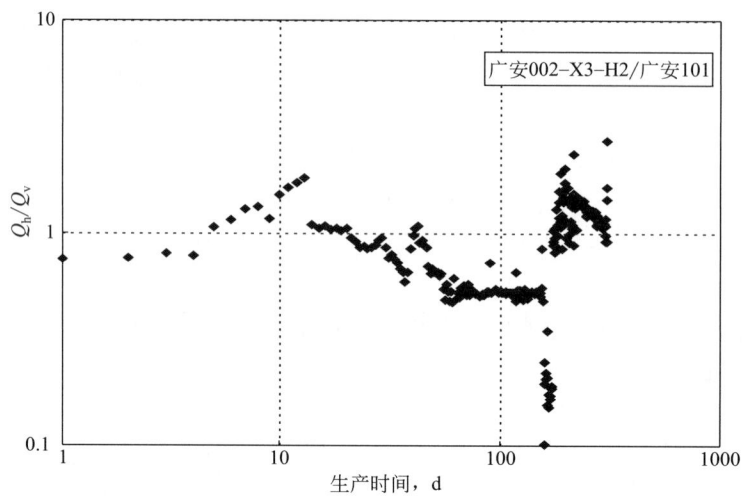

图 9-3-24 广安 002-X3-H2 与广安 101 井实际增产效果比

（6）结果综合分析。不同储层条件水平井相对于直井不稳定增产效果对比见表 9-3-8。

表 9-3-8 水平井相对于直井不稳定增产效果对比

井区	井号	增产倍比	实际倍比	稳产时间,a（同配产条件）	产量,$10^4 m^3$（同稳产时间）	配产 $10^4 m^3$
广安 2 井区	广安 002-H1	2.59~4.25	2.5~7.0	3.7	17.8	5
	广安 2	—	—	0.5	5	5
广安 51 井区	广安 002-H8	0.3~2.4	0.85~3	1.59	6	5
	广 51	—	—	0.7	5	5
广安 002-38 井区	广安 002-H12	13.4~18	1.5~5.8	3	13.5	5
	广 002-38	—	—	0.39	5	5
广安 101 井区	广安 002-X3-H2	1.08~12.51	1.1 左右	0.75	—	1.5
	广安 101	—	—	—	—	1.5

注：实际倍比表示的是相同生产时间时，水平井实际产量与直井实际产量的比值。

通过对表 9-3-8 数据分析，须六气藏水平井与同井场直井比较，不稳定增产效果表现出以下特征：

（1）投产初期水平井增产效果好，生产时间延长增产效果逐渐降低。

理论计算须六气藏水平井初期增产倍比较高，这与实际水平井初期生产动态特征一致；因此，对于低渗透气藏开发初期阶段，为了尽快获得较高的产能规模，采用水平井开采技术具有一定优势。由于水平井初期产能高、低渗透储层受阈压效应影响，气井控制储量有限，随着生产进行，水平井产能降低较快，增产倍比逐渐减小；到了后期阶段，水平井产能与储层供给能力趋于稳定，增产倍比也基本保持稳定；实际水平井生产动态也表现出初期增产倍比高，后期增产倍比低的特征，与理论计算结果基本一致。

（2）压裂水平井初期增产效果好，但是递减较快；钻遇率低是制约水平井增产效果的重要因素。

比较不同水平井之间增产效果发现，压裂水平井初期增产效果高于未压裂水平井；以同井场广安002-H1井及广安002-H1-2井为例，虽然前者水平段长度是后者的2倍左右，但是由于广安002-H1-2井采用了压裂改造措施，初期增产倍比反而是广安002-H1井的2倍左右；从前面理论分析及表9-3-8可以看出，水平井早期产能主要受垂向渗透率影响，压裂改造措施改善了水平井垂向渗流环境，所以表现出压裂井初期增产倍比高；因此，对于低渗透气藏，水平井为了获得较高的初期增产效果，储层改造措施很有必要。

从不稳定增产效果来看，水平段越长，稳产性越好。随着生产时间延长，广安002-H1-2井相对于直井的增产倍比迅速降低，后期平均值仅有2.59左右，降低程度达到70%；而广安002-H1井不稳定增产倍比降低速度明显小于广安002-H1-2井，后期增产倍比为3.02左右，降低程度仅有23%，表现出较好的稳产能力；实际生产动态表明，广安002-H1井产量月递减率小于广安002-H1-2井。分析认为，由于广安002-H1井有效水平段长度长，在储层参数基本一致的条件下，气井控制储量比后者高$0.8 \times 10^8 \mathrm{m}^3$，因此前者表现出较好的稳产能力。

此外，广安002-H8井采用气体钻井技术，钻遇有效水平段长度280m，钻遇率达90%。虽然水平段长度较小，但是有效的储层保护措施提高了储层储量可动用性，其增产效果比广安002-H1-2井好。但是在较高的配产条件下，由于阈压效应的影响，储层供给能力不足，后期该井产量反而小于广51井，增产倍比小于1，实际生产动态特征也表现出同样的现象。认为主要是由于广安51井钻遇储层发育区，井控储量与广安002-H8井差距不大，导致该现象出现。因此，储层条件好坏也直接决定水平井增产效果。

（3）富气区类似储层条件下，钻遇率高的水平井相对于直井具有较好稳产能力。

从表9-3-8可以看出，总体而言水平井相对于邻近直井不仅可以获得较高的初期产能，而且气井稳产效果好。以广安002-H1井及广安2井为例，相同的配产$5 \times 10^4 \mathrm{m}^3/\mathrm{d}$，广安002-H1井稳产时间为3.75年、广安2井稳产时间为0.5年，水平井稳产期是直井的7倍左右；以直井稳产时间为标准，水平井稳产期产量比直井高$12.8 \times 10^4 \mathrm{m}^3/\mathrm{d}$。因此，对于低渗透气藏采用水平井开采技术仍然具有明显优势。

（4）富水区水平井受地层水以及井筒积液的影响，水平井增产效果不明显。

理论计算及实际生产动态特征表明，A区水平井增产效果好，水平井不仅可以获得较高初期产能，而且可以大幅度提高单井稳产能力；B区水平井受储层多相渗流以及井筒积液的影响，抑制水平井产能发挥，水平井相对于直井不具有明显增产优势。从广安002-X3-H2井与邻近直井增产效果及实际产量可以看出，虽然早期阶段水平井可以获得较高的增产倍比，但是单井绝对产能小，计算无阻流量仅有$3.5 \times 10^4 \mathrm{m}^3/\mathrm{d}$，远远小于A区水平井无阻流量；从水平井稳产能力来看，生产中后期理论计算水平井增产倍比基本在1左右、水平井与直井产能基本一致，表明水平井稳产效果差。因此，在广安气田须六气藏富水区不适合打水平井。

第十章 低渗透砂岩气藏水平井开采技术建议

本章基于前述章节研究成果及认识,从渗流机理和理论评价技术两个方面系统总结了水平井在低渗透砂岩气藏中推广应用需关注的问题,对如何做好水平井技术在低渗透砂岩气藏中的推广应用具有重要意义。

第一节 低渗透砂岩气藏渗流机理的认识及建议

一、高速非达西效应特征研究

纵观国内外对于低渗透砂岩气藏高速非达西效应特征研究,可得到以下认识及建议:

(1)高速非达西效应产生机理不仅与高速非达西渗流效应有关,更重要的是受惯性效应的影响;对于低渗透砂岩储层气藏,由于孔道错综复杂存在明显非达西效应。

(2)紊流系数确定是其对气井产能影响的重要研究内容,目前对于该系数的确定主要采用多流量实验测试方法;从国外实验测试的岩心孔隙度、渗透率绝大部分分别大于10%和1mD,因此对于低渗透高含水岩样研究较少;因此,国内外学者应加强对低渗透含水岩样的研究力度。

(3)紊流系数不仅与储层孔隙度、渗透率有关,而且受多孔介质迂曲度、岩心颗粒大小、含水饱和度、实验压力以及实验流体的影响。

(4)国内外研究表明,高速非达西对低渗透气藏、裂缝性气藏及有水气藏影响较大;因此,对于低渗透高含水气藏在一定条件下应该存在更加明显的高速非达西效应。

(5)国内外对于高速非达西效应对水平井产能的影响相关研究表明,水平井同样存在高速非达西现象,但是在同样的储层条件下,高速非达西效应对水平井与直井的影响对比研究较少;此外,对于低渗透高含水气藏,水平气井产能受高速非达西效应的影响有多大没有见到相关研究成果。因此,国内外学者应加强此类研究,以提供更多参考。

二、滑脱效应特征研究

总结现有低渗透岩样滑脱现象特征研究,可得到以下认识及建议:

(1)气相黏度远小于液相、气体分子扩散运动,低渗透岩样普遍存在滑脱效应。

(2)滑脱效应主要采用不同压力条件下气体流量实验进行诊断;滑脱因子的计算主要采用经验公式计算方法。

(3)实验压力、含水饱和度及温度对滑脱效应的影响很大,压力越大、水饱和度越大及温度越低,滑脱效应的影响越小。

(4)国内外学者应逐渐加强对于气—液两相流条件下,滑脱现象诊断及评价技术研究。

(5)实验过程中,通过在出口端施加压力可有效提高低渗透岩样渗透率确定的精度;实验过程中平均压力越高,可有效消除滑脱现象的影响。

三、低速非达西效应特征研究

针对低渗透气藏低速非达西效应特征研究现状，得到以下认识及建议：

（1）低渗透气藏储层孔隙结构复杂，非均质性强，束缚水饱和度高，孔喉比大，喉道细小并被地层水堵塞是气体在低压段受阈压效应影响而产生低速非达西渗流的实质性原因。

（2）提出了启动压差和临界压力梯度两种控制因素，以更加切实描述低速非达西渗流现象的实质。

（3）采用实验测试方式诊断低速非达西渗流效应，应选择较多的压力点进行气体流量测试，以满足实验结果的精确性。

（4）在准确测定评价阀压效应影响程度的特征参数——启动压差和临界压力梯度时，首先必须满足实验仪器精度足够高，其次在实验过程中保持气体单相流动，三是尽量减小计算误差的影响。

四、非线性单行渗流特征

（1）有必要完善目前定量化认识低渗透气藏渗流特征的诊断方法，回答究竟在目前室内实验条件下存不存在高速非达西渗流特征、不同渗流效应占主导地位表现形式。

（2）目前测试气体渗透率常规实验装置远远达不到以上要求，所以有必要建立相应的准确测定不同渗流效应特征参数实验分析技术。

五、气水两相渗流特征

（1）对于高含水低渗透气藏普遍存在大压差产水、小压差不产水的现象，如果能够得到不同条件下水相临界流动饱和度对于评价水相流动能力具有重要意义。

（2）对于存在产水可能的低渗透气井，控制生产压差减少气藏出水很有必要。

（3）对于高含水低渗透储层，通过改善近井区储层渗流条件，可大幅度减小水相对气体渗流的影响。

第二节 低渗透砂岩气藏水平井开发技术的认识及建议

一、水平井开发技术研究

（1）水平井稳态产能评价模型比较丰富，对于高含水低渗透气藏水平气井，由于稳态模型的适应性较差，应采用适应性更强的拟稳态及非稳态模型进行产能评价。

（2）由于低渗透气藏存在特殊渗流效应，目前缺少考虑非线性渗流效应条件下水平井产能评价模型；对于高含水低渗透气藏水平气井初期产能以及产能变化规律的关键因素认识有待于深入研究。

（3）关于水平井井筒压降对水平井产能影响存在不同观点；究竟水平井水平段井筒压降是否可以忽略？如果不能忽略对产能有多大影响？尚未形成清晰认识。

（4）水平井井筒积液机理、带出井筒积液临界条件以及储层多相渗流对水平井产能的影响程度有多大，未见详尽的分析报道，应增强该方面的研究。

二、水平井初期增产效果评价研究

（1）针对低渗透水平井气井产能模型的选择中，建议选择有效井径模型与保角变化模型，因为这两种模型的计算结果更接近实际地质情况。

（2）对于储层较薄、平面上物性储层差的储层不适合打水平井，对于平面上物性较好、垂向渗流条件差的储层，适合增大水平段长度。

（3）当渗透率各向异性较强（$\beta=10$）时，无论平面上储层好坏，当厚度大于30m时，虽然单井产能有所提高，但增产效果逐渐减弱，因此对于存在明显渗透率各向异性储层、当厚度超过30m时建议不打水平井。

三、水平井气液两相实验模拟研究

（1）不同的供气位置对水平井排液有多大影响，目前国内外均没有见到相关研究成果，有必要进行研究。

（2）研究人员可根据该井的积液量与临界压差的线性关系，确定带出井底积液所需要的生产压差，为产水气井提供确定合理的生产压差依据。

（3）对于存在产水可能的储层，如果不考虑地层能量的影响，在水平井井身结构设计时，在提高储层钻遇率的同时，尽量不要采用下倾型井轨迹。

（4）对于实际水平井，在钻完井过程中，建议采用低密度钻井液或完井液，有利于降低临界压差、降低排液难度。

（5）从地层能量考虑，对于高含水低渗透气藏，由于压力降低快，如果积液严重，后期能量不足以克服水封的影响，因此采用下倾型轨迹优于上翘型井轨迹。

（6）从带液效果来看，采用上翘型井轨迹要优于下倾型井轨迹，但是该结论有一个前提条件，即地层能量充足，足以克服水封效应的影响。

（7）对于存在积液可能的水平井，在完井过程中，建议充分打开靠近趾端位置储层有利于提高带液效果；同时，采用小管径油管有助于提高带液效果。

（8）对于高含水低渗透砂岩气藏，水饱和度相对较高，存在局部裂缝发育区域，若储层开发中后期存在产水潜力，采用水平井开采应慎重。

四、水平井储层与井筒耦合动态分析理论研究

（1）对于特定储层，并不是水平段越长越好，在考虑井筒压降对气井产能的影响时，水平段长度存在一合理值。对于不产水低渗透气藏，水平段越长越好。

（2）采用大尺寸、光滑油管有助于提高水平气井产能。

（3）当地层出水或水平井筒存在积液时，水平井筒压降对水平井产能的影响不容忽视。

（4）已有的常识"多产层气藏采用大斜度井开采效果比水平井好"具有片面性，多产层气藏的井型优选同样不能一概而论，需要结合各产层的具体情况进行分析。

参 考 文 献

陈家琅,陈涛平. 2010. 石油气液两相管流 [M]. 2版. 北京:石油工业出版社.

陈杰,章龙江,严大凡. 2000. 油—水两相流流型研究 [J]. 油气田地面工程,19 (1):6-9.

陈伟,段永刚,黄诚,等. 2004. 井筒与油藏耦合条件下的水平井非稳态产能预测(Ⅲ)——实例分析 [J]. 西南石油大学学报:自然科学版,26 (1):29-31.

陈伟,段永刚,黄诚,等. 2004. 井筒与油藏耦合作用下的底水驱油藏水平井非稳态产能预测 [J]. 中国海上油气:工程,16 (1):66-69.

陈伟,段永刚,张健,等. 2005. 基于井筒与油藏耦合机制的水平井试井设计 [J]. 大庆石油地质与开发,24 (3):69-71.

段永刚,陈伟,黄诚,等. 2004. 井筒与油藏耦合条件下的水平井非稳态产能预测(Ⅰ)——数学模型 [J]. 西南石油大学学报:自然科学版,26 (1):23-25.

段永刚,陈伟,黄天虎,等. 2007. 多分支井渗流和不稳定压力特征分析 [J]. 西安石油大学学报:自然科学版,22 (2):136-138.

冯文光,葛家理. 1985. 单一介质—双重介质中非定常非达西低速渗流问题 [J]. 石油勘探与开发 (1):56-62.

葛家理,同登科. 1998. 复杂渗流系统的非线性流体力学 [M]. 东营:石油大学出版社.

葛家理. 2003. 现代油藏渗流力学原理(上、下册)[M]. 北京:石油工业出版社.

郭世慧,王晓冬. 大斜度井两种计算产能和表皮系数方法的对比与讨论 [J]. 油气井测试,2008,17 (4):21-23.

何更生. 1997. 油层物理 [M]. 北京:石油工业出版社.

黄诚,陈伟,段永刚,等. 2004. 井筒与油藏耦合条件下的水平井非稳态产能预测(Ⅱ)——计算模型 [J]. 西南石油大学学报:自然科学版,26 (1):26-28.

黄延章,等. 1998. 低渗透油层渗流机理 [M]. 北京:石油工业出版社.

康万利,刘桂范,关宇. 2006. 高含水期水平管内油水混输压降模型及其应用 [J]. 油气储运,25 (4):50-54.

劳力云,李志平. 1999. 水平管道气液两相流动态特性模型的研究 [J]. 高校化学工程学报(6):549-553.

李道品,等. 1997. 低渗透砂岩油田开发 [M]. 北京:石油工业出版社.

李凡华,贾丽平,孙洪安,等. 2007. 水平井生产预测方法 [J]. 新疆石油地质,28 (2):203-206.

李国珍,董守平. 2003. 气液两相水平管流分层——段塞流型转换机制研究 [J]. 水动力学研究与进展,18 (3):271-275.

李平,吏峰兵,杨思松. 2006. 射孔水平井中油藏流动与井筒流动的耦合模型研究 [J]. 天然气勘探与开发,29 (4):49-53.

李士伦. 2008. 天然气工程 [M]. 2版. 北京:石油工业出版社.

李松泉, 廉培庆, 李秀生. 2009. 水平井井筒和气藏耦合的非稳态模型 [J]. 西南石油大学学报：自然科学版, 31 (1)：53-57.

李汤, 王卫红, 王爱华. 1997. 水平井产量公式分析 [J]. 石油勘探与开发 (5)：76-79.

李彦兴, 韩令春, 董平川, 等. 2009. 低渗透率油藏水平井经济极限研究 [J]. 石油学报, 30 (2)：242-246.

廖新维. 1998. 双重介质拟稳态油藏斜井试井模型研究 [J]. 石油勘探与开发 (5)：57-61.

林宗虎. 2003. 气液两相流和沸腾传热 [M]. 西安：西安交通大学出版社.

刘慈群. 1991. 水平井流量公式 [J]. 石油钻采工艺 (1)：32-32.

刘慈群. 1995. 水平井的产能及试井分析公式 [J]. 油气井测试, (1)：45-49.

刘想平, 张兆顺, 刘翔鹗, 等. 2000. 水平井筒内与渗流耦合的流动压降计算模型 [J]. 西南石油大学学报：自然科学版, 22 (2)：36-39.

刘想平. 1998. 气藏水平井稳态产能计算新模型 [J]. 天然气工业, 18 (1)：37-40.

流体力学研究所. 1996. 渗流力学进展 [M]. 北京：石油工业出版社.

吕劲. 1994. 水平井稳态产油量解析公式及讨论 [J]. 石油勘探与开发, 20 (6)：135-140.

罗志昌. 1988. 流体网络理论 [M]. 北京：机械工业出版社.

马尔哈辛 ИЛ. 1987. 油层物理化学机理 [M]. 北京：石油工业出版社.

闵琪, 金贵孝, 荣春龙. 1998. 低渗透油气田研究与实践 [M]. 北京：石油工业出版社.

沈平平. 1995. 中国油藏管理技术手册, 油层物理实验技术 [M]. 北京：石油工业出版社.

宋付权, 刘慈群. 1999. 低渗油藏中含启动压力梯度水平井生产动态 [J]. 西安石油大学学报：自然科学版 (3)：11-14.

孙福街, 韩树刚, 程林松, 等. 2005. 低渗气藏压裂水平井渗流与井筒管流耦合模型 [J]. 西南石油大学学报：自然科学版, 27 (1)：32-36.

万仁溥. 1995. 水平井开采技术 [M]. 北京：石油工业出版社.

万世清, Abdal-Majeed G H. 1997. 水平两相气液流中的液体滞留量 [J]. 油气储运 (7)：53-57.

薛定谔. 1984. 孔介质中的渗流物理 [M]. 北京：石油工业出版社.

闫庆来. 1990. 低渗透油层中单相液体渗流特征的实验研究 [J]. 西安石油学院学报, 5 (2)：1-6.

杨继盛, 刘建仪. 1994. 高等学校教学用书采气实用计算 [M]. 北京：石油工业出版社.

杨雷, 黄诚, 段永刚, 等. 2002. 大斜度井、分支井的不稳定压力动态分析 [J]. 西南石油学院学报, 24 (2)：25-27.

杨正明, 黄延章, 朱维耀. 1999. 水平井开发低渗透油田的渗流特征研究 [J]. 特种油气田, 2 (6)：16-20.

姚海元, 宫敬, 宋磊. 2004. 多相流相分率的模型预测与检测方法 [J]. 油气储运, 23 (7)：9-13.

翟云芳. 2003. 渗流力学 [M]. 2版. 北京：石油工业出版社.

张黔川, 吕涛, 吕劲. 2004. 气藏水平井非达西流动二项式产能试井公式 [J]. 天然气工业,

4（25）：83-86.

张友波，李长俊，杨静，等. 2005. 多相混输管线截面含液率计算方法选择［J］. 西南石油大学学报：自然科学版，27（6）：83-87.

Archer R A, Agbongiator E O. 2005. Correcting for Frictional Pressure Drop in Horizontal-Well Inflow-Performance Relationships［J］. SPE Production & Facilities, 20（1）：21-25.

Asheim H, Kolnes J, Oudeman P. 1992, A Flow Resistance Correlation for Completed Wellbore［J］. Journal of Petroleum Science & Engineering, 8（2）：97-104.

Babu D K, Odeh A S. 1989. Productivity of a Horizontal Well［J］. SPE Reservoir Engineering, 4（4）：417-421.

Barak A Z. 1987. Comments on "High Velocity Flow in Porous Media" by Hassanizadeh and Gray［J］. Transport in Porous Media, 1（6）：63-97.

Bear J. 1972. Dynamics of Fluids in Porous Media［M］. New York：Dover Publications, Inc..

Belhaj H A, Agha K R, Nouri A M, et al. 2003. Numerical and Experimental Modeling of Non-Darcy Flow in Porous Media［R］. SPE 81037.

Borisov J P. 1984. Oil Production Using Horizontal and Multiple Deviation Wells. The R&D Translation Company, Bartlesville, Okla, USA.

Brauner N, Maron D M. 1989. Two Phase Liquid-Liquid Stratified Flow［J］. Physicochemical Hydrodynamics, 11（4）：487-506.

Coles M E, Hartman K J. 1998. Non-Darcy Measurements in Dry Core and the Effect of Immobile Liquid［R］. SPE 39977.

Cooper J W, Wang X, Mohanty K K. 1999. Non-Darcy-Flow Studies in Anisotropic Porous Media［J］. SPE Journal, 4（4）：334-341.

Cornell D, Katz D L. 1953. Flow of Gases through Consolidated Porous Media［J］. Industrial & Engineering Chemistry, 45（10）：2145-2152.

Counsil J R. 1979. Steam-Water Relative Permeability［D］. Stanford：Stanford University.

Dikken B J. 1990. Pressure Drop in Horizontal Wells and Its Effect on Production Performance［J］. Journal of Petroleum Technology, 42（11）：1426-1433.

Dou H, Chen C, Chang Y W, et al. 2007. Decline Analysis for Horizontal Wells of Intercampo Field, Venezuela［C］. Production and Operations Symposium.

Economides M J, Brand C W, Frick T P. 1996. Well Configurations in Anisotropic Reservoirs［J］. SPE Formation Evaluation, 11（4）：257-262.

Ergun S. 1952. Fluid Flow through Packed Columns［J］. Chemical Engineering Progress, 48（2）：89-94.

Estes R K, Fulton P F. 1956. Gas Slippage and Permeability Measurements［J］. Journal of Petroleum Technology, 8（10）：69-73.

Frederick D C, Graves R M. 1994. New Correlations To Predict Non-Darcy Flow Coefficients at Immobile and Mobile Water Saturation［R］. SPE 28451.

Geertsma J. 1974. Estimating the Coefficient of Inertial Resistance in Fluid Flow through Porous Media [J]. Society of Petroleum Engineers Journal, 14 (14): 445-450.

Giger F M, Reiss L H, Jourdan A P. 1984. The Reservoir Engineering Aspects of Horizontal Drilling [R]. SPE 13024.

Giger F. 2006. Réduction du Nombre de Puits par l'utilisation de Forages Horizontaux Reducing the Number of Wells by using Horizontal Drilling [J]. Oil & Gas Science & Technology, 38 (3): 351-360.

Heid J G, Mcmahon J J, Nielsen R F, et al. 1950. Study of the Permeability of Rocks to Homogeneous Fluids [J]. American Journal of Roentgenology, 139 (2): 333-4.

Janicek J D. 1955. Applications of Unsteady State Gas Flow Calculations [J]. Gas flow—Measurement—Mathematical Models.

Jones F O, Owens W W. 1980. A Laboratory Study of Low-Permeability Gas Sands [J]. Journal of Petroleum Technology, 32 (9): 1631-1640.

Jones S C. 1987. Using the Inertial Coefficient to Characterize Heterogeneity in Reservoir Rock [R]. SPE 16949.

Joshi S D. 1988. Augmentation of Well Productivity with Slant and Horizontal Wells [J]. Journal of Petroleum Technology (United States), 44: 8 (6): 729-739.

Krishna Swamy Sampath, William Keighin C. 1975. Factors Affecting Gas Slippage in Tight Sandstone [R]. SPE 9872.

Kutasov I M. 1993. Equation predicts non-Darcy flow coefficient [J]. Oil & Gas Journal, 91: 11 (11): 66-67.

Li D, Svec R K, Engler T W, et al. 2001. Modeling and Simulation of the Water Non-Darcy Flow Experiments [C]. SPE Western Regional Meeting.

Li Kewen, Roland N Horne. 2001. Gas Slippage in Two-Phase Flow and the Effect of Temperature [R]. SPE 68778.

Li Shuliang, Dong Mingzhe, Dai Liming. 2004. Determination of Gas Permeability of Tight Reservoir Cores without using Klinkenberg Correlation [R]. SPE 88472.

Liu X, Civan F, Evans R D. 1995. Correlation of the Non-Darcy Flow Coefficient [J]. Journal of Canadian Petroleum Technology, 34 (10): 50-54.

Macdonald I F, Elsayed M S, Mow K, et al. 1979. Flow through Porous Media-the Ergun Equation Revisited [J]. Ind. Eng. Chem. Fundamen, 18 (3).

Medeiros F, Kurtoglu B, Ozkan E, et al. 2007. Analysis of Production Data From Hydraulically Fractured Horizontal Wells in Tight, Heterogeneous Formations [C]. Society of Petroleum Engineers.

Noman R, Archer J S. 1987. The Effect of Pore Structure on Non-Darcy Gas Flow in some Low-Permeability Reservoir Rocks [C]. Low Permeability Reservoirs Symposium.

Ouyang L B, Arbabi S, Aziz K. 1998. General Wellbore Flow Model for Horizontal, Vertical, and Slanted Well Completions [J]. SPE Journal, 3 (2): 124-133.

Owayed J F, Tiab D. 2008. Transient Pressure Behavior of Bingham non-Newtonian Fluids for Horizontal Wells [J]. Journal of Petroleum Science & Engineering, 61 (1): 21-32.

Ozkan E, Raghavan R. 1998. A Computationally Efficient, Transient-Pressure Solution for Inclined Wells [J]. SPE Reservoir Evaluation & Engineering, 3 (5): 414-425.

Ozkan E, Sarica C, Haciislamoglu M, et al. 1995. Effect of Conductivity on Horizontal Well Pressure Behavior [J]. SPE Advanced Technology, 3 (1).

Pascal H, Quillian R G. 1980. Analysis of Vertical Fracture Length and Non-Darcy Flow Coefficient using Variable Rate Tests [R]. SPE 9438.

Renard G, Dupuy J M. 1991. Formation Damage Effects on Horizontal-Well Flow Efficiency [J]. Journal of Petroleum Technology, 43 (7): 786-869.

Rushing J A, Newsham K E, Van Fraassen K C. 2003. Measurement of the Two-Phase Gas Slippage Phenomenon and Its Effect on Gas Relative Permeability in Tight Gas Sands [R]. SPE 84297.

Rushing J A, Newsham K E, Lasswell P M, et al. 2004. Klinkenerg-Corrected Permeability Measurements in Tight Gas Sands: Steady-State Versus Unsteady-State Techniques [C]. SPE Technical Conference and Exhibition.

Ruth D, Ma H. 1992. On the Derivation of the Forchheimer Equation by Means of the Averaging Theorem [J]. Transport in Porous Media, 7 (3): 255-264.

Scheidegger A E. 1974. The Physics of Flow through Porous Media [M]. Toronto: University of Toronto Press.

Smith D M, Williams F L. 1984. Diffusional Effects in the Recovery of Methane from Coalbeds [R]. SPE 10821.

Tek M R, Coats K H, Katz D L. 1962. The Effect of Turbulence on Flow of Natural Gas through Porous Reservoirs [J]. Journal of Petroleum Technology, 14 (7): 799-806.

Thauvin F, Mohanty K K. 1998. Network Modeling of Non-Darcy Flow Through Porous Media [J]. Transport in Porous Media, 31 (1): 19-37.

Thomas L K, Todd B J, Evans C E, et al. 1998. Horizontal Well IPR Calculations [J]. SPE Reservoir Evaluation & Engineering, 1 (5): 392-399.

Turhan Y. 1999. Inflow Performance Relationship for Perforated Horizontal Wells [J]. Petroleum Exploration & Development, 9 (3): 265-279.

Whitaker S. 1996. The Forchheimer Equation: A Theoretical Development [J]. Transport in Porous Media, 25 (1): 27-61.

Wong S W. 1970. Effect of Liquid Saturation On Turbulence Factors For Gas-Liquid Systems [J]. Journal of Canadian Petroleum Technology, 9 (4): 274.

Youcef B, Tiab D. 2008. Increased Oil Production byUnconventional Wells—Short-Radius, Horizontal, and Multilateral in the HassiMessaoud: Thick Multilayer Cambrian Formation, Algeria

［R］. SPE 114645.

Yuan H, Sarica C, Brill J P. 1999, Effect of Perforation Density on Single Phase Liquid Flow Behavior in Horizontal Wells ［J］. SPE Production & Facilities, 14 （3）: 603-612.

Zeng Z, Grigg R, Ganda S. 2003. Experimental Study of Overburden and Stress Influence on Non-Darcy Gas Flow in Dakota Sandstone ［R］. SPE 84069.